한국 독립운동과 종교활동

한국민족운동사학회 편

國學資料院

발간사

　인간집단의 초자연적 존재에 대한 신앙을 의미하는 종교는 스스로 절대성·궁극성을 주장함에도 불구하고 역사의 발전단계를 반영하고 있는 구체적인 문화현상이어서, 그 시대의 정치·경제·사상·예술·과학 등 전 영역에 깊이 관련될 수밖에 없습니다. 물론, 이점은 주권을 일제에게 강탈당했던 일제시대에 있어서도 예외가 아니었습니다. 특히, 일제시대에는 주권의 회복 등 민족문제의 해결이 절실하였던 만큼, 종교는 독립운동 및 민족운동과 깊은 관련을 맺고 있었습니다.

　바로 이러한 의미에서, 한국민족운동사학회는 1998년 『한국민족운동과 종교』라는 책자를 발간하여 학계에서 큰 호평을 받은 바 있습니다. 그리하여 다시 한번 종교관계 특집을 마련하게 되었습니다. 다만, 이번에는 민족운동 전반이 아니라, 독립운동에 대한 종교단체의 기여와 한계를 검토함으로써, 한국독립운동사에서의 종교의 역할과 위상을 재확인하는 데 기획의 초점을 맞추었습니다.

　특히, 지난 번 특집에서 크게 주목하지 못했던 불교에 각별히 주위를 기울여, 「1910년대 禪敎兩宗 30本山聯合事務所의 설립과정과 의의」, 「1917년 불교계의 일본시찰 연구」, 「1930년대 후반 조선총독부의 '心田開發運動' 전개와 조선불교계」, 「8·15해방과 '부안불교승려대회'」 등 네 편의 논문을 소개하게 되었습니다. 그 밖에 지금까지 소홀하게 다루었던 기독교 세력의 신간회 참여활동과 1930년대 천도교와 조국광복회 관계 등에 대하여도 살펴보았습니다. 이 논문들을 통하여 일제의 종교통제정책과 이에 대한 종교계의 대응을 분명히 알 수 있으리라 생각합니다.

그리고, 천도교청년당 동경부 기관지 『東學之光』을 국내에 처음으로 소개하는 기회를 가졌습니다. 일본지역내의 한인민족운동과 민족운동론의 국내수용 문제를 이해하는 데 도움이 되리라 여겨집니다.

아울러 일반논문으로 미주에서 활동한 여성 민족운동가 차미리사, 일제말기의 농촌 통제정책에 대하여도 살펴보았습니다. 또한 미주와 러시아에서 새롭게 발굴한 자료들을 중심으로 한국광복군 문제와 1920년대 소련 극동지역 한인이주민 사회에 대한 연구는 학계에 신선미를 더해주리라 믿어 의심치 않습니다.

어려운 가운데 좋은 논고를 주신 여러분과 이 책의 편집을 위하여 노심초사 애써준 황민호, 조규태 선생께 감사드립니다. 아울러 항상 웃음으로 학회를 지원해 주시는 정찬용사장과 편집 교정에 새로운 바람을 넣어준 최순애 선생께도 고마운 마음을 전합니다.

회장직을 맡고도 일을 제대로 하지 못해 항상 송구스러운 마음입니다. 보다 빨리 쾌차하여 학회와 더불어 함께 하는 날이 오기를 바랍니다.

2000년 10월,
한국민족운동사학회 회장 박영석

차 례

특집논문 / 한국독립운동과 종교   7

1910년대 禪敎兩宗 30本山聯合事務所의 設立過程과 의의 / 한동민 ················ 8
1917년 佛敎界의 日本視察 연구 / 이경순 ··· 49
1930년대 후반 조선총독부의 '心田開發運動' 전개와 조선불교계 / 김순석 ······ 83
8·15해방과 '부안불교승려대회' / 김광식 ··· 117
기독교세력의 신간회 참여와 활동 / 김권정 ··· 134
1930년대 천도교의 반일민족통일전선운동에 관한 연구 / 성주현 ·············· 167

일반논문   223

車美理士의 美洲에서의 國權恢復運動 / 박용옥 ··· 224
1920년대 소련 극동지역 한인 이주민 사회에 대한 연구 / 배은경 ············· 268
일제 말기의 농촌통제정책 / 최영묵 ··· 307
韓國光復軍의 韓·美 合作訓練 / 김광재 ··· 345

자료소개   379

天道敎靑年黨 東京部 機關誌『東學之光』/ 조규태 ····································· 379

JOURNAL OF STUDIES ON KOREAN NATIONAL MOVEMENT

NO.25   AUGUST 2000

Contents

Han, Dong Min
   A Study on the establishment process of bureau of the 30 capital zen buddhist temples(30本山聯合事務所) in the Japanese period. 8

Lee, Kyung Soon
   The study on the inspection of Japan by Korean Buddhists in 1917 49

Kim, Sun Seok
   The "Joseon Chongdokbu"(the Government-general of Korea under the rule of Japan)'s commencement of the "Simjeon(literally "ental farm", whick means the mind) Development Movement" and the response of the Buddhist society of Joseon in late 1930's 83

Kim, Kwang Sik
   Liberation in 1945 and the Monks General Meeting of Buddist Circle Buan 117

Kim, Kwon Jung
   Shinganhoe Participation and Activities of Christian Force 134

Sung, Ju Hyeon
   Study on the Nation Unification Movement by Chondo-Gyo in 1930 167

Park, Yong Ock
   Melissa Cha's Independence Movement for Korea in the US 224

Bae, Yeun Kyoung
   Soviet Koreans on the Far East in 20th Years of XX century 268

Choi, Young Muk
   Control policy on agricultural community at a last stage of Japanese Imperialism 307

Kim, Kwang Jae
   Koreans Independence Army's Cooperation with the OSS 345

특집논문

한국독립운동과 종교

1910년대 禪敎兩宗 30本山聯合事務所의 設立過程과 의의

한동민[*]

1. 머리말
2. 30本山制度와 住持會議
   1) 30본산제도의 성립
   2) 30본산 주지와 住持總會의 성립
   3) 30本山住持會議院의 성립
3. 30本山聯合事務所의 설립 과정
   1) 30本山聯合制規의 문제
   2) 聯合制規의 내용
   3) 30本山聯合事務所의 조직과 운용
4. 맺음말

---

[*] 중앙대 사학과 강사.

1. 머리말

1876년 이후 서구 열강 및 일본과 체결한 불평등조약이 근대국가를 지향하던 조선의 조건들을 왜곡해왔음은 주지의 사실이다. 더욱이 일제에 의한 식민지배를 경험하는 조건에서 심화되었다. 이러한 상황은 불교계도 예외는 아니었다.

일제의 식민정책에 힘입어 일본 불교의 각 종파들이 開港地를 비롯하여 布敎所와 別院을 설치하면서 종교적 침략을 노골화하였다.[1] 이러한 일본불교와 접촉은 조선시대 억불의 열악한 상황을 견디어 온 조선불교에게 심한 자괴감과 더불어 일본불교에 경도되는 위약함을 들어내는 계기로 작용하였다. 그러나 한편으로 대한제국 정부는 그 자구책으로 전국사찰의 首寺刹로서 元興寺를 창건하고 寺社管理署를 두고 불교를 국가관리로 수용하고 했다.[2] 元興寺의 설치는 山林佛敎를 都市佛敎로 진출하고, 僧團佛敎가 民衆佛敎로 通俗化하며, 寺刹佛敎가 社會佛敎로 大衆化하는 첫 걸음이었다고 평가되고 있다.[3] 이렇게 조선시대 내내 방치되어 왔던 불교가 국가관리로 편입되었다는 사실은 중요한 의미를 내포한다. 그러나 사사관리서는 곧바로

---

1) 金淳碩, 「開港期 日本 佛敎宗派들의 韓國 浸透」, 『한국독립운동사연구』 8, 1994.
2) 元興寺와 管理署에 대하여는 다음과 같은 논구가 있다.
   南都泳, 「舊韓末의 明進學校」, 『歷史學報』 90, 1981.
   ─── , 「근대불교의 교육활동」, 『근대한국불교사론』, 민족사, 1992.
   徐景洙, 「日帝의 佛敎政策」, 『近代韓國佛敎史論』, 民族社, 1992.
   金敬執, 「佛敎의 國家管理와 敎團의 自覺」, 『한국근대불교사』, 경서원, 1998.
   임혜봉, 『친일불교론』 상, 민족사, 1993.
   박희승, 「근세종단의 재건과 발전」, 『이제, 승려의 입성을 許함이 어떨는지요』, 들녘, 1999.
3) 徐京保, 『東洋佛敎文化史』, 호암문화사, 1964, 278쪽.

폐지됨으로써 불교계의 여망은 수포로 돌아갔다. 그럼에도 불교계 내부의 노력은 佛敎硏究會의 결성으로 나타나고 이후 圓宗 宗務院이 만들어지면서 불교계의 중앙자치기관 역할을 자임하였다.

그러나 주지하다시피 불교계는 원종과 臨濟宗의 갈등 와중에 한일합방을 맞이했다. 1911년 원종과 임제종의 내분은 寺刹令4)의 발포로 새로운 국면을 맞이했다. 30본산체제가 형성되고 본산주지들의 역할이 강조되면서 '禪敎兩宗 各本山住持會議院'이 만들어졌다. 이러한 住持會議의 상설기구화가 이루어지면서 보다 체계적이고 조직적인 형태의 연합조직이 강구된 것이 1915년 30本山聯合事務所의 설치였다.

당시 30본산 주지들의 대표기구로서 講學과 布敎를 기치를 내걸었던 연합사무소의 설치는 불교계의 발전으로 인식되고 있었다.5)

> ……조선불교 종명(宗名)은 선교양종(禪敎兩宗)이라 정하고 조선사찰은 30본산으로 정하고 30본산연합사무소는 경성 수송동 각황사로 정하고 위원장은 제1회 용주사 주지 강대련화상으로 하고 제2회는 통도사 주지 金九河화상으로 하고, 제3회는 다시 姜大蓮화상으로 하여 10년간 사업이 중앙학림과 지방학림을 설립하고 일본에 유학생을 파견하여 점차 進就하는 점도 있고 중간에 格○의 魔戲가 종종하기로 방어의 책을 강구하여 사찰령을 준수하기에 노력하는 점도 있는 30본산사무소이라.

또한 30본산연합회사무소(三十本山聯合會事務所) 위원장은 정교(政敎)의 양권(兩權)을 휘두르는 막강한 지위로 인식되었다. 즉 당시 30본산 주지는

---

4) 일제 식민지시기 불교사에 있어 사찰령은 중요한 계기였다. 따라서 대개의 연구에서 사찰령에 대한 언급을 하고 있다. 이에 사찰령에 대한 본격적 연구 성과만을 보면 다음과 같다.
정광호,「일제의 종교정책과 식민지 불교」,『한국사학』 3, 1980.
서경수,「일제의 불교정책- 사찰령을 중심으로-」,『불교학보』 25, 1982.
김광식,「1910년대 불교계의 진화론 수용과 사찰령」,『한국근대불교사연구』, 민족사, 1996.
5)「朝鮮의 佛敎(續) 第三各道長官과 官通牒」,『朝鮮日報』, 1920. 7. 20.

옛날의 승통(僧統) 또는 총섭(總攝)에 상당하고 30본산연합사무소 위원장은 도승통(都僧統)·도총섭(都摠攝) 혹은 선교양종판사(禪敎兩宗判事)에 상당하는 지위로 평가하고 있다.6) 그 평가가 정확한 것은 아니지만 당대 불교계를 대표하는 중요한 위치임을 부정할 수는 없다.

그러나 3.1운동 이후 1920년대에 들어서면서 30본산연합사무소에 평가는 부정적인 것으로 변화되었다.

> 挽近 十年間 佛敎의 事業과 發展이 무어신가. 所謂 聯合이라구 하는 거슨 虛言空談에 지나고 말며 敎育이라는 거슨 朝聚暮散으로 七零八落에 至하며 布敎라 하는 거슨 看板으로 廣告홀 뿐이다. 또 住持和尙를 彼와 此가 相駁하야 누구는 무슨 派라 하고 누구는 무슨 派라 하야 相殺相害홈으로 業을 作하며 營利貪慾으로 佛敎를 滅亡케 하니 엇지 佛敎를 爲하야 길 슬퍼 아니 하리오.7)

일제의 식민통치의 와중에 제정된 사찰령 체제에서 30본산제도가 형성되었고, 그 조건에서 1910년대의 불교계의 변화가 진행되었다. 일제식민지 초기 1910년대 불교계의 현실에 대한 탐구는 30本山住持會議所를 거쳐 1915년 30本山聯合事務所로 변화하는 과정에 초점을 두고 어떻게 30본산연합사무소가 설치되었는가를 살펴보고자 하였다.

2. 30本山制度와 住持會議

1) 30본산제도의 성립

30본산의 성립은 1911년 6월 3일 사찰령이 시행되면서 사찰령과 그 시행

---

6) 常玄(이능화), 「朝鮮僧侶와 社會的 地位」, 『朝鮮佛敎叢報』 20, 1920. 3, 14쪽.
7) 在東京 金鼎, 「朝鮮佛敎 靑年의 自覺을 따함 (下)」, 『每日申報』 1921. 9. 25.

세칙에 의한 것이었다. 그러나 어떠한 방식에 의해 30개 사찰이 본사로 결정되었는지는 알 수 없다. 다만 본산제도가 사찰령 체제에서 갑자기 만들어진 것은 아니라는 점이다. 이미 1902년 大法山 元興寺가 설치되었을 당시 中法山 제도가 있었다. 이는 당시 각도에 중요한 사찰을 중법산으로 지정한 것이었다. 원홍사의 설치와 함께 사사관리서를 설치한 대한제국 정부는 1902년 7월 管理署管理陸軍叅領 權鍾奭의 이름으로 「國內寺刹現行細則」 전문 36조를 반포하였다. 그 국내사찰현행세칙 제6조에는 元興寺를 大本山으로 삼고 각도 首寺刹 16寺를 中法山으로 지정하였다.8)

- 京畿左道 奉恩寺(廣州)   京畿右道 奉先寺(楊州)   京畿南道 龍珠寺(水原)
- 忠淸南道 麻谷寺(公州)   忠淸北道 大法住寺(報恩)
- 全羅南道 松廣寺(順天)   全羅北道 金山寺(金溝)
- 慶尙右道 海印寺(陜川)   慶尙南道 通度寺(梁山)   慶尙左道 桐華寺(大邱)
- 江原南道 月精寺(江陵)   江原北道 楡岾寺(高城)
- 咸鏡南道 釋王寺(安邊)   咸鏡北道 歸州寺(咸興)
- 平安道 普賢寺(寧邊)   黃海道 神光寺(海州)

  이를 보면 전국적으로 13도에 각기 사찰 하나씩 이상을 배정한 듯하지만, 실제 함경북도와 평안남도는 중법산이 설치되지 않았음을 알 수 있다. 원자료에는 歸州寺가 함경북도로 표시되어 있는데 이는 명백한 오류로 귀주사는 함경남도 함흥에 있다. 그렇다면 함경도는 함경남도에 석왕사와 귀주사 2개의 사찰이 있는 셈이고, 평안도의 경우 보현사는 평안북도 영변에 위치한 까닭이다. 이는 당시 불교의 교세와 각 지역 사찰의 영향력과 일정한 연관관계를 지닌 것으로 볼 수 있다.
  또 경기도 봉선사·봉은사·용주사 등 3개 사찰과 경상도에 해인사·통도사·범어사의 3개 사찰 및 강원도의 월정사·유점사 등 2개 사찰이 배치되었음을 알 수 있다. 이는 조선시대 전통적인 都摠攝제도와 5糾正所

---

8) '國內寺刹現行細則' 「國內寺刹現行細則演義」, 『韓國近現代佛敎資料全集』 65, 민족사, 1996, 414~415쪽.

의 영향으로 보인다. 즉 1902년 중법산제도는 대법산 元興寺의 존재를 전제로 한 敎政의 효율적 운용이라는 측면에서 각 도에 비정하는 원칙이 존재했던 것으로 추측된다.

이에 비해 사찰령하 30본산제도의 특징은 우선 大法山으로써 首寺刹인 원흥사의 존재를 부정한 것에 있다. 동시에 그러한 중앙집권적인 총괄기구의 부재속에서 전국을 30개 지방으로 분할하는 형태를 취하는 것이었다. 즉 그 총괄기구를 朝鮮總督府로 상정한 것이었다. 따라서 표면적으로 30개의 본산으로 승격되는 것처럼 보이도록 했으나, 대한제국 시기 대법산-중법산 제도의 폐기에 다름 아니었다. 이는 기존의 중법산 제도의 또 다른 변형이면서 동시에 숫자만 그 배로 증가한 형태였다.

그러나 일제에 의해 사찰령이 시행되기 이전에 조선 불교계에서도 전국의 사찰 가운데 大刹 29개를 지칭하기도 하였다. 즉 1910년 9월 13일부터 16일까지 4일 동안 동대문 밖 元興寺에서 각도 사찰 주지승 330여명이 모여 조선 불교 현상 타개와 발전에 대한 논의를 하였다. 그 발전에 대한 결의 가운데 첫번째는 포교자 양성소의 설치였다.[9]

> 一, 布敎者의 位置를 進行ᄒ기 爲ᄒ야 各道內 大刹 二十九個寺에셔 生徒 一名式을 選拔ᄒ야 養成所를 設立ᄒ고 四月間 敎育ᄒ 事

이를 통해보면 포교자 양성소에 각도내 大刹 29個 寺刹에서 2명씩을 선발토록 하고 있다. 이러한 29개 대찰에 대한 암묵적 동의가 조선 불교계에 존재하고 있었음을 알 수 있다. 그러나 이러한 大刹에 대한 구분은 사찰령과 같은 本末의 상하구조의 형태가 아니었음은 분명하다. 즉 현실적 배려와 행정적 편의에 따른 구분이었을 것임에 분명한데, 일제는 이러한 구분을 또 다른 목적에서 30본산으로 확정한 것으로 보인다.

이에 따라 1911년 7월 8일 공표된 「寺刹令施行規則」 제2조에 의하면 30본산은 다음과 같다.[10]

---

9) 「各道僧 會集」, 『每日新報』 1910. 9. 20.

- 경기도 奉恩寺(광주군) · 龍珠寺(수원군) · 奉先寺(양주군) · 傳燈寺(강화군)
- 충청북도 法住寺(보은군)
- 충청남도 麻谷寺(공주군)
- 전라북도 威鳳寺(전주군) · 寶石寺(금산군)
- 전라남도 大興寺(해남군) · 白羊寺(장성군) · 松廣寺(순천군) · 仙巖寺(순천군)
- 경상북도 桐華寺(달성군) · 銀海寺(영천군) · 孤雲寺(의성군) · 金龍寺(문경군) · 祇林寺(경주군)
- 경상남도 海印寺(합천군) · 通度寺(양산군) · 梵魚寺(동래군)
- 황해도 貝葉寺(신천군) · 成佛寺(황주군)
- 평안남도 永明寺(평양부) · 法興寺(순안군)
- 평안북도 普賢寺(영변군)
- 강원도 乾鳳寺(고성군) · 楡岾寺(고성군) · 月精寺(평창군)
- 함경남도 釋王寺(안변군) · 歸州寺(함흥부)

이를 기존의 중법산제도에 비교해 보면 추가된 사찰로는 경기도 전등사, 강원도 건봉사, 전남의 대홍사 · 선암사 · 백양사, 전북의 보석사 · 위봉사, 경남의 통도사, 경북의 기림사 · 은해사 · 고운사 · 김룡사, 황해도 성불사 · 패엽사, 평안남도 영명사 · 법홍사 등이었다.

이렇게 추가된 사찰이 대부분이지만 그러나 이해할 수 없는 것은 전북의 金山寺의 경우이다. 1902년 중법산에 포함되었던 금산사가 사찰령 아래 30본산에는 제외되었다는 사실이다. 즉 전북의 경우 위봉사와 보석사가 본산으로 추가되었는데 이들이 금산사를 제치고 본산으로 지정되어야 할 특별한 이유를 발견할 수 없다.

그러나 금산사가 탈락된 것은 1909년 겨울 금산사의 주직 斗行의 사건으로 금산사의 위상에 커다란 손상을 입은 것의 반영인지도 모른다.[11]

---

10) '寺刹令施行規則」, 「朝鮮總督府令 第84號」, 『朝鮮總督府官報』 제257호, 1911. 7. 8.
  李能和, 『朝鮮佛敎通史』 下, 1120~1121쪽.
11) 「山僧汰任」, 『大韓每日申報』 1909. 11. 24.

金溝郡 金山寺 主僧 斗行은 礪軍을 符同ᄒᆞ야 寺內長僧을 毆打ᄒᆞ고 寺物을 斥賣ᄒᆞ야 私欲을 是充ᄒᆞ고 美女를 昵近하야 行樂을 是事홈으로 寺刹이 難保之境에 至ᄒᆞᆫ지라. 各寺 僧侶가 會同ᄒᆞ야 該裏由를 上利總務의게 報告ᄒᆞ고 斗行을 除汰ᄒᆞᆫ 代에 僧 德禹로 該寺 主任을 差出ᄒᆞ엿다더라.

여하튼 결과적으로 보면 경북이 기존의 중법산에 더하여 4개 사찰과 전남의 3개 사찰이 가장 많이 추가된 경우였다. 특히 경북의 경우 30본산 가운데 5개 본산이 존재하고 있음에 비해 함경북도는 여전히 1개의 본산도 없는 상황이었다. 또한 충남의 경우 甲寺 혹은 無量寺 등 충분히 본산으로 행세할 역량이 있음에도 불구하고 마곡사 1개의 본산만이 지정되어 있는 경우이다.

따라서 30본산의 경우 경상도와 전라도에 모두 15개 본산이 집중되어 30본산 가운데 절반을 차지하는 현상을 나타내고 있었다. 물론 이는 인구수와 불교 교세와 상관관계를 지닌다고 볼 수 있지만 총독부의 작위적인 본산 선택이 아닐 수 없다. 더욱이 서로 경쟁하는 내등한 규모의 사찰이 30본산에서 누락된 사실이나 그 선정의 기준이 무엇인지 정확히 파악되지 않는다는 점이다.

함경북도의 경우에는 적어도 정책적으로 본산으로 추가하여 설정할 수도 있음에도 불구하고 일본인이 많이 거주하는 함흥의 귀주사를 추가한 것으로 볼 수도 있다. 이 경우는 전주 위봉사의 경우도 마찬가지일 것이다.

이러한 총독부의 편의적 본산 설정이 이후 끊임없는 문제를 야기하는 것도 사실이다. 즉 경상남도 하동 雙溪寺는 1911년부터 海印寺 末寺에 편입된 것에 불복하여 총독부에 본산 승인을 요청하였고,[12] 전라남도 구례 華嚴寺의 경우 1913년부터 지속적인 본산 승격운동을 펼쳤다.[13] 이에 화엄사의 경우 1924년 본산으로 승격되었음은 주지의 사실이다.

따라서 30본산의 확정은 30개 대찰에 대하여는 조선불교계의 일정한 암

---

12) 高橋亨, 『李朝佛教』, 1929, 761쪽.
13) 『朝鮮佛教月報』 18, 69쪽.

묵적 동의를 전제한 것이기는 하지만 방법이 일방적이었고 논의를 거치지 않았음을 알 수 있다.

2) 30본산 주지와 住持總會의 성립

30본산제도는 사찰령에 의해 시작된 조선 초유의 일이었다. 1911년 6월 3일 사찰령이 발표되어 9월부터 본격적으로 시행되었음은 주지의 사실이다. 이에 1911년 11월 17일부터 1913년 4월 2일에 걸쳐 30본산 초대주지들이 모두 임명되었다.14) 사찰령 시행 이후 몇 개월 안에 거의 대부분의 주지들이 임명되었음을 알 수 있다.

그러나 주지의 임명에 대해 사찰령 이전 기존의 大刹 주지들이 사찰령에

---

14) 30본산 초대주지들의 인가 상황은 다음과 같다.
   1911. 11. 17. 龍珠寺(姜大蓮) 法住寺(徐震河) 梵魚寺(吳惺月) 通度寺(金九河)
              乾鳳寺(趙世杲) 月精寺(金慧明)
   1911. 11. 20. 麻谷寺(張普明)
   1911. 11. 25. 仙巖寺(方洪波) 松廣寺(李雪月)
   1911. 11. 27. 楡岾寺(金錦潭)
   1911. 11. 28. 威鳳寺(李振聲) 寶石寺(朴澈虛)
   1911. 11. 30. 釋王寺(金峀河)
   1911. 12. 2. 傳燈寺(金之淳)
   1911. 12. 4. 海印寺(李晦光)
   1911. 12. 7. 桐華寺(金南坡) 金龍寺(金慧翁) 孤雲寺(李萬愚) 銀海寺(朴晦應)
              祇林寺(金萬湖)
   1911. 12. 13. 永明寺(崔香雲)
   1911. 12. 14. 法興寺(李順永)
   1912. 1. 19. 普賢寺(裵影海)
   1912. 1. 25. 奉恩寺(羅晴湖) 成佛寺(申湖山)
   1912. 4. 10. 貝葉寺(姜九峯)
   1912. 5. 11. 大興寺(白翠雲)
   1912. 9. 27. 歸州寺(鄭煥朝)
   1912. 12. 19. 白羊寺(金幻應)
   1913. 4. 2. 奉先寺(洪月初)
   『朝鮮總督府官報』;『朝鮮佛敎月報』「官報抄錄」 참조.

의해 친일적인 승려 위주로 재편된 것은 아니었다. 寺刹令 시행에 관한 사무처리 방법에 대해 山縣 政務總監이 各道 長官에게 보낸 通牒을 통해 보면 적어도 주지 선정방법이 전통적 관례를 무시한 것으로 보이지는 않는다.15)

> (甲) 寺刹令 施行規則 第二條 第一項의 寺刹에 對ᄒᆞ야는 住持의 選定方法이 由來의 慣例에 違背치 안이흘지 其與否, 當選者는 適任으로 認ᄒᆞ는지 其與否를 調査ᄒᆞ고 意見을 付ᄒᆞ야 朝鮮總督府에 進達흘 事……

따라서 사찰령의 발포로 인해 조선 사찰의 주지가 바뀐 경우는 그리 많지 않았던 것으로 보인다. 이러한 점이 30본산 주지들로 하여금 커다란 저항없이 사찰령을 받아들이게 한 요인이었을 것이다. 일제의 표현대로 한다면, 그 동안 각 사찰 모두 현재까지 법적 절차를 밟은 適法한 주지가 없음으로 사찰령이 시행되는 9월 1일부터 이듬해 3월까지 일제히 주지를 정하고 사찰령 시행규칙 제2조에 의하여 주지 취직의 인가를 신청하여 총독부의 인가를 받음으로써 법적으로 공인받게 하라는 것이었다.16)

그러나 이는 조선 전래의 관례를 무시한 행위였고, 동시에 일제 식민통치상에 필요한 종교정책의 수용을 강제한 것이었다.

이는 동시에 사찰령을 통해 사찰이 독립운동이나 불순한 동기의 온상이 되는 것을 막고자하는 의도이기도 했다.17)

> 寺刹令 第二條에 依ᄒᆞ야 寺刹의 基址 及 加藍은 地方長官의 許可를 受치 안이ᄒᆞ면 傳法·布敎法要執行 及 僧尼止住의 目的 以外에 此를 使用ᄒᆞ거나 又는 使用치 못ᄒᆞ게 홀 事인바 往往히 許可를 得치 안이ᄒᆞ고 信託 以外의 衆民을 集會케 ᄒᆞ고 또는 無賴 浮浪의 徒가 任意로 集會ᄒᆞ야 妓樂ᄒᆞ는 者 有ᄒᆞᆫ 故로 一般의 信仰을 墮落케 ᄒᆞ는 故로 自今 以後로는 如斯ᄒᆞᆫ 行爲가 無케 嚴重히 取締ᄒᆞ기를 各府郡에 通牒이 有ᄒᆞ얏다더라.

---

15) 「寺刹令 施行方法」, 『每日申報』, 1911. 9. 10.
16) 위의 글.
17) 「<最近의 慶南> 寺刹令과 嚴締」, 『每日申報』, 1913. 5. 28.

그러나 당시 30본산 주지들을 비롯한 불교계는 문제는 이에 대한 수용을 불교의 발전으로 인식한 당시의 분위기였다.

또한 사찰령 제4조에 의하여 사찰의 本末관계는 寺法을 통해 규정하게 되었다. 따라서 사찰령이 시행되고 30본산 주지가 차례로 승인됨에 따라 각 본산에서는 寺法을 제정하는 문제에 직면하게 되었다. 즉 本末寺와의 관계와 寺有 財産의 관리 및 상속에 관한 내용 등을 포괄하는 寺法의 제정은 사찰령의 관건이 되는 문제였다.[18]

> 寺刹令 施行의 結果 朝鮮各宗은 其宗本末의 關係 住持의 任免 相續財産의 管理, 資格 其他 宗務의 統一上 寺法制定의 必要를 生ᄒ야 一切寺法認可의 申請을 ᄒ얏ᄂᆞᆫ듸 目下當局에서 調査中인즉 不遠에 認可되리라더라.

이에 따라 경상남도 합천군 해인사(주지 李晦光)가 「海印寺本末寺法」을 정하여 1912년 7월 2일자로 총독부의 인가를 얻은 것이다.[19] 해인사의 寺法을 필두로 하여 각 본산이 寺法을 제정하여 총독부의 승인을 받기에 이르렀다.[20] 이를 보면 1912년 말을 즈음하여 거의 대부분의 본산에서 해인

---

18) 「寺法認可在邇」, 『每日申報』, 1912. 8. 17.
19) '寺法認可' 「彙報」, 『朝鮮總督府官報』 제556호, 1912년 7월 4일.
20) 寺法 認可현황은 다음과 같다.
  1912. 7. 2. 해인사(李晦光)
  1912. 9. 2. 용주사(姜大蓮), 전등사(金之淳), 김룡사(金慧翁), 법흥사(李順永), 유점사(金錦潭), 건봉사(趙世杲), 석왕사(金崙河)
  1912. 9. 7. 법주사(徐震河), 위봉사(李振聲)
  1912. 9. 27. 보석사(朴澈虛)
  1912. 10. 14. 마곡사(張普明), 동화사(金南坡), 은해사(朴晦應)
  1912. 10. 24. 월정사(金慧明)
  1912. 12. 20. 대흥사(白翠雲)
  1912. 12. 23. 패엽사(姜九峯), 성불사(申湖山), 보현사(裵影海), 귀주사(鄭煥朝)
  1913. 1. 6. 영명사(崔香雲)
  1913. 1. 9. 고운사(李萬愚)
  1913. 2. 12. 송광사(李雪月), 백양사(金幻應)
  1913. 4. 28. 봉선사(洪月初)

사 사법을 모본으로 하여 사법을 제정, 인가를 받았다.21)

이러한 사찰령과 사법의 본말체제에서 30본산 주지의 위상과 역할은 획기적으로 강화되었다. 30본산체제의 성립으로 본산 주지는 그 지방 본사뿐만 아니라 다수의 소속 말사를 총괄하는 위치로 격상되었다.

더욱이 일제 당국은 각 사찰에서 행정 官廳에 제출하는 願書는 모두 그 本寺를 경유하고 만약 긴급한 상황이라 인정되는 경우에만 예외를 인정하는 훈령을 내림으로써 그것을 뒷바침했다.22)

> 各寺刹에서 行政 官廳에 提出ᄒᆞ는 願書는 總히 其本寺를 經由ᄒᆞ고 若緊急ᄒᆞᆫ 事機를 要ᄒᆞ야 本寺를 經由키 未遑ᄒᆞ기로 認ᄒᆞᆯ 時에 限ᄒᆞ야는 該願屆書에 其 事由를 具ᄒᆞ야 提出ᄒᆞ라는 旨로 訓令이 有ᄒᆞ다더라.

동시에 각도 말사의 住持候補者의 履歷書에는 반드시 본사 주지의 서명 날인을 받게 함으로써 그 영향력을 강화시켰다. 이러한 본산의 위상 강화는 대내외적으로 30본산과 본산주지의 위상 강화로 나타났다.23)

> ……적어도 三十大本山이라 ᄒᆞ면 六百寺刹의 代表이요 三十住持라 ᄒᆞ면 七千僧侶의 袖領이 ᄋᆞ님닛가. 그럼 現今엔 朝鮮에 들미 문득 佛敎가 잇다 말ᄒᆞ겟고 寺刹를 차지미 먼져 三十本山을 生覺ᄒᆞ겟고 佛의 弟子를 求ᄒᆞᆷ에 오직 三十住持 諸德을 訪問ᄒᆞ게 되얏슴니다.

또한 본산주지들도 사찰령을 적극적으로 활용함으로써 스스로 本山과 자신들의 위상을 높이고자 노력하였다. 이러한 노력은 寺法을 강연하는 모임을 하거나24), 본산내 각 사찰 주지들을 본산에 회집하여 주지회의를 하

---

21) 「寺法制定의 狀況」, 『每日申報』, 1913. 3. 30.
"禪,敎 兩宗의 本山 三十個寺는 寺刹令에 依ᄒᆞ야 各各寺法을 制定ᄒᆞ고 其所言官廳에 認이 出願 중이더니 其內 二個寺를 除ᄒᆞ고 其外 二十八個寺는 旣히 認可되얏더라."
22) 「<平南通信> 寺刹願書와 訓令」, 『每日申報』, 1913. 10. 29.
23) 春堂生, 「三十本山 住持 諸大和尙의 與ᄒᆞᆷ (上)」, 『每日申報』, 1920. 12. 1.

거나[25], 또한 모범승려에 대한 표창을 하는 등의 행위였다.[26]

전통적으로 조선의 사찰, 특히 大刹에서는 山中公事라는 公議制度가 있어 山中長老 및 役僧들의 공논을 거친 뒤 모든 시설이 처결되었음은 주지의 사실이다.[27] 따라서 조선 불교에서 주지라는 직책은 권력을 행사할 수 있거나 적극적으로 하고싶은 직책이 아니었다. 그러나 사찰령 아래에서 상황은 달라졌다. 일본사원의 住職制度를 그대로 조선에 응용한 사찰령과 사법체제에서 주지는 종전의 주지에 비해 그 권한이 막강하게 되었다. 이렇듯 주지의 권한이 강화됨에 따라 산중 公議制度의 전통이 사라지고 일부 주지의 전횡이 가능한 상황이 열린 것이다.

또한 30개 本寺는 각자 독립하여 총독부 당국의 감독 이외에는 그를 統轄·統制할 실질적 권한을 갖는 중앙 기관이 없었다.

> 寺刹令及其施行規則은 朝鮮佛教의 敎務行政에 對한 一切를 干涉하야 그 內部의 自主權을 全然否認하고 있다. 寺法의 施行, 住持의 任免, 寺有財産의 處分, 寺刹의 組織等 一切가 政治當局의 손에 달녓다.[28]

따라서 住持의 任免은 조선총독, 혹은 地方長官의 인가에 의해서만 가능하게 되었다. 오직 官權의 의해 선정되고 임명된 주지의 權限은 오직 관권에게만 구속을 받을 수밖에 없는 구조적 특성을 지니게 되었다. 이렇듯 30본산 주지는 본사 이외의 말사를 통괄하는 위치에 있는 동시에 각 도의 敎政책임자의 역할을 수행하는 위치에 있었다.

그러나 분산적인 30본산을 총괄할 조선불교 내부의 중앙기관이 없었다

---

24) 「佛敎의 敎育發展」, 『每日申報』, 1913. 2. 20.
「歸州寺의 大講演」, 『每日申報』, 1913. 4. 11.
「봉은사의 사법 시행」, 『每日申報』, 1913. 12. 14.
25) 「永明寺의 住持會」, 『每日申報』, 1913. 6. 13.
26) 「模範僧侶의 褒賞」, 『每日申報』, 1914. 1. 7.
「중마다 그리 햇스면」, 『每日申報』, 1914. 1. 7.
27) 高橋亨, 『李朝佛敎』, 1929, 947~948쪽.
28) 金法麟, 「政敎分立에 對해서」, 『佛敎』 100, 1932. 10, 17쪽.

는 점이다. 더욱이 주지의 선택 여하에 따라서 조선불교계의 진로가 결정될 정도로 중요한 존재로 부상한 마당에서 본산 住持會議의 영향력은 강화될 수밖에 없었다.29)

> ……本山住持로 말하면 本寺以外의 多數末寺를 統轄하게 되므로 本山住持의 得人與否는 그 本末寺의 모든 教政에 影響되는 것이다. 그러면 本山住持는 本末寺所在地方의 教政代表者이오 나어가서는 朝鮮佛教의 모든 行政이 本山住持의 會議에서 決定되므로 그들은 實로 朝鮮佛教의 代辯者이니 本山住持의 責任이 어찌 重且大하지 아니하리오.

따라서 조선불교를 대표하는 지위로 격상된 30본산 주지들을 총독부는 형식적으로 奏任官 대우를 하며 정책적인 배려를 하였다. 매년 正月에 총독관저로 초청하고 공식연회에 종교계 요인으로 초대하는 우대를 하였던 것이다.30) 이렇듯 총독부는 본산주지의 위상을 대외적으로 과시함으로써 그들의 종교정책을 선전하는 도구로 이용하고자 하였다. 이러한 연장선상에서 30본산 주지회의가 자연스럽게 만들어질 수 있었다. 즉 이후 매년 1월 신년하례의 성격을 지닌 총독관저 방문을 계기로 30본산 주지회의가 정례화되었다.31)

> 각도에 잇는 각 삼십본산쥬지(三十本山住持) 등은 매년 일월을 당ᄒ면 의례히 일월 삼일 총독부에 진하(進賀)ᄒ는 규식도 잇슬 뿐외라 쏘한 그날부터 각 쥬지 뎡긔회의(定期會議) 일에 상당함으로 지금 각 본산 쥬지 등은 작금일 니로 련속 샹경ᄒ는 중이라더라.

이렇듯 주지총회가 정례화되면서 총독을 찾아가 신년하례를 하며 총독

---

29) 萬海,「住持選擧에 對하야」,『佛敎(新)』 4, 1937. 6, 5쪽.
30) 高橋亨,『李朝佛敎』, 1929, 947~948쪽.
31)「각사 주지 련속 샹경」,『每日申報』, 1913. 12. 27.

훈시를 받았고, 총독부 내무부장관, 지방국장이나 사사계주임 등이 주지총회 장소에 내방하여 훈시를 하였다. 그 훈시의 내용은 대개 충량한 신민을 교화시킬 본산주지의 책임 및 조선불교의 진로 등등이었다.

더욱이 사찰령이 발효되면서 사찰령 제2조 제1항에 의해 30개 사찰이 本寺로 되고 기타의 사찰은 末寺로서 各本寺에 배속되는 本末關係는 조선불교계로서는 생소한 것일 수밖에 없었다.

조선시대 내내 억압과 쇠퇴의 길을 걷던 조선불교계는 일제 식민당국이 주장하는 바대로 사찰재산의 합리적 관리, 불교종무행정의 일원화, 본사 중심의 사찰운영을 골자로 하는 사찰령 체제에 적극적으로 동참하는 길을 택하였다. 이러한 사찰령은 동시에 사찰과 승려의 신분이 공식적으로 인정 받게 되었다는 형식적이며 법적 논리도 가능하게 되었다.32)

이러한 사찰령 아래에서 더욱 합법적인 성문으로써 寺法의 제정은 본산 주지들의 역할과 위상을 강화하는 주요한 도구였다. 따라서 각 본산 주지들은 사법 제정 등의 문제에 공동으로 대처하고자 하였다. 따라서 이러한 상호간의 필요에 따라서 본산주지들의 모임이 필연적으로 진행될 수밖에 없었다.

그러나 30본산을 총괄하는 기구는 식민지 지배 기구인 조선총독부였다는 사실이다. 따라서 30본산 주지들을 통제할 기구는 총독부의 의도에 의해 만들어질 수밖에 없었다.

3) 30本山住持會議院의 성립

이러한 일제 식민지 당국과 30본산 주지들의 상호 필요에 따라 30본산 住持會議가 이루어지게 되었다. 이에 1912년 5월 28일 11본산 주지가 元興寺에 있던 前 圓宗宗務院 臨時事務所에 모여 사찰령시행규칙 및 寺法의 준

---

32) 鄭柄朝,「佛敎信仰의 命脈」,『韓國思想史大系』5, 한국정신문화연구원, 1992, 181쪽.

수, 원종종무원의 과거청산과 미래방침에 대한 논의 등을 안건으로 향후 30본산 주지회의를 열기로 함에 따라 구체화되었다.

이날 모임의 결의에 따라 1912년 6월 17일 각 본산주지들이 모여 6월 22일까지 各本山 住持會議를 정식으로 개최하게 되었다. 사찰령 아래 최초의 각본산 주지회가 되는 셈인데, 30본산 가운데 17개 본사주지들과 7개 본사를 대리하여 모두 24본산이 참여하였다.33) 주지가 참여하지 못한 본산은 1912년 6월 17일까지 사찰령에 의한 30본산 가운데 초대주지 인가를 얻지 못한 경우(奉先寺・白羊寺・歸州寺)이거나 인가를 얻었더라도 개인 사정에 의해 불참한 경우였다.

이로써 보면 최초의 30본산주지회의는 사찰령에 의거한 30본산제도에 대한 수용을 전제로 이루어졌다. 이는 사찰령에 의한 寺法의 제정 실시 및 기존의 지지부진했던 圓宗宗務院에 대한 문제를 처리하겠다는 것이었다.

이에 회의 첫째날인 6월 17일 寺刹令과 寺刹令施行規則을 遵行할 件에 대하여는 만장일치로 결의하고 있다. 즉 각 本寺가 末寺에 대하여 사찰령 및 시행규칙에 대한 說諭 및 위반하는 사례가 없도록 힘쓰자는 것으로 사찰령 아래 本寺의 역할과 위상의 강화에 대한 명백한 지지를 표명하였다.

또한 寺法의 통일 문제에 대하여 吳惺月(범어사 주지)이 宗旨를 먼저 선정해야함을 제기하였으나, 金慧翁(김룡사 주지)이 현재 서로 圓宗과 臨濟宗이 대립하고 있음을 들어 禪敎兩宗으로 하자고 제안함에 만장일치로 가결하고 있다.34) 이러한 禪敎兩宗이라는 宗旨의 통일은 日帝에 의한 조정의 결

---

33) 1912년 6월 17일 30본산주지회의에 참석한 주지명단은 다음과 같다.
　　각본산 주지 : 姜大蓮(용주사) 羅晴湖(봉은사) 金之淳(전등사) 徐震河(법주사) 張普明(마곡사) 金慧翁(김룡사) 金萬湖(기림사) 李晦光(해인사) 金九河(통도사) 吳惺月(범어사) 朴澈虛(보석사) 姜九峯(패엽사) 申湖山(성불사) 李順永(법흥사) 趙世昊(건봉사) 金錦潭(유점사) 金崙河(석왕사)
　　주지대리 : 金一雲(봉선사 代理) 金耻庵(고운사 주지대리) 金相淑(위봉사 대리) 朴漢永(백양사 주지대리) 申鏡虛(대흥사 대리) 李桂湖(월정사 주지대리) 鄭煥朝(귀주사 주지대리)
　　「雜報」, '會議院會議顚末',『朝鮮佛教月報』6(1912. 7), 57쪽.
34) "……현금 쌍방에 대립한 圓宗이나 臨濟宗에 何를 廢하고 何을 存하자면 是

과지만 중요한 의미를 지닌다고 할 수 있다. 즉 圓宗과 臨濟宗의 분규를 일단락하면서 봉합한다는 의미를 지닌다. 물론 이는 서로의 차이를 극복한 형태의 자발적 발전의 모습이 아닌 일제 당국의 요구와 이해에 의해 이루어졌다는 한계를 부정할 수 없다.

제4일 의안은 圓宗宗務院의 처리 문제였다. 즉 1912년 6월 20일 속개된 주지회의에서 圓宗宗務院의 명칭을 변경하여 '朝鮮禪敎兩宗 各本山住持會議院'으로 개정하고 「各本山住持會議院規則」을 정하였다. 즉 30본산주지회의원이 발족된 것이다.

또한 원종종무원의 지난 4개년 동안의 경비 6186圜 41錢 8厘에 대한 탕감문제를 논의하여 각본산에서 分擔報償하기로 의결하였다. 이는 30본산주지회의원이 원종 종무원을 계승한다는 계승의식을 볼 수 있다. 이는 주지회의원이 사찰령으로 만들어진 30본산 주지의 타율적인 조직형태임에도 불구하고 기존의 원종종무원을 잇는다는 의미이며 동시에 臨濟宗 運動의 퇴조를 뜻한다고 볼 수 있다.

제5일은 住持會議院의 미래에 대한 사항으로 각 본산이 本山歲入의 1/20을 출연하여 유지하기로 결의하였다. 주지회의원의 실질적 수입원이 본산의 출연금(분담금)이었다. 이러한 운용에 필요한 자금은 각 본산의 성실한 수입 신고와 납부에 기댈 수밖에 없는 한계를 지니고 있었다. 이러한 문제는 이후에도 지속적으로 문제가 되었다.

제6일이 되는 마지막 회의는 6월 22일에 개최되었다. 「住持會議院 規則」과 各本山住持締約 및 各本山 分擔金 및 원장에 대한 위임사항을 담은 委任書를 작성하였다. 24개조로 이루어진 주지회의원 규칙은 중요한 내용을 지닌다. 이 가운데 '各本山締約'은 30본산주지회의원의 위상과 역할을 강화하는 문건으로 보인다. 즉 주지회의원 일체의 사무에 대한 30본산 주지들의 역할과 분담에 대한 사항 등을 10개조에 걸쳐 명시하고 있다.35) 이러한 締

非만 紛紛이요 且禪敎兩宗은 朝鮮國典에 고유한 宗旨이므로 僧侶法階를 禪敎兩宗으로 分揀함이니 금일에 宗旨를 禪敎兩宗으로 함이 可하다는 동의로 만장일치되어 朝鮮禪敎兩宗으로 결정하다.", 『佛敎月報』 6, 57쪽.

約에 서명 날인함으로써 중앙기관으로써 역할을 강화하고자 하였다. 締約에 의하면 임원을 각 본산 주지가 만나 추천한다고 되어 있다. 따라서 최소한 마지막 날 임원선정이 있었을 것으로 보이는데 임원에 대한 명단이 보이지 않는다. 다만 會議院과 中央布教堂 및 기타 일에 대하여 원장인 李晦光에게 권한을 위임한다는 委任書에 근거하여 원장이 이회광이었다는 사실을 확인할 수 있다. 이렇게 위임서에 서명 날인하는 것은 주지회의원 원장에 대한 권한을 일정하게 담보해주는 조처로 보인다.

30본산 주지회의원은 동시에 30본산주지회의소로 불리웠다. 이듬해 1913년 1월 5일~11일까지 朝鮮全道 30本山住持가 서울 동대문 밖 各本山會議所에서 제2총회를 개최하였다. 회의 안건으로는 ㉠ 寺法실시의 講究, ㉡ 禪教兩宗 名義의 實行, ㉢ 30本山住持會議所의 會計決算 보고, ㉣ 會議所・中央布教堂・佛教月報社 유지, ㉤ 불교서적 간행 등이었다.36)

회의 첫날인 1월 5일 회의에서 住持會議所 院長 李晦光이 공식으로 사임서를 제출하였는데 주지일동이 유임토록 권고하였으나 끝내 사임하였다.37) 이회광 원장의 사임에 따라 1월 9일 금강산 유점사 주지 金錦潭이 회

---

35) 各本山住持締約의 내용은 다음과 같다.
  一. 寺刹令과 施行規則에 의하여 각 寺刹을 完全 且永久히 보호할 事.
  一. 승려교육과 人民布教를 一層 장려할 事.
  一. 締約한 각 大本山에 事故가 有할 時는 상세히 조사하여 歸正 또는 扶護할 事.
  一. 임원선정방법은 締約한 各 大本山 住持가 會同公薦할 事.
  一. 本院 經費는 각 大本山에 재산多小를 隨하여 分擔支出할 事.
  一. 締約한 各大本山은 互相益力하여 違反乖離치 말고 本院을 도저히 보호할 事.
  一. 締約한 이상에는 背約을 不得하며 若違背하면 締約以後 本院 經費를 徵出할 事.
  一. 本院 事務上 변경 또는 처리할 大問題가 生할 時는 締約한 各大本山住持가 會議歸決할 事.
  一. 本院 경비는 締約한 各大本山에 所有財産目錄을 依하여 土地歲入에 石數多小와 각지방에 價錢高下로 各自分擔하되 若有漏落則隨査充分할 事.
36) 「彙報」'第二總會의 概要, 『朝鮮佛教月報』 12, 1913. 1, 65쪽.
37) '院長의 辭任' 『朝鮮佛教月報』 12, 1913. 1, 66쪽.

의소 원장으로 추천되어 피임되었다.38) 金錦潭은 제2대 30本山住持會議所 院長인 셈이다. 현재 제2회 주지총회에 대한 보다 자세한 기록이 남아있지 않다. 그러나 일정에 따라 총회안건이 토론되었음을 추측할 수 있다. 다만 불교발전의 방침에 대한 논의를 하였고, 변화하는 시세에 대처하고자『每日申報』의 구독을 결정하였음을 알 수 있다.39)

또한 주지총회에서 사찰 풍기숙청을 위하여 승려신분으로 사찰에 처자를 두는 것과 부녀자를 투숙시키는 일을 금지시키기로 결정한 것으로 보인다.40) 이에 음력 3월부터 엄금조치를 시행하기로 하였다.

이러한 30본산주지들의 주지총회는 住持會議院을 발족함으로써 조직적 체계를 확립할 수 있었고, 또한 이후 30본산 주지회의가 정례화되는 계기를 마련했다는 점이다.

3. 30本山聯合事務所의 설립 과정

1) 30本山聯合制規의 문제

1915년 1월 1일부터 개최된 朝鮮禪敎兩宗 三十大本山住持會議所 제4회 정기총회가 1월 10일까지 6회에 걸쳐 진행되었다. 첫날인 1월 1일 9시 朝鮮禪敎兩宗 30本山聯合出張覺皇敎堂에서 30본산주지들 가운데 유점사 주지만이 불참하여 총 29명의 본사 주지 및 대리인이 참석한 가운데 개최되었다.41) 총회의 주요한 안건으로 覺皇敎堂 건축경비 처리, 佛敎中央學林 설립,

---

38)「彙報」'第二總會의 槪要',『朝鮮佛敎月報』12, 1913. 1, 65~66쪽.
39)「住持和尙의 感覺」,『每日申報』1913. 1. 17.
40)「寺刹의 風紀肅淸」,『每日申報』1913. 3. 16.
41) 참석인원 명단은 다음과 같다.
　　주지 : 해인사(李晦光) 법주사(徐震河) 건봉사(李震坡) 법흥사(鄭萬化) 동화사(金南坡) 은해사(朴晦應) 김룡사(金慧翁) 통도사(金九河) 용주사(姜大蓮) 마곡

월보 간행 및 교육과 포교 상황 보고 등이었다.

이러한 주지총회에서 특기할 만한 것은 1915년 1월 10일 中央學林 설립에 대한 결의였다. 이는 불교계 내부의 오랜 염원이기도 하였다. 또한 1914년 8월중 정지된 『海東佛報』를 『佛敎振興會報』로 변경하여 불교진흥회에서 회비로 간행하기로 하였다. 회의 마지막날인 1월 10일 원장의 임기가 만료되는 이회광을 대신하여 30본산주지회의 원장으로 姜大蓮이 선출되었다.42) 당시 원장이었던 이회광과 경쟁에서 압도적인 표차로 당선되었다.43)

이러한 회의 결과를 가지고 30本山住持總代會議所 院長 姜大蓮(용주사 주지)의 이름으로 1915년 1월 16일 제출된 「朝鮮寺刹各本寺聯合制規」가 1915년 2월 25일 총독부로부터 인가되었다.44)

그러나 주지총회 첫날 의안에 聯合制規가 상정되지도 않았고 주지총회 기간 내내 연합제규에 대하여 논의된 바 없었던 점을 미루어 보면 주지총회 이후 급속히 만들어졌음을 추측할 수 있다. 즉 주지총회가 10일에 끝나고 1월 16일에 총독부에 제출된 것이라면 며칠 사이에 법규를 만들었다는 것이 된다. 이는 주지총회 중인 1월 9일 총독부 지방국장 小原과 과장 度邊 및 고등보통학교 敎諭 高橋亨이 내방하여 朝鮮各本寺聯合制規의 취지를 설

사(張普明) 봉은사(羅晴湖) 대흥사(白翠雲) 고운사(李東旿) 월정사(洪莆龍) 송광사(李雪月) 영명사(李晦明) 성불사(金抱應) 범어사(吳惺月) 패엽사(姜九峯) 귀주사(鄭煥朝) 보석사(朴澈虛) 위봉사(李振聲)
대리 : 석왕사(金崙河) 백양사(宋宗憲) 기림사(朴海蓮) 보현사(羅晴湖) 전등사(李智永) 선암사(金相淑)
불참 : 유점사

42) 「朝鮮禪敎兩宗三十大本山住持會議所 第四定期總會會議狀況」, 『佛敎振興會月報』 1호, 1915. 3, 69~82쪽.
43) 姜大蓮 18표, 李晦光 4표, 나머지 7명 金九河·鄭萬化·吳惺月·金南坡·徐震河·洪月初 등이 각각 1표씩을 얻었다. 이후 會議所 임원선출이 있었는데 이회광은 覺皇敎堂의 布敎師로 임명되었다. 위의 글 81~82쪽.
44) 『朝鮮總督府官報』 제770호, 1915. 3. 1.
「各寺聯合制規」, 『每日申報』, 1915. 3. 2.
「冷言熱語」, 『每日申報』, 1915. 3. 4.
李能和, 『朝鮮佛敎通史』 下, 1188쪽.

명한 점으로 미루어 본다면 회의 마지막 날인 1월 10일 이후 논의되었던 것으로 보인다. 즉 10일 중앙학림 및 임원선정이 이루어졌던 점으로 미루어 보면 새롭게 위원장으로 선임된 姜大蓮을 중심으로 13일 이전 연합제규가 마련된 것으로 추측할 수 있다.

매번 30본사 주지총회에 즈음하여 의례적으로 총독을 찾아가 신년하례를 하면서 총독훈시를 받았지만 제4회 주지총회는 특기할만한 것이었다. 즉 1월 2일 총독을 찾아가 하례를 하였음은 물론이고 1월 4일 총독부 내무부장관 宇佐美, 지방국장 小原, 촉탁 高橋亨이 30본산 주지회의소를 찾아와 연합제규의 필요성을 역설하였고, 1월 5일 오후 4시 李完用이 주지회의소를 찾아와 불교진흥에 관한 취지의 권면이 있었다.[45] 또다시 1월 9일 오후 1시 지방국장 小原과 과장 度邊 및 고등보통학교 敎諭 高橋亨이 내방하여 朝鮮各本寺聯合制規의 취지를 설명하고 朝鮮佛敎中央學林 설립에 관한 勸諭가 있었다는 사실이다.[46]

따라서 연합제규는 총독부의 긴밀한 교감과 요구로 시작되었음을 암시한다. 이러한 사실을 총독부는 연합제규를 승인하여 관보에 게재하는 이유로 다음과 같이 적고 있다.[47]

> 本件은 年初에 內務部長官이 指示했던 綱領에 기초하여 30본산주지가 會同하여 評定했던 것으로 僧侶의 智德을 높이고, 寺門의 興隆을 圖謀할 필요……

즉 연합제규가 총독부 내무부장관 宇佐美勝夫의 지시에 의해 이루어졌음을 명백히 보여주고 있는 셈이다. 이러한 사실은 당시 신문을 통해서도 확인되는 것이기도 하다.[48]

---

45) 「李伯과 各本山住持」, 『每日申報』 1915. 1. 8.
46) 「朝鮮禪敎兩宗三十大本山住持會議所 第四定期總會會議狀況」, 『佛敎振興會月報』 1호, 1915. 3, 72쪽.
47) 朝鮮總督府, 『寺利雜件綴』, 「朝鮮寺利各本寺聯合成規認可申請ノ件」, 1915. 2. 3.
48) 「朝鮮佛敎의 瑞光」, 『每日申報』 1915. 6. 17.

三○十本山聯合事務所에서는 今年 一月 內務部長官의 訓喩를 因ㅎ야 佛教振興의 方針을 定ㅎ고 京城에 中央學林 設立의 件을 總督府에 申請ㅎ얏더니 許可가 되어야……

또한 당시 이에 관여하였던 것으로 보이는 高橋亨이 30本山聯合制規가 조선총독부의 지도 아래 立案했고, 일본 眞言宗의 例를 따라 만들었다고 분명히 쓰고 있는 점이다.49)

일본 眞言宗의 경우 각파로 나뉘어져 있었던 것이 우여곡절 끝에 1901년 7월 각파 연합제도를 조직하고 연합제규를 통하여 단일 진언종을 유지하게 되었다. 그러던 것이 1907년 다시금 분열되었지만 1915년 당시에도 古義眞言宗 8파는 연합제규를 유지하고 있었다.50) 이러한 상황에서 연합제규는 일본 진언종 가운데 연합을 유지하고 있었던 古義眞言宗의 예를 따랐던 것으로 보인다.

이미 高橋亨은 조선불교에 대한 지속적인 관심을 가지고 있었던 자로 京城高等普通學校 教諭로 있으면서 총독부 촉탁직을 수행하고 있었다. 그는 일본불교의 특징인 종파불교에 대한 문제점에 대한 비판적 시각과 더불어 조선불교가 갖는 장점을 宗旨 통일로 파악하고 있었다.51)

> ……挽近 日本 佛教의 大勢를 觀ㅎ즉 各鍾 宗派의 多홈에 苦心ㅎ는 狀態라. 炯眼의 僧侶 等은 宗派의 大合同을 策ㅎ야 他力門과 自力門의 二宗門이 되게 홈으로써 新時代에 應홀 者라 ㅎ는 者도 亦 往往有之ㅎ니 實로 內에는 神道 諸教의 益益蔓延홈 者-有ㅎ고 外에는 耶蘇教의 布教에 努力ㅎ는 者-有ㅎ야 日本 佛教는 腹背로 敵을 受홀 者라. 小宗門의 歷史的 執念에 拘碍되야 何時ㅼ지라도 大同小異에 局齡홈은 得策이 되지 못홀지니 朝鮮의 佛教는 是點에서 日本보다 數年의 長이 有ㅎ다 謂치 안이치 못ㅎ겟고 其動機는

---

49) 高橋亨, 『李朝佛教』, 929・941쪽.
50) 栂尾祥雲, 『秘密佛教史』, 「眞言宗의 變革」, 高野山大學出版部, 1933, 359~360쪽.
51) 高橋亨, 「朝鮮佛教 宗旨의 變遷(十三)」, 『每日申報』 1914. 11. 7.

那邊에 在ㅎ얏던지 斯速히 宗派 遞減의 方針을 取ㅎ야 遂히 禪敎無二 佛敎
惟一門의 見地에 到進ㅎ야 宗派 內의 爭議를 撤ㅎ고 一團體가 되야 親히 覺
醒時代를 迎홈에 至치 안이ㅎ면 不可ㅎ니 爲政者도 此 宗派遞減의 歷史에
鑑ㅎ야 可成의 僧徒로 ㅎ야곰 統一的 團結의 組織과 精神下에 活動ㅎ지며
指導홀 것을 忘홈이 不可ㅎ니…….

이러한 측면에서 조선불교의 발전을 지속시키는 것이 종지와 종통의 통일에 입각한 단결된 조직에 있다고 본 것으로 보인다. 따라서 이러한 논리는 조선불교계가 반대해야 할 이유가 없었던 셈이다.

문제는 주지회의 당시 연합제규에 대한 고민과 논의에 대한 30본산연합사무소측의 기록이 없다는 점이다. 이는 총독부에서 준비한 법규를 어느정도 수용한 것인가를 확인할 수 없게 만든다.

그러나 총독부가 제시한 '朝鮮各本寺聯合制規大綱'을 살펴보면 30본산연합사무소의 설치근거인 연합제규가 얼마나 총독부의 제안에 충실한 것인가를 확인할 수 있다.

즉 이미 총독부는 1914년부터 연합제규에 대한 강령을 갖추고 총독의 내부승인을 얻어놓은 상태에서 연합제규의 필요성을 역설할 시점을 예의주시하고 있었던 것으로 보인다.

……昨年부터 考究했던 綱領을 갖추어 總督閣下의 內閱을 받들어 本年 1월 4일 30본산주지 집회를 절호의 기회로 하여 內務部長官, 地方局長, 第一課長, 高橋 囑託이 그 자리에 임석하여 친히 훈시를 하고 조선각본사연합제규를 만드는 綱領書를 下付하고…….[52]

따라서 총독부는 이미 1914년부터 준비해온 '朝鮮各本寺聯合制規大綱'이라는 연합제규에 대한 문건을 1915년 1월 4일 주지총회를 기회로 건네줌으로써 그들의 계획을 실행에 옮기게 되었던 것으로 보인다.

---

52) '朝鮮寺刹興學布敎ノ隆昌ヲ圖ル件ニ付指示要領並內紛調和顚末」, 「朝鮮寺刹各本寺聯合成規認可申請ノ件」, 『寺刹雜件綴』, 1915.

'조선각본사연합제규대강'은 내용은 대개 이후 주지회의를 통해 확정된 '연합제규'의 내용을 거의 담고 있다. 즉 '연합제규대강'의 내용은 ① 연합은 조선 30本寺를 단위로 할 것, ② 연합사무는 僧侶의 學識·品位를 保存함에 필요한 교육방법과 포교방법을 강구할 것, ③ 각 본산 주지는 매년 1회 서울에서 회동하여 연합사무를 결정하고, 委員長 1인 및 常置員 5명을 둘 것, ④ 연합교육의 방법은 각 본사에 초등정도의 학교를 설치하고 서울에 전문정도의 학교를 설치할 것, ⑤ 각 본사의 포교구역을 정할 것, ⑥ 監査員 3인을 둘 것 등을 제시하고 있다.53)

'조선각본사연합제규대강'은 이후 '연합제규'에 세련된 형태로 온존히 실현되었음을 알 수 있다. 즉 기존의 '30本山住持會議院規則'이 존재하였던 까닭에 30본산주지회의원 규칙에 '연합제규대강'의 내용을 첨부하여 총 24개조의 '30本山 聯合制規'를 작성한 것으로 보인다.

즉 총 24개조로 이루어진 「朝鮮各本寺聯合制規」는 기존의 주지회의원 규칙이 24개조로 이루어진 것과 비슷한 구성을 갖는다. 따라서 총독부가 제시한 연합제규의 대강과 기존의 주지회의원 규칙을 원용하여 제정했음을 알 수 있다.

더욱이 마지막 날 임원선정에서 위원장 및 기타 覺皇敎堂 임원을 선출했음에도 상치원 및 감사의 선거에 대하여는 기록이 없다. 그러나 30본산연합사무소 위원장 姜大蓮이 小原지방국장을 회동하는 1월 13일 상치원 5명 및 감사원 3인을 이름을 들고 있다. 따라서 연합제규가 구체적으로 마련되는 1월 10일~12일 사이에 '연합제규 대강'에 따라서 상치원 5명과 감사원 3명을 선출했거나 위원장에게 선임하는 권한이 주어졌던 것으로 보인다.

즉 1월 13일 총독부 지방국장실에서 강대련과 회동한 회의 속기록을 통해보면 小原국장이 姜大蓮에게 위원장과 상치원으로 뽑힌 사람의 성명을 묻고 있다. 이에 강대련은 委員長 姜大蓮, 常置員은 金南坡·金九河·宋宗憲(백양사 代理)·李雪月·羅晴湖 등 5명을 거명하고, 監査員으로 洪蒲龍·

---

53) '朝鮮各本寺聯合制規大綱', 『寺刹雜件綴』, 1915.

朴晦應·金皓應(석왕사 대리) 등 3명을 거명하고 있다.54)

이는 총독부가 제시한 문건인 '연합제규대강'에 상치원을 5명으로 둘 것을 제안한 내용의 충실한 이행을 보여준다. 조선총독부 관보에 실린 '조선각본사연합제규'에 앞서 총독부에 제출된 '조선각본사연합제규'의 제10조에는 본사주지의 호선에 의해 상치원 5명을 정하는 것으로 되어 있었다. 그러나 최종적으로 발표된 1월 16일부로 총독부에 인가신청한 '연합제규'에는 상치원이 7명으로 되어 있다. 왜 상치원이 5명에서 7명으로 늘어났는가에 대한 이유는 정확히 알 수 없지만, 적어도 적정한 수준의 수를 유지하고자 했을 것으로 추측할 수 있다. 따라서 최소한 1월 13일 이후 16일 이전에 상치원이 7명으로 늘어나게 되었는데, 새롭게 7명의 상치원을 선정하여 관보에 실리게 하였다는 사실이다. 즉 7명으로 늘어난 상치원의 명단은 기존의 총독부에 보고한 5명의 상치원의 명단과 차이가 나고 있다.

이는 명백히 총독부의 입김이 개재된 것으로밖에 볼 수 없다. 1월 13일 지방국장실에서 있었던 회합에서 총독부 지방국장은 상치원이 누가되었는가를 묻고 있다. 30본산연합사무소의 핵심적인 사항 가운데 하나가 常置員의 설치임을 알 수 있다.

즉 기존의 주지회의소의 체제가 각지에 산재되어 있는 30본산주지들이 쉽게 모일 수 없었고, 또한 긴급을 요하는 사안에 대하여 효과적이지 않았다. 따라서 상임위원이라 할 수 있는 常置員의 설치가 유효 적절하다고 파악한 것으로 보인다.

따라서 총독부는 상치원 5명을 7명으로 늘리면서 기존의 5명 가운데 일부를 교체하도록 한 것으로 보인다. 13일 회동 당시 상치원 5명과 이후 관보에 실린 7명의 상치원 명단을 비교하면 다음과 같다.

- 상치원 : 金南坡·金九河·宋宗憲(백양사 代理)·李雪月·羅晴湖
- 감사원 : 洪蒲龍·朴晦應·金皓應(석왕사 대리)
- 常置員 : 金幻應(백양사), 吳惺月(범어사), 金南坡(동화사), 李雪月(송광사),

---

54) '大正四年一月十三日地方局長室ニ於テ會議速記', 『寺刹雜件綴』, 1915.

金九河(통도사), 金皓應(석왕사), 羅晴湖(봉은사)
• 監査員 : 朴晦應(은해사), 李晦明(영명사), 洪莆龍(월정사)

이를 통해보면 5명에서 7명으로 상치원이 늘어나는 과정에서 주지 대리로 참석한 인물 대신 정식 주지의 이름으로 대체되었음을 알 수 있다. 다만 감사원이었던 金皓應(석왕사)이 상치원이 되었고, 상치원으로 吳惺月(범어사)이 새롭게 추가되었다. 또한 감사원으로 李晦明(영명사)이 추가되었음을 알 수 있다.

따라서 상치원 5명이 7명으로 되는 과정에는 범어사 주지 吳惺月에 대한 배려가 개재되었던 것인지도 모른다. 즉 지방국장은 1월 13일 범어사 주지 吳惺月, 해인사 주지 李晦光, 용주사 주지 姜大蓮을 불러 홍학·포교의 2대 사업을 함께 운영할 것과, 기존에 가졌던 서로간의 악감정을 버리고 협동하여 사업을 펼치도록 설득하고 있다. 또 다음날인 1월 14일 범어사 주지 吳惺月과 용주사 주지 姜大蓮을 다시 불러 30본산이 협력하여 홍학·포교의 2대 사업을 경영토록 훈유하고 있다.55) 따라서 총독부는 경남 불교의 실세였던 범어사의 경성에서의 독자적인 포교 및 활동을 견제하고 더불어 범어사를 연합포교 및 활동으로 견인하고자 하는 정치적 목적을 감추지 않았다. 일제는 오래전부터 범어사를 중심으로 하는 臨濟宗의 독자적 행보에 촉각을 곤두세우고 있었다.56) 범어사를 중심으로 이미 1912년 5월 26일 '朝鮮臨濟宗 中央布敎堂'을 寺洞에 개설하여 운영하고 있었고,57) 이후 임제종 운동이 불법화되자 포교당 이름을 禪宗中央布敎堂으로 바꾸고 계속 독자

---

55) '朝鮮寺刹興學布敎ノ隆昌ヲ圖ル件ニ付指示要領並內紛調和顚末', 「朝鮮寺刹各本寺聯合成規認可申請ノ件」,『寺刹雜件綴』, 1915.
56) 임제종 운동의 의의와 활동에 대한 논구로는 김광식의 다음 글이 있다. 「1910년대 불교계의 曹洞宗 盟約과 臨濟宗 運動」,『韓國近代佛敎史硏究』, 민족사, 1996.
57) 「臨濟宗의 開敎式」,『每日申報』1912. 5. 17.
「中央布敎堂 開敎式」,『每日申報』1912. 5. 26.
「布敎堂의 盛況」,『每日申報』1912. 05. 28.
『朝鮮佛敎月報』, 5,「雜報」, 1912. 6, 69~70쪽.

적인 포교활동을 하였다.58) 당시 활동한 인물이 韓龍雲 및 白龍城 스님이었다. 이러한 범어사의 독자적 행보는 일제의 입장에서 보면 주요한 감시의 대상이 아닐 수 없었고 일정하게 그에 대한 배려를 한 것으로 보인다.

그리하여 1915년 1월 13일 총독부 지방국장실에서 小原지방국장, 度邊 지방과장, 姜大蓮, 李晦光이 회합하여 주지총회에서 이루어졌던 연합제규 및 중앙학림 설립 등의 결의내용에 대하여 보고를 함으로써 일정한 수순을 밟았다. 이에 3일 뒤에 1월 16일 30본산주지 총대 강대련 이름으로 연합제규 승인안을 제출하였고 당연히 2월 25일 허가되었던 것이다.

이러한 총독부의 제의였던 '朝鮮各本寺聯合制規大綱'에 대하여 당시 30본산주지들은 조선불교계의 발전에 불리하지 않다고 생각하였던 것으로 보인다. 적어도 중앙학림 같은 교육기관의 설치에 대한 논의가 지속되던 상황에서 본다면 굳이 총독부의 제안을 반대할 일도 아니었다.

이에 따라 일제는 사찰령에 기반하여 한발 더 나아가 연합제규를 통한 30본산연합사무소를 총괄함으로써 조선불교를 효과적으로 통제할 수 있는 조건을 만들었다고 볼 수 있다.

2) 聯合制規의 내용

이러한 연합제규는 또한 '講學布敎聯合制規'로 불리는 정도로 講學과 布敎에 중점을 둔다는 강한 목표의식을 표현하고 있었다. 연합제규의 주요한 내용을 살펴보면 다음과 같다.

1·2조는 조선 각본사는 聯合하여 講學布敎를 행하며 이를 위해 京城에 事務所를 설치할 것을 명시하고 있다. 또한 주지들이 互選하여 委員長 1명을 두며 임기는 1년이었다. 또한 회계 등의 감사를 실시하는 監査員 3명과

---

58) 新刊紹介, 「布敎上指南書籍」, 『每日申報』 1913. 8. 1.
「宗敎之人」, 『每日申報』 1914. 2. 1.

상임위원으로 常置員 7명을 互選하며 각각 임기는 1년씩이었다.

이에 연합사무를 결의하기 위해 매년 1월 住持會議를 경성에서 개설하기로 하였다. 또한 연합사무의 목적 가운데 하나인 講學을 위해 특히 서울에 中央學林의 설치를 명시하고 있으며 각본사에도 地方學林을 설치하도록 규정하고 있다. 布敎의 방법은 주지회의에서 정하고 경비는 각기 분담하기로 하였다.[59]

1915년 1월 16일 聯合制規를 총독부에 제출하면서 각황교당에 朝鮮寺刹三十本山聯合事務所를 설치했음을 명시하고 있었다.[60] 따라서 동대문 밖 崇信面 亭子洞 즉 옛 원흥사 자리에 있었던 '30本山住持會議所'는 이후 전동(현 수송동) 각황교당으로 옮겨 '30本山聯合事務所'로 일컫게 된 것이다.

연합사무소를 覺皇寺 布敎堂에 설치한 것은 각황사의 중요성을 인정한 측면이 강하다. 강학과 포교를 주요 목적으로 내걸고 발족한 30본산연합사무소의 위치가 각황교당으로 확정된 바는 포교에 대한 중요성, 그것도 도성 내 포교에 대한 적극적인 의지의 표현이었다. 즉 각황사는 당시 도성내 가장 규모가 커다란 사찰이었다. 이미 각황사는 1909년 12월 12일 元興寺에서 승려 150여명이 모여 總會를 열고 불교진흥과 사찰확장에 관한 사항을 협의함에 따라 시작되었다.[61] 즉 도성 안에 전국 사찰의 중심되는 佛敎總合所를 설치하기로 文鐸을 비롯한 사람들이 발의함으로써 이루어진 것이었다.[62] 1910년 5월 원종 종무원장 李晦光이 內部에 건축청원을 하였고[63], 각도 사찰의 의연금이 白米 2000石과 金貨 8만냥 이상이 준비되어 건축하기에 이르렀다.[64]

---

59) '朝鮮各本寺聯合制規', 「講學布敎聯合制規認可」, 『朝鮮總督府官報』 제770호, 1915. 3. 1.
  『佛敎振興會月報』 2, 1915. 4, 84~87쪽.
60) 李能和, 앞의 책, 1187쪽.
61) 「僧侶協議」, 『大韓每日申報』 1909. 12. 15.
  "三昨日 上午 十二時 元興寺에셔 僧侶 一百五十餘人이 會同호야 佛敎振興과 寺刹擴張에 關혼 事를 協議호엿다더라."
62) 「寺刹擴張」, 『皇城新聞』, 1909. 12. 19.
63) 「皇覺寺 新建築請願」, 『皇城新聞』 1910. 5. 20.

元興寺는 數日前부터 宗務院이라 改稱호고 該院에 所屬 불교堂을 中部寺
洞 等地에 建築홀 次로 內部에 請願承認호야 來 三月頃에 工役을 着手홀 터
인디 十三道에 在호 各 寺刹에셔 捐助호 白米가 貳千餘石이라더라.

그러나 당시 신문의 내용이 내부에 청원해 승인받았다고 보도한 것과는
달리 대한제국과 일제 통감부는 13도 寺庵의 대표성을 갖는 원종종무원 및
각황사에 대한 승인을 허락지 않았다.65) 그럼에도 불구하고 각황사의 건축
은 진행되었던 것으로 보인다. 이러한 우여곡절 끝에 각황사가 1910년 10
월 27일 건설됨에 따라 조선불교 발전의 새로운 중심이 되었던 것이다.66)

朝鮮 全道의 寺刹을 代表호 機關으로 成立된 覺皇寺는 去 明治 四十三年
庚戌 十月 二十七日에 建設되야 寺內에 中央布敎堂과 其他 各寺와 連絡上
佛敎月報를 發刊홈에 至호니 今에 文明의 宗敎로 俗界에서지 碩光을 發홈
은 卽 釋迦世尊이 다시 東土에 普光明身을 顯示호심이라 호야도 過言이 안
이라 호겟도다……

또한 각황포교당을 2층으로 신축하기 위하여 1914년 9월 11일 포교당을
철거하여 건설하기 시작하여 12월 29일 신축낙성하였다.67) 각황사의 봉도
식이나 낙성식에는 수 백명의 사람들이 참석하기도 하였고, 당시 기독교에
서 행하는 것처럼 매 일요일마다 예식을 행하기도 하는 등 포교의 새로운
중심으로 떠올랐던 것이다. 따라서 강학과 포교를 내건 30본산연합사무소
는 포교에 중점을 둔다는 의미에서 각황교당에 30본산연합사무소를 설치
하였던 것이다.

---

64) 「佛堂新建」, 『大韓每日申報』, 1910. 2. 8.
65) 「申告書」와 「申告書送付ノ件」, 『宗敎ニ關スル雜件綴』, 1910.
   김광식, 앞의 논문, 64~65쪽.
   박희승, 앞의 책, 258~259쪽.
66) 「宗敎之人」, 『每日申報』 1914. 1. 30.
67) 「覺皇寺 二層 新築」, 『每日申報』, 1914. 9. 28.
   「莊盛한 覺皇寺의 舍利拜觀式」, 『每日申報』, 1915. 1. 1.

3) 30本山聯合事務所의 조직과 운용

30본산연합사무소가 서울 시내 각황교당에 설치되고 위원장 강대련을 비롯하여 상치원 7명이 선출됨으로써 30산연합사무소가 구성되었다.

그러나 일반적으로 통칭하는 '30本山聯合事務所'는 당시 조선 불교계에서는 '禪敎兩宗30本山聯合事務所'라 불렀다. 이에 대해 일제는 약간 다른 호칭을 보여주고 있다. 즉 일제는 1915년 30본산 연합사무소 설치 당시에는 '朝鮮寺刹三十本山講學布敎聯合事務所'로 명명하고 있다.68) 이러한 호칭이 일제의 일방적인 명명일 수 있지만, 당시 연합제규를 '三十本山講學布敎聯合制規'로 불렀던 점에서 본다면 그 연합사무소의 지향점을 명백히 보여주기 위한 표현으로 보인다.

그러던 것이 1915년 10월 '朝鮮寺刹三十本山聯合事務所'로 명명하기 시작하였다.69) 이러한 명칭은 1918년까지 계속 유지되었다. 그러나 1919년 이후 '朝鮮各本寺聯合事務所'로 이름을 바꿔 부르기 시작했다.70) 이는 30본산 제도에 대한 비판에 대한 반응이자 동시에 본산승격을 벌이고 있던 화엄사를 비롯한 사찰에 대한 배려로 보인다.

이러한 명명은 조선불교계가 공식적으로 '禪敎兩宗30本山聯合事務所'로 지속적으로 사용해 온 것과는 일정하게 그 차이를 보이고 있는 셈이었다.

여하튼 30본산연합사무소가 설치됨으로써 30본산의 강학과 포교의 통일을 기하고 각 본산간의 연락을 원활히 할 수 있는 구조가 이루어졌다.71)

---

68) 『朝鮮總督府官報』 제820호, 1915. 4. 30. 「告示」, '常置員死亡'.
69) 「朝鮮寺刹三十本山聯合事務所職員異動」, 『朝鮮總督府官報』 제954호, 1915. 10. 8.
70) 「朝鮮各本寺聯合事務所役員異動」, 『朝鮮總督府官報』 제1946호, 1919. 1. 23. 『朝鮮總督府官報』, 1920. 1. 19.
71) 「冷言熱語」, 『每日申報』 1915. 3. 4.

……其要點을 擧ᄒᆞ건디 聯合事務所를 京城에 置ᄒᆞ고 講學 布敎의 統一을 計圖ᄒᆞ야 委員長 以下 事務員 若干名을 置ᄒᆞ고 各本山 寺刹과 連絡ᄒᆞ되 各 宗 僧侶를 敎育ᄒᆞ기 爲ᄒᆞ야 京城에 中央學林及 地方에 地方學林을 設置ᄒᆞ며 ᄯᅩ 每年 一月에 京城에 各 本山住持로 組織ᄒᆞᆫ 住持會議를 開ᄒᆞ야 布敎의 方法을 決定 進行ᄒᆞᄂᆞᆫ 等事인디 朝鮮 總督의 認可를 得ᄒᆞᆷ이 안이면 變更不得이라 ᄒᆞ얏더라. 旣爲 規定이 制定된 以上은 此를 文具에 勿歸ᄒᆞ고 活用ᄒᆞᆷ이 可ᄒᆞᆯ지라…….

이에 1915년 3월 31일 9시 30본산연합사무소가 있는 각황교당에서 제1회 常置員 총회가 개최됨으로써 그 본격적인 활동을 개시하였다. 강대련 위원장을 비롯하여 상치원 7명이 참가하였다.[72]

상치원 총회의 주요한 의제는 中央學林의 설치에 관련된 것이었다. 즉 중앙학림이 위치할 장소 및 중앙학림 직원 선정, 학생모집 및 경비조달 방법, 학비지불과 개학일 확정 등이었다.

이에 상치원 회의에서 중앙학림 교사의 위치를 경성부 昌信洞 30본산주지회의소로 결정하였다. 이는 옛 원흥사 자리에 있던 30본산주지회의소가 이름을 30본산연합사무소로 바꾸면서 각황교당으로 移設됨에 따른 조치로 보인다. 또한 상치원의 고유권한으로서 中央學林 職員을 선정하였다.

- 學長: 강대련
- 學監: 金河山(공주군 甲寺)
- 講師: 白初月(함양군 靈源寺)
- 國語敎師: 宋憲奭
- 算術교사: 李命七
- 寮監: 吳梨山(동래군 梵魚寺)

중앙학림의 교장은 호선으로 결정하고자 했으나 업무의 효율적인 운용

---

72) 상치원 金南坡·金九河·李雪月·金崙河·羅晴湖와 대리로 참석한 吳梨山(범어사 吳惺月)·宋蔓庵(백양사 주지 金幻應) 등이었다.
「彙報」'禪敎兩宗三十本山聯合事務所常置員第一總會會議狀況, 『佛敎振興會月報』 3, 1915. 4, 82~83쪽.

을 위하여 연합사무소 위원장이 겸임하기로 하였다. 理科敎師·地歷敎師·書記·供司·小使 등은 제1회 상치원 회의에서 선정하지 못하였다.

7명으로 구성된 상치원은 항상 7명의 상치원을 유지해야 했고, 결원이 생겼을 경우 곧 바로 보충되었다. 30본산연합사무소 제1기 상치원이었던 석왕사 주지 金崙河가 1915년 4월 25일 입적함에 따라 봉선사 주지 洪月初가 상치원으로 선정되었다.73)

상치원 회의의 대부분은 중앙학림과 그 운영에 대한 논의였다. 당시 중앙학림은 불교계 개혁의 중추적 기관으로 인식되었다.74) 또한 中央學林은 30본산연합사무소가 설치되어 있는 동안 불교계 최고의 교육기관이었다. 불교계는 이미 1902년 佛敎硏究會의 明進學校, 1910년 圓宗宗務院의 佛敎師範學校, 1912년 能仁學校와 佛敎高等講院, 1913년 壺洞學校와 能仁學會 등을 설치 운영하였다.75) 그러나 중앙 고등교육기관은 30본산주지회의원의 佛敎高等講塾이 1914년 4월에 개설하였다가 8월에 휴교가 되어 유야무야된 상황이었다.76)

따라서 조선 불교계의 처지에서 보면 고등교육기관의 재건은 중요한 문제 가운데 하나였다.

일본의 佛敎學林의 제도를 참작하여 중앙학림의 제도를 만들었다는 지적과77), 총독부의 일정한 역할을 부정할 수 없다.

30본산연합사무소는 불교진흥의 방침에 따라 中央學林을 설치 운영하였다. 이는 1915년 1월 내무부장관의 훈유에 따라 총독부에 설립허가를 신청

---

73) 「告示」, '常置員死亡', 『朝鮮總督府官報』 제820호, 大正4년(1915) 4월 30일.
   「朝鮮寺刹三十本山聯合事務所職員異動」, 『朝鮮總督府官報』 제954호, 大正4년 10월 8일.
74) 「佛敎改新의 機關」, 『每日申報』 1915. 7. 3.
75) 豊岩散人, 「朝鮮佛敎敎育沿革의 大槪」, 『佛敎』 73, 1930. 7, 15~19쪽.
   명진학교에 대한 연구로는 다음이 있다.
   南都泳, 「舊韓末의 明進學校」, 『歷史學報』 90, 1981.
76) 『東大七十年史(1906~1976)』, 1976, 20~24쪽.
77) 『李朝佛敎』, 930쪽.

하여 인가를 얻어 崇一洞 元北廟 터를 특별히 대부받아 7월에 개학하기로
하였다. 중앙학림의 四敎大敎의 양과를 졸업한 자에 한하여 本末寺 住持와
三職 기타 布敎師·傳道員 등의 임무를 주기로 하였다.78)

그러나 당시 고등교육기관으로써 중앙학림의 건립은 조선 불교계의 중
요한 희망과 요구사항이었다. 이에 30본산연합사무소는 중앙학림 문제에
적극적으로 대처한 것으로 보인다. 즉 숭일동 북묘를 學舍로 충용하고자
신청하여 1915년 6월 28일에 학사에 대한 인가를 받았다.79) 조선교육령의
사립학교 규칙에 의거하여 사립불교중앙학림 인가원을 1915년 10월 4일부
로 선교양종30대본산연합사무소 위원장 강대련 이름으로 총독부에 제출하
였고, 총독부는 11월 5일자로 중앙학림 설치를 인가하게 되었다.80) 이보다
먼저 같은 해 7월 15일 地方學林이 먼저 승인을 받았다. 이에 지방학림이
지방 각본사를 중심으로 차례로 설립되어 17개소에 이르렀다.81) 중앙학림
은 옛 北關廟 자리인 崇一洞 2번지의 官有建物 3천 7백여 평을 대부받아 문
을 열었다. 이는 총독부 宇佐美勝夫 내무부장관의 알선과 李完用의 역할이
컸는데, 이완용의 신용으로 저리로 채무금을 빌리고 끝내 원흥사를 매각하
여 覺皇敎堂 건축에 따른 나머지 채무 7천여원을 마감 청산할 수 있었다.82)

30본산연합사무소의 가장 커다란 성과로 평가되는 중앙학림의 운용은
상치원 회의를 통해 이루어졌다. 이러한 상치원 회의는 주기적이며 지속적

---

78) 「朝鮮佛敎의 瑞光」, 『每日申報』 1915. 6. 17.
79) 「中央學林 學舍決定」, 『每日申報』 1915. 7. 2.
   "三十本山聯合事務所 委員長 姜大蓮 和尙이 中央學林에 對ᄒᆞ야 其間 崇一洞
   에 在ᄒᆞᆫ 北廟를 學舍로 充用코져ᄒᆞ야 某處에 請願 中이더니 去 二十八日에
   認可되야 該 委員長을 當局에셔 呼出ᄒᆞ야 認可狀을 出給ᄒᆞᆫ 後 某도록 中央
   學林을 善爲敎育ᄒᆞ도록 一場 訓諭가 有ᄒᆞ얏더라."
80) 『佛敎振興會月報』 9, 1915. 11, 71~72쪽.
   李能和, 앞의 책, 1208~1209쪽.
81) 姜大蓮, 「佛敎機關擴張意見書」, 『朝鮮佛敎叢報』 20, 1920. 3, 4쪽.
   "……大正四年七月十五日, 地方學林先爲承認, 今年十一月五日中央學林又爲承
   認, 地方學林次第設立於各寺者凡十七個所中央學林設立於中央……"
82) 無能, 「聯合事務의 第三個年」, 『朝鮮佛敎叢報』 1, 1917. 3, 4~5쪽.

으로 열렸다. 즉 1916년 3월 22일 오전 10시부터 3월 24일까지 30본산연합사무소에서 제4회 상치원회의가 개최되었음 알 수 있다.[83] 출석인원은 위원장 강대련을 비롯하여 常置員 7명 가운데 徐震河(법주사)·李晦光(해인사)·金南坡(동화사)·羅晴湖(봉은사)·金九河(통도사) 등 5명이 참석하였고, 백양사 金幻應 대신 宋宗憲이 대리로 출석하였다. 범어사 吳惺月은 불참하였다. 이로써 상치원 회의는 6명으로 진행되었다. 중앙학림에 대한 의결이 대부분으로 1916년 1월~3월까지 중앙학림 경비 결산보고, 1916년도 (1916년 4월~1917년 3월) 중앙학림 경비 분배를 비롯하여 學生儀表 등등을 논의하였다.

그러나 현재 30본산연합사무소 상치원회의 기록은 제1회와 제4회가 남아있을 뿐이다. 그럼에도 불구하고 30본산연합사무소 주지총회 및 상치원회의에 대한 상세한 보도를 접하게 된다. 이는 당대 30본산연합사무소의 역할과 동향에 대한 관심의 표현으로 보인다. 1919년 3·1운동 이전 불교계의 중요한 관심의 일면을 보여주는 것이다. 단지 7명의 구성원으로 이루어진 30본산연합사무소 상치원회의에 대한 상세한 보도는 당시 불교계에서 30본산연합사무소가 차지하는 역할과 비중을 보여주는 실례로 보인다.

4. 맺음말

합방 이후 식민지 통치에서 사찰령의 제정은 궁극적으로 조선불교에 대한 敎政을 조선총독부가 직접 장악, 감독하고자 한 것에 있었다. 이는 동시에 일본 불교인의 역할을 배제하고 조선 승려에게 그 역할을 수행하도록 유도하고자 한 것이었다.[84]

---

83) 「第四回常置員會會議狀況」, 『朝鮮佛敎界』 2, 1916. 5, 84~91쪽.
84) 정광호, 「일본불교계와 식민통치」, 『한민족독립운동사』 5, 국사편찬위원회, 1989, 660쪽.

따라서 이러한 총독부의 이해와 요구에 불교발전이라는 목전의 목적달성을 위해 親日도 불사한 것이 1910년대 불교계의 현실이었다. 그 변화된 1910년대 불교계의 한 가운데 30본산주지들이 위치해 있었고, 그들의 이해와 요구를 반영한 기구로써 30본산주지회의원과 30본산연합사무소가 있었다.

따라서 일제의 사찰령에 기반한 30본산주지회의원 및 30본산연합사무소는 지극히 친일적인 행태로 비춰졌고 사실 그러하였다. 총독부의 이해와 요구에 의해 만들어짐에 따라 타율적인 발전의 가능성에 기초한 30본산주지들의 의결기구였던 30본산주지회의원과 30본산연합사무소였던 것이다.

1912년 처음 30본산 주지들의 會議기구로서 발족한 30본산주지회의원은 이후 1915년 보다 강화된 형식의 30본산연합사무소로 개편되었다. 그 과정에는 총독부 당국의 이해와 요구가 직접적으로 반영되었음을 살펴보았다.

그럼에도 불구하고 1910년대 30본산연합사무소의 설치와 운용은 불교계가 자신의 문제를 인식하고 새롭게 講學과 布敎라는 목표를 설정하고 조직을 정비하는 가운데 나름으로 발전적으로 조직을 이용할 수 있는 기회이기도 했다. 즉 사찰령으로 인해 타율적으로 만들어진 조직이기는 하지만 이는 동시에 불교계 자체의 내재적 이해와 요구가 결합된 산물이었다.

동시에 연합사무소라는 명칭에서도 알 수 있듯이 30본산의 연합기구로서 조직형태 또한 느슨한 것이었다. 즉 30본산연합사무소는 各本山의 連絡機關에 지나지 않는 것으로 전조선불교의 有機的 활동을 통제할 통일기관은 아니었다.[85]

그러한 한계에도 불구하고 30본산연합사무소의 설치는 講學과 布敎라는 명료한 목표를 설정하고 출범하였던 까닭에 中央學林을 비롯한 교육사업을 주요 활동으로 삼았다. 30본산연합사무소의 상임위원 격인 常置員 會議의 주요 의제가 中央學林의 운영에 관한 것임을 살펴보았다. 이러한 교육활동에 대한 지원과 노력은 이후 불교의 발전에 커다란 초석이 되었음은 부정할 수 없는 사실이다. 이후 중앙학림 및 30본산 연합사업을 통해 각성된 젊은

---

85) 金法麟,「政敎分立에 對해서」,『佛敎』100, 1932. 10, 17쪽.

승려들에 의해 사찰령 체제, 즉 寺法과 30본산제도 및 30본산연합사무소 체제가 부정, 비판되면서 30본산연합사무소는 해체되어 갔던 것이다.

• 부록 : 30本山住持會議院 및 聯合事務所 임원 변동 상황

1) 30본산주지회의소 원장 및 30본산연합사무소 위원장 일람

직 명	성 명	재임기간	비고
30本山住持會議院 院長(초대)	李晦光	1912. 6. 22~1913. 1. 9	
30本山住持會議所 院長(2대)	金錦潭	1913. 1. 9~1914. 1. 5.	
〃 (3대)	이회광	1914. 1. 5~1915. 1. 10	재임
30本山聯合事務所 委員長(초대)	姜大蓮	1915. 1. 10~1916. 1.	
〃 (2대)	강대련	1916. 1~1917. 1.	연임
〃 (3대)	金九河	1917. 1~1918. 1. 7.	
〃 (4대)	김구하	1918. 1. 7~1919. 1. 2.	연임
〃 (5대)	金龍谷	1919. 1. 2~1920. 1.	
〃 (6대)	강대련	1920. 1~1921. 1	재임
宗務院 院長(초대)	洪莆龍	1921. 1~1922. 1. 7.	

2) 30본산주지회의소 임원현황

(1) 1914년 30本山住持會議所 임직원

• 會議所

 원장 : 李晦光, 高等佛敎 講師 : 朴漢永, 外監院兼香閣 : 朴海蓮, 通譯員 : 金相淑

• 中央布敎堂(覺皇敎堂)

 布敎師 : 陳震應・金浩應, 內監院 : 朴大輪

• 佛報社

 社長兼務 : 朴漢永, 編輯 : 崔覞雲, 書記兼會計 : 金印海

• 舍利塔殿建築所

 監督 : 洪月初, 財務 : 吳惺月・姜大蓮, 會計 : 趙世杲・羅晴湖

(2) 1915년 30본산주지회의소 임직원

- 會議所
  院長 : 강대련, 監院兼持殿 : 朴海蓮, 書記 : 金泳粲, 通譯 : 金相淑
- 覺皇敎堂
  布敎師 : 李晦光, 說敎師 : 李晦明・金皓應・羅晴湖, 監院 : 李普仁,
  供司兼使丁 : 姜性律

(3) 1915년(초대) 朝鮮寺刹各本寺聯合事務所 직원

- 委員長 : 姜大蓮(용주사)
- 常置員 : 金幻應(백양사) 吳惺月(범어사) 金南坡(동화사) 李雪月(송광사) 金九河(통도사) 金崙河(석왕사) 羅晴湖(봉은사)
- 監査員 : 朴晦應(은해사) 李晦明(영명사) 洪莆龍(월정사)

(4) 1916년 朝鮮寺刹三十本山聯合事務所 직원

- 委員長 : 姜大蓮
- 常置員 : 金幻應(백양사) 李晦光(해인사) 徐震河(법주사) 吳惺月(범어사) 金南坡(동화사) 金九河(통도사) 羅晴湖(봉은사)
- 監査員 張基林(선암사) 李雲坡(건봉사) 朴普峰(보현사)

(5) 1917년 朝鮮寺刹三十本山聯合事務所 직원

- 委員長 : 金九河(통도사)
- 常置員 : 洪莆龍(월정사) 郭法鏡(위봉사) 吳惺月(범어사) 李晦光(해인사) 姜九峯(패엽사) 朴普峰(보현사) 金慧翁(김룡사)
- 監査員 : 高和應(석왕사) 金南坡(동화사) 羅晴湖(봉은사)

(6) 1918년 朝鮮寺刹三十本山聯合事務所 직원

- 委員長 : 金九河(통도사)
- 常置員 : 李晦光(해인사) 金南坡(동화사) 金龍谷(범어사) 李雪月(송광사) 姜大蓮(용주사) 羅晴湖(봉은사) 宋宗憲(백양사)

- 監査員 : 金景雲(기림사) 池石潭(은해사) 李智永(전등사)

(7) 1919년 朝鮮各本寺聯合事務所 직원

- 委員長 : 金龍谷(범어사)
- 常置員 : 李晦光(해인사) 金九河(통도사) 姜大蓮(용주사) 金一雲(유점사) 宋宗憲(백양사) 金相淑(봉은사) 李智永(전등사)
- 監査員 : 朴普峰(보현사) 郭法鏡(위봉사) 李徹虛(보석사)

(8) 1920년 朝鮮各本寺聯合事務所 役員

- 委員長 : 姜大蓮
- 常置員 : 金相淑(봉은사) 金九河(통도사) 金一雲(유점사) 李晦光(해인사) 宋宗憲(백양사) 金慧翁(김룡사) 李徹虛(보석사)
- 監査員 : 柳護庵(법주사) 朴普峰(보현사) 池石潭(은해사)

(9) 1921년 宗務院 役員

- 종무원장 : 洪蒲龍(월정사)
- 총무 : 金九河(통도사)
- 서무부장 : 姜大蓮(용주사)
- 교무부장 : 金一雲(유정사)
- 학무부장 : 宋宗憲(백양사)
- 재무부장 : 金相淑(봉은사)

A Study on the establishment process of bureau of the 30 capital zen buddhist temples(30本山聯合事務所) in the Japanese period.

Han, Dong Min

Since 1876 Chosun could not build the modern state because of the unequal treaties with the Western Powers and Japan. More over colonialization by Japanese made it more worse. This situation made not except for Buddhism. Chosun's Buddhism, which was repressed during all times of Chosun, went through the weakening due to the infiltration of Japanese Buddhism. Therefore Japanese Buddhism was inclined to merge Chosun'Buddhism, because Japanese Buddhism looked more excellent than Chosun's one.

Accordingly the government of Korean empire founded Won-Hung-Sa(元興寺) as capital buddhist temple in order to care for Buddhism. Before long, however, this public management of Buddhism was abolished, so buddhist's hope failed. Indeed Buddhist efforts resulted in the establishment of a research institute of Buddhism, and then Won-Jong Jong-Mu-won(圓宗宗務院, Chosun's Buddhist Central Bureau) was established as a central institute.

The following year of Korean annexation of Japan, However, Japan brought the Chosun's Buddhism under own's control by means of an edict on the Buddhist temples in Chosun. The important feature of an edict on the Buddhist temples was the establishment of 30 Bon-san system(30本山制度), which should control all buddhist temples in the whole country. Namely Japanese colonial government intended to make the hierarchic system of Buddhist temples. But in the history of Chusun's Buddhism nobody had seen this hierarchic system until then. Furthermore 30 capital buddhist temples were compelled to make the temple rules respectively in oder to be disunited the Chosun's Buddhism.

The traditional elective institutes were substituted for new one, which all Buddhist priests had right to vote. Though this new institutes had a right to solve every questions, the roll of president priests under the edict was more reinforced than elder one. Then Japanese colonial government aimed at a effective religious policy on the Chosun's Buddhism through establishment of meetings of president priests ; in 1912 year the assembly of president priests of 30 capital buddhist temples and in 1915 year the bureau of 30 capital buddhist temples(30本山聯合事務所). So the president priests made Yun-Hap-Je-Gyu(聯合制規, joint common laws and regulations). This action more or less reflected Japanese demands.

Naturally in those times the 30 capital temples wanted to do research and missionary work of Buddhism to some degree. For that reason the bureau of 30 capital buddhist temples made Chung-Ang-Hak-Lim(中央學林) as central educational institute and propagate in common by means of positive reception of Japanese suggestion.

1917년 佛教界의 日本視察 연구

이경순[*]

1. 머리말
2. 시찰단 파견의 배경
3. 시찰단의 구성과 추진
4. 시찰의 내용과 시찰단의 현실인식
5. 맺음말

---

* 선우도량 한국불교근현대사연구회

1. 머리말

일제가 일부의 조선인에게 일본을 시찰 또는 관광케 하는 이른바 '內地視察'은 피식민지민으로 하여금 식민지본국의 발전상을 목도케하고 식민통치에 대한 저항을 약화시키려는 의도에서 진행된 일종의 정치적 선전사업으로 알려져 왔다.[1]

일제하에 들어서 '내지시찰단' 구성이 불교계에서 처음 이루어진 것은 1917년이었다.[2] 이 1917년의 시찰은 근대 교단대표기구에서 실행한 최초의 일본시찰로서 당시 불교계를 대표하던 지도자들이 다수 참여하였다. 이

---

1) 일제당국이 시찰단 파견을 정치선전의 한 방책으로 본격화시킨 것은 3·1운동 후인 1920년대였다. 시찰단으로 선발되어 일본에 다녀온 사람은 귀국 후 '보고연설회'를 열 의무가 있었고 총독부에서 발간한 잡지 『朝鮮』에는 자주 이 보고회 기사가 실렸다. 주로 관공서 직원, 교원 등과 같은 여론 주도층에게 시찰을 주선하여 친일여론 형성에 이용하였다(강동진, 『日帝의 韓國侵略政策史』한길사, 1980, 49~52쪽).
2) 조선불교도의 일본시찰은 개항후 개별적으로 이루어지다가 1909년에 이르러 全鮮僧侶代表로서 洪月初, 金東宣, 金萬愚 등 60여명이 일본을 시찰하였다. 李能和도 1907년 일본시찰에 참여하였는데 '舊韓國政府로부터 三十人員을 日本에 派遣……'이라는 기록으로 보아 교단차원에서 조직한 시찰은 아니었던 것으로 추측된다(李能和, 「內地에 佛敎視察團을 送함」, 『朝鮮佛敎叢報』제6호, 1917년).
일제하에 들어서 교단대표기구에서 일본시찰단을 파견한 것은 1917년, 1928년 2차례였다고 추정된다.(林錫珍, 「日本佛敎視察團日誌」, 『佛敎』제49호~57호) 하지만 해방이전까지 朝鮮佛敎團과 같은 단체나 本山聯合會, 각 本末寺 단위에서도 시찰단을 파견하였으므로 불교계의 일본시찰은 드문 일이 아니었다. 조선불교단은 1925년이후 매년 5명씩 선발하여 시찰단을 파견하였고 본산연합회의 경우 慶北의 5본산(桐華寺, 孤雲寺, 祇林寺, 銀海寺, 金龍寺)연합회는 1935년~1937년, 江原 3본산(乾鳳寺, 楡岾寺, 月精寺)연합회 역시 1937년~1939년 일본시찰단 파견하였다(『每日申報』1937년 4월 24일자, 『慶北佛敎』15~19호, 1938년, 임혜봉, 『불교사 100장면』, 1994년 참조).

시찰의 내용과 감상을 기록한 시찰기가 총독부 기관지인 『每日申報』에 장기간에 걸쳐 연재되었는데 이것은 일제가 이 시찰의 중요성을 어느 정도로 인식하였는지 짐작케 하는 한편 시찰의 효과가 불교계뿐 아니라 일반 대중에게까지 미치길 기대했음을 말해준다.3)

그런데 이 시찰이 일제의 정치적 의도에 의해 진행된 것은 사실이지만 다른 한편에서 주목할 수 있는 것은 당시 불교계내에서 일본시찰의 요구와 필요성을 인식하고 이 시찰을 준비하고 실행하였다는 것이다.

일제하 불교계는 조선시대이후 침체된 교단을 부흥시키고 새로운 시대에 발맞추어 개혁을 이루어내야 하는 과제를 안고 있었다. 그러한 과제를 해결하기 위해 당시 불교계 지도자들은 일본불교를 모델로 한 한국불교의 개혁을 시도하였다. 그러한 분위기 속에 일본불교에 대한 관찰과 연구에 대한 필요성은 자연히 일본시찰에 대한 열기와 기대로 나타났다.

이제까지 近代佛敎史 연구에서 이 불교시찰단은 뚜렷한 주목을 받은 바 없으며 단지 불교에 대한 일제 당국의 '포섭공작'4) 내지는 친일파 승려들의 적극적 친일행각5)으로 간략히 언급되어왔을 뿐이다. 그러나 그러한 설명은 전교단내에서 들끓었던 일본시찰에 대한 기대와 반응을 설명해 주지 못하며 일제당국과 일본불교계가 조선불교계에 미치려한 영향과 시찰자들이 보여준 의식적 반응을 구체적으로 파악하는데는 부족한 것이었다.

이에 본고에서는 이 1917년 시찰단의 파견의 배경과 추진, 시찰의 내용에 대해 살피고 이를 통해 1910년대 조선 불교계의 상황과 현실인식의 일단을 밝혀보기로 하겠다.

---

3) 불교시찰단의 단원인 권상로가 쓴 視察記가 『每日申報』에 37회(1917년 8월 31일~11월 17일)에 걸쳐 연재되었다. 이 밖에도 불교계 대표적 잡지였던 『朝鮮佛敎叢報』 제7호가 '佛敎視察紀念號'로 엮어졌다.
4) 정광호,「日帝의 宗敎政策과 植民地佛敎」『近代韓國佛敎史論』, 민족사, 1988, 81쪽.
5) 임혜봉,『親日佛敎論』下, 민족사, 1993, 464~466쪽.

2. 시찰단 파견의 배경

1917년 불교계에서 시찰단의 파견을 가능하게 하였던 몇 가지 배경적 요인을 살필 수 있다. 그것은 1910년대 총독부의 불교정책, 일본불교계의 동향, 조선불교계의 현실적 요구 등의 측면에서 주목할 수 있을 것이다.

일제당국은 불교교단을, 한반도 통치의 정당성에 대한 이념 재생산과 민중의 순량화를 기할 수 있는 효과적인 교화기구로서 인식하였다. 이에 따라 일제의 불교정책은 불교에 대한 장악, 통제뿐만 아니라 활용과 포섭이 주된 흐름을 이루었다.6)

일제시대 전반에 걸쳐 불교계의 현실규정에 가장 큰 영향을 미친 것은 일제가 반포한 寺刹令(1911)이었다. 이 법령은 사실상 전국 사찰의 승려와 불교재산을 총독부의 관리와 통제 대상으로 삼았으며 30개로 나누어진 각 本山은 총독부의 실질적 통제 속에 들어가는 하나의 행정 기구화 되었다.7) 사찰령의 주요 특징 중 하나는 총독부가 전국의 사찰과 승려를 통제하되 그것의 세부는 본산주지 30명에게 대행시키는 것이었다. 이러한 사찰령의 시행결과 사찰운영의 실권이 30본산주지들에게 집중되는 현상을 빚었다.

특히 본산주지 중심의 중앙교단운영체제는 1915년 30本山聯合事務所와 '朝鮮寺刹各本寺聯合制規'의 성립이후8) 더욱 굳어갔다. 경성 각황사에 설치된 30본산연합사무소는 1912년 이후 30本山住持會議院, 30本山住持會議所 등의 형태로 유지되었던 본사주지회의체를 확대 발전시킨 교단대표기구였으며 연합제규는 연합사무소의 구성과 활동을 명시한 내용을 담고 있었다.

---

6) 이에 대한 자세한 논의는 정광호, 「'明治'불교의 내쇼날리즘과 한국침략」, (1)(2) 『近代韓日佛敎關係史硏究』(인하대 출판부, 1994)를 참고할 수 있다.
7) 박승길, 「일제무단통치시대의 종교정책과 그 영향」, 『현대한국의 종교와 사회』, 문학과 지성사, 1992, 46쪽.
8) 「各寺聯合制規」, 『每日申報』 1915년 3월 2일.

이의 설립으로 전 교단운영에 대한 권한은 연합사무소로 집중될 수 있었고 그 구성원인 본산주지들의 지위는 더욱 확고하게·되었다.

이렇다 보니 본산주지들은 일제 당국의 불교계에 대한 관리와 포섭의 실질적 대상이 될 수밖에 없었고 이러한 상황하에서 이루어진 일본시찰은 그 정치적 성격이 뚜렷한 것이었다. 즉 총독부는 內地視察을 큰 施惠로 선전하고 그 시혜를 누리는 특권을 부여해줌으로서 그들의 호응을 이끌어내었다. 이러한 일본시찰은 조선의 각계 지도급 인사나 여론 주도층을 대상으로 한 식민지 통치술의 하나로서 행하여졌던 것이다.9)

총독부는 사찰령 반포 4년후인 1915년 8월, 布敎規則과 神社寺院規則을 반포하였다. 大正期의 종교정책은 사회안정에 치중하여 행정기구에 의한 종교단체의 통제가 주요 방침이 되었는데 1914년에 발발한 1차 세계대전도 사회안정에 대한 필요성을 더욱 강화시키는 계기였다.10) 포교규칙은 사회안정을 위한 종교단체의 통제라는 목적하에 반포된 법령이었다. 이 법령으로 각 종교의 포교자와 포교활동이 총독부의 감시망에 들어가게 되었고 불교, 기독교, 신도를 제외한 기타 민족종교는 말살되었다.

그런데 이 포교규칙과 신사사원규칙의 개정 이후 두드러진 현상은 國家神道의 神社가 본격적으로 창건되기 시작했으며 이와 함께 일본 기독교 교회 및 일본불교의 국내 교세확장이 더욱 활발해졌다는 점이다.11) 이는 포교규칙 반포 후 일제가 일본종교의 조선진출을 적극 장려했음을 말해준다. 이러한 점은 일제가 포교규칙 반포를 통해 조선내의 종교통제를 완비하면서 종교를 통한 황민화 이념의 주입에 박차를 가하게 된 것을 의미한다.12)

---

9) 또한 종교계에서는 불교계 뿐 아니라 기독교도들에 대한 일본초청도 행해졌다. 1910년 11월 19명의 조선 기독교 지도자들이 일본에 초청되기도 하였다 (小川圭治, 池明觀編 金允玉, 孫奎泰共譯 『日韓그리스도敎關係資料集』, 1990, 428~432쪽).
10) 박승길, 위의 논문 53쪽.
11) 윤선자, 「1915년 <포교규칙> 공포이후 종교기관 설립 현황」, 『한국기독교와 역사』 제8호, 1998, 135쪽.
12) 박승길, 위의 논문 56쪽.

이러한 정책기조는 불교계에서 친일외곽단체의 설립, 일본불교와의 교류가 활기를 띠는 현상으로 드러나게 되었다.

1917년 2월 佛教振興會의 뒤를 이어 창립된 佛教擁護會는 李完用, 權重顯, 韓昌洙 등의 주요 친일인사가 주축이 되어 창립된 교단 외곽단체였다.13) 이 불교옹호회는 일제당국이 불교를 '奬勵外護' 한다는 명목으로 설립 유도한 것이었다. '장려와 외호'란 불교계에 대한 총독부의 관리, 통제의도를 나타내는 것이다. 이것은 불교에 대한 총독부의 관여가 다각화하였으며 관리의 내용적 면에서도 더욱 심화되었음을 나타내주는 것이다.

한편 일본불교와의 교류는 일본불교 승려의 조선방문, 일본유학의 권장14), 일본시찰단의 파견등의 형태로 나타났다. 이 때의 일본불교와의 교류증대는 1910년대 전반기의 상황과 변화된 국면으로 나타난다.

1877년 일본불교가 한반도에 진출한 이래 일본불교는 조선불교에 지속적으로 영향을 끼쳤다. 그러한 과정 중 1906년 '宗教의 宣布에 關한 規則' 반포 이후 성행했던 管理請願15)과 1910년 조선불교를 일본불교인 曹洞宗에 부속시키려했던 圓宗・曹洞宗 盟約사건은16) 일본불교계의 한반도 침투 목표를 드러내기에 충분했다. 조선사찰을 자기 종파의 末寺로 삼거나 또는 조선불교를 병합하려는 것이었다. 그러나 합방이후 1911년 시찰령 반포로 그러한 기도는 무위로 끝나게 되었다. 즉 조선사찰을 두고 치열한 경쟁을

---

13) 「佛教擁護會認可」, 『每日申報』, 1917년 2월 23일.
14) 金九河, 「吾教青年學生諸君의게」, 『朝鮮佛教叢報』 제6호, 1917.
15) 管理請願은 조선사찰이 일본불교 각 종파의 末寺가 되어 관리를 받을 수 있도록 통감부에 청원을 한 것을 말한다. 1911년경 120여 개 이상의 조선사찰이 관리청원을 하였다. 이렇게 많은 사찰들이 관리청원을 한 것은 당시 전국적인 의병전쟁에서 사찰이 의병들의 근거지가 됨에 따라 피해가 속출하였던 상황과 관계 있었다. 따라서 조선사찰들은 자구책으로 일본불교의 말사로서 당국의 관리를 받고자 했던 것이다. 그러나 다른 일면에는 일본불교의 영향과 지원을 받으려는 의도가 있었을 것이다(김광식, 『우리가 살아온 불교백년』, 민족사, 2000, 26쪽 참조).
16) 圓宗・曹洞宗盟約 사건에 대해서는 김광식, 「1910년대 불교계의 曹洞宗盟約과 臨濟宗運動」(『한국민족운동사연구』 12, 1995)을 참고할 수 있다.

벌이던 일본불교 각 宗派를 대신해 총독부가 조선불교에 대한 직접 통제를 선택하게 된 것이다. 이것은 일본불교 각 종파의 입장에서는 조선불교에 대한 지배적 영향력을 약화시킨 일이었다. 물론 이후에도 일본불교의 국내 활동은 활발했지만 이전과 같이 조선 사찰을 일본종파의 末寺로 삼거나 조선불교를 일본 종파로 통합하려는 기도는 있을 수 없게 되었다.

그런데 1915년 이후의 종교정책은 일본불교 각 종파의 국내 영향력 강화를 통해 그 정치적 활용도를 높이는 것이었다. 일본종파의 국내 진출에 있어서는 1911년 이후 교세가 날로 성장하고 있던 조선불교계를 의식하지 않을 수 없었고 정치선전의 효율을 위해서도 조선불교와의 교류사업 확대는 필수적인 일이었다.

1917년의 일본시찰단 파견은 일본불교계가 교류사업을 확대하는 분위기 속에서 이루어진 것으로 1917년 4월 眞宗 東本願寺 法主 오타니 고엔(大谷光演)과 5월 永源寺派 管長 로신(蘆津)의 경성방문에서 그러한 정황을 파악할 수 있다.

그 중 오타니 고엔은 1917년 4월 27일 경성 조선호텔에서 불교계의 중요 인물들을 만나 담화를 나누었는데 그는 이 자리에서 조선불교에 대해 다음과 같이 말하였다.

> 금일에는 내지 승려와 협력하여 포교하기에 노력함은 불교를 위하여 가장 깃거운 일이라. 다시 장래에도 마음을 같이하여 조선불교의 융흥을 도모하여서 조선의 불교가 고래로 성대하던 때와 같이 번성케하고 싶다고 생각한다.[17]

오타니 고엔은 일본불교 최대 종파인 眞宗 東本願寺派의 대표자이자 일본 皇族출신으로서 교단안팎에 큰 영향력을 가졌던 인물이다. 따라서 위와 같은 진술을 통해, 그가 조선불교도의 일본시찰에 대한 영향력을 미쳤을 가능성을 추측할 수 있다. 위와 같은 오타니의 견해에 대해 金九河, 姜大蓮

---

17) 「光演法主의 鮮僧接見」, 『每日申報』 1917년 4월 28일.

과 같은 조선승려들은 일본불교와의 교류와 협력에 대한 강력한 희망을 나타내었다. 당시 범어사 포교사로 이 자리에 참석한 韓龍雲도 오타니 법주와 만난 감상에 대해, 다음과 같이 말하였다.

> …… 내지 불교의 왕성함을 생각하는 동시에 우리도 어서 내지와 연락하여 한번 마음껏 발전을 시켜 볼까 바라고 있습니다……18)

한용운은 합방이전인 1908년, 이미 일본을 시찰하고 일본불교의 발전요건들을 연구한 바 있었다. 그 바탕 위에 1910년 통감부와 중추원에 제출한 승려의 娶妻(결혼)허용 건백서와 1913년 간행된 『朝鮮佛敎維新論』의 저술이 가능했던 것이다. 그 역시 일본불교를 모델로 한 조선불교의 교육·포교·제도의 개혁은 여타의 불교계 지도자들과 인식을 같이하고 있었다.19)

한편, 같은 해 5월 로신(蘆津) 영원사파 관장이 경성을 방문하였다. 경성 臨濟宗 妙心寺 別院에서 열린 조선승려 접견회에서 로신은,

> 日韓병합도 실행되어 한 국가가 되었으니 크게 步調를 맞추어 조선에 있는 臨濟禪의 부흥을 꾀하기를 원하노라. 그렇게 하려면 조선의 청년승려를 內地禪堂에 들어가게하여 10년, 15년年間을 刻苦하여 嚴峻한 師家의 鉗鎚 下에서 충분히 단련을 거치는 것이 第一肝要할 줄로 생각한다.20)

---

18) 위와 같음.
19) 교단운영 혹은 일제의 사찰정책에 대해 한용운과 여타 본사주지들과의 시각차와 갈등이 본격화된 것은 3·1운동이후 1920년대 불교청년운동이 일어나면서부터라고 여겨진다. 1920년대 대부분의 본사주지들은 일제의 사찰정책을 용인한 반면 한용운을 중심으로 한 불교청년운동가들은 사찰령의 철폐 등 '정교분리'를 일제당국과 교단에 요구하였다.
20) 「靑年僧侶를 內地로 送하라」, 『每日申報』, 1917년 5월 8일.
이 같은 蘆津의 진술은 이후 1920년대 조선불교를 일본 임제종에 병합하려 한 사건에 관하여 시사하는 바가 크다. 그 사건을 주도한 이회광이 조선불교의 전통인 임제종과 같은 종파인 일본 임제종과 병합을 추진하면서 같은 논리를 폈기 때문이다. 위와 같은 언급으로 본다면 일본 임제종 역시 이 시기

그는 조선불교의 전통이 臨濟宗에 있음을 상기시키면서21) 조선승려로 하여금 일본 臨濟禪의 수행을 하도록 하는 것이 불교 부흥의 '第一肝要'라고 강조한 것이다. 여기에서는 임제종이라는 이유로, 일본 임제종이 다른 일본불교 종파에 비해 조선에서 우월한 지위를 점할 수 있는 근거를 선전하고 조선불교와의 관계를 적극적으로 모색하고 있음을 보여준다.

그러나 일본불교계가 주장한 '교류와 협력'은 대등한 위치와 자격으로서의 이루어지는 것이 아니었음은 물론이다. 위의 예에서 나타나듯이 교류와 협력의 실제내용과 목적은 일본불교의 영향력 강화와 일본불교에 의지한 조선불교의 변화였다.

1910년대 조선불교계에서도 일본불교와의 교류와 협력의 요구가 대두되었던 것은 일본에 대한 우호감과 일본불교를 모델로 한 불교의 발전, 중흥에 대한 기대감이 있었기 때문이었다. 당시 일제는 승려의 도성출입금지해제와 사찰령의 반포가 施惠라는 인식을 불교계에 강제하였으며 불교계 역시 그러한 역사인식에서 벗어나지 못하고 있었다. 또한 당시 불교계는 사회진화론의 수용을 통해 불교의 문명화와 타종교와의 경쟁에 대한 의식이 팽배해 있었다.22) 이에 따라 1915년 교단대표기구로 성립된 30본산연합사무소에서는 불교계 근대교육을 도모하기 위한 中央學林을 설립했을 뿐 아니라 포교의 활성화와 대중화를 위해 경성 중심부에 覺皇敎堂을 포교당으로 운영하고 佛敎振興會를 구성하는 등 교육과 포교를 중심으로 한 불교계의 발전과 중흥을 기도하였다.23) 또 1915년 포교규칙 반포를 통해 불교의 지위가 공인종교로서 확고해진 후 불교에 대한 자부심과 종교경쟁에 대한 자신감은 더해갔다.24)

부터 조선불교와의 관계정립에 유의하고 있었던 것으로 파악된다.
21) 이 자리에 참석한 朴漢永 역시 '朝鮮禪宗은 臨濟宗인가 曹洞宗인가'하는 혹자의 질문에 대하여 '朝鮮의 불교는 전부 臨濟宗이오 曹洞宗은 一切無하다.'라고 답하고 있다.
22) 이와 관련해서는 김광식, 「1910년대 불교계의 進化論 수용과 寺刹令」, 『吳世昌敎授華甲紀念韓國近代史論叢』(1995)를 참고할 수 있다.
23) 無能, 「聯合事務所의 第三個年」, 『朝鮮佛敎叢報』 제1호(1917년 3월).

그러나 삼십본산연합사무소의 제 활동에도 불구하고 현실 불교계의 의식수준이나 발전정도는 당시 불교계 중흥을 추진하는 자신들은 물론 교단 안팎의 기대에는 미치지 못하는 것이었다.[25] 이러한 상황 속에 불교의 발전과 중흥의 전략으로서 일본불교에 대한 모방이[26] 가속화되었다. 이에 따라 일본불교에 대한 구체적 관찰과 연구의 요구가 증대되고 그것은 일본유학[27]과 일본시찰로 구체화 될 수 있었다.

3. 시찰단의 구성과 추진

1917년 일본에 파견된 불교시찰단은 교단차원에서 그 구성과 추진이 이루어졌다. 당시 시찰단 파견은 朝鮮佛敎禪敎兩宗 三十本山聯合事務所의 사업으로 추진되었다. 삼십본산연합사무소는 1915년 三十本山住持會議所가 확대, 개편되어 조직된 기구로서 '講學과 布敎'를 주된 사업으로 하는 당시 교단대표기구였다.

---

24) 李能和,「布敎規則과 吾人의 覺悟」,『朝鮮佛敎界』제1호, 1916년 4월.
25) 1917년 1월 1일자『每日申報』,「回顧 大正 五年 - 宗敎」에서는 佛敎에 대하여 다음과 같이 평하였다(…… 寺利令이라는 特別保護法下에 保之護之 하지만은 再生의 활기는 能得키 不能하고 따라서 何等 현저한 활발도 없으며 따라서 일본내지와 같은 진정한 종교적 공헌을 행하는지 實로 前道가 渺然하도라. 조선불교의 總攝이라 할 京城의 三十本山聯合 傳道會는 기탄없이 비판하자면 조선의 불교를 非僧非俗化케 함에 不外할 뿐이다).
26) 金九河,「吾敎靑年學生諸君의게」,『朝鮮佛敎叢報』제6호, 1917년.
27) 일제시대 불교도의 일본유학에 관해서는 다음과 같은 논문을 참고할 수 있다.
  김광식,「1920년대 在日佛敎留學生團體 연구」,『竹堂李炫熙敎授華甲紀念韓國史學論叢』, 1997.
  _____,「1930~1940년대 在日 佛敎留學生 團體 연구」,『韓國近代佛敎의 現實認識』, 1998.
  이경순,「일제시대 불교 유학생의 동향」,『僧伽敎育』제2호, 조계종 교육원, 1998.

1917년 시찰단은 조선불교선교양종 삼십본산연합사무소 위원장 김구하를 비롯한 본산주지 6명과 주지대리 이지영, 수행원 김상숙, 권상로 등 당시 불교계를 대표하는 인물 9명으로 구성되었고 인솔자로서 조선총독부 내무부 학무국 촉탁 가토 칸가쿠(加藤灌覺)가 참여하였다.

시찰단원의 이름과 당시 직책은 다음과 같다.

- 金九河(大本山 通度寺 住持 겸 三十本山聯合事務所委員長)
- 李晦光(大本山 海印寺 住持)
- 姜大蓮(大本山 龍珠寺 住持)
- 羅晴湖(大本山 奉恩寺 住持)
- 郭法鏡(大本山 威鳳寺 住持)
- 金龍谷(大本山 梵魚寺 住持 후보자, 梵魚寺 明正學校校長)
- 李智永(大本山 傳燈寺 首班末寺 華藏寺 住持)
- 金相淑(大本山 奉恩寺 首班末寺 神勒寺 住持)
- 權相老(朝鮮佛教叢報記者)
- 加藤灌覺(朝鮮總督府 內務部 學務局 囑託)

본산주지 30명 중 이들이 시찰단에 선발된 것은 연합사무소 내에서 중요한 역할을 맡은 인물이었기 때문이었을 것이다.

시찰단의 대표였던 김구하(1872~1965)는 당시 대본산 통도사 주지로서 1917년 1월 강대련에 뒤를 이어 삼십본산연합사무소 위원장으로 선출된 인물이었다.28)

이회광(1862~1933)은 당시 대본산 해인사 주지로서, 1908년 근대불교 최초의 교단인 圓宗의 종정을 역임한 이래(1908~1912) 불교계의 최고실력자로 군림했던 인물이었다. 그는 사찰령 반포이후에도 삼십본산연합사무소의 전신인 三十本山住持會議院의 院長을 역임하면서 일제시대에 들어서

---

28) 그는 1919년 이후 임시정부에 대한 자금 지원과 승려연합회 대표자 12인명의의 선언에 참여하는 등의 행적을 보였는데 이는 당시 그가 보였던 교단에서의 친일적 활동과는 배치되는 것으로 주목할 수 있다(김광식, 「韓國近代佛教人物行蹟基礎調查錄」, 『韓國近代佛教史研究』, 466쪽 참조).

도 교단내 주도권을 유지하고 있었다. 그러나 1910년대 중반에 들어서 이회광의 권력은 차츰 위협받고 있었다.

이회광과 치열한 경쟁관계에 있었던 인물이 바로 강대련이었다. 강대련(1875~1942)은 불교 최초의 근대학교인 明進學校 출신으로 당시 대본산 용주사 주지였다. 그는 1915년에는 삼십본산연합사무소 초대 위원장으로 선출되었고 1916년까지 위원장을 역임한 인물이었다. 1915년 강대련이 삼십본산연합사무소의 초대위원장이 되자, 자신의 권력에 위협을 느낀 이회광은 佛敎振興會의 會主로서 강대련을 대한 견제를 꾀하였다. 그런데 1917년에 들어 강대련이 연합사무소위원장 자리에서 물러나고 이회광이 會主로 있던 불교진흥회 또한 운영이 신도들에게 맡겨짐으로서[29] 1915년 이후의 갈등은 어느 정도 정리되었던 것으로 파악된다.[30]

나청호(1875~1934), 곽법경, 김용곡 등은 봉은사, 위봉사, 범어사와 같은 당시 지방 본산중 大刹의 주지로서 중앙에서도 영향력을 끼쳤던 인물들이다.

본사주지 위주의 시찰단 구성에서 본사 전등사의 말사인 화장사 주지 이지영이 이 시찰단의 일원이 된 것은 전등사 주지 鞠昌煥의 대리로 참여하게 된 것이었다.[31] 그는 시찰직후인 1917년 11월 전등사 주지로 취임하였는데[32] 이것으로 보아 시찰당시에도 사실상 전등사의 實勢로서 활약하

---

29) 박경훈, 「近代佛敎의 硏究」, 『近代韓國佛敎史論』, 1988, 63~64쪽.
   불교진흥회의 운영을 신도에게 맡기라는 지시를 한 것은 총독부 우사미 내무장관이었다(1916년 1월 5일). 이에 대해 박경훈은 불교진흥회의 會主인 이회광이 당초 불교진흥회를 신도들에게 맡길 의도를 갖고 있었고 총독부가 그것을 수용한 것으로 설명하고 있다. 그러나 이 설명에는 어떤 근거에서 이회광과 총독부의 이해가 일치되었는지 나타나 있지 않다. 다만 내무방관의 지시중 '會議 財政은 한푼이라도 승려에게 의뢰할 것이 아니다. 이는 오직 회원 스스로 자변함이 옳다.'라고 한 것에서 불교진흥회의 재정상의 문제와 갈등을 추정할 수 있다.
30) 그러나 그들의 경쟁과 갈등은 이후 1920년대 정면충돌로 이어지게 되었다. 1920년의 강대련과 이회광의 갈등은 이회광이 조선불교를 일본 臨濟宗 妙心寺派에 부속시키려 했던 사건으로 비롯되었다. 이 사건은 이회광으로 하여금 교단내 명망과 영향력을 완전히 잃게 만들었다.
31) 「長衫絡子로 內地에」, 『每日申報』 1917년 8월 29일.

고 있었다고 볼 수 있다. 김상숙은 명진학교 졸업생으로 당시 신륵사 주지 였지만 이듬해인 1918년 대본산 봉은사의 주지로 취임한 인물이었다.33) 그는 연합사무소의 재무와 통역을 맡고 있었기 때문에 참여하게 된 것으로 추정된다. 근대불교학의 대학자로 알려진 권상로(1879~1965)는 명진학교 출신으로 1917년 당시『朝鮮佛敎略史』를 펴냈고 30본산연합사무소의 기관지인『朝鮮佛敎叢報』의 기자로 활동하고 있었다. 그는 시찰단의 기록을 맡아 시찰에 참여하게 된 것이었다. 그는 시찰기를『每日申報』에 연재하고 (1917년 8월 31일~11월 17일)34)『朝鮮佛敎叢報』제7호에 시찰내용을「視察一束」과「視察地의 類別」로 정리하여 실었다.

이들은 1910년대 불교계의 교단내 실권을 행사하였으며 당시 불교계의 변화, 발전을 선도하였던 인물들이었다고 할 수 있다.35) 이들은 대부분 일제의 사찰령에 의해 총독의 인가를 받은 주지들이었으며 일제의 사찰정책에 순응하는 인물들이었다. 또 이들은, 이들 중 몇몇의 명진학교 졸업생으

---

32)「官報抄錄」,『朝鮮佛敎叢報』제8호, 1917년 11월.
33)「朝鮮寺刹三十本山聯合事務所職員異動」,『朝鮮佛敎叢報』제9호, 1918년 5월.
34) 총독부 기관지인『每日申報』가 권상로의 시찰기를 장기간 연재한 것은, 바로 한해 전인 1916년 이광수가「동경잡신」을『每日申報』에 연재했던 것(9월 27일~11월 9일)과 같은 맥락에서 읽혀진다. 즉 이들의 의도는 조선의 지식인들로 하여금 문명개화의 표준을 일본으로 두게 하고 그 문명을 예찬하며 일본과의 비교를 통해 조선은 자립불능의 상태라는 것을 선전하려고 한 것이다.
35) 박포리는 그의 박사논문에서 근대불교개혁운동의 주체에 대한 새로운 시각을 보여주었는데 그것은 이제까지 일제의 협력자, 반개혁세력으로서 인식되어온 본사주지세력을 1910년대 불교개혁운동을 추진한 주체로 인정한 것이다. 그에 따르면 이제까지의 親日과 抗日의 구도로 본사주지세력과 불교개혁세력을 파악해왔던 관점으로는 불교개혁운동의 보다 넓은 범주를 파악하기 힘들다는 것이다. 1910년대 본사주지세력 역시 그 나름의 관점으로 불교개혁을 추진했음으로 그들을 불교개혁운동의 주체로 인정해야 한다는 것이고 불교청년운동 세력과 본사주지세력간의 시각차가 발생한 것은 1920년대에 들어서라는 주장이다[Pori Park, "The Mordern Remaking of Koeran Buddhism : The Korean Reform Movement During Japanese Colonial Rule and Han Yongun's Buddhism(1879~1944)" 美 UCLA 동아시아언어문화학과 박사학위논문, 1998, 21쪽].

로 상징되듯이 불교의 근대화를 당면과제로 여겼던 인물들이었다. 따라서 이들이 주도한 일본시찰의 의도와 목적은 그 성격이 분명한 것이었다.

한편 이 시찰단 파견의 추진 과정에 대해서는 구체적 기록을 찾아볼 수 없다.36) 그러나 다음과 같은 김구하의 진술을 참고할 수 있다.

> 조선의 승려대표로 각 본산 주지들이 한번 내지에 가서 불교를 시찰하라는 의논은 수년전부터 있었으나 각황사를 창설하기에 불소한 부담이 각 본산에 돌아가서 경비의 판출이 어려운 고로 중지되었다가 이번에야 다년의 경영이 실행될 기회를 얻었습니다.37)

즉 불교시찰단의 파견에 대한 논의가 삼십본산주지들에 의해 이미 수년 전부터 있어왔다는 것을 말하고 있다. 일본시찰이 구체적으로 논의되었던 것은 1913년으로 확인된다. 1913년 삼십본산회의소의 총회에서 결의된 바 있으며38) 1914년에도 추진되었던 사항이었다.39) 그러나 그것이 구체적으로 실행되지 못한 것은 윗글의 설명대로라면 연합사무소의 주요 사업 중 하나였던 각황사의 신축비용이40) 막대한 債務로서 남아있었기 때문이었다. 그런데 1916년 당시 연합사무소는 우사미(宇佐美) 내무부장관과 이완용의 도움을 받아 막대한 채무를 저율의 이자로 갚을 수 있었고41) '東門外 會

---

36) 이것은 연합사무소의 사정을 살펴볼 수 있는 불교계 잡지가 1916년 1월부터 1917년 2월까지 발행되지 못했기 때문이었다. 즉 『佛教振興會月報』가 1915년 12월에 폐간된 이후 연합사무소에서 『朝鮮佛教叢報』를 발간하기 시작한 것은 1917년 3월에 이르러서였다.
37) 「長衫絡子로 內地에」, 『每日申報』1917년 8월 29일.
38) 「朝鮮禪教兩宗三十本山會議所 第3回 總會錄」, 『海東佛報』 4호, 1913년.
39) 「三十本山住持와 第1回內國視察團」, 『海東佛報』 제5호, 1914년.
40) 각황사는 1910년 근대 최초로 경성의 4대문안에 창건된 절로서 중앙교단의 활동근거지이자 도심포교의 중심역할을 하였다. 위에서 말한 '각황사의 창설'이란 창건의 의미가 아니라 각황사의 재건축을 말하는 것이다. 1910년에 창건된 각황사는 1914년, 그 이전의 건물이 철거되고 서양식과 일본식 건물을 절충한 2층 건물로 신축되었다(『每日申報』1914년 9월 11일).
41) 無能, 「聯合事務所의 第三個年」, 『朝鮮佛教叢報』제1호, 1917년 3월.

議所(元興寺)'를 매도할 것을 내무부장관으로부터 지시받아42) 원흥사를 매각한 금액으로 나머지 채무, 7천여 원도 해결할 수 있었다.

이러한 재정상의 문제해결과 더불어 1916년 7월 그 동안 교단내의 갈등의 진원지였던 佛敎振興會이 해체되자43) 교단은 안정을 찾게 되었던 것으로 보인다. 이러한 여건 속에서 1917년 시찰단 파견을 실행할 수 있었음을 추정할 수 있다.

그런데 시찰경비의 일부는 총독부의 지원을 얻은 것이었다. 당시 총독 하세가와(長谷川)는 불교시찰단의 여비로서 3백원44)을 하사하였다. 총독은 이 하사금을 주면서 '內地에 가거든 아무쪼록 여러 가지를 잘 시찰해서 돌아오거든 인민을 開導하고 문화를 增進케 하여 정치를 裨補하여 政府의 노력을 一分減하게 하라'는 訓諭를 하였다. 불교계에 대해 총독이 요구한 것은 '정치를 보좌할 수 있는 불교'로의 변화, 성숙이었다. 당시 '정교분리'라는 원칙은 일제의 종교에 대한 관여와 지시에 있어서는 묵인되며, 종교단체가 일제당국의 통치에 반하는 행위를 할 때만 적용되는 허울만 좋은 슬로건에 불과한 것이었다.

하세가와 총독의 이와 같은 지원에 대해, 이능화는 자신이 1907년 舊韓國政府로부터 파견된 시찰단의 일원으로 3개월 간 일본에 갔을 때 하세가와가 당시 朝鮮駐剳軍司令官으로서 시찰단을 인솔하였다는 것을 회상하였다.45) 이것에서도 알 수 있듯이 하세가와는 조선인의 일본시찰의 의미와 효과에 대해 누구보다도 잘 알고 있었을 인물이었다. 경비상의 지원과 함께 총독부 내무부 학무국 촉탁이 안내자로서 시찰단을 인솔하게 하였다는 것, 그리고 시찰단이 일본내 朝鮮總督府出張所의 지시를 받게 한 것에서도 시찰단에 대한 적극적 지원과 관리를 알 수 있다.

---

42) 「內務部長官訓諭」, 『朝鮮佛敎界』 제2호, 1916년 6월.
43) 김광식, 『韓國近現代佛敎資料全集 -解題版- 』, 민족사, 1996, 33쪽.
44) 당시 시찰에 소요된 총경비는 알 수 없다. 하지만 1917년 2월 경성에서 精米上品 한 섬의 가격이 14원이었다는 기록(『朝鮮總督府統計年報』 1917년판)을 참고한다면 총독의 하사금은 적지 않은 금액이었다.
45) 李能和, 「內地에 佛敎視察團을 送함」, 『朝鮮佛敎叢報』 제6호, 1917년 6월.

시찰단의 출발에 앞서 시찰계획에는 일본불교에 대한 시찰과 함께 明治天皇의 무덤인 桃山御陵 참배, 데라우치(寺內)首相에 대한 방문 일정이 포함되었다. 그 이유는 사찰령이 발포되어 '衰微'한 조선의 불교가 진흥할 조짐을 얻은 것이 명치천황의 '은덕' 때문이었고 데라우치 수상 역시 초대 조선총독으로서 불교를 '극진히 보호'하였음으로 감사의 뜻을 표하기 위해서였다.46) 이와 같은 사실은 총독부가 일본시찰을 장려한 정치적 목적과 당시 불교계의 일제통치에 대한 인식을 그대로 반영하는 것이라 할 수 있다. 당시 교단 집행부의 인사들은 그러한 총독부의 지시와 의도에 충실히 부응하게 된다.

한편 당시 불교계 내에서 일본시찰에 대한 목적은 다음과 같이 언급되었다.

> 대저 조선불교는 古家의 遺範이 많고 先哲의 軌則이 이미 있지만 시세의 변천을 따라서 風潮의 大同을 맞추어야 제도를 관찰하고 문물을 參互코자 함이 유일의 목적이오. 桃山御陵에 참배하야 權域의 佛法을 외호하신 沈恩을 報謝함이 최초의 동기가 되야 …….47)

> 내지의 불교는 범백이 조선보다 발달되었음으로 우리가 보고 배울 것이 한두가지가 아니겠지만은 특별히 내지의 불교가 어떻게 해서 일반 사람과 깊이 접촉되어 세상과 함께 나가며 정신계를 통솔하는지 그것을 힘써 보려 합니다.48).

즉 조선불교가 어떻게 시대의 변화와 풍조를 따를 수 있을 것인가, 사회적 영향력을 어떻게 획득할 수 있을 것인가의 문제의식으로 일본불교의 제도와 문물을 관찰할 것을 말하고 있는 것이다. 또한 스스로 桃山御陵을 참배한다는 명분을 내세워 일제당국의 지원을 유도하였음을 알 수 있다. 재

---

46) 「長衫絡子로 內地에」, 『每日申報』, 1917년 8월 29일.
47) 이능화, 「內地에 佛敎視察團을 送함」, 『朝鮮佛敎叢報』 제6호, 1쪽.
48) 강대련, 「長衫絡子로 內地에」, 『每日申報』, 1917년 8월 29일.

가신도였던 梁建植 역시 그러한 의미로 다섯 가지를 시찰단에게 당부하고 있다. 그 내용을 정리하면 첫째, 일본불교 각 종파의 제도와 교육과정 포교방법을 분명히 판단하여 기록할 것. 둘째, 엄숙하고 당당한 태도를 보일 것. 셋째, 각 종파의 宗旨와 師法, 역사를 신중히 살필 것. 넷째, 辭令을 잘 따르고 많은 사람을 기쁘게 하여 朝鮮佛敎의 진면목을 손상시키지 말 것. 다섯째, 일본에 불교를 전한 조선불교가 왜 쇠퇴하였고 일본불교는 어떤 이유로 발전을 이룩했는지 연구할 것 등이다.[49]

여기에서도 알 수 있듯이 일본불교는 조선불교에 비해 발전되었으며 시대의 변화에 발맞추어 일반 대중을 교화, 선도하는 위치에 서 있는 것으로 인식하였다. 즉 조선불교계가 바라본 일본불교는, 일본사회가 明治維新을 통해 근대로 진입을 하면서 불교 역시 개혁을 통해 근대교단을 형성하였고 그러한 개혁의 성공은 일반 대중과의 친밀도, 그리고 내외로 뻗치는 교세를 통해 증명되는 것이었다.

그에 비해 조선불교계는 山中佛敎의 전통을 벗어나야 할 舊態로 간주하였으며 교세 또한 상대적으로 미미한 것으로 파악하였다. 불교계 지도자들이 염원한 것은 불교교육, 포교, 제도의 근대화를 통한 '근대교단의 형성'이었고 그러한 근대교단의 모델을 일본불교에서 찾아야 했던 것이다.

4. 시찰의 내용과 시찰단의 현실인식

1917년 8월 31일, 드디어 일제하 최초로 구성된 불교시찰단이 25일간의 일본시찰에 나서게 되었다.

8월 31일 오전 南門驛에서는 中央學林 講師 朴漢永을 비롯한 직원과 학생일동, 각 敎堂布敎師와 佛敎擁護會의 李完用伯爵, 李允用男爵, 오다(小田)

---

49) 梁建植, '僧侶의 佛敎視察團을 送함', 「視察祝賀의 文辭」, 『朝鮮佛敎叢報』제7호, 37~39쪽.

中央學林 顧問, 아베(阿部) 每日申報 社長과 社員 方台榮, 妙心寺 布教師 고토 즈이강(後藤瑞巖)50) 등 당시 교단 안팎의 주요 인물들이 전송에 나섰다. 또한 기차가 각 역에 정차할 때마다 지방의 승려들이 수십 명까지 나와 전송을 하였다. 이러한 전송광경은 당시 시찰단에 대한 전국적인 관심의 수준을 보여준다.51)

이 역사적 시찰에 참가하는 이의 감격은, 다음과 같은 것이었다.

> 年來 벼르고 벼르던 內地佛敎視察을 하게 되였습니다. 나도 그 團員의 一數가 된 것은 眞實로 意外올시다. 나의 一生에 아마 이만큼 한 榮光은 다시 없을 줄로 생각합니다. 참 깃거움을 이기지 못하겠습니다.52)

시찰단은 부산에 도착하여 연락선을 타고 현해탄을 건너 다음날인 9월 1일 下關에 도착하게 되었다. 이들은 곧 東京行 最急列車를 타고 9월 2일 오후에야 동경에 도착하였다. 기차역에는 조선 승려출신 유학생들을 비롯 각 종파 대표자들과 각 신문기자단이 이들을 맞이하였다. 이후 '각 신문에서는 朝鮮高僧, 조선고승하고 사진과 기사가 法螺를 불고 방문하는 손님은 현관에 끊어질 겨를이'53) 없었다고 기록하고 있어 일본 내에서도 역시 불교시찰단에 대해 지대한 관심을 보였음을 알 수 있다.

시찰단은 9월 4일 首相邸의 방문으로 공식일정에 들어간다. 그 구체적 시찰일정과 내용은 표와 같다.

시찰단이 방문한 지역은 東京, 伊勢, 京都, 奈良, 大阪 등이었다. 시찰단을 안내하기로 한 것은 학무국 촉탁이었지만 東京佛敎護國團, 佛敎聯合會, 京

---

50) 고토 즈이강 後藤瑞巖(1879~1965) : 1906년 동경제대 철학과를 졸업하고 1914년 조선 묘심사파 포교감독이 되어 경성 묘심사 별원을 창건한 인물이다.
51) 「僧侶視察 一行 出發」, 『每日申報』, 1917년 9월 2일.
「視察一束」, 『朝鮮佛敎叢報』 제7호, 1917년.
52) 權相老, 「佛敎視察團 一」, 『每日申報』, 1917년 8월 31일.
53) 權相老, 「朝鮮佛敎視察團 七」, 『每日申報』 1917년 9월 8일.

<표 1> 1917년 불교시찰단 시찰일지[54]

일시	시찰내용
8월 31일	京城府 壽松洞 覺皇敎堂에 시찰단원집합. 南門驛에서 출발하여 부산 도착. 連絡船 新羅丸에 탑승
9월 1일	오전 下關에 도착하여 東京行 最急列車 환승
9월 2일	오후 東京驛에 도착. 總督府出張所指定으로 朝陽旅館에서 숙박.
9월 3일	휴식
9월 4일	오전 首相邸를 방문, 總理大臣 寺內正毅 면회. 오후 東本願寺 前法主 伯爵 大谷光瑩을 방문. 이후 國民新報社 방문
9월 5일	오전 金九河 首相私邸를 방문, 총리대신 夫人의 病候를 위문. 金相淑은 국민신보사를 방문하여 전날의 禮遇에 대한 감사의 뜻을 전함. 오후 曹洞宗大本山摠持寺 貫首 石川素童이 안내자를 보내어 초청
9월 6일	오전 新宿御苑을 참관. 오후 王世子邸를 찾았으나 왕세자는 군대연습으로 만나지 못하고 贊侍嚴柱日과 면회.
9월 7일	오전 天台宗 寬永寺와 德川氏의 第一廟, 第二廟를 참관. 오후 淺草寺 觀音堂 拜觀. 東京佛敎護國團과 佛敎聯合會 주최로 增上寺에서 환영회 개최.
9월 8일	日本橋白木屋(잡화상)주인 大村氏의 午餐에 초청받음. 朝鮮督府出張所에 서 山縣政務摠監 면회, 伊勢大廟의 배관을 권고받고 金百圓을 원조 받음.
9월 9일	三越吳服店本店을 시찰
9월 10일	오전 文部省에서 岡田文部大臣을 면회. 오후 久米民之氏의 초청을 받아 정원을 관람, 만찬 참여.
9월 11일	불교호국단, 불교연합회의 안내로 東洋大學, 東洋女學校, 宗敎大學, 東京養育院, 曹洞大學, 東京感化院, 福音會, 育兒院을 시찰.
9월 12일	오전 上野驛에 나가 文部省의 지도로 皇族, 貴族의 다음자리에 서서 天皇을 奉迎함. 귀로에 帝國大學校를 시찰
9월 13일	김구하는 首相邸에 가서 동경을 떠나게 됨을 보고하고 李晦光은 鎌倉大佛을 배관. 權相老는 九段靖國神社를 참관. 오후 열차로 伊勢로 향함.
9월 14일	오후 分山田驛에 도착, 古市町 油屋別邸에서 숙박.
9월 15일	오전 內宮에 가서 朝廷에서 拜禮하고 齋舍에 들어가 祭祝을 거행. 오후 外宮 참배한 후 京都로 향함. 京都에 도착하여 河六旅館에서 숙박
9월 16일	오전 桃山御陵, 東御陵(昭憲太后陵) 참관. 오후 西大谷本廟, 淸水寺, 圓山公園, 東本願寺本廟, 智恩院, 新京極을 시찰.
9월 17일	東本願寺 法主 伯爵大谷光演의 초청을 받아 동본원사를 시찰. 枳殼邸에서 十三景을 玩賞. 오후에 三十三間觀音堂, 妙法院, 豊太閤廟, 大佛 시찰
9월 18일	京都佛敎聯合會의 안내로 京都高等女學校, 幼稚園, 京都大學, 平安中學 시찰. 西本願寺에 가서 불교연합회가 주최한 환영회에 참석.
9월 19일	불교연합회의 안내로 智恩院을 다시 방문하여 내용을 시찰. 大谷大學, 花園中學 시찰. 妙心寺를 방문하여서는 同宗으로서의 친밀감을 느낌. 오후 仁和寺 參觀, 金閣寺 시찰
9월 20일	오전 奈良驛 도착. 東大寺, 興福寺 참관하고 魚佐旅館에 숙박.
9월 21일	오전 奈良의 특산인 사슴을 완상한후 오사카로 향함. 天王寺 시찰. 오사카 시가지를 시찰하면서 心齋橋를 구경하고 通天閣에 이르러서는 승강기와 비행선에 올라 시가지를 내려다봄. 밤늦게 열차로 출발하여 下關으로 향함
9월 22일	오후 下關에 도착하여 연락선 新羅丸에 오름.
9월 23일	오전 부산에 도착. 환영객을 맞고 밤에 경성행 기차에 오름
9월 24일	南門驛 도착. 환영객에 포위되어 覺皇敎堂에 들어가 三拜禮를 올림

都佛敎聯合會 등 현지 불교단체가 안내와 접대를 하기도 하였다. 시찰의 대상은 대체로 각 종파의 本山格인 사찰들이거나 관광지 사찰들, 각 사찰 소속의 교육기관과 자선사업기관, 官廳과 私邸, 御陵과 神宮, 商店, 市街地 등이었다. 그리고 시찰단이 만난 주요인물들은 일본불교의 승려, 불교단체의 회원, 首相과 政務摠監 등의 관료, 신문사 사장, 실업가 등이었다.

시찰지들은 일본이라는 국가와 일본불교의 위용과 우수성을 보여줄 수 있었으며 시찰단을 맞은 일본불교계의 대표자들과 정치인들은 끊임없이 내지와의 융화, 협력을 강조하는 발언을 하였다. 이것은 시찰자의 의도와 상관없이 이 시찰이 정치적 성격을 띠고 있었음을 보여주는 것이었다.

시찰에서 본래의 의도에 맞게 중시된 것은 일본불교에 대한 시찰이었다. 일본불교 각 종파의 사찰들을 방문하여 각 종파의 대표들을 만나 환담하고 사찰들을 돌아보았다. 그리고 사찰이 운영하는 대표적 교육기관과 사회사업기관을 방문했다.

시찰단이 방문한 곳은 대부분 거대한 규모의 사찰건축과 말끔히 정비된 도량의 모습을 볼 수 있는 사찰이었다. 시찰단은 이들 사찰들의 규모와 정비수준, 손상이 없는 보존상태에 대한 놀라움을 금하지 못했다. 그것은 전란과 탄압에 의해 황폐화한 조선사찰과는 극명한 대비를 이루는 것이었다. 그리고 체계적인 승려의 교육기관과 법식들은 바로 조선불교계에는 부재한 '질서와 발전'의 모습이었다.

한편, 摠持寺(曹洞宗), 東本願寺(眞宗), 西本願寺(眞宗), 妙心寺(臨濟宗), 增上寺(淨土宗) 등 각 종파의 본산에서는 시찰단을 맞아 대대적인 환영을 하고 성대한 만찬을 베푸는 등 시찰단에 대해 극진한 예우를 하였다.

9월 5일 시찰단을 초청한 曹洞宗 大本山 摠持寺의 이시가와 소도(石川素童)[55]은 다음과 같은 환영사를 하였다.

---

54) 「視察一束」, 『朝鮮佛敎叢報』 7호, 8~17쪽 참고.
55) 이시가와 소도 石川素童(1841~1920)는 1910년 당시 조동종의 관장으로서, 이회광이 일본에 건너가 조동종 맹약을 체결할 때에 조동종 측에서 협상을 맡았던 인물이었다.

...... 今日은 歐洲의 戰亂은 慘亂을 極하니 吾人佛敎徒의 책무가 매우 클 때이다. 조선불교의 부흥은 특히 이를 諸師의 노력을 기대할지로다. 특히 佛法에 東西가 없고 鮮日이 이에 同胞라 마땅히 互相提携하야 오로지 皇運을 扶翼하고 祖風을 宣揚함을 기하여야 하도다......56)

여기에서 '歐洲의 戰亂은 慘亂을 極하니'란 제1차 세계대전을 이르는 것이다. 당시 일본은 세계대전과 러시아 혁명의 여파에 의해 大正 데모크라시의 분위기가 심화되던 시기로서, 대전후의 경제변화에 의해 노동쟁의, 소작쟁의 또한 빈번하게 일어나고 있었다. 한편에서는 일본내 사상의 급진화에 대항하는 파시즘 운동이 고개를 들기 시작하던 시기이기도 하였다.57) 그러한 사회 분위기 속에서 당국이 종교계에 요구한 것은 사회안정을 위한 노력이었다. '吾人佛敎徒의 責務가 매우 클 때'라는 것은 바로 그러한 불교계의 '임무'에 적극적 참여할 것을 요구하고 있는 것이다. 뒤이어 '皇運을 扶翼'이라는 언급을 통해 불교의 국가에 대한 책무를 다시 한번 강조하였다. 일본불교와 조선불교의 '互相提携'의 필요성은 불교도의 국가에 대한 책무를 다하기 위해 강조한 것이었다.

또한 9월 18일 시찰단을 만난 眞宗本願寺派 執行長 가가이 묘로(利井明朗)의 환영사는 다음과 같았다.

앞서 각 종파는 조선을 향하여 다수의 포교사를 파견하야 교양의 선전, 덕성의 함양에 노력하는 일이 있으나 三世에 超한 妙法弘通을 위하야 서로 協同一致, 精進奮勵로써 世道人心의 개발에 진력할 事......58)

위의 환영사에서는 조선불교계와의 협력을 통해 일본불교의 포교와 민중교화를 이룰 것을 주장하고 있다. 이는 일본불교계가 지속적인 교세확장

---

56) 「視察一束」, 『朝鮮佛敎叢報』 제7호, 10~11쪽.
57) 丸山眞男, 이인철 譯, 「일본파시즘의 사상과 운동」, 『일본현대사의 구조』, 한길사, 1980, 272~273쪽.
58) 「視察一束」, 『朝鮮佛敎叢報』 제7호, 14~15쪽.

을 위해서는 조선불교계와의 더욱 밀접한 공조체계가 필요하다는 것이다. '世道人心의 開發'을 위한 '協力一致'라는 명분으로 조선불교계와 관계를 형성하고자 한 것이었다.

시찰단의 방문지 중 또한 중요한 곳은 교육기관과 자선사업기관이었다. 시찰단이 25일 동안 시찰한 교육기관은 무려 11곳이었고 자선사업기관은 3곳이었다. 교육기관 중 대학은 帝國大學, 曹洞大學, 東洋大學, 宗敎大學, 大谷大學, 佛敎大學 등 6곳이었고 중학교는 京北中學, 平安中學, 花園學院 3곳, 여학교는 東洋高等女學校, 京都高等女學校 2곳, 그 밖에 京都幼稚院이 있었다. 또 자선사업기관으로는 福田育兒院, 感化院, 東京養育院이었다.

이들 대부분은 일본불교 각 종파에서 운영하는 기관들이었다. 당시 조선불교계는 불교의 사회적 역할을 중시하였고 승려들의 新學問 수학의 중요성이 강조되고 있었다. 조선불교계의 상황에서 이 교육기관과 자선기관에 대한 시찰은 중요한 의미를 지니고 있는 것이었다. 바로 불교가 '근대성'을 획득하기 위한 주요한 과제가 체계적이며 새로운 방법의 교육와 대중적 포교라고 인식하였기 때문이다. 시찰단은 일본불교가 다수의 학교와 사회사업기관을 운영하는데 큰 감명을 받았다.

당시 권상로의 시찰기에서는 이들 기관의 규모, 학과의 종류, 도서관 장서의 분류, 학생과 직원 수 등에 대한 상세한 기록을 볼 수 있다.[59] 이것에서도 당시 일본불교의 사회사업에 대한 관심이 얼마나 구체적이었고 그것을 불교계의 실제사업에 참고하려 했음을 알 수 있다.

그렇다면 조선승려들은 일본불교를 현지에서 목도하면서 조선불교의 정체성에 관해서는 어떤 인식을 지니고 있었을까? 당시 불교도들의 일본불교에 대한 감상에는 다음과 같은 서두가 일반적이다.

> 일본불교는 모두 조선으로부터 수입되었습니다. 불상도 조선에서 불경도 조선에서 比丘, 比丘尼, 禪師, 律師가 모두 조선에서 갔습니다. 그에 따라 다른 문화까지도 거의 전부가 조선불교의 힘이올시다. 그 후의 조선불교는 시

---

59) 「視察地의 類別」, 『朝鮮佛敎叢報』 제7호, 21~27쪽.

대의 허물인지 승려의 허물인지 如何間 금일에는 아주 昔日과 反比例가 되었습니다.60)

위와 같이 당시 조선승려들은 일본불교가 조선불교에서 유래했다는 역사의식과 자긍심을 갖고 있었다. 그러나 그들은 그후 일본불교는 발전을 거듭하였고 조선불교는 조선시대의 탄압으로 인해 쇠퇴하고 마는 뒤바뀐 길을 걸었다고 생각했다. 그러한 사고의 기저에는 부끄러움과 안타까움의 감정이 있었으며 인정할 수밖에 없는 뼈저린 현실인식이 있었던 것이다.

시찰단원들은 일본의 유수한 사찰들을 시찰하면서 광대한 규모나 발달된 시설을 보고 감탄과 찬사를 아끼지 않았다. 그러나 시찰 중에서 가장 인상적이었던 사찰은 단연 臨濟宗 妙心寺였다.

　　妙心寺에는 그렇게 화려사치는 보지 못하겠으나 모두 엄중장정한 태도 규모가 보입니다. 더욱이 우리와 동일한 臨濟宗이라 家風과 法制가 대동소이할 뿐 아니라 妙香山 留學生 4,5명이 있어 一動一靜을 안내하는 故로 마치 각각 자기 本山에 돌아온 듯하고…….61)

　　경도 화원의 묘심사파 본산되는 묘심사를 본 즉 승려의 참선수도라던지 기타의 규모범백이 조선과 지나의 사찰 규범과 같은 중에서 발달되어 조선 사찰의 모범이라 할 만하여 우리는 시간이 없는 중에도 여섯 시간을 허비하야 그 절을 시찰하고 장래에 조선에서 내지로 불교유학생을 보내일 것 같으면 묘심사로 보내는 것이 제일 적당하겠다고…….62)

이렇게 묘심사에서 친밀감과 호감을 느낄 수 있었던 것은 무엇보다 조선불교와 같은 임제종이며 참선수도와 같은 제도와 풍속이 같았기 때문이다. 여기에서 살필 수 있는 것은 조선승려들에게 조선불교는 임제종이라는 정체성 인식이 뚜렷했다는 점이다. 조선시대이래 불교는 임제종의 계통인

---

60) 權相老, 「佛敎視察團 一」, 『每日申報』, 1917년 8월 31일.
61) 權相老, 「佛敎視察團 三十三」, 『每日申報』 1917년 11월 10일.
62) 李晦光, 「日東의 佛光에 感激하야」, 『每日申報』 1917년 9월 26일.

看話禪을 주류로 삼아왔고 조선불교는 임제종이라는 법통의식이 계승되었다. 더욱이 1910년대 圓宗·曹洞宗盟約 사건이후 그에 대항하여 발생한 임제종 운동은 조선불교의 전통을 조선 승려들에게 더욱 각인케 하는 기회가 되었던 것이다. 이러한 점은 일본불교에 대한 종파적 이질감이 조선승려들에게 상존하였음을 알 수 있게 한다. 일본불교를 모방하고 배우고자 하였을 때 그 구체적 대상은 일본불교의 제도, 사회적 위상과 역할에 관한 것이었고 종파적 차원에서는 어느 정도 거리를 두고 있었음을 확인할 수 있다.

그런데 위에서 나타난 일본 임제종 묘심사파에 대한 호감은 이후 실제로 각 본산에서 일본유학생을 臨濟宗 교육기관으로 대거 파견하게 되는 결과로 나타난다.63) 또한 이회광이 1920년 교단장악을 목적으로 조선불교를 일본 임제종과 병합시키려는 시도를 하는데64) 이 때의 시찰경험이 하나의 계기가 되었던 것으로 파악된다.

한편 일본불교계에 일반화되었던 승려의 결혼(帶妻)에 관한 인식은 어떠했을까? 시찰단 중 帶妻者의 비율이 어떠했는지는 확인할 수 없다. 그렇지만 조선승려들에 있어서도 대처의 추세가 진행되고 있었다.

9월 10일 동경에 도착한지 9일째 되던 날 시찰단은 衆議院議員이자 대사업가(토목건축가)인 쿠메 타미노스케(久米民之助)의 초청을 받는데 권상로는 시찰기에서 그에 대해 다음과 같이 말한다.

    氏는 진실로 독특한 別格의 인물이외다. 참말 독신자오 在家菩薩이외다. 우리의 안목에는 內地 各宗 僧侶가 大活動하고 大事業을 많이 하였건마는 氏는 내지 승려가 아무 것도 하는 것이 없다고 논평합니다. 내지 승려는 잠만 자고 이것은 우리 아내 올시다, 이것은 우리 아들이외다 하는 자랑만 부끄러움 없이 말할 뿐이오 다른 장점은 없습니다. 오직 포교 한가지에는 열심이올시다. 금번에 조선 고승은 불교시찰을 할지라도 포교하는 것 한가지 외에는 모방할 것 조금도 없습니다.65)

---

63) 이경순, 앞의 논문, 268~272쪽.
64) 「佛敎의 改宗問題」(1)~(10), 『東亞日報』, 1920년 6월 24일~7월 6일.
65) 權相老, 「佛敎視察團 十九」, 『每日申報』 1917년 9월 30일.

쿠메 타미노스케는 성격이 매우 호탕하고 대범한 인물이었던 것 같다. 그는 일본승려의 대처를 '부끄러워'할 것으로 보고 시찰단을 高僧이라 칭하면서 일본불교의 대처풍속을 따르지 말 것을 말한 것이다. 이러한 충고는 바로 세속화된 일본불교에 대한 비판이면서 조선불교 승려의 대처화를 경계하는 것이었다.

이에 대해 권상로는,

> 氏는 과연 비상한 사람이올시다. 佛法을 형식으로만 믿는 것이 아니라 정신으로 믿고 皮面으로만 아는 것이 아니라 骨相으로 압니다.[66]

라고 평하여 그를 칭찬하고 있다. 그러나 흥미롭게도 권상로는 일본시찰 다음해인 1918년 결혼을 하게 된다. 당시 승려의 대처는 막을 수 없는 추세가 되어갔던 것이다. 이것은 또한 권상로 등의 學僧들이 조선불교의 역사를 정리, 연구하면서[67] 학문적으로는 조선불교의 전통과 정체성을 드러내었던 반면에[68] 수행과 생활상에서는 스스로 세속화되었던 현상을 단적으로 보여준다.

시찰단의 주요 방문지 중 또 다른 성격의 곳은 정치적 목적에 의해 선택된 장소들이었다. 官廳과 私邸의 방문을 통해 일본 각 계의 중요 인물과의 만남을 가졌고 御陵, 神社 등을 방문했다.

그 중 9월 4일에는 데라우치 首相邸를 방문하여 면회를 하였다. 수상은

---

66) 위와 같음.
67) 조선불교의 역사연구에 관한 권상로의 업적은 『朝鮮佛敎略史』, 『韓國寺刹全書』, 『韓國佛敎資料鈔』 등 다수가 알려져 있다. 『退耕堂全書』(退耕堂權相老博士全書刊行委員會, 1990).
68) 박포리는, 조선불교가 자기 정체성에 대한 의식을 발전시킨 것은 한반도에 진출한 일본불교의 자극에 의해서였다고 보고, 원종・조동종 맹약에서 일어난 임제종운동, 일제시대 권상로, 이능화, 김포광 등 불교학자들에 의해 저술된 종조론(宗祖論), 조선불교 역사연구 등을 그 예로 들었다. 또한 이러한 불교학자들의 연구와 저술은 조선불교의 정체성뿐 아니라 민족의 정체성 확립에도 기여하였다고 평가하였다(박포리, 앞의 논문 96~102쪽).

이 자리에서 불교계의 현황을 상세히 묻고 나서 다음과 같은 말을 시찰단에게 전하였다.

> 佛敎는 아무쪼록 宗敎의 범위 이내의 행동을 하며 愚迷人民에 敎理를 支配하여 우리 政界人으로 하여금 힘을 덜게 하며 皇化를 찬양하기를 깊이 바라도다.69)

윗글에서 데라우치수상은 종교의 정치관여를 용납하지 않음을 강조하고 인민대중에 대한 교화 의무를 이른 것이다. 그리고 그러한 교화의 목적은 단지 '정치인의 힘을 덜게 하는 것'으로 곧 정치에 종속된 불교의 영역을 직시하라는 것이다.

이 자리에서 시찰단원들은 화기애애한 분위기 속에서 銀製香爐와 이회광이 가져간 그림 족자 두 폭을 선사하였다. 그것은 조선총독 재임시 불교를 '보호하고 장려함에 대한 감사'의 의미를 지닌 것이었다. 이것에서 조선총독부의 寺刹令과 같은 불교정책이 불교의 육성책이었다고 인정한 불교계의 인식한계를 알 수 있다.

9월 8일에는 朝鮮總督府出張所에서 야마가타 정무총감을 만났다. 정무총감은 이 자리에서 伊勢大廟의 拜觀을 권하고 100원을 시찰단에 기부하였다.70) 정무총감의 권고에 따라 시찰단은 일정을 바꿔 9월 13일 예정에 없던 伊勢로 향하게 된다. 伊勢大廟는 天照大神을 모시는 神宮으로서 일본의 國魂을 상징한다는 곳이었다. 이 밖에도 시찰단은 桃山御陵, 靖國神社 등 일본의 國體와 歷史를 신성화시킨 장소들을 방문하였다. 9월 16일 방문한 桃山御陵은 명치천황의 무덤으로서 시찰 목적 중의 하나로 일컬었던 곳이었다. 이 시찰단은 桃山御陵에 참배를 하고 김구하가 祝文을 奉讀하였다.71)

조선불교도의 시찰에 이러한 곳이 포함된 것은 시찰의 목적이 단순히

---

69) 權相老, 「佛敎視察團 七」, 『每日申報』, 1917년 9월 11일.
70) 「彙報」, 『朝鮮佛敎叢報』 제6호, 1917년 6월.
71) 「視察一束」, 『朝鮮佛敎叢報』 제7호, 13쪽.

문물과 제도의 관찰에 머무는 것이 아니었다는 것을 말해준다. 즉 일제는 國體를 신성하고 우월한 것으로 선전하고 천황제의 통치이념을 합리화시키기 위하여 조선불교도들에게 桃山御陵, 伊勢大廟 등을 참배하게 하였던 것이다. 이 두 곳에 대해 시찰단은 明治天皇과 天照大神을 찬탄하는 글귀를 남기었다.72)

이러한 시찰단의 태도는 민족종교의 지도자로서 기대할 수 있는 의식과는 거리가 먼 것이며 이들이 일제당국의 의도에 거부감 없이 순응하고 있었다는 것을 보여준다. 위의 방문지에서의 儀式은 시찰단으로 하여금 일본의 역사와 전통을 내면화시키는 과정이었다. 그리고 이러한 과정이 의도한 것은 바로 일본인으로의 '同化'였으며 그 동화의 기초는 일본의 國體였다.

이 시찰의 2년 후인 1919년 11월, 강대련은 '朝鮮佛敎機關擴張意見書'을 발표하여 사이또(齊藤實) 총독에게 제출하였다.73) 그 내용은 9개조에 달하는 조선불교의 발전계획안이었는데 그 중 문제가 된 것은 제1조인 조선민족을 불교로 감화시키는 방법(朝鮮民族以佛敎感化)이었다. 여기에서 강대련은 조선왕족・귀족과 승려와의 결혼, 조선왕족・조선승려의 일본 왕족・귀족과의 결혼을 불교 감화 향상의 요소가 된다고 주장하였다. 그리고 그러한 예로서 眞宗 東・西本願寺의 승려와 황실관계를 지적하고 본원사 승려들이 그 때문에 힘들이지 않고 敎化를 할 수 있다고 주장하였다.

이것은 바로 강대련이 지니고 있었던 일본이라는 국가, 일본불교에 대한 '同化'의 욕구를 표현한 것이었다. 그 동화의 욕구는 2년 전 일본 국체의 내면화를 경험한 연장선에서는 당연한 것이었다. 그러나 이것은 일제에 의해 포섭된 교단의 한 지도자의 의식이 3・1운동 이후 고양된 교단안팎의 민족적 자각과는 얼마나 유리될 수 있었는가를 보여주는 것이다.

한편, 9월 12일에는 大正天皇이 日光山에서 휴가를 보내고 동경으로 돌

---

72) 羅晴湖,「視察中唱酬」中 桃山御陵,『朝鮮佛敎叢報』제7호, 36쪽.
　　金九河,「視察中唱酬」中 伊勢大廟,『朝鮮佛敎叢報』제7호, 34~35쪽.
73) 강대련,「佛敎機關擴張意見書」,『朝鮮佛敎叢報』제20호, 1920년.
　　박경훈, 앞의 책 51~53쪽, 임혜봉, 앞의 책(上) 100~102쪽.

아오게 되자 시찰단은 文部省의 지도로 기차역에 나가 천황을 맞이하게 된다. 시찰단은 皇族, 貴族의 다음 자리에 서서 천황의 얼굴을 지척에서 맞이하게 되었다. 이것을 시찰단은 매우 영광스러운 일로 여기게 되었다.[74]

이 같은 시찰 내용은 식민지 조선인이 누릴 수 있는 최대, 최상의 것이었다 할 수 있다. 일본의 수상, 정무총감과의 면담, 天皇의 拜謁 등은 일반인은 상상할 수도 없는 기회였다. 그것은 일제 당국이 베푼 커다란 시혜였고 시찰단에게 무한한 영광으로 기억되는 일이었다. 또 이것은 일제 당국이 불교의 교세와 영향력을 어느 정도로 평가했는지를 짐작케 하는 예이다.

마지막으로 시찰단의 방문지로서 新聞社와 商店, 市街地 등을 살펴볼 수 있다. 시찰단이 방문한 신문사는 東京의 國民新報社였고 상점은 白木屋이라는 대형 잡화점과 三越吳服店이었다. 그리고 東京과 京都, 大阪의 시가지도 둘러보았다.

시찰단이 이런 곳들에서 발견한 것은 일본의 눈부신 근대문명이었다. 윤전기를 다섯대나 갖춘 國民新報社의 시설이나[75] 고용인이 4천 6백 여명이나 된다는 白木屋의 규모를 살피고[76], 또 山岳을 옮겨놓은 듯하다고 표현한 11층 건물 三越吳服店의 昇降機에 오르면서[77] 이들은 일본의 경제적, 물질적 발달에 완전히 압도당하고 말았다.

> 승강기로는 兜率天宮을 十分之九나 갔다오고 비행선으로는 極樂世界를 二分之一이나 갔다 온 것 같습니다. …… 이것을 보고 입이 벌어지고 저것을 보고 입이 벌어지고 나중에는 입이 다물어질 새가 없어서, 벌이고만 있게 됩니다.[78]

언제나 우리 조선사람도 개인적으로 白木屋 같은 사업을 해보며 개인적

---

74) 金九河, 「日東의 佛光에 感激하야」, 『每日申報』 9월 26일.
75) 權相老, 「佛敎視察團 九」, 『每日申報』, 1917년 9월 13일.
76) 權相老, 「佛敎視察團 十七」, 『每日申報』, 1917년 9월 26일.
77) 權相老, 「佛敎視察團 十七」, 『每日申報』, 1917년 9월 27일.
78) 權相老, 「佛敎視察團 三十六」, 『每日申報』, 1917년 11월 16일.

으로 못하거든 양식으로나마 三越屋 같은 사업이 있어 보고 지위있고 돈 있고 신용있는 조선양반들 왜 이러한 조직 이러한 설비를 本하야 봅니까. 지금도 士農工商의 貴賤을 구별하고 老少南北의 黨派를 논단합니까. 수출품은커녕 자작자급을 못하면서도 상공업만 천시하면 양반입니까. 신발명은커녕 남의 모범도 못뜨면서 禮義邦으로 자처하면 君子입니까.[79]

권상로는 상점과 시가지 등을 시찰하고 나서 조선에도 財産家들이 있지만 이들이 산업을 발전시키거나 公益이나 慈善을 하는데는 힘쓰지 않고 개인을 위한 사치만을 일삼고 있다고 질타하였다.[80] 또한 조선시대의 舊習들이 그대로 남아 일본과 같은 산업을 일으키는데 걸림돌이 되고 있다고 비난하였다.

여기서 알 수 있듯, 권상로는 일본의 발달된 근대문명에 감탄하면서 일본이라는 모델을 조선의 현실과 대비하게 된 것이다. 다시 말해 조선의 현실을 객관화할 수 있는 시각이 생긴 것이다. 즉 시찰을 통해 자신의 '현실'과 비교할 대상이 구체화되고, 그 이후 그 대상에 도달하기 위한 '현실'의 뒤쫓음이 시작되었다. 이때 일본이라는 사회는 '발전', '풍요', '거대한 규모', '질서'의 모델이 되었고 그에 대한 추종은 의심할 수 없는 것이 된 것이다.

그를 통하여 조선의 발전을 위해서는 보다 적극적으로 일본을 배우고 따라야 하겠다는 의식이 심화되고 이것은 곧 일제의 식민지 통치를 정당한 것으로 이해하게 되는 의식상의 과정에 이르게 되는 것이다.

시찰단이 25일의 여정을 마치고 귀국 길에 오르자 수많은 환영객의 이들을 맞이하였다.[81]

그러나 시찰단에게 있어 귀국 길에 도착한 부산항은 더 이상 그 이전의 모습으로 보일 리 없었다.

환영을 받으면서 眼睛을 一轉하야 釜港을 一瞥함에, 갈 때는 '여기도 발

---

79) 權相老, 「佛敎視察團 十八」, 『每日申報』, 1917년 9월 28일.
80) 위와 같음.
81) 權相老, 「佛敎視察團 三十七」, 『每日申報』, 1917년 11월 17일.

전되었다, 정리되었다, 華嚴하여졌다' 할만치 뵈이던 釜港은 그 간에 이와 같이 퇴보되였는가. 아주 前日의 釜港같이 보이지 아니하다. 아아. 釜港이 퇴보한 것이 아니라 내 눈이 그 동안 華嚴에 팔린 것이올시다.[82]

이 밖에도 나무가 없이 헐벗은 산, 보잘 것 없는 초가들을 보며 권상로는 괴로워하였다. 다시 일본으로 돌아가고 싶다는 생각을 억누르며 '조국을 멸시하지 말자, 고향을 下斥하지 말자'라는 수십 년전 일본유학생 李啓弼의 다짐을 자신의 것으로 되새겼다.[83]

귀국 이후 여타 시찰단원은 일본시찰의 감상에 대해 다음과 같이 말하였다.

> 내지의 불교를 시찰하고 각 사찰의 규모가 광대한 것과 설비가 정돈 되였을 뿐 안이라 일반인민의 불교를 신앙함이 또한 성대하야 가위 집집에 부처가 있고 사람사람이 부처를 믿는다 할 만한 성황을 보고 지금 조선의 불교를 돌아보아 비상한 생각을 금치 못하였소이다. 내지에서 받은 우대는 도저히 보통 단체나 또는 승려의 관광으로는 바라지 못할 관대를 받았습니다. 사내총리대신을 위시하야 문무당국자의 별반 대우와 내지불교 각 종파의 관대가 실로 극진하야 …… [84]

> 내지 불교계가 일체로 국가를 본위 삼아 활동하는 것을 생각하건대 내지의 국민이 일치로 애국하는 데는 불교의 힘이 깊고 큰 줄로 생각하였습니다.[85]

위에서도 알 수 있듯이 시찰단은 25일의 시찰기간 동안 일본 정부 당국과 일본불교계의 극진한 대접과 예우를 받고 그것에 감격해 했다. 또한 일본불교에 대해 규모와 시설면에서 깊은 인상을 받고 불교가 대중적으로 신

---

82) 위와 같음.
83) 위와 같음.
84) 金九河, 「日東의 佛光에 感激하야」, 『每日申報』, 1917년 9월 26일.
85) 李晦光, 위와 같음.

앙되고 있음은 큰 자극이 되었다는 것을 확인할 수 있다. 또한 시찰단원들은 일본의 국수주의를 선전하는데 일본불교 교단이 활용되고 있음을 목도하였고 그것이 일본불교가 존속, 발전할 수 있었던 힘이었다는 것을 느끼게 되었다. 그리고 그러한 일본불교의 임무와 활약은 곧 조선불교의 그것으로 대응시키기에 충분하였던 것이다.

5. 맺음말

以上과 같이 1917년 불교시찰단의 파견배경과 구성과 추진과정, 시찰의 내용과 시찰단의 현실인식에 대해 살펴보았다.

1917년 불교계의 일본시찰단은 교단차원으로 조직, 파견된 일제시대 최초의 시찰단으로서 김구하, 이회광, 강대련, 권상로 등 당대를 대표하는 교계지도자들이 참여하였다.

일본시찰은 그 목적에 일제당국과 일본불교계의 정치적 의도가 짙게 깔려 있었던 것이었기에 총독부와 일본불교계의 감독와 지원, 적극적 호응을 통해 이루어 질 수 있었다. 하지만 일본불교를 불교발전의 모델로 삼고 일본불교를 관찰, 연구하려 했던 교단의 요구도 무시할 수 없는 것이었다.

일본시찰의 내용은 각 종파의 사찰과 교육기관, 자선사업기관 등 일본불교와 관련된 시찰과 일본 각계 인물과의 면회, 桃山御陵과 伊勢大廟의 참배, 그리고 신문사나 상점 등의 시찰로 구성되었다. 일본불교계는 시찰단을 대대적으로 환영하고 각지를 안내하면서 조선불교와의 교류와 협력의 사를 적극 표현하였다. 그것은 조선불교도와의 친분과 교류를 통해 각 종파의 영향력을 확대하고 일제당국이 기대하는 불교의 책무를 인식케 하기 위함이었다.

시찰단은 일본불교의 제도와 규모에 깊은 인상을 받았다. 특히 대중들에게 친밀히 다가갈 수 있는 포교활동을 보고 큰 자극을 받고 그러한 불교

대중화 방안을 따르려 하였다. 여기에서 이들은 일본불교가 도달한 근대적 성취에 놀라워하면서 그 이면, 일본불교가 일제 국수주의의 선봉대 역할을 함으로서 교단을 유지, 발전시킬 수 있었다는 것을 목도하게 되었다. 이것은 곧 조선불교의 존속, 부흥을 위한 적극적 과제로서 대응시킬 수 있는 것이었다.

한편, 시찰단원들은 臨濟宗 妙心寺파에 대해 칭찬을 아끼지 않았는데 그것은 조선불교의 종파적 정체성에 대한 인식이 있었기 때문이라고 파악된다. 이것은 또한 이후 조선불교계와 일본 임제종과의 지속된 관계를 이해하는데 단초를 제공한다

시찰단은 일본 각계의 중요 인물을 방문 또는 초청에 의해 직접 만날 수 있었다. 이것은 일제 당국이 불교를 어느 정도의 위상에서 평가하였는지 확인시켜주는 대목이다. 또한 일제가 불교지도자들의 장악을 통해 불교계에 대한 조종과 통제를 강화하려 했던 의도를 말해주는 것이었다.

더욱이 시찰단의 桃山御陵과 伊勢大廟 참배는, 천황제 이념을 선전하고 일본의 국체를 내면화 시키려는 의도가 내재되어 있었다. 이에 대해 시찰단이 보여준 인식과 태도는 조선인으로서의 민족의식과는 거리가 먼 것이었다. 이들은 일제가 침체된 불교를 진흥시키기 위해 施惠를 베풀었다는 인식을 갖고 있었고 이러한 점은 1919년 3·1운동 이후 일제의 불교정책에 대한 비판 세력이 형성되기 전까지 1910년대 불교계의 지배적 현실인식이었다.

또한 일본의 근대물질문명에 대한 시찰은 조선승려들로 하여금 일본 근대문명의 우수성을 인식시키면서 조선의 근대화, 문명화에 대한 강한 지향을 갖게 하였다. 그것을 통하여 일제는 식민지배를 정당화, 지속화시키려 했던 것이다.

위와 같이 1917년 조선불교계의 일본시찰은 일제의 불교지배정책, 조선인에 대한 회유와 이데올로기 공작 등을 보여주는 사례이면서 1910년대 조선불교계에서 진행되었던 일본불교를 모델로 한 불교근대화의 도정을 상징적으로 드러내준 것이다.

조선불교계 내에서 이 시찰의 목적으로도 표명된 일본불교를 모델로 한 불교개혁은 이후 불교교육과 포교의 근대화, 근대 불교학의 성립에 일정정도 기여를 한 것이 사실이다. 하지만 민족적 자각과 조선불교 전통에 대한 근본적 성찰이 기반하지 않은 일본불교의 모방은 승단의 세속화 경향으로 흐르고, 일제불교정책의 폐해와 함께 조선불교의 정체성을 위협하는 결과로 나타나게 되었다.

The study on the inspection of Japan by Korean Buddhists in 1917

Lee, Kyung Soon

After opening a port, There had been several times the Korean Buddhist visited Japan for inspection. It was in 1917 that the Korean Buddhist inspection delegation was formed in the base of Korean Buddhist order after the Japanese colonization of Korea. This had to do with Japanese religious policy in 1910's and the fact that Japanese buddhist had tried to increase in influence with Korean Buddhism.

The government-general and Japanese Buddhist order largely supported the Korean inspection delegation through which Korean Buddhist sought the way of restoration in Korean Buddhism. Japan intended to show the more civilized Japan than Korea, in order to make an easy step to control Korean Buddhism. Furthermore, Japan expected that the interexchange between Korean Buddhism and Japanese Buddhism could bring the increase of the power over Korean Buddhism.

On the other hand, Korean Buddhist participated in the inspection delegation had great impressions on the system and the scale of Japanese Buddhism, specially the manner that Japanese Buddhist approached the public very closely and intimately.

In addition, this study gives us information about Korean Buddhist leading figure's activities, comprehension of Japanese religious policy, effects on civilization by Japanese Buddhism and the process of Japanization.

1930년대 후반 조선총독부의 '心田開發運動' 전개와 조선불교계

김순석[*]

1. 머리말
2. 1930년대 후반 조선총독부의 심전개발운동 전개배경
3. 심전개발운동의 전개와 조선불교계
    1) 심전개발운동의 전개와 조선불교계
    2) 심전개발운동의 추진 방법
    3) 재단법인조선불교중앙교무원과 심전개발운동
4. 조선불교계 심전개발운동의 성격
5. 맺음말

---

[*] 독립기념관 연구원.

1. 머리말

일제는 1931년 만주사변을 일으켜 만주를 점령하고 만주국을 건설한 이후 중국 대륙 진출을 본격화하기 시작했다. 일제는 식민지 조선에서 중국침략에 필요한 물적·인적자원을 조달할 필요성을 느꼈다. 만주사변 발발 직전인 1931년 6월에 제6대 조선총독으로 부임한 우가키 가즈시게(宇垣一成)는 부임 직후 농업을 위주로 한 조선사회의 농촌경제가 피폐되어 있음을 알고 조선의 농촌사회를 부흥시키는 일이 급선무라는 사실을 깨달았다.

우가키는 부임 직후인 1932년부터 농산어촌진흥운동을 전개했다. 우가키 총독이 조선의 농산어촌을 자력으로 갱생시킨다는 취지 아래 전개한 이 운동은, 그러나 두 가지 방면에서 어려움이 노정되었다. 그 하나는 조선인 가운데 문자를 해독하지 못하는 문맹인이 많아서 조선총독부의 시책이 농민층까지 직접적으로 쉽게 전달되기 어렵다는 것과, 다른 하나는 물질적인 갱생운동을 추진함에 있어서 그 동력이 되는 정신적인 방면에서의 지원이 필요하다는 것이었다. 이러한 필요성에 의해서 대두된 것이 교육정책1)개선과 '심전개발운동'2)을 통한 조선인의 순화정책이었다.

---

1) 일제 시기 교육정책에 관해서는 다음의 논고를 참고할 수 있다.
　車錫基,「日帝下 民族敎育과 植民敎育의 葛藤」,『近代 民族敎育의 展開와 葛藤』,한국정신문화연구원, 1982
　鄭在哲,『일제의 대한국식민지교육정책사』, 일지사, 1985.
　孫仁銖,「일제식민지 교육정책의 성격」,『일제하 교육이념과 그 운동』, 한국정신문화연구원, 1986.
2) 심전개발이라는 용어는 당시 조선총독부에서 사용하였던 용어이지만 달리 대체할 용어가 없는 까닭에 그대로 쓰기로 한다. '운동'이란 표현 또한 조선총독부에서 입안한 '정책적'안 성격이 강하지만 당시 조선사회 전반에 걸쳐 광범위하게 전개된 관제운동의 성격이 강하였으므로 '운동'이라는 표현 역시 그대로 쓰기로 한다. 이후 자주 사용되는 까닭에 따옴표는 생략하기로 한다.

이 시기 우가키의 교육정책은 準戰時 체제속에 학생들에게 소위 황국 신민의 사고를 주입시켜 식민지에 있어서 양질의 勤勞要員을 확보하는데 목적이 있었다. 그들은 특히 농촌진흥과 勤勞主義라는 생활주의적인 실업교육을 장려하였다3)고 한다. 교육에 있어서는 일본 신민으로서의 사고를 주입시키는데 역점을 두었고, 종교적으로는 일본의 국체와 은혜를 주입시키는데 역점을 두고자 하였다.

심전개발운동에 대한 기존의 연구성과는 아직 미미한 편이지만 직접 또는 간접적으로 심전개발운동을 언급한 논문들로는 아래와 같은 연구성과를 들 수 있다.4) 현재까지 심전개발운동을 직접적으로 다룬 논문은 한긍희의 논문5)이 유일하다고 할 수 있다. 한긍희는 「1935~37년 일제의 '心田開發'정책과 그 성격」에서 조선총독부가 전개한 심전개발운동의 성격을 1931년 만주사변 이후 일제가 침략전쟁을 준비해 가는 과정에서 1937년 중일전쟁 이후 본격적으로 추진하였던 '황민화정책'의 전단계로써 입안된 이데올로기 통제책으로 파악하였다. 한긍희의 이러한 천착은 황민화정책을 제대

---

3) 차석기, 앞의 논문, 106쪽.
4) 宮田節子, 「1930年代日本帝國主義下朝鮮における農村振興運動の展開」, 『歷史學硏究』, 297號, 1967. 한글 번역 「日帝下 한국에서의 農村振興運動」, 안병직, 박성수 외 『韓國近代民族運動史』, 돌베개, 1980.
富田晶子, 「準戰時下朝鮮の農村振興運動」, 『歷史評論』, 377호, 1981.
靑野正明, 「植民地朝鮮における農村再編成策の位置付け」, 『朝鮮學報』 136집, 1991 .
金英喜, 『1930·40년대 日帝의 農村統制政策에 관한 연구』, 숙명여자대학교 박사학위 논문 1996.
孫禎睦, 「朝鮮總督府의 神社普及·神社參拜 강요정책에 관한 연구」, 한국기독교역사연구소, 1992.
金承台, 「1930년대 기독교계학교의 신사소고」, 『한국기독교와 신사참배문제』, 한국기독교역사연구소, 1992.
金光植, 「일제하 불교계의 總本山 建立運動과 曹溪宗」, 『韓國近代佛敎史硏究』, 민족사, 1996.
崔錫榮, 『일제의 동화이데올로기의 창출』, 서경문화사, 1997.
5) 韓亘熙, 「1935~37년 일제의 '心田開發'정책과 그 성격」, 『韓國史論』 35, 서울대학교 국사학과, 1996.

로 이해하는데 있어서 큰 의미를 지닌다고 할 수 있겠고, 심전개발운동을 검토한 총론적 성격을 띠는 글이라고 할 수 있겠다. 그러나 한긍희는 조선총독부가 심전개발운동에서 가장 역점을 두고 실행하였던 종교계 문제를 다루지 못함으로써 심전개발운동의 구체적인 상황을 이해하는 데 있어서 일정한 한계가 있다고 하겠다.

미야다 세츠코(宮田節子)는 「朝鮮における農村振興運動」에서 식민통치 이래로 조선의 농촌사회는 농민층 분해가 계속되었으며, 소작농이 증가하였다고 파악하고, 피폐한 조선의 농촌을 부흥시키기 위해서 시작된 것이 농촌진흥운동이었다고 이해하였다. 미야다는 정신적인 면에서 농촌진흥운동을 지원하기 위해서 창안된 것이 심전개발운동이라고 이해하였고, 그 목적은 정신적으로 조선민중들의 저항의식을 마비시켜 황국신민으로 만드는 데 있었다고 하였다.[6]

토미다 아키코(富田晶子)는 1929년 미국 경제공황의 여파로 밀어닥친 일본의 농업공황과 사회주의 세력의 급속한 전파로 농촌이 赤化 위기를 맞은 가운데 만주사변이라는 시대상황 속에서 종래 주로 지방기관에 맡겨 두었던 농촌파악을 총독부가 직접 나서게 되었다고 하면서 심전개발운동 입안 배경은 '물심일여' 운동으로써 정신운동의 성격이 강했지만 총독부의 당초 의도는 근로의 철저, 소비절약, 책임관념의 함양에 있었다고 하였다. 심전개발운동은 시국의 추이와 함께 민중에게 깊은 뿌리가 없는 쇠퇴한 정신을 근본으로부터 개발시키는 것을 목적으로 하고 있다고 주장하였다.[7]

아오노 마사아키(靑野正明)는 일제의 식민지 지배정책 가운데 지방지배 문제와 관련하여 농촌진흥운동 기간을 중심으로 농촌이 재편성되어 가는 과정에서 농촌진흥운동은 조선총독부가 주관한 관제운동이었으며, 조선총독부가 조선농민들의 자치조직이었던 洞契를 적극적으로 활용하여 관제운동의 측면에서 조선농민들의 자치조직을 흡수하여 농민들의 통합을 도모하려고 하였다고 하면서 심전개발운동은 조선인들의 정신적인 사상통제책

---

6) 宮田節子, 앞의 논문, 195~196쪽
7) 富田晶子, 앞의 논문.

으로 작용했다고 하였다. 김광식은 1930년대 후반에 전개되는 조선불교계의 총본산 건설운동과 관련하여 심전개발운동을 검토하고 있다. 김광식은 이 논문에서 조선불교계의 총본산 설립운동은 조선총독부 측에서 심전개발운동의 원활한 추진을 위하여 조선불교계를 통괄할 수 있는 대표기관 설립의 필요성을 느껴서 조선불교계 측에 총본산 설립을 종용하였으며, 조선불교계 측에서도 전조선 불교계를 통괄할 수 있는 총괄기관의 필요성을 절실히 느끼고 있던 차에 심전개발운동에 조선불교계가 적극적으로 참여함으로써 성립한 일종의 타협적인 성격을 배제할 수 없다고 논구하고 있다.[8]

심전개발운동은 조선총독부에서 입안한 것이었지만 그 실행은 조선의 종교계를 동원하여 전개한 운동이라고 할 수 있다. 여기서 종교라고 하는 것은 神道・基督敎・佛敎를 지칭한다. 일제는 1915년 포교규칙[9]을 선포하면서 조선에서 종교로 인정하는 범주를 앞에서 언급한 세 가지 종교를 제외하고는 종교로서 인정하지 않았다. 조선총독부에서는 민족적 성격이 강했던 천도교를 비롯하여 증산교, 흠치교 등은 유사종교로 분류하여 경무국에서 관할하고 있었다. 그리고 당시 일본의 국가종교의 성격을 띠었던 神道와 조선인들이 오랫동안 신봉하여왔던 불교와 서양세력에 의해서 유입된 기독교만을 종교로 인정하였다.

이러한 점에 착안한 본고는 조선총독부가 심전개발운동을 전개하면서 가장 역점을 두었고, 큰 성과를 기대하였던 불교계의 심전개발운동을 고찰하고자 하였다. 일제가 심전개발운동을 전개하면서 불교계에 가장 큰 관심을 두었던 원인을 규명하고, 불교계의 심전개발운동이 일제가 기대했던 만큼의 성과를 거두지 못했던 원인을 규명하고자 하였다.

주 자료로는 당시 불교계에서 발행했던 『佛敎時報』・『一光』・『朝鮮佛敎』 등과 같은 신문・잡지류와 일제가 심전개발운동을 전개하면서 총독부 당국과 중추원에서 발행하였던 선전책자 『心田開發に關する講演集』・『心田開發幷時局に關する巡廻講演集』・『心田開發とは何ぞや』・『心田開發施

---

8) 김광식, 앞의 논문.
9) 『朝鮮總督府官報』, 제911호, 1915. 8. 16.

設に關する件』・『國體明徵に就て』, 그리고 조선총독부의 기관지였던『朝鮮』과『每日申報』・『京城日報』등을 이용하였다.

2. 1930년대 후반 조선총독부의 심전개발운동 전개배경

　일제는 1931년 만주사변을 도발하여 만주국을 건설하였고, 1932년에는 상해사변을 일으켜 국제사회에서 물의를 빚었는가 하면, 1933년에는 국제연맹에서 탈퇴10)하였고, 1936년은 워싱턴・런던의 해군조약이 만료되는 해로써 영국과 미국의 해군력 증강에 대하여 일본 국민들에게 경계심을 고취시키지 않을 수 없는 상황이었으며, 이러한 일련의 사태들로 인하여 국제사회에서 고립을 면치 못하였다.11) 일제는 1935년 3월 16일자로 독일이 제1차 세계대전의 결과로 독일의 군사력을 규제한 베르사이유조약의 군사조항 폐기를 공식적으로 선언한 데 고무되지 않을 수 없었다.12) 1935년에는 동경대학 교수직을 정년 퇴임하고 귀족원 의원으로 칙임되었던 미노베 다쓰끼찌(美濃部達吉)의 천황기관설 파문13)은 일본 의회뿐만 아니라 귀족원까지도 강경대응을 주장하였기 때문에 일본 정부로서도 미노베의 서적을 발매금지 처분을 내렸고14), 일본 정부는 천황기관설이 큰 문제로 대두되자 문제의 확산을 두려워 한 나머지 검찰에 소환된 미노베로부터 자신의 학설이 절대로 국체관념에 배반되는 것이 아니라는 점을 밝히게 하였다.15) 그렇지만 미노베는 귀족원의원을 사임하지 하지 않을 수 없었고, 훗날 자신의 우익계 제자로부터 총격을 받아 목숨을 잃을 뻔한 위기에 처하

---

　10) 손정목, 앞의 논문, 261쪽.
　11) 한긍희, 앞의 논문, 140쪽.
　12)「ヴ條約の軍事條項を獨政府廢棄を宣言」,『京城日報』, 1935. 3. 18.
　13)「天皇機關說에 또다시 猛爆擊」,『每日申報』, 1935. 3. 13.
　14) 손정목, 앞의 논문, 285쪽.
　15)「忠誠に於いては人後に落ちぬ」,『경성일보』, 1935. 4. 9.

기도 하였다.16) 일본 내각에서는 군부의 요망사항인 국체명징이라는 과제를 해결하기 위하여 3만 엔이라는 예산을 투입하여 헌법연구만으로 한정시키지 않고, 깊이 있는 국체의 진수를 연구해서 일본 정신을 작흥하고, 국체관념을 함양시키기 위해서 '敎學刷新協議會'라는 새로운 기관을 신설하기로 결정하였다.17) 조선총독부에서는 국체관념을 철저히 하기 위하여 권위자와 협력하여 중등학교 역사교과서를 개정하는데 6천엔의 예산을 투입하여 연구에 착수하였다.18)

일제는 조선통치 25년을 눈앞에 둔 시점에서 여지껏 국제사회에서 일본이 조선을 병합한 이래로 조선인들의 경제적인 상황이 나아지고 있다고 선전하였다. 그렇지만 조선 농민들의 실제 처지는 자작농에서 자소작농으로, 자소작농에서 소작농으로 전락하고 있었고, 농가부채는 날로 증가하는 추세를 보이고 있었다.19) 조선농민 몰락의 원인은 1929년 미국의 경제공황의 여파가 일본의 昭和 공황으로 연결되어졌으며, 일본 농촌의 피폐는 조선농촌의 사정의 악화로 이어졌다.

조선농민들의 이런 상황을 타개하기 위해서 총독부가 내세운 것은 농촌진흥운동이었다. 일제는 이 농촌진흥운동을 통해서 한편으로는 농민생활의 개량화를 도모하였으며, 다른 한편으로는 농촌에 대한 조직적인 통제를 도모하고자 하였다.20) 농촌진흥운동의 요체는 조선인들의 물질적 생활을 개선하는 것이었고 그것은 자작농 창출이라는 형태로 나타났다.

이러한 상황 속에서 제 6대 조선총독으로 부임한 우가키 가즈시게(宇垣一成)는 식민지 조선이 모국 일본을 배반하게 하여서는 안된다는 지상과제를 수행하지 않으면 안되었다. 우가키는 1931년 6월 17일 조선총독으로 임명되었는데 그 직후 부임 인사차 7월 2일 천황을 배알한 자리에서 다음과

---

16) 「ピストルを持つ怪漢美濃部博士を狙撃」, 『경성일보』, 1936. 2. 22.
17) 「國體明徵機關を速かに新設決定」, 『경성일보』, 1936. 2. 21.
18) 「中等學校歷史敎科書改正國體觀念を徹底」, 『경성일보』, 1936. 3. 21.
19) 강만길, 『일제시대 貧民生活史 연구』, 창작과비평사, 1995. 24쪽.
20) 지수걸, 『일제하 농민조합운동연구』, 역사비평사, 1993. 54쪽.

같은 말을 하였다.

> 조선통치에 관해서는 대체로 전임자의 방침을 계승해서 참조할 것입니다만 그 가운데는 다소 개혁을 요한다고 생각되는 점도 있습니다.

그리고 개혁을 요하는 것으로 다음의 두 가지를 들고 있다.

> 그 첫째는 일본인과 조선인의 융합일치 소위 '내선융화'에 관해서 크게 진척될 수 있도록 노력하는 것입니다. …… 둘째는 조선인에게 적당하게 빵을 주는 것입니다. 조선의 부는 병합이래 비상하게 증가했습니다만 조선의 부가 증가한 것에 비해서 조선인의 부는 증식되지 않았습니다. 오늘도 생활고에 신음하고 있는 사람들이 상당수 있기 때문에 그것을 완화시키는데 유의해서 진행할 작정입니다. 즉 정신생활 및 물질생활의 양 방면에서 저들을 안정시키는 것을 우선 第一義로 실행하겠습니다.[21]

심전개발운동은 이렇듯 우가키가 조선총독으로 부임하는 단계에서 물질생활의 개선과 함께 정신생활의 안정을 도모하는 방안의 하나로 구상되었다고 할 수 있겠다.

일본의 농업공황의 여파로 인하여 피폐된 조선의 농촌을 부흥시키지 않고는 어떠한 일도 성공적으로 실행하기가 어렵다고 인식한 우가키는 이 문제가 단순히 경제적인 조치로 해결될 수 있는 것은 아니라고 판단하고, 조선인들의 사상 안정을 뒷받침 할 수 있는 정책으로서 심전개발이라는 정신운동을 병행하여 시행하고자 하였다.[22]

우가키는 부임 이후 1932년부터 조선농촌의 상황을 개선하기 위해서 농촌진흥운동을 전개하였으며, 농촌진흥운동이 물질적인 면에서의 갱생운동이었다고 한다면 이러한 물질적인 갱생운동에 필연적으로 수반될 수밖에 없었던 정신계몽운동이 심전개발운동이었다. 심전개발운동은 언제 저항의

---

21) 宇垣一成, 『宇垣一成日記』, みすず書房, 1988. 801쪽.
22) 崔由利, 『日帝 末期 植民地 支配政策研究』, 국학자료원, 1997. 19쪽.

불을 뿜을 지 모르는 조선인들의 마음을 천황에게 순종하는 충량한 황국신민으로서 육성하기 위한 정신통제책의 일환이었다.23) 심전개발운동은 우가키의 뒤를 이어 부임한 미나미 지로(南次郎) 시대에도 그대로 계승되어졌으나 1937년 일제가 중일전쟁을 도발하여 전시비상체제로 돌입하면서 그 성격이 많이 변화되면서 이후 '국민정신총동원' 체제로 전환하던 시점까지 지속되었던 일종의 사상통제책이었다고 할 수 있다. 그 변화란 준전시체제에서 전시체제로 돌입하면서 사상통제책 또한 강화될 수 밖에 없었던 것을 뜻한다고 할 수 있다.

'心田'24)이라는 말은 종래에는 불경 가운데 雜阿含經에 나오는 것으로만 이해되었다. 그러나 유교 경전 가운데 하나인 『禮記』의 「禮運」편25)에도 심전이라는 말이 나오고 있으며, 뿐만 아니라 梁나라 簡文帝의 '上大法頌表'에도 '澤雨無編 心田受潤'이라는 말이 있고, 당나라 시인 白樂天의 詩에도 "心田灑掃淨無塵"이라는 구절이 있다고 한다.26) 이러한 관점에서 볼 때 심전개발운동은 불교·유교뿐만 아니라 기독교까지도 포함해서 당시 조선인들의 정신을 사로잡을 수 있는 종교계를 중심으로 전개되었다. 그 가운데 특히 불교계에 역점을 두었던 점에 대해서는 뒤에서 다시 언급될 것이다.

심전개발운동의 연원27)에 대해서 기존 연구에서는 1935년부터 시작된

---

23) 宮田節子, 앞의 논문, 217쪽.
24) 權相老, 『心田』, 心耕社, 1936. 1~16쪽.
25) 『禮記』, 「禮運」編에 "禮義以爲器 故事有考也 人情以爲田 故人以爲奧也"라는 말이 있는데 그 뜻은 "사람 다루기를 밭 다스리듯 하여 잡초가 나서 거칠어지는 일이 없도록 하는 것처럼 하면 사람들도 자기 마음을 잘 다스려서 집 안에서 奧室(방의 서남쪽 귀퉁이로 가옥에서 가장 깊숙한 곳, 여기서 제사를 지내므로 가장 중심이 되는 곳을 뜻함)이 으뜸인 것처럼 만물의 영장이 될 수 있다"고 한다.
26) 安龍伯, 「心田開發指導原理の再吟味」, 『朝鮮』, 제254호, 1936. 7. 1. 86~87쪽.
27) 심전개발운동의 시작 시점에 대하여 기존의 연구에서는 1935년으로 주장되어왔지만 필자는 농촌진흥운동이 시작될 무렵부터 구상된 것으로 추정하고자 한다. 이러한 추정의 근거로는 1931년 6월 우가키가 총독으로 부임하기 직전에 일본 천황을 배알한 자리에서 조선사람들을 정신생활 및 물질생활의

것으로 이해되어왔으나 필자는 1933년 말부터 시작된 것임을 확인하였다. 조선총독부에서 조선통치 30년을 맞이해 1940년에 발간한 『施政30年史』 祭祀項을 보면 "조선에 있어서의 神社제도 개정의 議는 多年의 懸案으로서 銳意 조사연구를 거듭해 온 바이나 마침 1933년 말 이래로 조선에 있어서의 심전개발운동의 상이한 진전에 따라 신사를 중심으로 한 정신운동 또한 점차 현저한 것이 있어 조속히 신사제도를 확립해 그로써 시운에 대처할 필요가 있음을 인정하고 다년의 현안인 神社제도의 전면적 개정을 기약하는 입안의 심의가 진행되어 1936년에 이르러 성안되어 동년 8월에 관계법령 일체의 공포를 보았으니 이에 획기적인 신사제도의 개정을 보기에 이르렀다"28)라고 한 총독부측의 자료에서 심전개발의 시작은 1933년 말까지 소급할 수 있다.

불교와 관련되어 '心田'이라는 말이 자료에 처음으로 나타나는 것은 1934년 3월이다. 1934년 3월 5일 조선불교중앙교무원평의원회가 열렸는데 8일 오후 3시에 우카기 총독이 평의원들을 총독 관저로 초대해 다과를 베풀면서 한 인사말 가운데 "여러분들은 마땅히 시세의 推移에 유의해서 祖師先德의 행적을 살피시고 더욱 知德硏鑽에 노력하여 私를 버리고 公을 취해서 半島民衆의 精神作興 즉 心田이 젖을 수 있도록 당국이 의도하는 것을 양해하시고 일심으로 협력하여 조선불교를 부흥시켜 정신계를 진전시키는데 공헌해 줄 것을 간절히 바라마지 않습니다"29)라고 한 데서 1934년 3월에 불교계와 관련되어 심전개발이라는 용어가 등장하고 있음을 볼 수 있다.

일제 시기에 경성제국대학 화학과 교수로 재직하면서 재조선 일본인을

양 방면에서 안정시키는 것을 우선 第一義로 실행하겠다는 말에서 물질생활 개선책으로 농산어촌진흥운동을 생각했었다면 정신생활 안정에 있어서는 심전개발을 염두에 두었다 할 수 있지 않을까 생각된다. 1932년 농어촌진흥운동이 진행되면서 물질적 갱생과 함께 정신생활의 안정이라는 말이 자주 거론되기 때문이다. 그러나 현재까지 필자가 기록상으로 확인한 것은 1940년에 발간된 『施政30年史』에 나타나는 1933년 말이다.
28) 조선총독부, 『施政30年史』, 1940, 768쪽.
29) 宇垣一成, 「精神界のために貢獻せよ」, 『朝鮮佛敎』제99호, 1934. 4, 2~3쪽.

중심으로 조직된 민간단체로서 내선일체를 선도적으로 수행하고자 하였던 녹기연맹30)의 창설을 주도했던 쯔다 사카에(津田榮)가 쓴 글을 보면 일제가 심전개발운동을 통해서 성취하고자 했던 것은 조선인들로 하여금 일제의 정책에 순응하게 하고 천황에게 충성을 다하는 충량한 황국신민을 만드는데 있었다. 심전개발은 단순히 외형적인 생활의 개선이 아니었고 생활의 근저가 되는 올바른 신념을 주는 것이 아니면 안된다. 따라서 이것은 당연히 종교와 밀접한 관계를 가지는 것이다31)라고 하였다.

심전개발의 구체적인 내용에 이르러서는 多樣多岐 하겠지만 궁극적으로는 개인으로서 올바른 인생관, 국민으로서 견실한 국가관과 사회관을 확립해서 정신생활의 안정과 발전을 一義的 신조로 하는 생활태도의 결정을 各人에게 요구하는 것으로 완전한 사람, 건전한 국민의 자격을 강화하는 것이다. 심전개발운동은 조선민중들에게 건전한 신앙심을 함양시키기 위해서 창안되었으며 조선의 민중들이 전통적으로 계승하고 있는 祖上崇拜와 敬神思想을 이용하고자 하였다. 이를 위해서 먼저 조선인의 조상숭배관념을 활성화 시키고자 하였으며, 이를 위하여 종교를 부흥시키고자 하였다.

3. 심전개발운동의 전개와 조선불교계

1) 심전개발운동의 전개와 조선불교계

심전개발운동은 1934년 초부터 조선총독과 조선불교중앙교무원의 간부들 사이에서 거론되기 시작하다가 1935년초에 道知事會議와 道參與官會議

---

30) 녹기연맹에 대해서는 다음의 논고를 참고할 수 있다.
鄭惠瓊·李昇燁, 「일제하 綠旗聯盟의 활동」, 『한국근현대사연구』제10집, 1999.
李昇燁, 「녹기연맹의 내선일체운동연구-조선인 참가자의 활동과 논리를 중심으로-」, 정신문화연구원 석사학위논문, 1999.
31) 津田榮, 「心田開發の根本的用意」, 『朝鮮』, 제250호, 1936. 3.

등의 회의를 통하여 정신작흥・농산어촌진흥・자력갱생운동의 강화에 관한 의견을 청취하는 과정에서 입안되었다. 도참여관회의에서 우가키 총독의 훈화 요지는 생활양식의 개선을 급무로 추진할 것, 건전한 신앙으로 미신을 퇴치할 것, 농가갱생을 조선갱생으로 여기고 추진할 것 등이었다.32)

조선총독부는 심전개발운동을 전개하는데 있어서 종교를 주요한 매체로 이용하고자 하였다. 조선인들의 종교 가운데 思想善導와 정치적 교화를 목적으로 특히 불교를 중흥시켜 활용하려는 계획을 수립하고 있었다.33) 조선총독부가 심전개발운동을 전개하는데 있어서 불교를 선택한 이유는 첫째, 불교는 오랜 전통을 가지고 있음에도 불구하고 조선시대를 거치면서 국가로부터 가혹한 탄압을 받아서 피폐되어 있는 상황이었지만 부녀자층을 비롯해서 많은 신도들을 가지고 있는 잠재력이 큰 종교라는 점, 둘째 승려들의 자질 또한 저하되어있었기 때문에 승려들의 지위를 상승시켜주고, 정책적으로 불교의 부흥운동을 지원해 준다면 심전개발운동에서 지향하고 있는 목적을 달성하는데 가장 무난한 종교로 인식하였으며, 셋째로 일본에서 명치유신 이전에 가장 유력한 종교였으며, 조선에서 궁극적으로 전파하고자 하는 국가신도의 조상숭배 정신과 거리감 없이 수용될 수 있는 종교라는 점, 넷째, 일본이 장차 점령하고자 하는 중국을 비롯해서 동양이라는 견지에서 보더라도 불교는 어떠한 사람에게도 거부감이 생기지 않을 것이라고 판단하였다.34)

1937년 2월 22일 조선총독부 제1회의실에서 개최된 31본산 주지회의에서 당시 학무국장이었던 토미나가 분이찌(富永文一)는 다음 같은 요지의 말을 하였다. 1935년 말 조선의 종교 현황은 神道가 113,000명, 일본 불교신도는 285,000명, 조선불교도는 167,000명이며 기독교가 469,000 총계 1,034,000명인데 이것은 조선인 전인구 22,898,000명에 비추어 볼 때

---

32) 「物心兩面으로 半島를 樂園化」, 『매일신보』, 1935. 1. 17.
33) 「思想善導 一計로 宗敎統制를 計劃」, 『朝鮮日報』, 1934. 12. 5.
34) 大西良慶, 「心田開發と佛敎」, 『心田開發에關する講演集』, 朝鮮總督府中樞院, 1936. 2. 118쪽.

0.0045%에 지나지 않으며, 100명 기준으로 4인이 약간 넘는다고 하고 있다. 그 당시 일본의 제종교 신도수가 0.885%에 달하는데 비해 보면 조선의 종교계는 미개척의 荒野와 같아서 각 종교의 활약을 희망하고 있는데 그 가운데서도 오랫동안 민심을 지배하여 온 것은 조선불교이다. 그런데 불행히 조선불교는 2~3백년 이래 현저히 쇠퇴의 運에 빠져 있기는 하지만 아직도 오랫동안 대중의 정신을 배양하여 온 관계상 그 영향은 아직도 강고하여 민심의 그윽한 곳에 남아있는 바가 있어서 잘 활용한다면 쇠퇴해진 불교의 세력을 만회할 수 있다고 불교계를 회유하는 발언을 하였다.35)

조선총독부가 심전개발운동을 추진함에 있어서 초기 단계에서부터 불교계에 주목하였던 것은 우카기 총독의 구상에서도 잘 드러나고 있다. 1935년 1월 30일자 우가키의 일기에 "참여관 및 각 방면의 이야기를 들어 보더라도 神道・儒敎・佛敎・耶蘇敎를 신앙의 대상으로 해야한다는 것을 알 수 있고, 敬神崇祖의 고양과 神社의 건설과 참배의 장려, 승려의 素質改善, 불교의 가두진출, 사원재산의 整理, 儒道의 부흥, 明倫學院 및 문묘의 활동 등을 우선 착안할 수 있다. 특히 정치적으로 압박을 받았던 불교를 소생시키는 것은 크게 고려해야 할 요건이다36)라고 하여 불교계를 심전개발운동의 전위에 세우고자 하였다.

조선총독부에서는 조선불교를 심전개발운동에 활용하는 방안에 있어 이러한 구도를 가지고 우가키는 1935년 1월 11일에서 12일까지의 도지사회의와 1월 16일부터 18일까지의 참여관회의에서 훈시를 통해 농촌진흥운동에 박차를 가하고 아울러 심전개발운동에 힘쓸 것을 시달하였다.37) 1935년 1월 31일에는 와타나베(渡邊) 학무국장의 주재로 北米倉町 은행집회소에서 제1회 심전개발 간담회가 열렸고, 7월 15일에는 이마이다(今井田) 정무총감의 주재로 조선총독부에서 2차 간담회가 있었으며, 7월 24일에는 조

---

35) 富永文一,「社會敎化民心作興을 朝鮮佛敎에 期待」, 불교시보, 1937. 4. 1.
36) 앞의 책,『宇垣一成日記』, 997쪽.
37)「民衆은 困窮을 脫하야 更生聚樂의 歡喜로」,『매일신보』, 1935. 1. 12.
「物心兩面으로 半島를 樂園化」,『매일신보』, 1935. 1.17.

선신궁에서 제3회 간담회를 가지고, 1936년 1월 15일에는 경성 부민관에서 제4회 간담회를 가졌다. 그리고 1년간 연구하여 오던 대체의 立案을 구체화 하고 본격적으로 심전개발운동을 추진하게 되었다. 이때 학무국에서 구체적인 안으로 발표된 것이 國體觀念의 明徵38), 경신숭조의 사상 및 신앙심을 함양할 것, 報恩・感謝・自立의 정신의 양성이라는 이른바 심전개발 3대 원칙이었다.39)

심전개발운동을 구체화 시키기 위하여 종교간담회가 개최되었는데 1차로 1월 31일 은행집회소에서 경성부내에 있는 各寺의 주지를 비롯해서 일본과 조선의 불교대표자 12명을 초대하여 종교간담회를 개최하고, 민중의 신앙심 배양을 중심의제로 토론을 벌였다.40) 그리고 3월 6일 경성에서 조선불교중앙교무원평의원회가 개최중인 것을 기회로 전조선 31본산의 주지 및 일본 寺院 각 파의 경성 대표자 8명을 총독관저로 초대하여 조선불교의 현상 및 장래의 부흥에 대하여 간담회를 가졌는데 그 자리에서 우가키 총독은 서구 문명의 폐해가 물질에 치우친 폐단을 언급하면서 정신적인 방면에 힘을 기울이는 것이 조선민중들에게 物心一如의 妙趣를 체득시키고 또 所謂 천하에 천황의 덕이 미치도록 하는 것이라고 믿으며 조선불교의 재흥을 위해 일층 진력해 주기를 간절히 바라마지 않는다고 하였다.41)

1935년 초두 일련의 회의를 통해 심전개발정책에 대한 의견을 청취하고 정책 입안의 과정을 거치면서 우가키(宇垣)가 내린 결론은 조선민중의 신앙심을 함양시키기 위해서는 기존의 종교인 신도(神道)・불교(佛敎)・유교(儒敎)・기독교(基督敎)를 신앙의 대상으로 해야한다는 것이다. 그 가운데서도 특히 신사(神社)의 건설 및 참배를 적극적으로 장려하고, 침체된 불교를 부흥시키는데 강조점이 놓여 있었다. 조선에 분포하고 있는 심전개발 정책에 이용하기 위해서 총독부에서는 각 종교계의 권위자를 초빙하여 간

---

38) 국체명징이란, 국가의 정체를 분명하게 밝히는 것을 뜻한다.
39) 『心田開發施設ニ關スル件』, 朝鮮總督府, 1936.
40) 「佛敎懇談會」, 『朝鮮』제239호, 1935. 4. 1. 104쪽.
41) 「內鮮寺院代表者招待」, 『朝鮮』제239호, 1935. 4. 105쪽.

담회를 개최하여 구체적 방안을 협의하고 의견을 수렴하였다.42)

일제는 조선의 기존의 종교를 이용하여 조선민중들을 순화시키고자 하였지만 그 저변에는 조선의 모든 종교위에 일본의 국가신도를 상정하고 궁극적으로는 신도를 조선민중들에게 보급하여 황국신민으로 만드는 것이 최종 목적이었다고 할 수 있다.

이러한 일련의 회의와 간담회등을 통하여 조선총독부가 심전개발운동에 관해서 구체적인 안을 내놓은 것은 1936년 초였다. 심전개발이 지향하는 목표는 첫째 국체관념을 명징할 것, 둘째 경신숭조의 사상 및 신앙심을 함양할 것, 셋째 보은·감사·자립의 정신을 함양할 것이었으며, 그 실행에 관해서는 첫째 종교 각 파 및 교화 제단체는 상호 연락 제휴하여 실효를 거두도록 할 것, 둘째 지도적 입장에 있는 자는 솔선해서 노력하는 모범을 대중에게 보일 것이라고 명시하고 있으며 구체적인 세부 실천사항에 대해서는「心田開發施設要項」에 자세히 언급하고 있다.43)

2) 심전개발운동의 추진 방법

(1) 강연회·강습회·간담회를 통한 선전활동

1936년 1월 30일자로 시달된 정무총감 통첩에 명기된 심전개발운동 시행세칙이라할 수 있는 「心田開發施設要項」을 살펴보면 종교 및 儒道관계자, 교육가, 명사들을 동원하여 전국을 순회하면서 강연과 강습 그리고 간담회를 통해서 심전개발의 취지를 설명하도록 하고 있다.44) 조선총독부로

---

42) 「心田開發の大評定」, 『京城日報』, 1935. 7. 16일 총독부 제 1회의실에서 있은 회합에 참석한 인사들은 다음과 같다. 阿知和安彦(朝鮮神宮), 鈴木天山(博文寺), 嶽匡來尙(曹溪寺), 金晶海(朝鮮佛敎敎務院), 時實秋穗(京城日報), 林茂樹(朝鮮殖産銀行), 前田昇(京城敎化團體聯合會), 李能和(中樞院), 丹羽淸次郞(京城基督敎靑年會), 安寅植(經學院), 金瑞圭(中樞院), 申錫麟(同民會), 津田榮(綠旗聯盟), 渡邊信治(京城師範), 嚴昌爕(學務局), 牛島(內務局長), 渡邊(學務局長).
43) 「心田開發施設に關する件」, 『朝鮮』 제249호, 1936. 2. 105~106쪽.

부터 이러한 지침을 시달받은 조선불교계에서는 당시 불교계의 유일한 신문이었던 『佛敎時報』의 주간이었던 金泰洽을 비롯하여 해방 이후 동국대학교 총장을 지냈던 권상로와 조선사편수회 위원이었던 이능화 등 조선불교계의 명사들로 하여금 전국을 지역별로 나누어 순회강연을 실시하게 하였다. 그리고 조선에서 실시되는 각종 강습회에는 종교 및 신앙에 관한 사항을 가미하여 심전개발운동의 취지를 홍보하도록 하였다.45)

그 가운데 김태흡은 1937년 1월부터 3월까지 경기·황해·강원 각지에 순회강연을 하였는데 강연횟수가 70회였으며 聽者가 만여명에 달했다고 하였다.46) 당시 김태흡은 중앙불교전문학교 전임강사였는데 중앙불전으로 강연 요청 주문이 쇄도하여 도저히 학생들에게 강의를 할 형편이 못되어서 중앙불교전문학교 강의를 전부 내어 놓고 심전개발운동을 위한 조선총독부 촉탁 강사의 자격으로 포교에만 전념하겠다고 하고 있다.47) 이 때 김태흡이 순회 강연을 하였던 연제는 주로「佛敎信仰과 心田開發」·「心田開發과 佛敎徒의 使命」48) 등과 같은 것이었다. 1937년 2월 26일부터 3월 30일까지 김태흡이 강원도와 경기도 일원을 돌면서 순회강연을 한 일정과 연제 그리고 참석한 청중들의 숫자를 표49)로 만들어 보면 다음과 같다.

일본과 조선의 명사들이 총독부 중추원 위원들에게 강연을 한 것들을 모아서 1936년에 책으로 발간한『心田開發に關する講演集』50)을 살펴보면 최남선과 이능화는「조선의 고유신앙」에 대하여 강연을 하였는데 요지는 조선총독부가 실시하는 심전개발운동에 모든 조선인들이 적극적으로 참여하는 것이 충실한 천황의 신민이 되는 것이라는 것을 강조하고 있다. 그리

---

44) 위와 같음.
45) 위와 같음.
46)「人事의 말씀」,『佛敎時報』제21호, 1937. 4. 1.
47)「謹告」,『佛敎時報』제22호, 1937. 5. 1.
48)「江原道廳의 心田開發講演」·「歸州寺主催의 咸興佛敎大講演會」,『불교시보』, 1936.
49)『불교시보』제21호, 1937. 4. 1.
50)『心田開發に關する講演集』, 조선총독부중추원, 1936 .

1930년대 후반 조선총독부의 '心田開發運動' 전개와 조선불교계　99

일 시	장 소	연 제	참석청중	비 고
1937. 2. 26	춘천 泉田場	합장의 생활	510명	오후 3시(강원도)
1937. 2. 26	춘천읍 공회당	심전개발과 回心反省	150명	오후 7시 30분
1937. 2. 27	춘천읍 공회당	보은감사	620명	오전10시 30분
1937. 2. 27	화천읍 공회당	信解行證	150명	오후 7시 30분
1937. 2. 28	화천읍 공회당	희생의 정신	70명	오전 11시
1937. 2. 28	양구읍 공회당	심전개발과 轉迷開悟	305명	오후 7시 30분
1937. 3. 1	양구읍 공회당	敬佛崇神과 충효의 정신	550명	오전 11시
1937. 3. 1	인제읍 공회당	심전개발과 捨惡就善	450명	오후 7시
1937. 3. 3	포천읍 농민훈련소	사회생활과 신앙생활	152명	후1시(경기도)
1937. 3. 4	연천읍 公普講堂	심전개발과 사회교화	120명	오후 1시 30분
1937. 3. 5	금곡 공보강당	敬佛崇神과 수양실천	158명	오후 1시
1937. 3. 6	가평읍 공보강당	사상의 동향과 신앙의 필요	250명	오후 2시
1937. 3. 6	가평읍 공보강당	가정부인과 신앙생활	150명	오후 8시
1937. 3. 7	청평천 강당	근검저축과 도덕생활	120명	오후 2시
1937. 3. 7	청평천 공보강당	主婦의 覺醒과 信仰心涵養	520명	오후 7시 30분
1937. 3. 9	광주 공보강당	인생과 종교	310명	오후 1시 30분
1937. 3. 10	일산 공보강당	자립정신과 경제갱생	90명	오후 2시
1937. 3. 11	蘆島 공보강당	心燈點火와 생활독립	80명	오후 2시
1937. 3. 12	안양 면회의실	경제생활과 신앙생활	60명	오후 2시
1937. 3. 13	수원 공보강당	發心改悔와 수도생활	120명	오후 1시 30분
1937. 3. 14	수원 불교포교당	불교의 근본정신	60명	오전 10시 30분
1937. 3. 14	도산 소방회관	농촌진흥과 생활개선	85명	오후 1시
1937. 3. 14	闕里舍 大成殿	가정부인과 종교수양	120명	오후 7시 30분
1937. 3. 15	서정리 공보강당	심전개발과 肉眠淨化	120명	오후 1시 30분
1937. 3. 16	평택 곡물회관	久遠의 생명과 보은생활	52명	오후 1시 30분
1937. 3. 17	안성 도서관	주부의 사명과 和敬의 정신	60명	오전 10시 30분
1937. 3. 17	안성 군회의실	현대생활과 종교신앙	180명	오후 1시
1937. 3. 18	용인 공보강당	福田開拓과 선악과보	210명	오후 1시 반
1937. 3.	宮村 진흥회관	가정부인과 신념개발	120명	오후 7시 30분
1937. 3. 22	파주 공보강당	사회정화와 國土安泰	311명	오후 2시
1937. 3. 23	장단 공보강단	자아의 향상과 이상의 현실화	210명	오후 1시
1937. 3. 24	청교면 공보강당	참회생활과 종교신념	261명	오후 2시
1937. 3. 25	평해 면사무실	심전개발과 구도생활	120명	오후 7시(강원도)
1937. 3. 26	매화 공보강당	현대생활과 불교신앙	310명	오전 11시
1937. 3. 26	울진 공회당	근검정신과 심전경작	321명	오후 2시
1937. 3. 27	근덕 공보강당	世間道와 出世間道	155명	오후 2시
1937. 3. 27	삼척 불교포교당	불교신앙과 보은감사	150명	
1937. 3. 28	송정 공보강당	현세안락과 내세안락	220명	오후 2시
		계	8,000명	

고 하계방학이나 동계방학을 이용해서 경성에 있는 불교전문학교 학생들과 일본에 유학하던 학생들이 귀국하면 또한 전국 순회강연을 실시하였다.51) 순회강연의 강사들은 경찰서 또는 군청에서 마련하는 간담회에 참석하여 심전개발의 필요성을 역설하였다.

일본 불교계도 조선불교계의 심전개발운동을 지원하고 나섰다. 일본 法相宗管長 오오니시 료게이(大西良慶)가 앞서 언급한 중추원에서 한 강연의 제목은 「心田開發と佛敎」인데 그 가운데는 "지금 조선총독이 조선민중들에게 제창한 심전개발운동은 어두운 곳에서 불을 얻은 듯, 강을 건너는데 배를 얻은 것과 같다."라고 하였다. 또 그는 1935년 5월 30일 경성으로 건너와서 향후 3년간 조선에 머물면서 조선의 심전개발을 위해 全朝鮮을 순회하면서 각 기관, 사찰, 학교, 경찰서 등을 방문하여 연설, 강연회, 좌담회 등을 개최하고 그날 그날 작성한 일지를 『朝鮮佛敎』지에 공개하고 있다.52) 『조선불교』지의 성격에 대해서는 아래의 글을 참고할 수 있다.53)

(2) 홍보전단의 제작 배포와 방송 강좌

1935년 이래 창도되어 온 심전개발운동은 1936년 1월 15일 조선총독부 주최 간담회에서 구체적인 案에 기초하여 1월 30일자로 이마이다(今井田) 정무총감이 各道知事들에게 시달한 통첩54)으로 구체화되었다. 그런데 중앙과 지방의 연락 및 全鮮을 통일하는 강력한 정신운동을 위해 그 취지 실행의 통제강화를 도모하기 위하여 학무국에서 이 통첩을 부연 해설하여 실천에 적당한 해설서 약 3만부를 제작하여 全鮮 각도 및 관계 제단체에 배포할 계획을 가지고 있었는데 해설서의 내용은 국체관념의 명징, 경신숭조

---

51) 『佛敎時報』 제11호, 제14호, 1936.
52) 『朝鮮佛敎』, 제112호, 1935. 7.
53) 졸고, 「朝鮮佛敎團硏究」, 『한국독립운동사 연구』, 제9집, 1995.
   『朝鮮佛敎』지는 1920년에 조선과 일본의 유력한 在家 불교신도들이 중심이 되어 결성된 조선불교단의 기관지였다.
54) 「躍動する心田開發戰線」, 『경성일보』, 1936. 2. 1.

를 비롯하여 조선의 實情運動을 적극적으로 실천하는데 용이하게 해득할 수 있는 緊切을 極한 것으로 심전개발운동의 지침서라고 할 수 있는 것이었다.55) 이 해설서는 현재로서는 찾을 길이 없다.

홍보물의 제작 배포와 더불어 학무국 사회교육과에서는 라디오를 통하여 심전개발을 홍보할 것을 기획하고 경성중앙방송국 제1 및 제2방송에 修養・婦人・常識의 3강좌를 설정하고 이 방면에 학식과 경험이 있는 인사를 위촉하여 1937년 1월부터 방송을 개시하였다. 불교계에서는 중앙불교전문학교 교수였던 권상로가 불교계를 대표하여 조선총독부 촉탁 강사로서 심전개발 방송을 담당하였다.56)

그리고 그 가운데 요점을 간추려서 책자로 발간하기도 하였다.57) 심전개발운동의 주체는 조선총독부였지만 실천방안에 있어서는 조선불교계를 주축으로 하여 전국적으로 확산시키고, 그를 통해 조선민중들의 사상을 통제할 수 있는 제도적인 기반을 조성하고자 한 것이었다고 할 수 있다. 여기에 당시 조선에 들어와 있던 일본 불교 세력들도 조선총독부의 정책적인 면에 호응하여 조선민중들이 심전개발운동에 참여하도록 지원을 하고 나섰다.

일제는 심전개발운동을 만주지방까지 확산시키고자 하였다. 조선에서의 심전개발운동이 경제발전의 根底가 되어 민심에 透徹되고 있는데 이웃나라인 만주국에서는 국내 치안의 회복에 짝하여 점차 정신운동에도 적극적으로 시정대책을 강구할 복안을 가지고 조선의 심전개발 및 종교대책, 儀禮準則 등을 모범으로 하는 것 같은데 今回 同國(만주국) 禮敎司 宗敎科로부터 이에 관한 자료의 제공방법을 의뢰하여 왔으므로 학무국에서는 급속히 整備하고 특히 재만주 조선인 종교지도에 관한 중대한 의미를 가지는 것이므로 조선의 종교단체 敎化規程一般, 博文寺 건립의 유래, 종교단체 등록법 및 포교등록법에 이르기까지 수집하여 송부하기로 하였는데 만주국

---

55) 「本府學務局에서 心田開發의 解說 製作配布」, 『佛敎時報』 제9호 1936. 4. 1.
56) 「權相老先生의 心田開發放送擔任」, 불교시보, 제19호, 1937. 2. 1.
57) 『心田開發とは何ぞや』, 朝鮮總督府.
 『韓國近現代佛敎資料全集』 제64권, 민족사, 1996.

이 이 방면에 적극적으로 진출하고 있는 것이 주목된다.[58] 조선총독부 측에서는 심전개발에 관한 자료들뿐만 아니라 심전개발을 추진하는 중심기관인 종교단체의 설립에 관한 자료들까지 광범위하게 수집하여 만주국으로 보내고 있었다.

(3) 수양·수련회를 통한 홍보

조선불교계에서는 각종 수련회 또는 수양회를 통해서 심전개발운동에 참여를 유도하기도 하였다, 대표적인 사례를 찾아보면 강원도 도청에서는 불교계를 중심으로 심전개발운동에 매진하기 위하여 오대산 월정사에 주석하고 있던 당시 불교계의 고승으로 알려진 方漢岩 선사를 방문하여 중견 승려의 교양을 의뢰하는 한편[59] 1936년도 예산 가운데 1,500원을 편성하여 500원은 오대산 방한암 처소에서 수련회에 참가한 승려들에게 지원하고 1,000원은 高僧碩德을 초청하여 도내 각군 순회강연 교화운동에 쓰기로 하였다.[60]

조선에 들어와 있던 일본 불교계에서도 심전개발운동에 나서고 있었다. 심전개발의 표어가 제창되어졌기 때문에 신앙문제에 관심이 있는 일본인들은 곧 조선불교에 생각이 미쳤고, 조선은 上代에 불교가 융성했던 사정이 있었기 때문에 지금 官民僧俗이 일치해서 그 갱생진흥을 도모한다면 능히 불교에 의해서 조선민중의 심전을 열어서 그 정신생활에 기초를 주어서 안심을 얻을 수 있다고 생각하고 일본 승려들도 각 宗이 모두 심전개발운동에 共鳴하는 가운데 성급한 사람은 솔선해서 각지를 巡錫하면서 포교에 착수했다.[61]

京城府 長沙洞에 있었던 일본 임제종 妙心寺에서는 1935년 7월 5일부터 9일까지 새벽 5시부터 7시까지 하나야마 다이끼(華山大義) 승려의 지도로

---

58) 「半島의 心田開發을 滿洲國에서 效倣」, 『불교시보』 제20호, 1936. 7. 1.
59) 『佛敎時報』 제8호, 1936. 3. 1.
60) 「江原道廳의 心田開發實踐計劃」, 『불교시보』, 1936. 5. 1.
61) 高橋亨, 「朝鮮佛敎の歷史的依他性」, 『朝鮮』 제250호, 1936. 3. 1. 2~18쪽.

다음과 같은 프로그램으로 아침 수양회를 개최하였다. ① 照鑑文拜唱[62], ② 坐禪, ③ 聖曲讀誦, ④ 茶禮, ⑤ 講話 및 感話, ⑥ 朝食 참가비는 1圓[63])이었으며 이와같은 아침 수양회는 이후로도 간헐적으로 계속되었다.

3) 재단법인조선불교중앙교무원과 심전개발운동

당시 불교계에서는 아직 조선불교계를 대표할만한 합법적인 지위를 갖춘 대표기관이 없었고, 단지 1924년에 민족적인 색채가 강하였던 조선불교총무원과 친일·어용적인 성격이 강했던 조선불교 교무원이 통합하여 성립된 재단법인조선불교중앙교무원이 실질적인 대표기관 행세를 하고 있었다. 재단법인조선불교중앙교무원의 성립과 성격에 관해서는 졸고를 참고할 수 있다.[64] 1935년 7월 28일에 在京 주지들이 재단법인조선불교중앙교무원에 모여서 우가키 총독이 聲明하고 주창한 심전개발사업에 대하여 전 조선불교도를 총동원시켜서 이사업에 진력하도록 촉진운동 발기회를 열고 심전개발 사업에 대한 대강의 윤곽을 토의하였는데 참석한 발기인은 용주사 주지 姜大蓮, 奉恩寺 주지 姜性仁, 범어사 주지 吳梨山, 화엄사 주지 鄭秉憲, 월정사 주지 李鍾旭이었다.[65] 아울러 재경 주지 발기회에서는 8월 27일에 31본산 주지회의를 재단법인조선불교중앙교무원에서 열기로 결의하였는데 주요 안건[66]에는 심전개발기념에 관한 건과 대표기관설립에 관한 건이 포함이 되었었다.

---

62) 照鑑이란 神佛이 중생을 밝게 보살피는 것을 말한다.
63) 「朝の修養會開催」, 『朝鮮佛教』 제112호, 1935. 7. 1.
64) 졸고, 「1920년대 초반 朝鮮總督府의 불교정책-재단법인 조선불교중앙교무원의 성립을 중심으로-」, 『한국독립운동사연구』 제13집, 1999. 12.
65) 「朝鮮佛教心田開發事業促進發起會」, 『佛教時報』 제2호, 1935. 9. 1.
66) 주요안건의 내용을 살펴보면, 一. 巡廻布教에 干한 件, 一. 農村布教에 干한 건, 一. 心田開發記念에 干한 件, 一. 代表機關 設立에 干한 건, 一. 布教師 講習會에 干한 件, 一. 私設寺庵 整理에 干한 件, 一. 寺規宗風肅正에 干한 건, 一. 托鉢僧侶에 干한 件. 『불교시보』 제2호, 1935. 9. 1.

여기서 대표기관이란 심전개발운동이 가시화 되기 시작하던 1935년 초부터 설립운동이 시작되어 1941년 4월 23일자로 朝鮮佛敎曹溪宗과 총본산 太古寺가 조선총독부로부터 인가되어 태고사가 조선불교계를 대표하는 대표기관으로 승인된 것을 말한다. 불교계의 총본산 건립이 심전개발운동과 밀접한 관련하에서 추진되었다는 논고가 근래에 발표되어다. 조선불교계의 총본산 건설운동을 고찰한 바 있는 김광식에 의하면 일제는 1934년 말에 사상선도와 정치적 교화를 목적으로 종교 특히 불교를 중흥시켜 활용하려는 계획을 수립하고 있었음을 지적하면서 1935년 8월에 31본산 주지회의가 개최되기 전에 이미 조선불교계를 효율적으로 통제하여 심전개발 사업에 이용하기 위해 조선불교계의 대표기관 설립을 종용하였다고 논구하였다.67)

1937년 2월 26일부터 27일 사이에 개최된 31본산 주지회의에 참석한 주지들은 모두 중앙통제기관으로서의 총본산의 필요성을 인정하고 있었으며, 주지들 가운데는 총본산의 설립이 조선총독부에서 추진하고 있는 심전개발의 목적과 합치하여야 한다고 주장한 사람도 있었다68)고 한다.

총본산의 건립은 재단법인조선불교중앙교무원이 주도적으로 나서서 추진하였다. 교무원에서는 심전개발의 기념사업으로 각황사 교당 개축안을 제안하였다.69) 이 결의에 따라 조선불교선교양종총본산 각황사는 예전의 각황사를 철거하고 순조선식 건물로 총공사비 50,000원의 예산을 들여 수송동 교무원 자리에 신축하기로 하고, 건물을 신축함에 활용될 목재는 정읍에 있던 보천교 교당이던 십일전을 매입해 사용하기로 결정하였다.70)

총본산 건물은 1938년 10월경에 완성되었는데 총공사비는 185,674원이었다.71) 1937년 10월 12일에 있은 상량식에서 權相老가 쓴 「총본산각황사

---

67) 김광식, 앞의 책, 418쪽.
68) 崔錦峯, 「三十一本山住持會同見聞記」, 『佛敎』 新2輯, 1937. 10~17쪽.
  『佛敎』 新3輯, 1937. 24~29쪽.
69) 「三十一本山住持會」, 『불교시보』 제3호, 1935. 10. 1.
70) 위와 같음.
71) 卍海, 「總本山創設에 對한 再認識」, 『佛敎』 新17輯, 2~5쪽.

대웅보전상량문」을 보면 우가키 총독이 전개한 심전개발기념사업의 일환으로 총본산 건물이 지어지게 되었음이 명기되어있다.72) 이 총본산은 1941년 4월에 이르러 조선 세종조 때 당시 敎宗과 禪宗의 제종파를 한데 합쳐서 조선불교선교양종으로 통합된 이래 제대로 된 종명을 갖지 못하다가 조선총독부로부터 曹溪宗이라는 宗名이 승인되어지고, 총본산의 寺名도 覺皇寺와 太古寺 가운데 어느 것으로 정할 것인가를 논의하던 끝에 유서가 깊은 태고사로 확정지었다.73) 이 건물이 현재 종로구 견지동에 있는 조계사 대웅전이다.

조선총독부는 심전개발운동의 실행방법으로 종교 각파 및 교화단체가 서로 일치협력하여 상호연결하고 제휴하여 시행할 것을 시달하고 있으며, 각 종교단체에서도 스스로 신앙심을 증진시킬 수 있는 시설을 강구하여 상호제휴하여 실시하도록 하였다.74) 조선총독부가 주력하고 있는 심전개발운동은 전조선에서 진행중인 농촌진흥운동을 효과적으로 전개하기 위해서 자못 중시되고 있었는데 내년에는 일단의 비약을 시도하려고 학무국에서 예산 기타 사항에 대하여 연구를 거듭하고 있다. 심전개발운동은 농촌진흥운동과 달라서 3년이나 5년의 기간 동안에 효과를 숫자적으로 표시하기는 불가능하고 따라서 상당히 장기간에 걸치는 계속적 시설이 필요하며, 더욱이 그 시설이 불충분하다든가 민심의 동향을 무시하고 대중생활의 실제를 고려치 않을 경우는 전혀 그 효과를 기대할 수 없을 뿐만 아니라 도리어 해독마저 있을 수 있는 자못 지난한 사업인 까닭에 학무국에서는 구체안의 작성에 고심을 하고 있던 바, 불교시보사에서는 문제의 중대성을 감안하여 단순히 총독부에만 일임하지 말고 宗敎家・敎育家・經濟家・思想家・學者 등 전국적 一流를 집중하여 전조선에 모든 기관을 총동원하여 적극적으로 진출할 것을 주장하고 있다.75)

---

72) 權相老,「總本山覺皇寺大雄寶殿上樑文」,『佛敎』新10輯, 1938. 3. 16쪽, 今此 總本山大雄殿當有前總督心田開發提唱之秋爲紀念而起見.
73)「總本山寺名의 決定必要」,『불교시보』社說, 1939. 2. 1.
74) 中村進吾,「心田開發」,『朝鮮施政發達史』, 朝鮮總督府, 1936. 257~260쪽.

조선총독부에서는 심전개발운동을 보다 효과적으로 진행시키기 위하여 사찰령 제2조에 명기된 지방장관의 허가를 받지 않고는 傳法・布敎・法要 執行 및 僧尼止住의 목적 이외에 사용할 수 없다는 조항을 확대 해석하여 사찰이 명승지에 있으므로 일반인들의 행락 장소로 이용되는 것을 방지하기 위하여 遊興・惡戱・俗歌・俗樂 등을 금지하며 기타 사찰의 존엄을 범하는 행위를 할 수 없도록 하여 사찰의 존엄성을 유지할 수 있도록 했다. 조선총독부에서는 각 도지사에게 사찰정화에 관한 다음과 같은 통첩을 보냈다.76)

그리고 사찰 입구에는 게시판에는 다음과 같은 사항을 반드시 게시77)하도록 하였다. 이와 더불어 사찰 존엄 유지에 관하여 총독부로부터의 통첩에 기초하여 강원도에서는 1936년 7월 4일에 도내 본사 주지들을 도청에

---

75) 「全國的 一流網羅 强力委員會結成」, 『佛敎時報』 제13호, 1936. 8. 1.
76) 『朝鮮佛敎』, 「寺刹尊嚴維持に關し各道知事に通牒」, 제112호, 1935. 7. 1
　一. 6월 4일에 통첩한 취지는 곧 각 본말사에 이첩하는 외에 본사를 하여금 소속 말사에 嚴達시켜서 사찰정화에 관한 통첩의 실행을 기할 것
　二. 본사 주지를 도청으로 소집하여 사찰정화의 취지를 설명하고 아울러 군청에는 관내 본말사 주지를 소집해서 시달할 것
　三. 게시는 사찰 설비에 상응하는 구조로서 본말사의 두 종류로 구분하고 그 설계는 가급적 도청에서 그것을 보여주고 또 글자의 크기는 대체로 일정하게 할 것
　四. 境內地는 山門 이내로 할 것
　五. 게시는 산문 부근 또는 경내지 입구 기타 쉽게 볼 수 있는 장소를 선정해서 가급적 빠른시일을 지정해서 도내 전사찰을 일제히 설치를 완료하게 할 것
　六. 경내지의 음식점 영업은 절대로 신규허가를 해 주지 말 것은 물론 이미 허가가 있는 곳도 적당한 곳에 이전 또는 轉業할 수 있는 형태로 지도하고, 도 이전 또는 轉業前이라도 酒類 판매는 곧 바로 금지 시킬 것
77) 「寺刹尊嚴維持に關し各道知事に通牒」, 『朝鮮佛敎』 제112호, 1935. 7. 1.
　一. 경내에서 鳥獸魚類의 포획을 하지 말 것, 一. 경내에서 초목의 채취를 하지 말 것, 一. 지정된 장소 이내에서 車馬를 타고 들어오지 말 것, 一. 경내에서 遊興惡戱를 하지 말 것, 一. 경내에서 俗歌俗樂을 하지 말 것, 一. 飮酒酩酊의 상태로 경내에 들어오지 말 것, 一. 경내에서 주류를 판매하지 말 것, 一. 기타 사찰의 존엄을 해하는 행위를 하지 말 것.

招集하여 도내 승려의 婦女와 그외 다른 가족을 사찰내에 상주시켜 俗人的인 생활을 영위하는 것은 조선사찰의 승규 및 존엄상에 타당한 것이 아니기 때문에 지금부터 그러한 행위를 금한다는 지침을 시달하였다.78)

1935년 11월에 조선총독부로부터 사찰 尊嚴保持에 관한 재통첩이 시달되었는데 그 내용은 일층 僧尼의 자각을 촉진시키기 위하여 승니는 자신의 수행을 기하는 동시에 일반 민중으로 하여금 경건의 念을 증진하도록 다음 사항을 철저히 준수하도록 하라는 내용이었다.79)

조선총독부에서는 심전개발운동을 보다 효과적인 수행하기 위해서 더 많은 포교소를 필요로 하였다. 그래서 현재 31본사에 더해서 1,338個의 寺刹이 있는데 3面 1寺의 비율이며 분포가 남조선에 많고, 서북 조선에 적고, 대개 산간벽지에 있어서 포교 기타의 불편이 많은 까닭에 총독부에서는 1面1寺 비율로 사원 포교당이 설립되도록 계획을 추진 중이었다.80)

조선총독부는 1935년에 보물고적명승천연기념물보존회 관제를 발표하고 조선의 각 사찰에 있는 보물과 고적들의 보존작업에 착수하였다.81) 1935년 6월에는 보물고적보존비는 직할 수축비 보조액 합계 9만원을 계상하였는데 총독부 사회과에서는 成佛寺, 長安門 등 78개소에 실시하기로 내정하고 1935년에는 심전개발 공작을 竝進하여 사찰 중심의 사업을 전개할 방침이었다.82) 총독부에서는 심전개발 측면공작으로 박물관을 공개하기로 결정하였다. 1935년 7월부터 매월 첫째 토요일을 특별관람일로 정하고, 총독부 박물관에서는 일반관람료 5전을 2전으로 할인하고, 학생, 군인 기타 단체 관람자들에게는 무료 서비스하게 하였으며, 그 경내에 있는 경복궁 근정전은 지금까지는 시간적으로 개방하였으나 7월부터는 일반에게 공개

---

78) 위와 같음.
79) 一. 僧尼는 부득이 경우 이외에는 반드시 長衫을 작용할 것.
　　一. 朝夕 禮佛에는 一山의 승려가 반드시 참석하여 勤行할 것.
　　一. 매일 일정한 시간에 禪堂이나 강원에 들어가서 修行을 같이 할 것.
80) 「一面一寺布教所計劃」, 『불교시보』 제1호, 1935. 8. 3.
81) 조선총독부, 『朝鮮事情』, 1935. 271쪽.
82) 「寶物古蹟保存은 寺刹中心主義」, 『매일신보』, 1935. 6. 9.

하기로 하였다.83)

　사찰정화운동은 심전개발운동을 효율적으로 수행하기 위해서 제공된 부산물에 지나지 않는다고 할 수 있다. 물질적인 발달의 폐단으로부터 정신적인 교화를 통하여 균형을 이루기 위한 이념의 제공처가 유흥장이 되어서야 권위를 얻을 수 있겠는가. 일제 당국에서도 사찰은 정신적인 감화를 얻을 수 있는 신성한 곳이어야 한다는 이미지를 제공할 필요가 있었을 것이다. 식민지 시기에 이루어졌던 일제에 의한 고적조사는 그 당시 일본 국내에서의 고고학이 인류학의 일부로써 맹아단계에 있던 시절로 한반도에서의 고적조사보고서가 일본 국내 고고학의 발달에 영향을 주었다.84)

4. 조선불교계 심전개발운동의 성격

　1930년대 후반은 일본이 중국 대륙을 침략한 이래로 군사력을 확충하면서 파시즘 체제로 진입하는 과도기였다. 이러한 상황에서 조선총독으로 부임한 우가키는 부임 직후부터 조선을 대륙침략의 전초기지화 하고자 하였으며, 그 과정에서 터져 나오는 조선인들의 불만을 해소할 수 있는 방안으로써 농촌진흥운동을 추진하였다. 농촌진흥운동은 조선인들의 경제적인 생활을 안정시킨다는 미명하에 절대 빈곤 상태에 빠진 조선의 농촌을 부흥시켜야 한다는 것이었다. 우가키의 농촌진흥운동은 自力更生을 통한 물질적 방면의 갱생운동이었다. 이러한 물질적인 농촌진흥운동을 뒷받침할 수 있는 정신적 운동이 심전개발운동이었다. 심전개발운동은 물질적인 갱생운동의 짝을 이루는 정신적 방면의 갱생운동이었다고 할 수 있다.

　조선총독부는 심전개발운동을 보다 효과적으로 추진하기 위해서 조선불교계를 총괄적으로 지도할 수 있는 총본산의 필요성을 느꼈다. 조선총독

---

83)「心田開發側面工作으로 博物館을 開放奉仕」,『매일신보』, 1935. 6. 20.
84) 崔錫榮, 앞의 책, 285~286쪽.

부의 이러한 바램은 조선불교계 내부의 여망과도 합치하였다. 조선총독부에서는 이러한 관제운동을 민간차원의 운동으로 전개하고자 하였으며, 조선불교계는 자발적인 형태로 심전개발에 참여하였던 것이다. 조선불교계에서는 이 두 운동이 균형을 이루어 물심일여의 경지로 발전할 수 있도록 자발적으로 노력하는 면모를 보였다.

당시 불교계의 지도자들 가운데는 일제의 심전개발운동을 불교의 교리와 연관지어서 설명하는 사람도 있었다. 불교에서는 心性을 밝히는 것을 목적으로 삼는데, 우리가 훌륭한 마음을 가지고도 그것을 잘 쓰지 못하고, 고통받으며, 악을 지으며, 迷한 가운데 있으니 이것이 원통한 노릇이 아니겠습니까[85] 라고 하면서 불교의 교리 가운데 본성을 찾는 일을 심전개발운동의 목적과 연결시키고 있는데서 그러한 면모를 볼 수가 있다. 일제는 조선불교계에서를 통제하는데 억압과 회유라는 양면책을 사용하였다. 전국 사찰을 31본산체제로 재편하고 본산 주지임면권을 조선총독이 가지고, 사찰의 임야를 비롯한 토지를 매매할 때는 사전에 총독부의 승인을 받아야 하는 인사권과 경제권이 조선총독에게 주어져 있었다. 따라서 본산 주지들은 총독부의 권력으로부터 자유롭지 못했다.

이러한 상황에서 중국 대륙 진출을 눈 앞에 둔 시점에서 조선인들을 천황에게 순종하는 신민으로 만들기 위한 심전개발운동에 불교계는 앞장서고 있었다. 당시 유일한 불교계의 신문이었던 『佛敎時報』는 심전개발운동의 선전지를 자처하고 나섰다. 재단법인 조선불교중앙교무원의 재무이사였던 黃金峰은「唯一無二한 朝鮮佛敎의 報道機關인「佛敎時報」를 援助하라」는 글에서 "佛敎時報 자신이 언명하는 만치 조선불교의 報道塔이요, 심전개발의 선전지라는 것을 목적하는 까닭이다"[86]라고 하면서 불교시보가 심전개발의 선전지로서의 역할을 자임하고 있는 면모를 보이고 있다. 이 글

---

85) 金泰洽,「心田開發과 佛敎의 精神」,『一光』제6호, 중앙불교전문학교교우회, 1936.
86) 黃金峰,「唯一無二한 朝鮮佛敎의 報道機關인「佛敎時報」를 援助하라」,『佛敎時報』, 1936. 3. 1.

의 필자가 불교시보의 기자나 주필은 아니라고 할지라도 당시 불교계의 비중있는 인물이었고, 불교시보사에서 원고를 부탁했었고, 그 원고를 그대로 전제하였다면 佛敎時報의 성격을 짐작할 수 있다.

그러나 1936년 1월 8일자 조선일보에서 '불교중심의 심전개발은 낙제'라는 기사를 살펴보면 심전개발운동 촉진시점에 있어서 조선총독부의 최초 의향으로는 불교를 중심으로 하고자 불교부흥운동을 대대적으로 일으키려고 불교 당국자와 회합은 물론 불교 통제책까지 획책하였으나 최근에 와서는 조선불교를 가지고는 심전개발운동을 신통하게 얻기 어렵다는 결론을 얻게되었다. 그 이유인 즉 조선불교계에는 위대한 승려가 없고, 또 장차 청년 불교가를 양성한다 하여도 오랫동안 수양이 필요한 그들이 언제 가두에 진출하여 민중층에 깊이 들어가서 민중의 심전개발을 지도하겠는가 하는 것이 큰 문제가 되어 결국 불교 부흥은 필요하되 심전운동의 중심으로 잡기는 어렵다는 것이다.[87]

그 당시 조선총독부가 인정하고 있었던 종교라는 것은 신도와 기독교 그리고 불교였다. 그 가운데 신도는 일본이 조선에서 궁극적으로 조선민중들에게 보급하고자 하였던 종교였지만 조선민중들의 정서에 쉽게 부합하지 못하는 점이 있었다. 기독교는 유일신을 섬기는 신앙체계를 가지고 있었고, 서양에서 유입된 종교라서 조선총독부 측에서도 불교만큼 큰 관심을 가지지 않았다. 조선총독부가 심전개발운동을 추진하는데 있어서 불교계에 특히 역점을 두었던 만큼 조선불교계에서도 여타의 다른 종교에 비해서 열성적으로 참여하였다고 할 수 있다. 1935년부터 37년까지 31본산 주지회의 때면 언제나 심전개발문제가 의제로 상정되었고, 당시 불교계의 유일한 신문이었던 『불교시보』는 심전개발의 선전지를 자처하였다.

아직 총본산이 설립되지 않았기 때문에 조선불교계를 대표할 수 있는 합법적인 권능을 가진 기관은 아니었지만 실질적으로는 대표기관의 역할을 하고 있었던 재단법인조선불교중앙교무원에서는 심전개발사업을 기념

---

[87] 「心田開發運動에 佛敎 中心은 落第」, 『조선일보』, 1936. 1. 8.

하기 위하여 각황사를 개축하였으며, 권상로, 김태흡, 이능화를 비롯해서 불교계의 인사들이 전국을 순회하면서 심전개발운동을 선전하는 강연을 하였다. 결과적으로 1920년대 후반에 전개된 심전개발운동은 조선불교계를 흔들어 놓았다고 해도 과언이 아니라고 할 수 있다.

총독부 측에서는 되도록 조선불교계에서 유력한 승려들을 동원하여 각종 강연회·강습회·촉진회·위원회 등의 조직을 통하여 조선민중들의 자발적인 참여를 유도하고자 하였지만 현실과는 일정한 거리가 있는 그러한 모임이나 회합을 통해서 조선민중들의 참여를 유도해 낼 수는 없었다. 농촌진흥운동에서 중시되는 것은 지도자의 태도이다. 자력갱생운동은 강제보다 이해가 제일이며, 자발케 함이 긴요하다는 사실을 강조하고 있다. 심전개발지도원칙[88])을 보면 이처럼 민중들의 자발적인 참여를 통하여 농산어촌진흥운동을 장려하고 심전개발운동을 성공적으로 이끌고자 하였지만 조선민중들은 총독부가 기대하는 만큼 열성적으로 참여하지 않으므로 해서 결국 심전개발운동은 실패하고 말았다.

5. 맺음말

이상에서 1930년대 후반 조선불교계에서 전개되었던 심전개발운동의 전개과정과 성격에 대해서 살펴보았다. 일제는 1930년대 후반 중국 대륙침략을 눈 앞에 둔 시점에서 국제사회에서 고립을 면치 못하는 상황에 처하게

---

88) 「農山漁村振興運動과 重視되는 指導者 態度」, 『매일신보』, 1935. 5. 2.
첫째, 지도는 정신계발에 치중하고 물질에 편중치 않게 하여 형식에 흐르지 않게 할 것, 둘째, 지도는 처소와 사람에 따라 주장을 무리하게 말고 항상 일을 하여 의심이 없게 할 것, 셋째, 지도는 전도에 목표를 분명히 세워 그것에 도달할 신념을 갖게 할 것, 넷째, 지도는 이해를 시켜 강제로 하지 말고 자진하여 하도록 할 것, 다섯째, 지도는 지방 실정에 따르고, 민도에 응하여 계획을 세울 것.

되었다. 일제는 이러한 상황 속에서 조선민중들로부터 행여 불만에 찬 소리가 나오지 않을까 고심하고 있었다. 1931년에 조선총독으로 부임한 우가키는 조선인들을 충량한 황국신민으로 만들고 나아가서 중국 대륙침략에 인적·물적자원을 조달하고자 하였다. 이러한 배경에서 입안된 것이 물질적으로는 농어촌진흥운동을 정신적으로는 심전개발운동을 추진하고자 하였다. 이 두가지 운동은 物心一如라는 슬로건 아래 진행되었다.

이러한 상황 속에서 조선총독으로 부임한 우가키는 조선의 농촌 현실이 열악한 상황이라는 것을 인식하고 조선의 농촌을 부흥시키기 위해서 농산어촌진흥계획을 입안하게 되었다. 그 과정에서 물질적인 갱생을 추구하는데 조선민중을 정신적으로 통제할 필요성을 느꼈던 것이다.

국제사회에서 위기에 처한 일본의 현실을 타개하기 위해서는 조선민중들의 안정적인 생활이 절대적으로 필요하였기 때문이다. 더구나 그들이 천황제 이데올로기로 숭상하고 있는 국가신도를 보급하기 위해서도 정신적인 면에서 조선민중을 효율적으로 통제하고, 동원할 수 있는 이데올로기가 필요하였던 것이다. 일제가 가지고 있었던 대안은 결국 神道였지만 신도가 조선인의 정서에 쉽게 친숙해 질 수 없었고, 또 형식적으로 헌법에 종교의 자유가 보장되어 있었기 때문에 여타의 다른 종교의 존재를 인정하면서도 그들 종교의 상위의 개념으로 신도를 설정하고 있었다. 본고에서는 심전개발에 활용되었던 종교들 가운데서도 특히 불교에 초점을 맞추어서 조선불교계가 심전개발에 어떤 형태로 활용되었는가를 규명하고자 하였다. 심전개발운동은 조선총독부에서 입안하고 주관하였지만 그 전개과정에 있어서는 조선의 종교계를 통해서 조선민중들의 정신적인 결집력을 모아 내고자 한 통치권력 측의 官製운동의 성격을 띤 운동이었다.

일제는 심전개발운동 추진의 일환으로 조선사찰 정화운동을 추진하였다. 사찰이 명승지에 있다는 이유로 유원지의 유흥장으로 전락한 상황에서는 정신적인 갱생을 도모하는 심전개발운동이 효율적으로 진행될 수가 없었던 것이다. 따라서 사찰정화운동은 사찰의 존엄성을 되찾고 심전개발운동을 보다 효과적으로 추진하려는 차원에서 전개되었던 운동이었다.

심전개발운동은 종래에 1935년부터 입안된 것으로 이해되어왔지만 본고를 통해서 적어도 1934년 3월부터 입안되기 시작하였음이 밝혀졌고, 심전이란 용어도 불경에만 수록된 단어가 아니고 유교 경전에도 수록되어져 있음이 밝혀졌다고 하겠다.

심전개발운동은 1930년대 세계 공황의 영향으로 파탄에 직면한 조선의 농촌경제를 부흥시키기 위해서 입안되어진 농촌진흥운동을 정신적인 면에서 지원하기 위해서 창안된 관제운동이었다. 조선총독부는 심전개발운동의 실행방안에 있어서 정신세계에 심대한 영향력을 미칠 수 있는 종교계를 동원하기로 결정하고, 그 가운데서도 불교계에 역점을 두었다.

조선총독부는 조선시대 이래로 쇠퇴한 불교계를 부흥시키고, 승려들의 지위를 향상시킨다는 명분으로 심전개발운동에 불교계가 적극적으로 나서 줄 것을 희망하였고, 이러한 총독부의 요구는 조선불교계의 총본산 건립의 종용으로 나타났다. 총본산 설립은 조선불교계의 여망사항이기도 하였으므로 조선불교계는 심전개발운동에 적극적 참여와 총독부측의 총본산 승인이라는 타협점을 찾을 수 있었다.

심전개발의 궁극적인 목적은 일제의 식민지 통치정책에 불만을 가진 조선인들의 저항을 사전에 봉쇄하고 조선인들을 일본의 천황에게 순종하는 소위 충량한 황국신민으로 만들기 위한 것이었다. 심전개발운동의 결과는 가시적으로 나타나지는 않았다. 그것은 눈으로 확인할 수 있는 현상적인 사안이 아니었기 때문이다. 그러나 심전개발운동으로 인하여 많은 조선인들이 충량한 '황국신민'이 되도록 강요받았다. 그러한 영향은 1940년 이후 창씨개명과 태평양전쟁 시기에 학도지원병제 등 일제말기 일련의 정책과 결코 무관하다고는 할 수 없다. 심전개발운동의 성패는 조선민중들의 참여여부에 있었으나 총독부의 바램처럼 조선민중들은 그렇게 열성적으로 심전개발운동에 참여하지 않으므로써 실패로 끝이 날 수 밖에 없었고, 1937년 7월에 중일전쟁이 발발함에 따라서 보다 강력한 전시사상통제책인 국민정신총동원운동이 전개됨으로써 심전개발운동은 자취를 감추게 되었다.

The "Joseon Chongdokbu"(the Government-general of Korea under the rule of Japan)'s commencement of the "Simjeon(literally "ental farm", whick means the mind) Development Movement" and the response of the Buddhist society of Joseon in late 1930's

Kim, Sun Seok

Imperialist Japan faced the situation of unavoidable isolation from the international society on the verge of its invasion of the main land China in the late 1930's. Under this situation, imperialist Japan was worrying about any possible outcry of Korean populace's complaints. Governor Ugaki who was dispatched to Korea in 1931 tried to drive the colonized Koreans into the spiritual citizenship of loyal and meek subject of the Japanese Empire, and then to go further to securing the supplies of manpower and the materials. Under these circumstances, the development movement of the farm of agriculture and fisheries on the material side and the mind development campaign on the mental side were drafted to be proceeded with. The two movement were proceeded with under the slogan of "Mul-sim-il-yeo"(The material and the mind are the same as each other).

Governor Ugaki who held office under these circumstances recognized that the agritural reality of Joseon(Korea) is a seriously bad situation ,therefore, was made to draft a program of the development of the farm of agriculture and the fishieries. In this process, he felt it necessary to mentally control the Korean populace to make a material revitalization.

To overcome the Japanese reality of facing crisis in the international society, the stable basic life of the Korean populace was absolutely needed. Moreover, to permeate their national "Sindo"(Japanese belief which means "the Divine Way") they

1930년대 후반 조선총독부의 '心田開發運動' 전개와 조선불교계 115

worship as the ideology of "Dennoheika(Divine Emperor)regime" into Korea as well, the ideology was needed to effectively control and mobilize the Joseon populace.

Although, what Japan could mobilize as an alternative to Korean belief was at last their "Sindo", in fact, this "Sindo" was set to be the upper notion of those different religions of which they also recognized the existence, because it could not easily become familiar with the emotion of Koreans and the freedom of religion is guaranteed in the Korean Constitution.

In these papers, I tried to find out in what style Joseon Buddhist society was utilized in the abovementioned mind development especially by giving focus on Buddhism out of those religions utilized in the mind development. Although this mind development movement was drafed and superintended by the Joseon government-grneral, in the process of execution, it had become a movement which had the character of government-driven one in an effort to drive out the energy of mental concentration of Joseon populace through the religious society of Joseon.

Imperialist Japan felt the necessity of the establishment of a unified institution to have the command of the Buddhist society to effectively secure the complete command of the Joseon Buddhist society in the execution of the mind develpoment. This necessity gave birth to "Chongbonsan"(General Headquarters)-"Taegosa Temple"(Ancient Temple) established in 1941, which can be called the predecessor of "Jogyesa"(Jogye temple). Imperialist japan proceeded with the purification movement of the Korean temples as a means of execution of the mind development movement. The mind development movement which aims at the mental revitalization could not be effectively carried out under the situation of the degradation of temples into entertainment places of the leisure sites by the mere reason that it is located in the famous sights. The mind development movement has been understood to have been drafted from 1935, it was confirmed by these papers that it was drafted since the year-end of 1933 and the term Simjeon(mind) is not only listed in the Sutra(Buddhist Bible), but also is found in the Confucian scriptures.

Joseon Buddhist society participated in the mind development movement through various events of speech, instruction, discussions, broadcast, P.R., fostering, practice, committee meeeeting, acceleration meeting. The success and failure of the mind development movement relied on the spontaneous participation of the Joseon populace. This fact was understood by both of the officials of the authorities concerned of Imperialist Japan and those who had come out of the Joseon Buddhist society, and they tried to encourage the spontaneous participation. Nevertheless, the mind development movement resulted in failure, as the Joseon populace had not shown spontaneous ans positive participation.

8·15해방과 '부안불교승려대회'

金光植[*]

1. 머리말
2. 승려대회의 개요
3. 승려대회의 성격
4. 맺음말

---

[*] 건국대 사학과 강사.

1. 머리말

8·15해방은 현대사의 각 분야에 큰 영향을 미쳤다. 이에 불교계도 그 구도에 포함되었음은 물론이다. 8·15 해방 공간의 불교계에서는 식민지 불교의 극복을 기하면서 불교의 혁신을 추진하려는 움직임이 다양하게 추진되었다.[1] 그 움직임은 敎團과 革新團體로 대별하여 살펴볼 수 있다. 그러나 교단과 혁신단체가 추구한 목적은 동일하였지만 상이한 현실인식으로 인하여 그 추진 방법, 그리고 혁신의 대상과 범위를 둘러싼 갈등이 적지 않았다. 마침내 그 갈등은 혁신단체가 독자적으로 불교 및 교단 개혁을 추진함에 미쳐서는 교단의 분열로 전개되었다. 그를 단적으로 말해주는 것이 혁신 단체의 연맹체인 佛敎革新總聯盟의 발족과 혁신단체가 주도한 교단인 朝鮮佛敎總本院의 등장이었다.

그런데 이러한 갈등의 저변에는 상이한 현실인식 뿐만 아니라 불교 및 교단의 개혁으로 파생될 각 세력간의 이해관계가 깔려 있었다. 요컨대 개혁의 추진 및 산물로 야기될 제반 변화로 인한 기득권 유지 혹은 교단 장악에 관련된 첨예한 대응의식이 있었던 것이다. 달리 말하자면 불교계 구성원의 다수는 식민지 불교의 극복을 통한 개혁을 추진하는 자체에 대해서는 동의하였으나, 그 추진 방법과 대상에 있어서는 이질적인 대립구도가 확연하게 노정되었다.

한편 이 같은 불교계의 움직임은 주로 중앙을 중심으로 전개되었지만,

---

1) 해방공간 불교계 동향은 필자의 아래의 논고가 참고된다.
  金光植,「8·15解放과 佛教界의 動向」『佛敎史硏究』창간호, 1996.
  ____,「佛敎革新總聯盟의 結成과 理念」『鄭德基博士華甲紀念韓國史學論叢』, 1996.
  ____,「全國佛敎徒總聯盟의 결성과 불교계 동향」『睦楨培博士華甲紀念論叢』, 1997.

그 영향은 각 지방으로 파급되었다. 이에 일부의 지방 불교계에서는 중앙 불교계의 동향에 영향받으면서 지방 불교의 혁신을 추진하기도 하였다[2]. 그러나 당시 지방 불교계의 동향에 대해서는 관련 자료가 회소하여 그 전모를 파악할 수 없는 형편이었다. 그 결과 각 지방 불교계가 대부분 중앙 불교계의 동향에 영향을 받았는지, 아니면 영향은 받았지만 지방 불교계의 독자성을 유지하려는 고민과 활동은 있었는지 등등에 대한 구체적인 개요나 이해는 갖을 수 없었다.

본 고찰에서 살펴볼 전북 扶安 불교계의 실례는 위와 같은 전제를 유의할 경우 매우 주목할 수 있는 단서라 하겠다. 8·15해방 공간의 부안 불교계는 식민지 불교를 극복하면서 불교 발전을 기하려는 다양한 결정을 하였다. 필자가 본 고찰에서 살필 '扶安佛敎僧侶大會'는 1945년 11월 10~11일 來蘇寺에서 부안군의 사찰에 거주한 승려 21명이 참가한 가운데 개최되었다.

요컨대 필자는 해방공간 지방 불교계의 동향을 이해하기 위한 사례 연구로서, '부안불교승려대회'의 개요를 정리함과 아울러 그 대회의 성격을 분석하고자 한다. 그런데 해방공간 부안 불교계 동향은 1946년 2월 2일의 『조선일보』에 「扶安僧侶大會의 決意」라는 주제 보도기사에 간략히 전하고 있다. 해방공간 불교계의 동향을 연구하던 필자는 이 보도기사를 접하면서, 부안의 불교계에 대하여 큰 관심을 갖고 있었다. 그러나 그 관련자료를 찾을 수 없었기에, 그는 하나의 관심으로 머물러 있었다. 그러던 중 최근 필자는 해방공간 부안 불교계의 동향을 생생하게 전하고 있는 「扶安佛敎僧侶大會會議錄」[3]을 입수하여, 본고를 집필할 수 있었다.

---

2) 필자는 해방공간 지방 불교계의 동향을 연구키 위한 단서로 제주 불교계의 정황을 조명하였다. 김광식, 「해방직후 제주 불교계의 동향」, 『한국독립운동사연구』 12, 1998.
3) 본 자료는 대한불교 조계종이 운영하고 있는 불교신문사에 보관되어 있었다. 이 자료의 지질은 미농지이고, 제원은 18cm×26cm(가로×세로)이며, 분량은 7장이다. 이 자료가 불교신문사에 보관되어 온 연유는 三寶學會가 1965~1969년에 추진한 『韓國佛敎最近百年史』 편찬 및 자료수집 과정에서 찾을 수

2. 승려대회의 개요

 8·15 해방 직후, 전북 부안의 불교계 동향을 단적으로 알려주는 '扶安佛敎僧侶大會'(이하 승려대회라 약칭함)는 1946년 11월 10~11일에 개최되었다. 이에 본장에서는 승려대회의 개요를 그 대회의 회의록에 의거 정리하겠다.[4] 구체적인 정리는 회의 순서에 따라, 그 개요 및 진행 상황을 요약하는 방법을 채택하고자 한다.

 승려대회는 1946년 11월 10일 오후 4시, 부안군내의 來蘇寺 說禪堂에서 개최되었다. 승려대회는 개회와 내소사 주지인 朴應連의 개회사로 시작되었다. 이어서 회원의 點名이 있었는데, 참가자는 내소사 주지 박연응을 포함하여 21명[5]의 승려이었다.

있다. 필자가 추정하건대 1965년까지도 來蘇寺에 있었던 이 자료는 '백년사' 편찬을 위한 자료수집 과정에서 백년사 편찬부로 이전되었다. 당시 그 편찬부는 1966년 여름, 자료수집을 위한 답사를 충남과 전라남북도로 떠났는바, 당시 편찬부의 부원이었던 정광호와 양범수는 내소사를 탐방하였던 것이다. 요컨대 그 당시 이 자료가 편찬부에게 전달되었을 것이다.
 그런데 백년사 편찬사업은 1970년 초에 종단 내부의 사정으로 중단되었다. 이에 그 관련 자료는 원 소유자 및 사찰에 반환되었으나, 일부 자료는 편찬부에 보관되었을 가능성을 추론할 수 있는 것이다. 한편 그 편찬부는 출범 당시부터 현재『불교신문』의 전신인『대한불교』의 자매기관으로 출발하였고, 그 편찬부의 사무실은『대한불교』사무실의 옆방에 있었음을 고려하면 그 정황은 납득이 될 것이다. 또한 그 편찬 사업과『대한불교』의 발간을 책임진 인물은 이한상(대한불교 사장)이라는 동일 인물이라면 그 정황은 더욱 설득력을 갖을 것이다.
 삼보학회의 백년사 편찬사업과 내소사 답사에 관한 내용은 졸고,「三寶學會의『韓國佛敎最近百年史』편찬 始末」(『인하사학』7, 1999)을 참고할 것.
4) 본문에 인용, 활용하는 회의록은 대부분「회의록」에 의거하는 것이기에 특별한 경우가 아니면 별도의 각주의 인용은 생략한다.
5) 그런데 회의록에는 출석원을 20명으로 표현하였다. 이는 회의록 서술의 주체가 내소사 소속이었을 가능성하에서 내소사 주지인 박응연을 제외한 인물만

그 대상 인물을 제시하면 다음과 같다.

朴應連, 吳永悟, 吳在燮, 韓鳳莘, 金鳳秀, 金了元, 金知鍊, 景載烈, 朴雲鍾, 崔大悟, 李龍峰, 劉秉欣, 申昌鐘, 鄭如然, 黃光照, 金淨修, 金鐵牛, 金在閏, 李性觀, 張慧日, 金尙勤

위의 참가자 전원은 부안군 내 사찰 소속의 승려였을 것이다. 그는 대회 명칭이 승려대회였기에 분명한 사실로 받아들여 진다. 그리고 이들은 부안 군내의 사찰에 거주하였을 것으로 보이지만, 이들의 거주 사찰 및 보직 등은 회의록에 전하지 않기에 그는 전혀 알 수 없다. 한편 일제하 및 해방 공간의 불교 관련 기록을 유의하면6), 부안군내의 사찰 및 암자는 7개로 전하고 있다.7) 따라서 이들은 그 7개 사찰 소속의 주지 및 간부들로 이해된다. 그러나 그 7개 사찰에서 각 3명씩 참가하였는지 아니면, 일정한 참가 원칙이 별도로 있었는지도 단언키 어렵다.

참가자 점검 이후, 임시 집행부의 책임자인 의장을 선거한 결과 景載烈이 당선되었다. 그후부터는 구체적인 안건 토의에 들어갔다. 우선적으로 검토한 대상은 敎務 刷新의 건이었다. 이 내용은 승려대회에서 가장 중요한 주제라 이해되기에 회의록에서 결정된 것을 먼저 살펴보겠다.

> 總督 住持時期에는 私的으로 偏狹한 處理을 하얏음으로 住持 獨裁의 事業 弊端이 만하얏으나 今后로는 個人 佛敎을 떠나 大衆化하기로 庶務部 敎學部 等 部員을 定하야 公的으로 事務을 運用키로 하다.

교무 쇄신에서 주목되는 것은 일제하 불교를 비판적으로 인식하였다는

을 고려한 결과로 보인다.
6) 필자가 참고한 자료는 『朝鮮佛敎一覽表』(중앙교무원, 1928), 『朝鮮寺刹本末 關係 配列 및 順位表』(총본사 태고사, 1941), 『朝鮮佛敎敎憲』(중앙총무원, 1946) 등이다.
7) 그 7개 사찰은 來蘇寺(山內面), 地藏庵(山內面), 靑蓮庵(山內面), 實相寺(山內面), 月明庵(山內面), 開巖寺(上西面), 城隍寺(扶寧面)이었다.

것이다. 사적으로 편협한 처리, 주지 독재의 사업 등은 그 단적인 예증이다. 그리고 그 당시의 교무를 '개인불교'로 단정하고 그 대안으로 '대중화' 및 '공적 사무'를 표방하였던 것이다. 다음으로는 財産統一의 건을 처리하였다. 이 문제도 역시 중요한 대상으로 이해되기에 그 관련 전문을 제시하겠다.

> 各寺의 財産이 元來 檀越家의 獻物로 個寺의 財産으로 아랐으나 實은 다 같흔 佛尊의 財産이니 各寺을 通한 公共의 物로 稱할지라 一個寺의 財産으로는 經營치 못할 事業을 多寺의 財産을 統一하면 可能하겠기로 扶安 各 寺院 財産을 統一하야 新 事業 運營에 便利를 圖하기로 함.

재산통일의 문제에서 나타난 인식은 사찰의 재산을 석가 및 불교 공공의 재산으로 파악하였다는 것이다. 각 사찰의 재산은 각 사찰 소유로만 단정하였던 관행을 지양하고, 일개 사찰이 수행할 수 없는 사업을 위해 사찰 재산의 통일을 결의하였다. 이 같은 결정을 당시 관행에 유의하여 보면, 파격적인 산물로 이해된다.

그 후에는 사업 경영의 건에 대한 토의를 하였다. 이 문제로 결정한 대상 내용은 선원, 강원, 인재양성, 포교소 설치 등이었다. 선원에 대해서는 月明庵에 설치하는 것으로 결정하였다.

> 禪院은 月明庵에 設置하기로 한바 院主는 禪院에서 任意로 定하고 監督 方針은 楞坡, 楞山 兩和尙의게 委任하다.

그런데 선원의 위치를 어떤 연유로 월명암으로 하였는지는 알 수 없다. 선원 운영을 책임맡은 원주는 선원에서 임의로 정하도록 하였으며, 선원을 감독할 책임자는 楞坡, 楞山 두 승려로 정하였다. 그런데 필자는 이 승려에 대하여 아는 것이 전혀 없다. 부안 불교계가 선원의 감독자로 내정하였다면 부안군 관내의 사찰에 거주하였을 가능성이 있다. 그러나 부안 불교계 밖에서 초빙하였을 가능성도 배제키 어렵다.

그리고 초등 강원은 내소사에 설치키로 하였으며, 강사는 申昌鐘을 추천하였다. 신창종은 바로 이 승려대회에 참여한 인물이었다. 인재양성은 師僧에게 일임하고, 일반 학인중 영재는 선발하되 유학할 경우 그 비용은 '公費'로 충당하기로 하였다. 포교소 설치의 문제는 포교소 2개처의 설치와 일본인 포교당의 인수 원칙을 정하는 것으로 나타났다. 포교소는 부안읍내에 婦人敎堂을 2개처에 설치하되, 1개처는 비구니와 부인들을 머무르게 하고 잔여 1개처에는 포교사가 머무르는 용도로 결정하였다. 그리고 屈浦와 읍내에 있는 일본인 교당을 인수할 시에는 교화사업에 公用키로 하였으며8), 부안군내에 있는 각 포교소 간판은 '總持院' 소속으로 개정키로 결정하였다. 그런데 여기에서 특이한 것은 부안군내의 포교소를 '총지원' 소속으로 하였다는 것이다. 이는 부안군에서만 찾아볼 수 있는 특별한 표현이다. 이는 부안군 불교계의 조직과 관련이 있는 것으로 이해되면서도, 포교당을 통일적으로 운용하겠다는 의지로도 볼 수 있는 대목이다.

이상과 같은 사업의 내용을 결정한 한 후에는 規約 제정을 다루었다. 이 문제는 승려대회에서 즉시 결정할 사항이 아니기에, 기초위원 5인을 정하는 것으로 했다. 그 대상인물은 한봉신, 김봉수, 김지련, 신창종, 박운종이었다. 이들 중 박운종은 대회에 참석치 않았지만 여타 인물은 당시 그 대회에 참여했다. 다음으로는 부안 불교계의 기관 및 부서에 대한 토의를 하였다. 이 문제는 특별한 의미가 있기에 당시 그 관련 회의록을 살펴보겠다.

> 統一 機關의 名稱은 扶安 佛敎摠持院이라고 稱하고 摠持院에는 院長 一人과 三部 職員(庶務部, 敎學部, 財務部)을 選任하기로 한바 院長에 安暘尉 和尙, 庶務部長에 吳在燮 和尙, 敎學部長에 景載烈和尙, 財務部長에 劉秉欣和尙이 當選되다. 但 部員이 必要할 時는 部長이 任意로 採用키로 함

위의 기록에서 가장 주목할 것은 부안 불교계의 조직체를 '扶安 佛敎摠

---

8) 일제하 부안군내에는 白羊寺가 경영한 포교당이 부안군 白山面 龍溪里에 있었다고 한다. 『조선불교일람표』, 52쪽.

持院'으로 명명하였다는 것이다. 이는 해방공간에서 군 단위의 불교 조직체의 결성이라는 측면과 그 명칭의 특이성에서도 우리의 관심을 끌고 있다. 총지원으로 표현한 것은 불교계의 摠持 즉 중심, 모임의 성격에서 나온 것으로 이해된다. 다음으로는 그 총지원의 조직 및 부서를 정하였음을 알수 있다. 즉 원장 1인과 서무부, 교학부, 재무부를 두었다. 이에 원장에는 安暘尉, 서무부장에 吳在燮, 교학부장에 景載烈, 재무부장에 劉秉欣이 선출되었다. 그리고 각 부서의 부원이 필요할 시에는 각 부장의 임의에 맡겨 채용하도록 하였다.

부장으로 선출된 3인은 이 승려대회에 참가한 인물이었다. 한편 총지원장으로 선출된 안양위는 대회에 불참하였는데, 그에 관련된 내용 즉 소속 사찰과 위원장으로 선정된 사정 등은 전혀 알 수 없다. 부안 불교계의 승려로 이해되지만, 출신 및 소속 사찰 등에 관련된 내용은 전하지 않고 있다.

이 같이 조직체를 정비한 연후에는 각 사원의 院主 선정의 건을 다루었다. 원주라 함은 주지를 말하는 것인지, 아니면 기존에도 원주가 있었는지, 이 대회에서 처음으로 등장한 신설 직임인지는 알 수 없다. 그러나 대회에서는 각 사찰별로 원주를 선출하였다. 내소사 원주는 총지원 서무부에서 겸임하도록 하였으며, 실상사는 金了元을, 개암사는 金知鍊을, 성황사는 韓鳳華을 선출하였다. 이처럼 내소사의 원주를 총지원 서무부에서 겸임하도록 결정과 지장암, 청련암, 월명암의 원주를 선출치 않은 이유는 알 수 없다. 내소사의 결정은 내소사가 부안 불교계의 중심 사찰이기에 자연 총지원이 내소사에 설립한다는 전제에서 나온 것이 아닐까 한다. 또한 총지원의 서무부장은 총지원 운영의 실무 책임자 성격을 띠었을 측면도 고려할 수 있을 것이다. 이에 총지원 서무부장은 내소사에 설립된 총지원을 총괄하면서 내소사의 원주도 겸임한 조처로 보고자 한다. 그리고 원주를 임명치 않은 3 사찰의 경우는 단언키 어렵지만 추측하건대 굳이 교체할 필요성이 없는데에서 나온 것으로 보인다.

그후에는 '위원'을 선정하였다고 전한다. 그러나 그 위원의 성격과 역할에 대해서는 회의록에 전하지 않는다. 추정하건대 이는 총지원의 운영의 대강을 논의하는 위원으로 보인다. 즉 부안 불교계의 진로, 사업 등을 논의하는 대의원의 성향을 갖는 것이 아닌가 한다. 우선 그 위원의 명단을 제시하겠다.

都明喆, 安楊尉, 朴應蓮, 韓鳳莘, 金鳳秀, 金知鍊, 羅德柱, 金鐵牛, 金學緇, 崔尙愚, 崔大悟, 申昌鐘, 申性根, 金了元, 李石牛, 田耕

이상 16명의 위원이 선출되었다. 이 16명 중 대회에 참석한 대상은 7명이었다9). 그리고 위 인물중에는 대회에서 선출된 원장 1인과 원주 3인이 포함되었다. 따라서 이 위원은 부안 불교계의 중심 인물 달리 말하자면 각 사찰의 운영 책임자격인 승려들이었을 가능성이 높다. 그러나 이 원주가 주지를 지칭하는지 아니면 별도의 운영 책임자를 둔것인지는 단언하기 어렵다.

그후에는 예산 편성의 건을 다루었다. 이에 그를 심의할 위원 5인을 선정하였다. 그들은 오재섭, 한봉신, 김묘원, 김지련, 경재열이었다. 그 회의록에는 예산 편성 작업을 진행하였으며, 그 결과는 별지와 같다고 기록되었다. 그러나 현재 그 별지는 전하지 않아 그 개요는 파악할 수 없다.

승려대회는 거의 종료되어 갔는데, 그후 기타 사항의 토의가 있었다고 회의록에 전하지만 그 내용은 전하지 않는다. 이어서 폐회를 의장이 선언하였는데 1945년 11월 11일 오후 3시였다. 그런데 승려대회의 첫째날의 대회가 언제 종료되었으며, 당시까지 토의된 대상 내용의 범위는 전하지 않고 있다. 또한 둘째날의 대회의 시작 시간도 전하지 않는다.

이 같은 승려대회 이후의 동향은 구체적으로 알 수 없다. 물론 그에 관련된 자료가 부재하기 때문이다. 다만 그로부터 2개월 후인 1946년 1월 12일에 부안 승려대회가 또 다시 개최되었음을 간략히 전하는 기록이 있다. 그는『조선일보』1946년 2월 2일자 보도기사인「扶安僧侶大會의 決意」이다. 이 내용을 유의하면 1945년 11월 승려대회 이후의 동향을 짐작할 수 있는

---

9) 그는 박응련, 한봉신, 김봉수, 김지련, 김철우, 신창종, 김묘원이다.

단서를 찾을 수 있다. 먼저 그 보도기사 전문을 제시하겠다.

> 制政下 朝鮮寺刹會10)에 依하야 任命된 各 寺庵 住持는 停戰 協定 以後 資格을 自然 喪失되엇슴으로 一月 十二日 扶安郡內 在住 僧侶大會를 開催하고 自主獨立의 過程인 比丘僧徒도 在來의 舊習을 脫殼하고 一曹之役이라도 援助키 爲하야 滿場一致로 左記와 如히 決意하다.
>
> 記
> -, 一部 一住持로 하고 各 寺庵에는 院主을 置키로 함
> -, 郡門 各 寺財를 統一하고 寺庵에는 住持費을 支出하야 守護케 함
> -, 事業으로 禪院 講習 講話會을 隨時 開催하고 郡門 中心 都市인 扶安邑 과 屈浦에 布敎所를 新設하야 敎理 宣布와 一般 敎化 事業을 積極 實行 키로 함
> -, 朝鮮佛敎 扶安敎區總務院을 設置하야 庶務 財務 敎學 三部制로 一切의 寺務를 통할키로 함

이 내용에서 우선 주목할 것은 1945년 11월 10~11일에 승려대회가 개최되었으나 어떤 연유로 1946년 1월 12에 다시 승려대회를 개최하였는가이다. 이는 추측건대 1945년 11월 승려대회의 결의가 정상적으로 이행되지 않은 것에서 기인한 것으로 보인다. 왜냐하면 1945년의 승려대회에서 결의한 일부 내용이 다시 1946년 승려대회에서 결의되었던 것에서 그를 이해할 수 있기 때문이다. 예컨대 寺財 통일과 포교소 설치 문제는 그 단적인 실례이다.

이 같은 전제에서 위의 보도기사에 전하는 결의 내용을 더욱 살펴보겠다. 우선 주지와 원주를 두기로 하였다는 결정이다. 이는 이전 승려대회에서 결의한 원주만을 선출한 것에 대한 조정이 아닌가 한다. 즉 기존 주지가 있었는데, 기존 주지는 잔존시키면서 원주만을 선정한 것에 대한 반발로 인한 조정의 성격이 노출된다. 이에 주지도 두고 별도로 원주를 설치하는

---

10) 신문에서는 寺刹會라 하였지만 그는 寺刹令으로 이해된다.

것으로 전환된 것으로 여겨진다.[11] 그러나 여기에서도 주지와 원주의 업무적인 차별성은 어떻게 다른가 하는 점은 해명되지 않고 있다.[12]

다음으로는 사재의 통일을 기하면서 주지비의 항목을 구체적으로 제시하였다. 각 사찰의 재정을 통일시켰던 것을 재결의하면서, 이전 승려대회에서 논의되지 않았던 주지비라는 명목을 새롭게 설정하였다. 주지비의 설정은 해방이전 불교계에서 주지의 전횡에 대한 반발이 개재된 것으로 보인다. 그러나 주지 자체를 근본적으로 배척할 수는 없기에, 주지의 활동을 보장하는 비용인 주지비를 설정한 것으로 이해하고자 한다.

또한 선원에서 강습과 강화회를 수시 개최하고, 부안읍과 굴포에 포교소를 신설하여 포교 사업을 활성화하기로 하였다. 이전 대회에서 선원은 월명암에 설립하고 그 책임자까지 선발하는 것으로 결의되었는데, 이번에는 선원이 행할 사업을 구체적으로 제시했던 것이다. 그리고 포교소 문제는 이전 대회에서 결정한 그 내용을 거의 그대로 재결정하는 방향으로 나아갔다.

한편 부안 불교계의 조직체에 대한 결의도 이전 대회에서 결의한 내용을 재확인하는 선에서 마무리되었다. 다만 이전 대회에서는 '부안불교 총지원'이었으나 여기에서는 '부안교구총무원'으로 전환되었다. 이는 당시 중앙 불교계에서 종단의 구조를 개혁하면서 지방 불교계의 제도를 敎區制로 시행한 것과 유관한 것으로 보인다. 이에 도별 교구제로 전환되었기에, 그 산하의 군단위인 부안불교계에서는 '부안불교 교구'라는 의식이 구체화된 것이 아닌가 한다. 그리고 이전에 정하였던 '총지원'을 '총무원'으로 변경한

---

11) 원주는 현행 총무의 직임으로 이해된다. 그러나 왜 원주라는 직임을 두었는지에 대해서는 납득키 어렵다. 더욱이 1945년 11월 대회에서도 주지 문제는 전혀 언급치 않고 원주만을 선정하였던 것이다.
12) 1946년 1월의 승려대회 보도기사에서도 그를 일부 주지, 각 사암 원주를 둔다고 하였는데 '一部'라는 것은 어떤 내용을 지칭하는지 알 수 없다. 각 사찰마다 주지를 기존처럼 둔다면 이러한 표현은 굳이 필요치 않을 것이다. 추측을 더욱 한다면 각 지역 별, 각 면별, 부안군을 몇 개 지역으로 구분한 전제에서 나온 것으로도 볼 수 있다.

것은 보다 보편적인 명칭을 택한 것으로 보인다. 그리고 그 총무원의 조직은 서무, 재무, 교학으로 업무를 분장하였다. 이는 이전 대회에서 결의한 바와 같다.

이상과 같이 1946년 1월 승려대회 내용을 분석하였거니와, 일단은 1945년 11월 승려대회의 골격을 거의 유지하였음을 알 수 있었다. 그럼에도 불구하고 앞서 언급한 바와 같이 승려대회를 다시 열었는가에 대한 의문은 완전 해소되지 않았다. 일단 그 요인을 1945년 11월의 대회 결의가 정상적으로 이행되지 않았을 것에서 이해하여 보았다. 그러나 여기에는 석연치 않은 점이 적지 않다. 그에 관련된 적절적인 기록이 부재하여 단언할 수는 없지만, 그 단서를 적극 해석할 여지는 있다고 하겠다. 그 단서는 위의 보도기사에 전하는 일제의 사찰령에 임명된 주지는 '자격 상실' 이라는 전제와 새로운 부안 불교의 개혁을 주도할 대상으로 나타난 '比丘僧徒'로 제시하고자 한다. 1945년 승려대회시에도 식민지 불교에 대한 비판은 있었으나 식민지하에서 임명된 주지에 대한 구체적인 비판은 나타나지 않았다. 이는 요컨대 식민지 불교에 관련된 인적 청산의 의미가 강화된 측면을 말한다. 이는 식민지 불교를 극복할 주체로 설정된 대상이 비구승도라 함에서 더욱 그 내용의 본질이 확연해지는 것이다. 이 변화에 대한 의의를 더욱 유의하면 이전 승려대회에서는 일제하 당시부터 기득권을 누려온 부안 불교계의 승려들이[13] 주도하였다면, 새로운 승려대회는 비구승 중심으로 주도·개최되었던 것이다. 이에 비구승들은 이전의 결의를 존중하면서 부안 불교계의 운영의 주도를 기하기 위한 승려대회를 개최하였던 것이다. 또한 대회에서 결의된 4개의 사항이 만장일치로 통과되었다 함에서도 비구승들의 응집력 있는 행동을 엿볼수 있게 해 준다.

더 이상의 추론은 불가능하지만, 지금까지 분석한 내용을 유의하면 해방 직후의 부안 불교계는 식민지 불교의 극복을 기하면서 불교의 발전을 위한 다양한 행보를 거듭하였음을 알 수 있다. 그러나 그 행보는 간단치 않았음

---

13) 이들은 대부분 대처승이었을 가능성이 높다.

을 느낄 수 있었다.

3. 승려대회의 성격

　본장에서는 앞서 분석한 8·15해방 직후 부안 불교계의 동향을 전하는 승려대회의 성격을 개괄적으로 더욱 정리하고자 한다. 이제 그 승려대회의 성격을 다음과 같이 대별하여 살펴보고자 한다.
　첫째, 식민지 불교의 비판과 대안이 분명하게 대두되었다. 식민지 불교의 성격을 사적으로 편협한 처리, 주지독재의 사업, 개인불교로 단정하면서 그를 극복하기 위한 방향을 대중화 및 공적사무에서 찾고 있음은 그 예증이다. 또한 1946년 1월의 대회에서도 일제하의 주지는 자격 상실이라는 단정과 함께 재래의 구습을 탈피하면서 자주독립의 대열에 일조하겠다는 열의도 그 사정을 엿보게 해주는 것이다.
　둘째, 식민지 불교를 극복하면서 내세운 사업중 교육·포교 분야가 매우 강조되었다. 선원 및 기초 강원의 설치는 그 단적인 예증이다. 군단위 불교계에서 선원과 강원을 수립하겠다는 의지를 구현한 것은 당시 여타의 불교계 정황을 고려하면 그 의미를 강조하여도 좋을 것이다. 인재 양성도 유의하면서 영재 승려의 유학시에는 공적인 비용으로 충당하겠다는 것도 교육에 대한 중요성을 인식한 산물로 보인다. 그리고 포교소의 설립과 운영을 부안 불교계가 공동으로 추진하겠다는 결의도 우리의 주목을 끌고 있는 것이다.
　셋째, 각 사찰의 재정을 석가 및 불교 공공의 재산으로 인식하였다. 각 사찰의 개별 재정과 주지 독단의 전횡으로 운용되었던 이전 관행을 지양하고 불교 발전을 위한 공동사업을 위한 재정으로 전환하겠다는 의식에서 나온 것이었다. 이 같은 결정은 당시 중앙 불교계에서 결정한 5·3·2제[14]

---
14) 5·3·2제라 함은 각 사찰의 재정을 각 사찰, 지방 불교계, 중앙 불교계를

보다 더욱 진전된 것이라 하겠다.

 넷째, 부안 불교계의 독자성을 찾아볼 수 있다. 현재 전하는 자료에 의하면 군단위의 불교계가 해방 직후 독자적으로 식민지불교의 극복과 그 대안을 수립한 경우는 찾아볼 수 없다. 더욱이 그 조직체를 부안불교 총지원 혹은 부안교구총무원으로 내세운 것은 그 산물의 실례이다.

 다섯째, 해방직후의 부안 불교계에서는 중앙불교계의 영향을 확연하게 찾아볼 수 없다. 그는 현재 전하는 기록상으로는 그를 단정하여 언급한 형편이 아닌 측면에서 기인한 것이다. 그러나 승려대회를 개최하였다는 자체가 중앙불교계의 동향에 대한 파급의 산물일 수도 있다. 그러나 현재로서는 그를 단정할만한 기록은 부재한 것이다. 이에 일단은 부안불교계의 독자성을 강조하고자 한다.

 여섯째, 그러나 부안불교계를 주도할 주체 및 방향에 대해서는 일정한 내적 갈등이 노정되었다. 이를 단적으로 말해주는 것은 승려대회를 2회나 개최하였다는 사실, 그리고 2차 승려대회에서 일제하의 주지를 배제하면서 제반 결정의 주체로 비구승도가 등장하였다는 내용이다. 이는 부안불교계 뿐만의 사정은 아니었을 것이다. 그러나 부안불교계에서는 그 사정이 미약하였지만 사료상에 나타났던 것이다. 따라서 이러한 요인이 승려대회를 2회나 개최하였던 요인이 되었을 것이다.

 이상처럼 8·15해방 공간 내 부안 불교계의 동향을 부안에서 개최된 승려대회의 성격을 통해 살펴보았다. 이로써 우리는 해방공간의 지방 불교계 동향에 대한 또 하나의 사실을 파악할 수 있었다. 추후에는 이 같은 개별적인 동향을 더욱 분석, 탐구해 보다 보편적인 이해 수립으로 나가야 할 것이다.

4. 맺음말

 이상으로 8·15해방 직후의 지방 불교계 동향을 이해하기 위한 단서로

위한 분배의 기준을 5, 3, 2의 비율로 활용하겠다는 방침을 말한다.

'부안불교승려대회'의 개요와 성격을 살펴보았다. 이제 그 의미를 재음미하는 것을 맺음말로 대하겠다.

부안군내의 7개 사암의 승려 대표들은 1945년 11월 10~11일, 내소사에서 부안불교승려대회를 개최하였다. 내소사 주지 박연웅을 비롯한 21명의 승려는 임시 집행부를 선출한 연후 해방공간에서의 부안불교계의 당면 문제를 토의하고 나아갈 방향을 결정하였다. 그 내용은 식민지 불교를 극복하면서 불교의 발전을 추구하려는 제반 사업의 결정이었다.

그 주요 내용을 일별하면 우선 교무쇄신 차원에서 이전 불교를 사적인 처리와 주지독재를 단정하고 그를 극복할 방향을 대중화 및 공적 사무로 정하였다. 재산통일의 문제에 대해서도 공동의 불교 사업을 추진할 수 있는 재정 운용의 방향을 결정하였다. 선원, 강원, 포교소의 설립도 결의하였다. 선원은 월명암에 신설하는 것으로, 초등강원은 내소사에 설치하는 것으로, 영재 승려의 유학은 부안불교계 차원에서 지원하는 것으로, 포교소 신설은 일본인 포교당을 인수하여 활용하는 것으로 결정하였다. 특히 부인 포교당을 2개처에 신설하겠다는 결의를 하였음에서는 여성불교에 대한 중요성을 인식하였음을 알 수 있었다.

그리고 부안불교계의 운영과 조직의 틀을 담은 규약을 제정키 위한 위원을 선출하기도 하였다. 또한 부안불교계의 조직체인 부안불교총지원을 설립하고 그 부서 조직과 함께 그 책임자도 선발하였다. 이로써 해방공간 부안 불교계를 주도할 조직과 주도인물이 출범하였던 것이다. 대회에서는 각 사암의 원주를 선발하였는데, 원주를 승려대회에서 선발한 것은 이채롭다 하겠다.

한편 대회에서는 부안 불교계의 운영과 방향을 결정할 대의원 성격을 띤 의원 16명도 선발하였다. 이상과 같은 결의를 한 연후 대회에서는 예산 편성의 건을 다룰 위원 5인도 선정하였다. 이는 각 사암의 재정을 공동 사업을 위한 것으로 인식한 결정과 함께 그 전제하에서 부안 불교계 즉 총지원의 운영과 사업을 결정하기 위한 기초 작업이었다.

이상과 같은 승려대회는 1945년 11월 11일에 종료되었다. 즉 이틀간에 걸친 대회는 부안 불교계가 해방공간에서 직면한 제반 문제를 처리한 가운데 정상적으로 마치었다. 그러나 당시 대회에서 어떠한 논란이 있었는지, 대회 이후 결의 사항들이 정상적으로 이행되었는지는 단언키 어렵다. 다만 1946년 1월 12일에 또 다시 부안승려대회가 개최되었음을 고려하면 그 이행은 순조롭지 못하였던 것으로 이해된다.

즉, 1946년 1월의 대회에서는 이전 승려대회의 일부 결정이 재결의되었던 것도 있었는데 그는 교육, 포교 사업, 부안불교의 조직체, 재산통일 등이었다. 비교적 이전 결의 중에서 본질적인 문제는 큰 틀을 손상치 않은 것으로 보인다. 그런데 승려대회를 재차 하였다는 것은 이전 결정의 이행에 문제점이 있었음을 말해주는 것이었다. 그 예증이 일제하의 주지는 자격 상실이라는 전제와 해방공간 부안불교계를 주도할 대상이 비구승도라는 표현이다.

그러나 1946년 1월의 회의록은 전하지 않고 다만 당시의 『조선일보』 보도기사에만 의존하여 분석을 할 수밖에 없기에 상세한 정황은 알 수 없다. 그럼에도 불구하고 그 사정을 더욱 확대해보면 해방공간 부안 불교계에서도 보수와 진보라는 구도는 있었던 것이 아닌가 한다. 이는 달리 말하자면 대처승과 비구승 간의 일정한 대응이 노정되었던 단면을 말해주는 단서로 보고자 하는 것이다.

그럼에도 불구하고 해방공간 부안 불교계는 식민지 불교의 극복, 새로운 사업으로서 교육 및 포교 사업의 활성화, 재정의 통일 추구, 부안불교의 독자성 추구 등이 나타났음은 유의할 사실이었다. 특히 부안불교의 독자적인 조직체를 결성하였음은 우리가 주목할 내용이었다. 그러나 이 같은 승려대회를 통하여 결의된 제반 내용이 정상적으로 이행되었는지, 아니면 이행될 수 없었다면 그 요인은 무엇이었는지에 대해서는 단언키 어렵다. 다만 앞서 분석한 바와 같이 승려대회가 2회 개최되었던 사실, 그리고 일제하의 주지 자격의 상실 문제가 거론되면서 비구승도가 등장하였음에서 그 진로는 간단치 않았을 것으로 이해하고자 한다.

Liberation in 1945 and the Monks General Meeting of Buddist Circle Buan

Kim, Kwang Sik

This thesis focused on the district buddhist movement, of the space 1945~1948 that a study on case. Liberation immediatery after, in november 1945, a holding the monks gernal meeting in Nesosa(來蘇寺) that in Buan(扶安) of the Junrabukdo. The meeting that a monks twenty-one participate in determined for the course launch in to the space liberation in Buan district of buddhist.

The determination that overcome for the buddhist in colonialization and follow up an inquiry for growth of buddhist. The essence of determination for the meeting same following.

First, the criticize of dispose of personal and tyrannize of the chief priest the alternative plan that opening to the public and popularization for operation. Second, determined of plan educational that buddhist of circle Buan. Third, a trial of activity for missionary work. Fourth, established organization for management of Buan buddhist and election of the leading members.

The meeting is a key that for understand of buddhist circle a district. Buy the way, the determination may be without proceed favorably. The reason that reholding of monks genearal meeting of Buan in January, 1946. The meeting confirmed of the dertermination, 1945 and appeared of a elememnt of different naturre.

The element that disqualified the chief priest. in colony and appearance of purity monks. Thefore this meeting of the Buan, very important overcome buddhist of colony and seak of a buddhist growth. This content have supplement of history buddhist in space liberation.

기독교세력의 신간회 참여와 활동

金權汀[*]

> 1. 머리말
> 2. 기독교세력의 신간회 참여
>   1) 참여과정
>   2) 참여논리
> 3. 기독교세력의 신간회 활동
>   1) 신간회 초기 활동
>   2) 기독교세력의 활동변화
> 4. 맺음말

---

[*] 숭실대 사학과 강사.

1. 머리말

3·1운동 이후 국내 민족운동세력은 크게 민족주의세력과 사회주의세력으로 나뉘어졌다. 이는 사회주의사상이 새로운 민족운동의 방법론으로 청년·학생층에게 폭발적으로 수용된 결과였다. 민족운동진영 내의 두 세력은 서로 다른 가치관과 운동의 방법론으로 인해 갈등과 대립현상을 보였다. 그러나 1920년대 중반부터 서로에 대한 불신을 넘어 양 세력은 '민족운동진영의 역량 강화'를 위한 협동논의를 모색하기 시작하였다. 드디어 1927년 2월 민족주의와 사회주의 세력은 각기 다른 전략과 목표를 유보하고 민족적 문제 해결을 위한 신간회를 탄생시킬 수 있었다.

지금까지 신간회에 대한 연구업적은 그 어떤 주제보다 풍부하다.[1] 그럼에도 불구하고 민족주의 좌파세력으로 신간회에 참여한 기독교세력에 대한 연구는 전무하다. 일반적으로 신간회에 참여한 민족주의 좌파세력으로 조선일보계와 천도교 구파를 지적하면서도 기독교세력에 대해서는 전혀 언급하고 있지 않다. 이는 신간회에 대한 연구성과가 그 어느 주제보다 많음에도 불구하고 신간회에 참여한 기독교세력이 연구자들의 관심에서 크게 벗어나 있었음을 상징적으로 보여준다. 물론 최근에 들어 1920~30년대 기독교계의 사회운동과 관련하여 이 분야가 언급되었으나[2], 여전히 신간회에 참여한 기독교세력은 일반역사학계의 주목을 받지 못하고 있다.

이런 배경에는 일차적으로 연구자들이 기독교세력에 대한 관심부족에

---

1) 이균영, 『신간회 연구』, 역사비평사, 1993; 朴贊勝, 「1920년대 중반~1930년대초 민족주의 좌파의 신간회운동론」, 『韓國史硏究』 80, 1993; 韓相龜, 「1926~28년 민족주의 세력의 운동론과 新幹會」, 『韓國史硏究』 86, 1994. 신간회에 대한 연구정리는 이균영의 『신간회 연구』를 참조할 것.
2) 張圭植, 『日帝下 基督敎 民族運動의 政治經濟思想』, 延世大 史學科 博士學位 論文, 2000.

서 비롯되었음을 지적하지 않을 수 없다. 그러나 그러한 원인에는 기독교 세력이 정치사회문제에 대해 갖고 있던 독특한 '참여전술'에도 그 이유가 있었다. 즉 기독교세력은 종교조직인 '교회'나 YMCA세력과 같은 기존의 기독교 사회단체를 활용하기보다는 별도의 또 다른 단체를 결성하거나 인적 관계를 활용하여 민족운동단체에 참여하는 '전술'을 채택하고 있었다. 이러한 참여전술은 한말이래 기독교인들이 현실참여를 통해 터득한 운동방식에서 비롯된 것으로, 보수적인 외국 선교사들이 주도하는 교회의 '비정치화' 정책을 벗어남과 동시에 발각되었을 경우 일제의 무자비한 탄압으로부터 교회나 기독교단체를 보호함으로써 기독교 세력의 근거지를 온존시킬 수 있는 방법이었다.

　기독교회, 기독교학교, 기독교단체는 외국선교사들의 영향권 아래서 일제의 폭압적인 식민통치로부터 어느 정도 자유롭고, 상대적인 '자율성'을 확보할 수 있었고, 기독교세력은 이런 '자율성'을 적극 활용하여 정치, 사회, 문화적 방면에서 활동할 수 있는 조직력과 인적 관계들을 형성해 나갔던 것이다. 기독교의 조직력과 인적관계들을 유기적으로 연결, 조합하면서 기독교세력은 민족운동세력으로서 빼놓을 수 없는 위치를 차지하게 되었다. 이 같은 방식을 통해 기독교세력은 식민지 상황에서 기존의 종교 단체를 그대로 놔둔 채 정치적 필요성에 따라 일반 사회단체를 만들거나 단체조직에 주도적으로 가담하여 자신들의 인적관계들을 통해 형성된 세력을 중심으로 정치, 사회, 문화운동과 같은 민족운동에 적극 참여할 수 있었던 것이다. 따라서 바로 이런 독특한 참여전술 때문에 기존의 민족운동사 연구에서는 기독교세력의 움직임을 제대로 포착하지 못하였던 것이다.

　따라서 본 연구는 이런 문제의식을 기초로 하여 기독교 세력의 정치적 참여와 활동을 복원하는데 목적을 두고 있다. 특히 일제 강점기 국내 최대 민족운동 단체였던 신간회 내의 기독교세력의 움직임을 추적하고자 하는데, 이것은 단순한 사실을 밝히는데 그치지 않고 신간회운동 연구의 공간을 폭넓게 이해할 수 있다는 점에서 그 의미가 있을 것이다.

　본 연구는 크게 기독교인들의 신간회 참여와 활동으로 나뉘어져 있다.

먼저 기독교인들이 신간회에 참여하게 된 배경, 그리고 기독교인들의 신간회에 참여과정과 그 논리가 어떠했는지를 살펴보고자 한다. 다음으로는 신간회에 참여한 기독교인들과 신간회 결성 이후 이들의 활동이 어떻게 전개되었는가를 알아보고, 1929년에 결성되는 기독신우회의 창립과 관련하여 신간회 내 기독교인들의 활동변화를 검토해보고자 한다. 특히 창립된 이래 가장 철저하면서도 강경하게 투쟁한 1929년의 신간회 모습을 추적하면서 당시 기독교세력의 단면을 이해하고자 한다.

2. 기독교세력의 신간회 참여

1) 참여과정

3·1운동 이후 기독교계는 부정적인 모습이 표출되면서 한국사회로부터 큰 비판을 받았다. 특히 국내에 수용되기 시작한 사회주의의 영향으로 기독교 청년들의 교회 이탈현상이 심각한 문제로 떠올랐다.3) 이에 1920년대 초반부터 기독교인들 사이에서는 교회를 향해 사회적 책무의식을 갖고 현실변화에 대한 능동적인 참여를 주장하는 목소리가 제기되기 시작했다.4) 또한 이들은 독립의식의 고취와 함께 식민통치의 변화된 틀 속에서 사회적, 경제적 실력양성을 통한 장기적인 민족내부 역량 구축을 도모하는

---

3) 졸고, 「1920~30년대 기독교인들의 사회주의 인식」, 『한국기독교와 역사』 5, 1996, 81~85쪽.
4) 예컨대, 저명한 기독교 민족주의자인 이상재는 '적자생존', '우승열패'를 강조하는 '사회 진화론적' 사회현상이 하나님의 뜻에서 벗어난 '죄악된 상태'임을 지적하고, 불합리한 사회현실의 개조가 하나님의 뜻이며, 이런 '사회개조' 활동에 기독교인들이 책임의식을 갖고 적극 나서야 한다는 '사회개조론'을 주장했다(李商在, 「上帝의 뜻은 如何하뇨」, 『百牧講演』 2집, 博文書館, 1921. 138쪽).

실력양성운동을 개별적으로 전개하였다.5)

그러나 사회주의세력의 반기독교운동6)과 민족운동의 동향 가운데 기독교세력은 세력결집의 필요성을 인식하고 해외 민족운동세력의 움직임과 조응하면서 일반 사회단체를 조직하고 이에 참여하기 시작했다. 국내 기독교세력은 1920년대 중반에 크게 흥업구락부계와 수양동우회계로 크게 재편되었고7), 이 조직들은 1920년대 중반이후 기독교세력이 중요한 정치세력으로 나설 수 있는 조직적 거점이 되었다.

이를 바탕으로 기독교계 신간회세력이 1925년 하반기부터 형성되기 시작했다. 1925년 9월 15일 민족주의 좌파 인사들이 다수를 점하고 일부 사회주의자들의 참여를 통해 이뤄진 조선사정연구회를 통해서였다.8) 이 단체는 민족운동의 이론적 지도기관으로의 발전을 염두에 두면서 조직된 것으로, 여기에는 흥업구락부의 안재홍, 백관수, 유억겸, 이관용과 수양동우회계의 조병옥 등이 참여하였다. 이들은 기존의 두 단체를 활용하기보다

---

5) 1920~30년대 기독교계 민족·사회운동가의 대표적인 리더인 신흥우의 인식을 통해서 기독교인들의 실력양성운동에 대한 생각을 읽을 수 있다. 「興業倶樂部事件關聯 申興雨 訊問調書」, 『思想彙報』16, 1938. 9, 130~131쪽. 기독교인들의 실력양성운동의 양상에 대해서 한국기독교사연구회, 『한국기독교의 역사 II』, 기독교문사, 199, 209~241쪽 참조.

6) 반기독교운동은 1923년 전조선청년당대회의 반종교운동으로 시작되지만 그것이 본격화 된 것은 화요파가 주도한 조선공산당 결성이후의 일이었다. 사회주의자들은 반자본주의, 반침략주의라는 과제아래 이른바 민족개량주의 노선을 주도하는 기독교 진영에 대한 공격을 가하였던 것이다. 이에 대해 이준식, 「일제침략기 기독교지식인의 대외인식과 반기독교운동」, 『역사와 현실』 10, 1993; 졸고, 「일제하 사회주의자들의 반기독교운동에 관한 연구」, 『숭실사학』 10, 1997 등 참조.

7) 金相泰, 「1920~30년대 同友會·興業倶樂部 硏究」, 서울대 국사학과 석사학위 논문, 1991; 趙培原, 「修養同友會·同友會 硏究」, 성균관대 사학과 석사학위 논문, 1998; 졸고, 「1920~30년대 申興雨의 基督敎民族運動」, 『한국민족운동사연구』23, 1999.

8) 주혁, 「조선사정연구회의 연구」, 한양대 사학과 석사학위논문, 1991; 고정휴, 「태평양문제연구회 조선지회와 조선사정연구회」, 『역사와 현실』 6, 1991 참조.

YMCA에서 형성된 인적관계를 활용하여 '조선사정연구회'라는 별도의 단체결성에 적극 참여함으로써 기독교계 신간회세력을 형성하였다.

조선사정연구회는 "극단적인 공산주의를 배격하고, 조선의 역사와 민족성을 연구하여 민족정신의 보존에 노력한다"는 창립 취지를 내세웠다.[9] 그러나 이들의 공산주의 비판은 사회주의 이념을 민족적, 현실적 관점에서 받아들이지 못하고 극단적인 계급주의 좌편향을 보이는 것에 대한 비판을 의미했고[10], 오히려 민족정신과 사회주의 이념을 대립적인 것으로 보지 않고 사회주의세력과의 상호 연대, 결합의 가능성을 제시하였던 것이다. 즉 민족협동전선의 요구를 바탕에 깔고 있던 '조선사정조사연구회'에 기독교 세력이 적극 참여함으로써 앞으로 사회주의세력과의 민족협동전선 논의에 동참할 수 있는 계기를 마련하였던 것이다.

이와 함께 이들은 태평양문제연구회 조선지회(이후 조선지회)의 결성에도 참여했다.[11] 이 단체는 신흥우, 유억겸, 송진우 등이 미주에서 활동하던 이승만과의 연계 속에 국내에 설립한 단체로, 태평양문제연구회에 지속적으로 조선대표를 파견하고 국제정세와 미일간의 동정을 파악하여 국제열강들로부터 독립운동의 지지를 끌어내기 위해 11월 28일 결성되었다.[12] 즉

---

9) 慶尙北道警察部 編, 『高等警察要史』, 1934, 47쪽.
10) 朴贊勝, 「1920년대 중반~1930년대초 민주주의 좌파의 신간회운동론」, 62~63쪽.
11) 기존의 연구에서는 태평양문제연구회 조선지회의 설립한 인물들이 자치운동을 전개하려는 목적에서 이 단체를 결성한 것으로 보았다(고정휴, 윗 글, 297쪽). 그러나 태평양회의를 다녀온 뒤 송진우가 자치운동을 전개한다고 하는 부분은 이해되지만, 그렇다고 해서 조선지회를 주도적으로 결성한 신흥우와 유억겸, 그리고 그 단체까지 자치운동과 직접 관련이 있는 것으로 서술하는 것은 당시 운동 현상과는 거리가 있다고 판단된다. 당시 자치운동과 관련된 인사들은 주로 수양동우회계열의 인물들로(이광수), 흥업구락부계열은 자치운동과 일정한 거리를 두고 있었다. 또 이 단체를 주도적으로 결성하는 신흥우와 유억겸이 자치운동과 관련되었다는 흔적을 찾을 수 없는데, 유억겸이 자치운동을 배격하며 창립된 신간회에 참여한다는 점에서 볼 때 이는 더욱 분명하다고 생각된다.
12) 『조선일보』 1925년 11월 30일자.

조선사정연구회를 중심으로 결집하기 시작한 기독교계 신간회 세력은 국제적 변화, 특히 미일간의 외교적 관계에도 예의 주시하면서 대두하는 자치론을 저지하고 민족협동전선체 건설에 적극 나서게 되었다.

국내 자치운동이 가시화된 것은 1924년 1월 이광수의 「민족적 경륜」이 발표된 뒤[13], 일부 인사들이 합법적 정치결사를 조직하여 일제 총독부와의 타협적 자치운동을 전개하자는 주장을 제기하면서였다.[14] 여기에 1925년에 들어 민족주의세력을 압박하던 사회주의세력이 일제의 '치안유지법' 실시로 심각한 타격을 받게 되었고[15], 아울러 미일간의 대대적인 충돌의 가능성과 함께 일본에서 자치문제를 긍정적으로 검토하던 헌정회가 단독내각을 설립함으로써 조선의 자치문제가 논의되었다.[16] 이런 분위기 속에서 1925년 7월 하와이 제1회 태평양문제연구회의에 갔던 송진우가 일본의 조선의 자치 허용 가능성을 듣고 귀국하여 일부 자치론자들과 함께 자치운동에 대한 문제를 토의하더니[17], 1926년에 들어서는 자치운동이 본격적으로 추진되기 시작했다.

이런 상황에 대응하여 기독교인들의 민족협동전선운동 참여가 더욱 구체화되었다. 1926년 3월 천도교 구파와 조선공산당 강달영의 민족협동전선 논의에 기독교인들이 참석하였다. 이 모임은 조선공산당이 '국민당' 건설을 목적으로 개최한 것으로 흥업구락부원인 박동완, 유억겸, 안재홍이 참석했다. 이 자리에서 천도교 이종린은 천도교 신파, 동아일보측이 자치운동을 전개하려고 한다고 폭로, 비판함으로써 자치운동계획이 공개적으로 알려지게 되었다.[18] 또한 신간회와 유사한 서울청년회 신파 사회주의자들과 조

---

13) 「민족적 경륜」, 『동아일보』 1924년 1월 1일~4일자.
14) 박찬승, 「1920년대 중반~1930년대초 자치운동과 자치운동론」, 『한국근대정치사상연구』, 역사비평사, 1992 참조.
15) 張信, 「1920年代 民族解放運動과 治安維持法」, 연세대 사학과 석사학위논문, 1994.
16) 韓相龜, 앞의 글, 146쪽.
17) 「獨立運動終熄後ニ於ケル 民族運動ノ梗概」(1927. 1), 高麗書林 編, 『齋藤實文書』 10, 1990, 237쪽.
18) 金昌順·金俊燁, 『韓國共産主義運動史』 2, 청계연구소, 1986, 455~456쪽.

선물산장려회계의 민족주의자들에 의해 결성된 '조선민흥회'에 기독교인들이 주도적인 인물로 참여하였다.19) 이 단체의 창립준비위원회의 심상민, 정춘수, 오화영은 당시 저명한 기독교운동가들로 조선물산장려운동 및 사회운동에 적극 참여하고 있던 인사들이었다.20)

그런데 여기서 주목되는 점은 사회주의자들에 의한 기독교 배척운동이 한창 진행되던 시점에서 이들이 주도하는 민족협동전선 논의에 기독교 인사들의 참석을 허용했다는 것이다. 이것은 당시 반기독교운동을 주도하던 사회주의자들이 기독교 인사들을 통일전선의 대상으로 인정하고 끌어들이되 기독교회 자체는 통일전선의 기관으로 설정하고 있지 않다는 반증이기도 하였다.

그렇다면, 사회주의자들의 이중적 방침들은 어디에서 비롯된 것일까? 이것은 이들의 '통일전선론'에서 비롯된 것이었다. 이들은 "조선 내에서 천도교와 대종교는 민족해방관념이 있는 것으로 인식한 반면에 기독교와 불교는 단체로서 민족해방관념이 없으나 개인은 관념이 있는 자가 있다"21)고 하는 관점에서, 같은 종교세력이면서도 '배척'과 '견인'의 이중적 방침을 기독교에 대해 적용하고 있었다. 결국 사회주의자들의 반기독교운동은 1926년 중반경 철회가 되었는데22), 이것은 기독교인들이 민족협동전선 논의에 적극 나서고 있는 마당에 언제까지 기독교세력을 전면 배척할 수 없었기 때문이다.

기독교인들의 민족협동전선 참여는 6·10만세사건과 제2차 조선공산당 간부들의 검거로 잠시 주춤해 지기도 했으나 1926년 10월 '연정회 부활계

---

19) 이균영, 『신간회 연구』, 86~87쪽.
20) 심상민은 일본유학생 출신으로 경북 김천지역에서 기독교계 사회운동을 이끌던 지도적 인물이었다. 정춘수와 오화영은 3·1운동 당시 기독교계를 대표한 '민족대표'로 활약했으며, 모두 감리교 목사로 흥업구락부의 회원으로 활동하면서 조선물산장려회에 적극 동참하고 있던 사람들이었다.
21) 高等法院檢事局思想部,「朝鮮共産黨事件重要書類證據物」,『朝鮮思想運動調査資料』1집, 1932, 34쪽.
22) 졸고,「일제하 사회주의자들의 반기독교운동의 연구」,『崇實史學』 10, 1997, 212쪽.

획' 모임이후 반자치운동을 내세우면서 사회주의세력과의 '민족단일당' 결성에 적극 추진되었다. 여기에는 그 해 11월 정우회가 사회주의자와 민족주의 좌파 간의 협동전선 결성과 사상단체의 해체를 선언한 이른바 정우회 선언의 발표도 큰 배경이 되었다.23)

이런 배경에서 흥업구락부원인 박동완, 안재홍은 1926년 말 천도교 구파의 원로인 권동진, 불교계의 한용운, 그리고 최익한, 홍명희, 신채호 등과 함께 신간회를 창립하기 위한 협의에 참석했다.24) 이어 이듬해 1월초에는 그와 함께 이갑성이 권동진, 홍명희, 한기악 등과 회합을 갖고 신간회의 발기를 합의하고 창립준비에 들어갔다.25) 이처럼 1925년 하반기부터 운동세력을 형성하기 시작한 기독교인들은 자치운동에 반발하며 '朝鮮民族의 政治 經濟의 窮究的 解決', 이른바 조선의 완전독립을 지향'하는 신간회 결성 움직임에 적극 동참하기 시작했다.26)

요컨대 '민족협동전선론'의 대두와 '자치운동'의 전개는 기독교세력이 신간회에 참여하는 직접적인 원인이 되었다. 기독교세력 가운데 역시 사회주의세력을 민족운동의 공동세력으로 인정하고 자치운동을 비판하는 그룹이 형성되어 사회주의세력과의 연대에 나서기 시작했던 것이다.27) 즉 기독교세력은 기존의 종교단체와 일반사회단체, 그리고 인적관계를 활용하여 '민족문제'라는 '거시적 차원'의 문제 해결을 위해 사회주의세력과 '결합'하게

---

23) 민족운동과 사회운동이 종래 파벌적, 부문적 운동을 초월한 '민족단일당'을 결성하여 이제부터 정치투쟁으로 전환해야 한다고 주장하는 사회주의세력의 "정우회 선언"은 민족협동전선운동이 급진전되는 중요한 계기가 되었다. 정우회 선언의 전문이『조선일보』1926년 11월 17일자에 게재되어 있다. 이 선언과 신간회의 관계에 대해서는 韓相龜, 앞의 글; 김인덕,「정우회선언과 신간회 창립」,『국사관논총』89, 2000 등을 참조할 것.
24) 姜德相 編,『現代史資料』29, 95쪽.
25) 李炳憲,「新幹會運動」,『신동아』60, 1969, 194쪽.
26) 慶尙北道警察部 編,『高等警察要史』, 47쪽.
27) 기독교인들과 사회주의자들은 이미 1920년대 전반에『新生活』이라는 사회주의의 잡지활동을 통해 결합했던 경험을 갖고 있었다. 이에 대해서는「신생활에 대한 검토」,『한국기독교역사연구소소식』25, 1996. 10을 참조할 것.

되었던 것이다.

2) 참여논리

기독교인들은 1920년대 중반경 민족운동진영의 민족협동전선론의 대두와 함께 기독교계의 사상적 동향에 큰 힘을 받고 있었다. 3·1운동 이후 기독교 내부에서는 기독교 자체의 개혁에 대한 주장과 실천을 강조하는 목소리가 제기되었다. 그 과정에서 기독교와 사회주의의 공통분모를 모색하는 주장들이 등장하였다.

예컨대, 이대위와 같은 경우에는 "기독교사상과 사회주의가 相同"[28]이라고 하였고, 기독교계의 대표적인 신문인 『基督申報』는 "진정한 사회주의는 기독교인이 아니더라도 그를 기독인과 동일히 간주하겠다"[29]고 하는 등, 기독교 내부에서는 기독교와 사회주의의 관계를 적대적으로 보지 않고 오히려 상호 연대 가능성을 타진하고 있었다. 이어 1920년대 중후반에는 반기독교운동의 경험과 함께 저명한 기독교 사회주의자들의 글들이 언론에 자주 등장했다.[30] 이는 정치적, 사회적 문제에 적극 참여하며 신간회에 참여하는 기독교인들의 활동을 더욱 고무시키는 종교적 배경이 되었다.

이 같은 기독교계의 사상적 분위기 속에서 기독교인들은 사회주의와의 적극적 연대를 강조하는 가운데 민족협동전선론에 대해 적극 호응하였다. 한 논자는 이에 대해 다음과 같이 언급했다.

---

28) 李大爲, 「社會主義와 基督敎 思想」, 『청년』 1923년 5월호, 9쪽.
29) 社說, 「基督敎會와 社會」, 『基督申報』 1924년 10월 15일자.
30) 1920년대 중반경부터 기독교계의 잡지와 신문에는 일본의 대표적인 기독교 사회주의자인 하천풍언(賀川豊彦)의 글이 대대적으로 게재되었고, 유럽 초기 사회주의자로 '공상적 사회주의자'로 불리는 상시몽, 푸리에 등의 글이 활발하게 실려 기독교 청년들에게 기독교의 사회주의적 측면 등을 소개하였다 (졸고, 「1920~30년대 기독교인들의 사회주의 인식」, 100~102쪽).

民族이라 함은 自己 同族만 爲함이오 社會라 함은 世界 他族을 泛稱함이니 各其 民族이 아니면 어찌 社會가 組織되며 社會를 無視하면 어찌 獨存할까. 民族을 自愛하는 良心이 充溢한 然後에야 自然的 可히 社會에 普及할지오 社會까지 博愛하는 眞誠이 有한 즉 民族은 自然的 相愛하거늘……. 大抵 民族主義이든지 社會主義이든지 人類生活上 不可無할 것이지마는 眞正한 民族主義라 할진대 此를 推하여 社會에 普及할지오 眞正한 社會主義라 할진대 此를 民族에 先始하여야 할지니, 民族主義는 곧 社會主義의 根源이오 社會主義는 卽 民族主義의 支流라 民族社會가 互相連絡하여 愛의 一字로 始始終終하면 世界의 平和瑞光을 指日目睹할지니, …… 무슨 主義든지 偏執한 局見을 脫却하고, 우리 民族부터 世界社會까지 救援하는 大事業을 希望하노라.[31]

이 시대를 '혁명의 시대'로 인식한 이상재는 민족(=민족주의)과 사회(=사회주의)의 관계를 불가분의 관계로 인식하고, 민족주의와 사회주의의 현실적 필요성을 인정하면서, 서로의 협동이 무엇보다 필요하다고 파악하였다. 그는 민족주의는 사회주의의 근원이고 사회주의는 민족주의의 지류로서 둘 다 인간생활에서 없어서는 안될 요소임을 지적했다. 그는 사회주의의 당위성을 인정하지만 민족주의의 당위성도 있음을 역설하면서, 오히려 계급적 사회모순보다 지금은 민족적 모순이 더 중요하다고 보고 민족주의와 사회주의의 공동전선 형성이 무엇보다 필요하다고 주장하였다. 또 민족협동전선운동에 기독교인들이 종교적인 좁은 안목과 편견을 넘어 민족문제의 거시적 차원에서 사회주의에 대해 접근할 것을 역설했는데, 그것은 궁극적으로 우리 민족과 세계까지 구원할 수 있는 일이기 때문이었다.

이처럼 민족협동전선에 대한 참여가 논의되고 신간회 결성이 구체화되면서 기독교인들 가운데는 한발 더 나아가 적극적인 '정치투쟁'을 제기하기 시작했다. 대표적인 인물이 조병옥이었다. 그는 "종교기관이 일정한 사회적 도덕적 사회적 여론을 성립하는 데 중추적인 조직 중의 하나"[32]임을

---

31) 李商在, 「靑年이여(四)」, 『靑年』 1926년 5월호, 2쪽.
32) 조병옥, 「朝鮮基督敎의 당면한 과제」, 『基督申報』 1925년 12월 30일자.

지적하고, 기독교회가 민족문제, 사회문제, 도덕문제 등에 중립할 수 없기 때문에 모든 문제를 철저하게 연구하여 사회를 인도해야 할 민족적, 사회적 책임이 있음을 주장하고 있다.

> 宗敎家도 革命家가 될 수 있을까? …… 불의편에서 이해성과 협동성이 전무한 줄로 알 때에는 무력의 수단으로 당자의 문제를 해결하여도 기독의 교훈 표준에도 죄라 하지 못할 것이라. 정의를 성립하는 수단에 들어가서 다른 방법이 없다 할 것 같으면 무력으로써 변혁함도 기독진리에 위반됨이 아니라 한다.[33]

'평화'와 '정의'의 정신을 강조한 조병옥은 특별한 경우, 이민족의 식민지로 전락된 상태와 같은 경우에는 무력적 행사가 가능하다고 보았다. 그는 보편적 평화의 정신이 일제의 억압적 통치아래 짓밟힐 때에 이에 대항할 수 있는 '정의'를 강조하면서 민족운동에 참여할수 있는 기독교적 근거와 논리를 마련하였던 것이다. 나아가 현실세계의 불평등하고 억압적 구조를 '불의'로 규정한 그는 이런 '불의'와 싸워 이긴 예수처럼 우리도 '십자가의 무사'가 되어 현실의 '사회적 악의 구조'를 타파하는데 나설 것을 강조했다.[34] 여기서 현실의 '사회적 악의 구조'란 일제의 식민지 구조를 의미하는 것으로, 민족의 자유 없이 완전한 종교의 자유도 찾을 수가 없다는 그의 기독교적 인식이 작용하고 있었다.[35]

이런 인식은 넓게 보아서 신간회에 참여한 활동하던 상당수 기독교인들의 종교적 근거를 대변하고 있었던 것으로 보아도 무방할 것이다. 즉 기독교계 신간회세력의 정치적 투쟁 논리 이면에 강한 신앙적 인식이 내재되어 있다는 점은 신간회에 참여한 여타의 민족주의자들과 구별되는 점이었다. 이처럼 신간회에 참여한 기독교인들은 민족협동전선운동에 적극 호응

---

33) 趙炳玉, 「宗敎家도 革命家가 될 수 있을까?」, 『靑年』 1927년 3월호, 115~117쪽.
34) 趙炳玉, 「十字架의 武士」, 『靑年』 1928년 4월호, 20~24쪽.
35) 趙炳玉, 『나의 회고록』, 1986, 해동, 97~98쪽.

하면서 사회주의세력을 민족운동의 '파트너'로 인정하고 있었다. 이것은 신간회 결성 자체가 민족해방을 목표로 하는 민족주의세력과 계급해방을 목표로 하는 사회주의세력이 일본제국주의에 대해 공동전선을 구축했다는 점에서도 분명하게 드러났다. 왜냐하면 서로 다른 가치관과 운동관을 지닌 양측이 상대방의 차이를 인정하고 민족운동의 파트너로서 전제하지 않는 한 하나의 운동공간에서 공존하기가 불가능한 일이기 때문이다. 즉 이 같은 조직적 성격을 지닌 신간회에 기독교인들의 상당수가 참여한다는 사실은 곧 민족협동전선론의 적극적 수용을 의미하고, 사회주의세력을 파트너로 인정하고 있음을 보여주는 강한 반증이기도 하였다.36)

요컨대, 기독교계 신간회세력은 민족주의 입장에서 사회주의가 계급주의로 흐르는 것을 경계하면서도 민족모순을 해결할 수 있는 공동의 파트너로 인정하였고, 기독교적 정체성을 바탕으로 '투쟁'에 적극 나서는 것이 기독교의 민족적·사회적 책무를 다하는 것임을 강조했다. 이것은 이들이 사회주의운동과 민족협동전선론을 민족운동의 일환으로 인정하였음을 의미한다.

3. 기독교세력의 신간회 활동

1) 신간회 초기 활동

1927년 2월 '정치경제의 각성촉진', '단결의 공고화', '일체의 기회주의 부인'의 강령을 내세운 신간회의 창립대회가 종로 중앙 YMCA 강당에서 개최되었다. 이 자리에서는 회장과 부회장, 그리고 간사진이 선출되었다.37) 창립대회를 직후 본부 간부진에 참여하여 활동한 기독교인들은 다음 표와

---

36) 박찬승, 앞의 글, 75~77쪽.

이름	생년	출신지	교육경력 및 활동상황	신간회활동
이상재	1850	충남서천	독립협회, YMCA, 민립대학기성회, 흥업구락부, 현 조선일보사장	회장
김영섭	1888	경기강화	와세다대, 청산학원, YMCA, 흥업구락부	간사
김활란	1899	경기인천	이화여전, 보스턴대YWCA, 흥업구락부, 근우회, 이화여전 교수	간사
박동완	1885	경기양평	협성신학교, 33인의 1인, 기독신보 주필, 물산장려회, 흥업구락부	발기인,간사
박희도	1889	황해해주	숭실중·협성신학교 졸,YMCA, 33인의 1인, 신생활사, 흥업구락부, 중앙보육원	간사
백관수	1889	전북고창	명치대졸, YMCA, 흥업구락부, 조선사정연구회, 조선지회, 조선일보	발기인,간사
안재홍	1891	경기평택	와세다대, YMCA, 흥업구락부, 조선사정연구회, 조선지회, 조선일보	발기인,간사
오화영	1879	황해평산	협성신학교, 33인의 1인, 물산장려회, 흥업구락부, 조선민흥회	간사
유각경	1892	서울	북경 협화학교졸, YWCA 창설, 흥업구락부, 근우회 초대회장	간사
유억겸	1895	서울	동경대졸, 흥업구락부, 조선사정연구회, 조선지회, YMCA, 延專 교수	발기인
이갑성	1889	경북대구	연희전문졸, 33인중의 1인, 조선민흥회, 물산장려회, 흥업구락부	발기인
이동욱	1897		청산학원졸, YMCA, 흥업구락부 물산장려회	간사
정춘수	1874	충북청주	33인중의 1인, 조선민흥회, 물산장려회, 흥업구락부	간사
조만식	1883	평남평양	숭실중, 명치대졸, 민립대학기성회, 평양YMCA총무, 평양물산장려회장	발기인
조병옥	1894	경기천안	숭실중, 콜롬비아대, YMCA, 수양동우회, 조선사정연구회, 조선지회, 延專 교수	간사

같다.38)

　신간회에 참여한 기독교인들의 연령층은 대개 30대 초반에서 70대 중반에 이르기까지 폭넓게 퍼져 있으나, 그 중심은 30대 후반과 40대들이었다. 이들은 10대 혹은 20대에 한일합병을 경험한 인물들로 1910년대 유학과정 혹은 교육활동을 거쳐 3·1운동 이후 기독교 민족주의세력의 민족운동을 이끄는 지도적 위치에 올라서게 되었다. 이들의 교육경력은 국내에서 공부한 사람보다 미국과 일본에서 유학한 사람들이 압도적으로 많았다. 일본지역의 경우 김영섭(와세다), 유억겸(동경대), 이동욱(청산학원), 조만식(명치대) 등이었고, 미국의 경우에는 김활란(보스턴), 조병옥(콜롬비아) 등이었다. 이들은 새로운 근대지식과 국제적 정치감각을 갖추고 사회주의세력과의 연대에 노력하면서도 국제적 변화에 항상 주목하고 있던 인물들이었

---

37) 『朝鮮日報』1927년 2월 16일자; 『東亞日報』1927년 2월 17일자.
38) 이균영, 『신간회연구』, 100~101쪽; 『기독교대백과사전』 1~16, 기독교문사, 1982~1991 참조.

다.39)

또한 출신지역은 서울·경기도·충청도 지역으로서, 이른바 기호지역 출신이 다수를 차지하였다. 이 지역은 한말이래 서울 YMCA를 중심으로 정치적 사회적인 기독교인들이 기독교민족운동에서 주도적 위치를 차지하고 있었던 곳으로 1920년대 중반 흥업구락부계열로 결집되어 있었다.40) 1920년대는 세계에큐메니칼운동의 영향으로 YMCA와 같은 초교파적이고 국제적 연대를 가진 사회운동체의 위상이 강화되었다. 이런 위상강화는 자연히 YMCA를 근거지로 하는 흥업구락부의 영향력 확대를 가져왔고, 기독교계 신간회운동을 흥업구락부계가 주도할 수 있는 배경이 되었다.

여기에는 서북계 기독교인들이 참여하고 있었는데, 그들은 조만식과 조병옥이었다. 조만식은 22세인 1904년에 기독교에 입문한 뒤 숭실중학과 명치대 법학과를 거쳐 오산학교 교원과 교장을 역임한 뒤 1910년대부터 교육계에 알려지기 시작했다. 그는 서북지역 기독교 민족주의 세력을 이끌어 왔고, 1920년대에 들어서는 평양YMCA 총무로서 서북지역 기독교세력의 새로운 구심점으로 떠오른 인물이었다.41) 또한 조병옥은 충남 천안출신으로 숭실중학을 졸업한 뒤 미국 유학길에 올라서 흥사단 창단위원이 되었다. 그는 1925년 초에 귀국과 동시에 수양동우회에 가입하여 주도적으로 활동하였을 뿐만 아니라 민족주의진영의 결집을 모색하는 과정에서 기독교민족운동을 주도하며 급부상한 인물이었다.42)

---

39) 특히 기독교인들은 미국과 일본의 외교관계를 대단히 중시했는데, 그것은 미일관계의 대립과 갈등이 커질수록 한국의 독립운동에 긍정적 환경을 조성할 수 있을 것이라는 낙관적 인식의 발로였다. 바로 이런 이유에서 신간회 참여의 유무와 관계없이 기독교세력은 계파를 넘어 태평양문제연구회의 활동에 큰 기대와 관심을 갖고 있었던 것이다(졸고, 「申興雨의 基督敎 民族運動」, 151~152쪽).
40) 金相泰, 「1920~30年代 同友會·興業俱樂部 硏究」, 서울대 碩士學位論文, 1991, 29~35쪽.
41) 方基中, 『裵敏洙의 農村運動과 基督敎 思想』, 연세대출판부, 1999, 94~107쪽.
42) 조병옥, 『나의 회고록』, 「항일운동시절」 참조.

이처럼 기독교계 신간회세력을 살펴보면서 보이는 특징은 YMCA의 역할이 두드러지게 나타난다는 점이다. 이들의 대다수는 흥업구락부원, YMCA 임원 또는 회원이었고, 서북기독교계 인사나 수양동우회원이더라도 그들 모두 YMCA와 직접적인 관련이 있었다. 이것은 YMCA가 신간회에 참여하는 기독교세력의 조직적 거점이 되었음을 보여준다.

한편 기독교 민족운동의 원로인 이상재가 신간회 초대 회장에 취임했다는 것은 당시 민족운동진영에서의 기독교세력을 실감케 하였다. 물론 이상재가 민족주의 좌파 세력의 집결처라고 할 수 있는 조선일보의 사장을 맡고 있었다는 것이 회장이 되는 제일 요건이었음은 부인할 수 없다. 그러나 그렇다 하더라도 1900년 초 기독교를 수용한 이래 저명한 기독교 지도자로 널리 알려진 그가 광범위한 지지를 받으면서 신간회의 초대 회장에 선출되었다는 점은 기독교세력의 위치와 활동도 그의 회장 선출에 크게 작용했음을 상징적으로 보여준다. 이는 신간회 결성과 활동에서 기독교세력의 활동 폭과 그 위치가 어떻게 자리매김되고 있는 가를 암시적으로 보여주는 좋은 예라고 생각된다.[43]

기독교세력의 신간회 참여과정 속에서는 안재홍이 주목된다. 그는 흥업구락부의 핵심구성원인 동시에 신간회를 조직적으로 주도한 조선일보사의 주필로 민족주의 좌파세력을 대표할 만 활동과 이론을 겸비한 인물이었다.[44] 이런 위치를 활용하여 그가 흥업구락부내 민족운동의 동향을 민감하게 주시하고 있던 상당수의 기독교 인사들에게 신간회 참여를 적극 유도하였고, 이것은 흥업구락부계 인사들이 결국 정치적 문제에 대한 조직적 개

---

43) 한 연구자의 신간회에 참여한 인물의 직업별 통계에 의하면 기독교 교역자(목사와 전도사)는 전체 회원 중 0.64%의 소수를 차지하고 있다. 그러나 당시 기독교 민족주의자들이 대개 상공업자나 교사 등의 직업을 갖고 있었음을 생각해볼 때, 더욱 많은 기독교인들이 신간회에 참여했다고 볼 수 있을 것이다. 水野直樹, 「新幹會運動에 관한 약간의 問題」, 『新幹會硏究』, 동녘, 1983, 86쪽
44) 이지원, 「일제하 안재홍의 현실인식과 민족해방운동론」, 『역사와 현실』6, 역사비평사, 1991; 金仁植, 『安在鴻의 新民族主義의 思想과 運動』, 중앙대 사학과 박사학위논문, 1997을 참조.

입을 불허하고 있던 수양동우회보다 신간회에 적극 참여하는 하나의 원인이 되었던 것이다.[45]

이외에도 유각경과 김활란은 당시 여성대표로 신간회에 참여한 것으로 보인다. 이들은 3·1운동이후 국내 민족주의계열의 여성운동을 이끌던 지도자로서 한국YWCA를 설립하고, 이후 이를 이끌면서 사회주의 여성들과 합동하여 신간회 자매단체인 근우회를 주도적으로 결성하였다.[46] 특히 유각경은 '주의와 파당을 벗어나 한 깃발 위에서 조선여성을 위하여 다같은 손을 잡고 분투하자'[47]고 주장하여 민족협동전선운동에 참여하는 기독교 여성들의 인식을 보여 주었다.

한편, 기독교계 신간회세력은 단체 활동에 적극 나섰다. 신간회 창립대회에서 조선일보 사장인 이상재가 신간회 회장에 선임되었으며, 이동욱은 규칙심사위원으로 선정되었고, 안재홍, 박희도, 김활란, 박동완, 유각경, 조병옥, 이동욱, 정춘수 등이 간사에 선임되었다. 그 중에 안재홍과 박동완은 총무간사에 선출됨으로써 신간회를 실질적으로 이끌어 가게 되었다.[48] 이들은 신간회 지회설립시 본부에서 파견하는 본부대표 특파원으로 지회에 파견되어 지회의 정책과 활동, 그리고 방향을 정하는데 큰 역할을 담당했는데, 이들 외에도 오화영이 파견되기도 하였다.

이 과정에서 사회주의자들이 1927년 5월 비상설의 「조선사회 단체중앙협의회」를 설립하고 민족단일당론에 따라서 내부적 단결을 도모하게 되자, 1927년 11월에 안재홍·박동완은 홍명희·권동진·최익환·이관용·신석우 등과 함께 '신간그룹'을 결성하고 신간회 내 사회주의자들의 대두를

---

45) 기존의 연구에서는 신간회에 관련하여 안재홍을 민족주의 좌파를 대표하는 조선일보계열로만 보고 있다. 그러나 당시 신간회를 주도하는 조선일보계 핵심인물들(이상재, 안재홍, 백관수)과 흥업구락부계가 중첩되고 있다는 점에서 볼 때, 기독교세력과의 관련성도 앞으로 크게 부각되어야 할 것이다.
46) 『東亞日報』1927년 5월 29일자. 기독교 여성들의 근우회 참여와 성격에 대해서는 윤정란, 「한국기독교 여성들의 근우회 탈퇴 배경에 관한 연구」, 『한국기독교와 역사』 8, 한국기독교역사연구소, 1998을 참조할 것.
47) 『朝鮮日報』1927년 4월 28일자.
48) 『東亞日報』1927년 2월 23일자.

견제하는 동시에 자치운동파에 대항할 준비를 하였던 것이다.[49]

한편, 창립대회를 끝낸 신간회는 조직사업으로서 지회 설립사업에 집중하여 창립 10개월만인 1927년 12월에 지회 100개 돌파 기념식을 거행하였다.[50] 이런 놀랄만한 성과는 당시 한국사회가 신간회를 어떻게 생각하고 있는가를 단적으로 보여주는 예였다. 그러나 일제가 신간회에 대한 대대적인 탄압을 가함에 따라 신간회 본부의 활동은 제약되었고, 자연히 신간회 활동은 각 지역의 지회를 중심으로 이루어질 수밖에 없었다. 그리하여 신간회에 참여한 기독교세력의 활동도 지회를 중심으로 전개되었다.

YMCA의 전국적 조직은 기독교계 신간회세력이 지회 활동을 하는데 중요한 토대가 되고 있었다. 1918년 함흥 YMCA의 설립부터 시작된 YMCA의 전국 지방조직은 1927년경까지 전국 주요 도시에 설치되어 그 지방의 사회운동을 주도하고 있었던 것이다.[51] 따라서 지방 YMCA는 3·1운동을 전후로 설치되어 지역운동을 활발히 주도하는 중요한 매체였고, 여기에 참여한 기독교인들은 자연스럽게 운동을 주도하는 가운데 그 지역의 여론과 활동을 이끌어 가는 위치에 설 수 있었다. 이런 배경에서 지방 YMCA와 신간회 지회의 임원이 거의 동일한 경우가 생길 정도로 지방 YMCA와 기독교세력의 신간회 지회활동은 깊게 연결되어 있었던 것이다.

경성지회는 기독교세력과 천도교 구파세력이 손을 잡고 사회주의세력과 협동하여 1927년 6월에 결성된 곳이다. 중앙 YMCA 박일·이관구 등이 천도교 구파세력과 연합으로 경성지회의 창립을 주도하였던 것이다.[52] 이들 세력이 경성지회의 창립을 주도할 수 있었던 것은 같은 종교세력이었던 점이 배경으로 작용했던 것으로 보인다. 1927년 12월에 제1회 경성지회 정기대회가 열렸는데, 여기서는 본부 임원으로 활동하던 박동완·안재홍·

---

49) 姜德相 編, 『現代史資料叢書』 朝鮮 5, 96쪽.
50) 『東亞日報』 1929년 1월 1일자.
51) 전택부, 앞의 책, 267~280쪽.
52) 조규태, 「신간회 경성지회의 조직과 활동」, 『국사관논총』 89, 국사편찬위원회, 2000, 241~242쪽.

박희도 등이 지회 대표위원으로 선정됨으로써 경성지회에서의 기독교세력이 더욱 강화되었다.53)

기독교세력이 주도적으로 조직한, 몇 안되는 지회 가운데 하나가 평양지회였다. 기독교가 한국사회에 수용된 이래, 다른 어떤 지역보다 기독교회의 교세가 월등하게 성장한 곳이 평양이었다.54) 1927년 12월 평양지회가 결성되었을 때55), 기독교세력은 사회주의세력을 압도하며 지회결성을 주도하였다. 지회의 회장과 부회장에 선출된 조만식과 한근조는 널리 알려진 평양지역의 기독교 지도자들이었고, 간부들 대부분이 평양기독교청년회와 대성학교 출신으로 조직된 대성학우회의 주요 간부였는데, 설명화·백응현·김광수·김병현·송석찬·주요한·김성업 등이 그들이었다.56) 이처럼 평양지회는 당시 평양지역사회의 저명한 민족주의 인물인 동시에 기독교계에 널리 알려진 기독교인들이었다. 이들은 지역적 명망성, 기독교 조직력, 그리고 인적 네트웍을 총 동원하여 평양지회를 주도하여 나갔던 것이다. 물론 이런 세력권에도 변화가 나타나 1930년에 들어서는 대부분의 간부자리를 사회주의자들이 차지하기 하지만, 그 때도 역시 회장은 조만식이 계속 맡음으로써 평양지회내의 기독교세력의 위상을 유지하였다.57)

함흥지회 역시 기독교세력이 주도적으로 만든 지회로, 함흥 YMCA의 주요간부들이 대거 참여하였다. 함흥 YMCA는 지역 YMCA 가운데 가장 먼저 생긴 곳으로, 다른 어떤 지역보다 YMCA의 지역활동이 활발하였다. 이 지역의 기독교세력은 함흥YMCA를 중심으로 결집되어 있었고, 이 조직을 통해 함흥지역의 3·1운동 및 각종 사회운동을 조직해 나갔다.58) 1918년 3월에 창립된 함흥YMCA는 3·1운동 이후 모학복·김창제·한영호·조희염 등이 역대회장이 되었으며, 총무에는 초창기부터 동아일보 함흥지국

---

53)「新幹京城支會大會」,『朝鮮日報』1927년 12월 12일자.
54) 이광린,「평양과 기독교」,『한국기독교와 역사』10, 1999 참조.
55)『東亞日報』1927년 12월 22일자.
56) 鮮于基聖,『韓國靑年運動史』, 錦文社, 1973, 422~425쪽.
57)『東亞日報』1930년 12월 28일자.
58)『靑年』1921년 4월호, 16쪽.

장으로 활동한 이순기가 취임하여 강력한 민족진영의 지도체제를 구축해 나갔다.59) 그리하여 1927년 신간회 함흥지회가 결성될 때, 회장에 한영호, 부회장에 이순기가 선출되는 등 YMCA 임원들이 함흥지회를 주도하였다.60)

이외에도 기독교인들이 간부급 이상으로 참여한 지회들 가운데에는 대표적으로 광주지회, 안성지회, 전주지회 등이 있었다. 1921년 광주 공제회의 회장을 역임하는 등 사회활동을 하면서도 목회와 해외선교에 열심이던 최흥종목사가 광주지회장을 맡았으며61), 3·1운동과 이후 사회운동에 깊게 관련되면서도 목회활동에 나서고 있었던 박용희 목사가 안성지회장에62), 전주 서문교회의 담임목사로 전주지역의 사회운동에 깊게 관련되어 있던 배은희목사가 전주지회장63)에 선출되는 등 목회자임에도 불구하고 그 지역사회의 명망성을 대표하여 지회장에 선출되는 예도 있었다.64)

---

59) 전택부, 『한국기독교청년운동사』, 정음사, 1978, 268~269쪽.
60) 『東亞日報』 1927년 12월 7일자.
61) 『東亞日報』 1927년 10월 29일자. 최흥종목사에 대해서는 차종순, 「호남교회사에서 복음주의적 사회운동에 대한 한 연구 - 五放 崔興琮 목사의 생애와 사상을 중심으로 -」, 『한국기독교와 역사』, 한국기독교역사연구소, 1999를 참조할 것.
62) 『朝鮮日報』 1927년 11월 12일자.
63) 『東亞日報』 1927년 5월 10일자.
64) 신간회 지회의 임원으로 참여한 기독교인들은 다음과 같다. (이균영, 『신간회 연구』, 100~101쪽, 581~659쪽; 전택부, 『한국기독교청년운동사』, 267~280쪽.)
경성 : 박동완, 안재홍, 이관구, 최석주, 이규갑, 강준표, 조병옥(중앙Y)
인천 : 곽상훈, 하상훈, 이범진, 서병훈
안성 : 박용희
전주 : 배은희
광주 : 최흥종, 김철, 김봉오(광주Y)
목포 : 김면수
군산 : 홍종익
대구 : 백안기, 박노수
김천 : 강익형, 심상민(김천Y)
안주 : 김선수, 오덕형

이처럼 신간회 본부와 마찬가지로 지회 설립에도 기독교세력이 가담했는데, 처음 신간회 창립과정에서 거의 보이지 않던 수양동우회원이 상당수 참여하였다.65) 이것은 '비정치 수양단체'를 내세우는 수양동우회를 정치단체로 개조하려던 단체개조운동의 결과였다. 조병옥과 주요한이 주도한 수양동우회의 개조운동이 12월 규약개정에 반영됨과 동시에 회원들이 이에 일정정도 호응을 하고 나섰던 것이다.66) 여기에 도산 안창호가 '혁명당'을 구상하고 있다는 것이 단체회원들에게 알려졌던 것도 중요한 배경이 되었다.67) 이와 함께 신간회 내 핵심적인 민족주의자들이 민족주의 세력의 강화를 위해 이제껏 신간회에 참여하지 않았던 민족주의자들에 대한 가입을 주장했던 것도 큰 배경이 되었다.68) 그 해 12월 평양지회의 설립을 시작으로 수양동우회원들이 신간회 지회에 적극 참여하기 시작하였다.69)

　　　　진남포 : 김순민, 박선제
　　　　박천 : 계병호, 김복관, 양전백, 장규명, 정도원(선천Y)
　　　　평양 : 조만식, 한근조, 설명화, 김병연, 김동원, 우제순, 이제학, 조종완, 주요한, 조신성(평양Y)
　　　　신의주 : 고한숙, 김병순, 장성식(신의주Y)
　　　　사리원 : 황치헌
　　　　원산 : 김준성, 송춘근, 이가순, 주달성, 차형은(원산Y)
　　　　함흥 : 이순기, 모학복, 조희염, 최학수, 한영호, 한응수, 홍기진(함흥Y)
65) 수양동우회원으로 신간회 지회에 참여한 사람은 다음과 같다(金相泰, 앞의 글, 23~25쪽 ; 趙培原, 앞의 글, '부록 : 구성원의 인적사항').
　　평양지회(주요한·김병연·김성업·백응현·이제학·조종완), 안주지회(김선수·오덕연)
　　박천지회(계병호·김복관·김천길·박세종·양전백·정도원·오준섭)
66) 「朱耀翰 訊問調書」, 『同友會關係報告』, 169~175쪽.
67) 趙培原, 윗 글, 42~43쪽.
68) 한상구, 앞의 글, 176~181쪽.
69) 기존의 연구에서는 수양동우회원의 신간회 지회 참여를 '자치운동을 추진하는 타협적 민족주의자들의 신간회 침투책동'으로 보았다. 그러나 1926년 중반 경 안창호가 중국 상해의 삼일당에서 자치운동을 일제의 민족분열정책으로 규정한 이래 수양동우회는 국내 자치운동과 일정한 거리를 두게 된다. 때문에 이들의 지회참여는 자치운동 차원이 아니라 당시 민족적 정치투쟁을 부르짖으며 수양단체 개조운동을 전개하던 조병옥의 투쟁노선에 대한 수양동우회원의 호응에서 비롯된 것으로 보는 것이 더욱 타당하다고 생각된다.

한편 기독교인들이 주도하던 지회의 활동은 다른 지회와 비교해도 큰 차별성이 보이지 않는다. 지회의 활동을 크게 보면, 가장 일상적 활동은 계몽활동이었다.70) 일반적인 내용은 강연회와 연설회의 개최가 주요 활동이었다. '매춘과 풍기문제', '일상생활의 강좌개설', '소비조합의 설치', '생활개신운동' 등을 통해 일반 대중에게 계몽활동을 벌였는데, 이런 활동은 이미 기독교청년회나 기독교회에서 펼치던 것과 별반 다른 것이 없었다.

그런데 그런 속에서도 주목되는 점은 '조선인 착취기관의 철폐와 최저임금제 확립"일본인 대지주 농장의 이민반대"제령(制令)과 보안법 철폐' 등과 같은 주제도 심심찮게 제기하고 있었다는 것이다.71) 이런 주제는 민족문제와 직간접으로 연결된 민감한 문제로 기독교 단체나 교회에서 다룰 수 없던 내용들이었다. 이를 통해서 보면, 신간회 지회가 일반대중들 뿐 아니라 기독교인들이 교회의 울타리를 벗어나 민족의식과 정치의식을 고취하는 중요한 공간이었음을 알 수 있다.

2) 기독교세력의 활동변화

1928년 중반에 신간회 내 민족주의세력에는 커다란 변화가 일어났다. 조선일보가 일본군의 산동침략을 비판한 것이 문제가 되어 1928년 8월 신간회 본부에서 활동하던 조선일보계 민족주의자들이 사임하게 된 것이었다. 민족주의세력의 중심역할을 하던 조선일보계의 탈퇴는 신간회 내 민족주의세력에게 큰 동요를 몰고 왔다.72)

이것은 기독교 세력의 활동을 주도하던 인물들에게 그대로 나타났다. 민족주의 좌파의 중심에서 활동하던 안재홍이 물러나고, 이와 동시에 민족주

---

70) 이균영, 『신간회 연구』, 287~289쪽.
71) 「新義州支會」, 『東亞日報』 1928년 1월 25일자; 「金泉支會」, 『東亞日報』 1928년 2월 2일자.
72) 『東亞日報』 1928년 8월 5일자. 이 사건으로 안재홍이 기소, 수감되었고, 조선일보계의 표면활동이 중단되었다.

의 좌파로 맹활약하던 박동완마저 일제의 탄압과 사회주의세력의 강화, 운동의 열악성 등 신간회운동의 한계를 느끼고 하와이로 이민을 가게 된 것이다.73) 아울러 이 시기 신간회 창립에 참여했던 상당수의 기독교인들의 활동이 신간회 밖에 집중되고 있었던 것도 기독교세력의 신간회내 활동을 약화시키는 원인이 되었다.74) 결국 신간회 참여를 주도했던 홍업구락부계가 뒤로 물러난 상태에서 신간회 내에는 이에 상응할만한 기독교세력의 강화가 무엇보다 요구되는 상황이었다.

그리하여 지회의 대부분을 장악하고 신간회 본부에 대거 진출하려는 사회주의세력을 견제하기 위해서 기독교인들을 비롯한 신간회 내 민족주의자들은 민족주의세력의 전열을 정돈하고 세력 강화를 추진하기 시작했다.

1929년 1월 19일·20일에 개최된 신간회 임시대회에서 회장후보로 출마한 허헌은 천도교 구파의 이종린을 큰 표수차로 이기고 경성지회장에 당선되었다.75) 당시 기독교계의 민족주의 지도자로 알려진 허헌이 경성지회장이 될 수 있었던 것은 평소의 명망성과 투쟁성이 겸비한 것도 있지만76), 화요회계 사회주의자들과도 밀접한 관계가 있었던 것도 큰 배경이 되었다.77) 그와 함께 새로 선정된 재정부 총무 간사 김사목은 감리교의 목사로 기독신우회에도 참여한 인사였다.78) 이렇게 새롭게 임원진을 개편한 경성

---

73) 「興業俱樂部事件關聯 申興雨 訊問調書」, 『思想彙報』16, 1938, 9, 133~134쪽.
74) 이상재는 창립 직후에 사망하였고, 유억겸·김활란·백관수는 태평양문제연구회의 조선대표로 참석하였으며, 유각경과 김활란은 기독교민족주의 여성들을 이끌고 근우회를 탈퇴할 무렵이었고, 이동욱·정춘수·오화영·김영섭 등은 조선물산장려회 간부로 활약하고 있었다.
75) 『東亞日報』1929년 7월 1일자.
76) 허헌은 1918년 최초의 지역 YMCA로 창립된 함흥 YMCA의 이사였으며, 1922년에는 감리교 사역자 양성회 대표를 역임하는 등 기독교계 지도자로 상당한 활동을 하고 있었다(『基督申報』1922년 2월 15일자). 그러나 그에 대한 기존의 연구에서는 그와 기독교와의 관계에 대해서 전혀 언급하고 있지 않다.
77) 이균영, 『신간회연구』, 178~179쪽.
78) 『基督申報』1929년 6월 12일자.

지회는 신간회 본부의 정기대회를 개최하기 위한 활동을 전개했는데, 1929년 경성지회장인 허헌이 신간대회 준비위원장에 선임되었고, 당시 공석 중인 본부 간사에 오화영과 함께 조병옥, 이동욱·김응집이 서무부원에 선임되었다.79)

이 때, 본부 간사에 선임된 조병옥이 주목된다. 그는 "조선대중을 훈련조직하는 신간운동을 통해 우리의 권리 증진에 당할 세력을 조성"80)하여 '민족적' 정치투쟁의 전개를 강조할 정도로 신간회 내 그 어떤 민족주의자보다 '정치적 투쟁'을 부르짖던 인물이었으나, 신간회 초기에는 수양동우회 단체개조운동 관계로 이렇다 할만한 신간회 활동을 하지 못하고 있었다. 그는 자신의 의견에 동의하는 주요한81)과 함께 '비정치'를 고집하는 수양동우회를 합법적 정치투쟁단체로 전환하고자 하였다. 그러나 이들의 단체개조론은 수양단체존속의 입장을 갖고 있던 안창호의 반대를 받았다. 또 수양동우회가 '인격중심' 개조운동의 핵심으로 유지되어야 한다고 주장하는 김윤경·이윤재의 강력한 반발을 받았다.82) 결국 이들의 단체개조운동은 1928년 10월 말경에 현실적으로 끝나고 말았다.

수양동우회 단체개조론이 어렵다고 판단한 조병옥은 '기독교 민족주의 단체'를 새롭게 건설하고자 하였다. 이것은 1928년 8월 조선일보계의 탈퇴 이후 신간회 내에서 약화된 기독교세력 및 민족주의세력의 위상을 동시에 강화시키는 일이었다. 그는 자신의 주장에 동의하는 수양동우회의 이사인 정인과·이용설·장이욱 등과 함께 기독교계 제세력을 총망라하는 '基督信友會'를 결성하였다.83) 이 단체는 수양동우회계 기독교인들의 주도하에84) 전 기독교의 민족·사회운동가들을 망라하여 기독교 전 세력의 결집

---

79) 『朝鮮日報』 1929년 1월 29일자.
80) 『東亞日報』 1929년 9월 2일자.
81) 주요한, 「수양단체의 나갈 길」, 『동광』 15, 1927년 7월호.
82) 趙培原, 윗 글, 44~45쪽.
83) 『基督申報』 1929년 6월 5일자.
84) 이는 기독신우회의 발기인 명단에서 확연히 드러나는데, 단체의 핵심 기관이라 할 수 있는 평의원과 이사진을 수양동우회 및 서북계 기독교 인사들이

을 도모한 '기독교 협동전선체'로 결성되었다.[85]

따라서 기독신우회는 수양동우회 개조운동과 기독교계 '협동전선'의 산물이었다. 표면적으로는 '전 조선민족을 구할 기독주의의 민중화와 실제화'를 표방하는 기독교계 사회운동단체였으나[86], 단체의 주요 구성원들이 신간회 본부 및 지회 간부였고, 이들이 주도하여 크게 수양동우회계와 흥업구락부계의 민족·사회운동가들이 개인자격으로 협동하여 만들었다는 점에서 보면[87], 이면적으로는 기독교 정치세력의 결집을 통한 기독교 민족주의 단체였음을 알 수 있다.[88]

이처럼 기독신우회는 사회주의세력의 신간회 본부 장악에 대한 견제와 기독교 민족주의 제 세력의 결집, 그리고 신간회 내 기독교인들의 민족적 정치투쟁의 기반 구축이라는 의도에서 결성된 것이었다.

기독신우회의 정치적 성격은 일반언론으로부터 표출되었다. 『朝鮮日報』와 『東亞日報』는 민족주의 입장에서 '민족적 역량의 확보'[89]와 '전위적 단체결성'[90]이라고 하여, 기독신우회를 기독교 활동가들을 중심으로 하는 '정치적' 전위분자의 결집체로 인식하였다. 즉 일제 강점기 민족주의세력의 대표적 거점인 두 신문은 기독신우회를 민족주의세력의 강화 및 기독교세

차지하고 있었다. 아래에서 수양동우회 및 서북계 기독교 인사들은 조병옥·정인과·이용설·이대위·이승훈·조만식·오화영·장이욱 등이다(『基督申報』 1929년 6월 12일자).
평의원 : 조병옥, 정인과, 김인영, 이용설, 전필순, 이대위, 이시웅
이사진 : 이승훈, 백남훈, 조만식, 황치헌, 배덕영, 오화영, 정춘수, 장이욱
85) 장규식, 「新幹會運動期 '基督主義' 사회운동 대두와 基督信友會」, 『한국기독교역사연구소소식』 42, 2000. 5.
86) 「基督信友會宣言」, 『基督申報』 1929년 6월 12일자.
87) 장규식, 「新幹會運動期 '基督主義' 사회운동 대두와 基督信友會」 참조.
88) 기독신우회에 대해 기존연구에서는 일제의 자료에 기초하여 기독교세력의 자치운동기관으로 규정했다. 그러나 이런 평가는 일제총독부의 자료를 맹신하고 전후 기독교세력의 움직임에 주목하지 못한 것이다. 여기서 언급되는 윤치호는 기독신우회에 참여조차 하지 않았고, 박희도는 참여는 하지만 주도적인 인물이 아니었다는 점을 간과하였던 것이다.
89) 「基督教信友會」, 『朝鮮日報』 1929년 6월 3일자.
90) 「朝鮮基督教의 使命」, 『東亞日報』 1929년 6월 5일자.

력 확대의 산물로 이해하고 있었다.

기독신우회 결성의 영향은 이후 신간회 내 기독교인들의 조직적 진출과 활동으로 나타났다. 대표적 조직은 신간회 경성지회와 본부였다. 특히 경성지회는 1,000여명 이상의 회원을 기반으로 하여 서울에 위치하고 지회 임원 다수가 신간회 본부의 임원으로 활동하며 신간회운동의 방향을 결정하는 등 그 영향력이 막강한 지회였는데[91], 이 곳에서 기독교세력의 움직임이 현저하게 대두하였다.

기독신우회의 영향은 결성직후 6월에 열린 신간회 복대표대회[92]에서 나타났다. 신간회 경성지회장이었던 허헌이 경성지회의 대표로 참석하여 본부의 중앙집행위원장에 임명되었고, 기독신우회원인 조만식이 중앙집행위원에, 조병옥과 박희도가 중앙집행위원 후보에 선임되었다.[93] 복대표대회를 통해 주요 간부에 사회주의자가 다수 선임되는 현실에서 이들의 선출 배경에는 3·1운동 이래로 사회주의 세력과 친화력이 높았던 인물들이라는 점이 작용했겠지만[94], 그것보다는 이들이 모두 기독교계 협동전선체로 결성된 기독신우회 회원이라는 점이 더욱 크게 영향을 미쳤을 것이다. 기독신우회라는 단체가 현실의 정치적 힘으로 전환된 것이다. 즉 기독신우회는 단순한 사회운동단체에 그치는 것이 아니라 첨예하게 펼쳐지는 신간회 내 정치적 상황에서 기독교세력의 활동 기반이 되는 정치적 단체라는 성격

---

91) 『朝鮮日報』 1927년 12월 12일자.
92) 복대표대회의란 원래 각 지회에서 회원수에 비례하여 대표회원을 선출하고 그 대표회원들이 본부에 모여 정기대회를 개최, 규약의 개정과 임원을 개선해야 하지만 정기대회가 금지되었기 때문에 수개의 인접 지회가 합동으로, 대표 즉 복대표 1인을 선출하고 복대표들이 모여 정기대회를 대신하는 대회였다.
93) 『東亞日報』 1929년 7월 1일자.
94) 조만식은 1920~30년대 대표적인 기독교 민족운동가 중에 한 사람으로, 신간회의 평양지회 설립을 주도했으며, 지회 내에 세력화하던 사회주의자들까지 리드할 수 있는 인물이었다. 또 박희도 역시 3·1운동 이후 1922년에 사회주의자들과 『신생활』이란 잡지를 발간하다 투옥된 적이 있었고, 1928년에는 사회주의자들과 함께 발간한 『노동운동』의 발행인을 맡는 등 그 어떤 기독교인들보다 사회주의자와 결합할 수 있는 인물이었다.

을 강하게 띠고 있었던 것이다.

이런 기반을 배경으로 하여 7월 21일 경성지회 임시대회에서 조병옥이 집행위원장에 선출되었고, 이와 함께 기독교세력이 신간회 경성지회에 적극 진출하게 되었다. 이때 경성지회 임원으로 진출한 조병옥·오화영·이동욱·김사목·김응집 등은 모두 기독신우회의 회원이었고[95], 이건춘·정성채는 중앙기독교청년회와 밀접한 관계를 맺고 활동하던 기독교인들이었다[96]. 즉 기독교인들은 신간회 본부와 경성지회의 진출을 통해 허헌집행위원체제의 신간회운동을 주도하는 한 세력으로 자리매김할 수 있었다.

경성지회장에 선임된 조병옥은 신간회의 투쟁적 활동을 실천하기 위한 사업들을 펼치기 시작했다. "단결로써 투쟁으로 …… 투쟁에서 단결로"라는 구호를 내걸면서 그는 일제 당국에 협조적 태도를 보이는 간부를 비판하고 일제 당국에 대한 적극적인 '정치적' 투쟁을 전개해 나갔다.[97] 이처럼 조병옥이 경성지회 집행위원장에 선출된 이후 경성지회는 강연 및 연설같은 계몽운동의 활동에서 크게 벗어나 정치, 사회, 경제문제에 관한 실천적·투쟁적인 활동을 시작하였다.[98]

경성지회에서 채택된 투쟁노선은 신간회 본부로 그대로 옮겨졌다. 이후 신간회는 그 어느 때보다 일제에 대해 저항적인 '정치적' 투쟁에 과감히 나서게 되었다. '갑산화전민사건'에 대한 신간회의 진상보고연설회와 언론탄압비판 대연설회 등이 일제의 탄압으로 금지되자[99], 신간회 본부는 전국적으로 집회금지, 언론압박 상황을 조사 발표하고 이에 항의할 것을 결의하는 등 일제에 당당히 맞서고 있었다.[100] 이처럼 신간회는 일제에 탄압에 맞

---

95) 『基督申報』 1929년 6월 12일자.
96) 이건춘은 1920년부터 중앙YMCA의 간사를 맡았고, 정성채는 1921년 소년부 간사를 맡았다. 이들은 1930년대 전반에 결성된 적극신앙단의 주요 멤버로 활약하기도 한다. 전택부, 앞의 책, 410쪽.
97) 京城鐘路警察署長 報告,「新幹會ノ陳容ニ整頓ノ關スル件」 1929. 7. 25, 韓國歷史硏究會 編,『日帝下社會主義運動史資料叢書』, 고려서림, 1992, 318쪽.
98) 조규태, 윗 글, 251~252쪽.
99) 『東亞日報』 1929년 8월 4, 5일자.
100) 『東亞日報』 1929년 8월 9일자, 9월 12일자.

서 가능한 합법적 투쟁을 대대적으로 시도하였고, 허헌과 조병옥은 그러한 투쟁을 주도하던 신간회의 '쌍두마차'였던 것이다.

이들이 주도하는 1929년의 신간회 노선은 1929년 중반부터 시작된 세계 대공황으로 인해 더욱 힘을 받으며 무르익었다. 1929년 1월 원산총파업에서 드러난 대중투쟁의 열기는 전국의 공장, 광산, 농촌, 학교에서 각계 각층의 민중이 참가하는 운동으로 전환되어 갔다.101) 이것은 '광주학생운동'을 통해 본격적으로 전개되기 시작했다. 즉 신간회는 3·1운동과 6·10만세운동으로 연결되는 대중적 시위운동을 조직화하고 지도해야 할 임무를 부여받은 것이다. 민족협동전선체로 탄생한 신간회가 민족적 정치투쟁의 중심 역할을 담당할 수 있는 기회가 온 것이다.

'광주학생운동'이 일어나자, 신간회에서는 항일적 학생운동을 격려, 옹호하면서 이를 전국적인 민중운동으로 전환시키기로 합의하고 추진하기 시작했다. 허헌과 조병옥으로 대표되는 당시 신간회 본부는 '민중대회'를 조직하여 일제에 대해 적극적으로 투쟁할 것을 계획하였다. 12월 10일에는 11명의 저명한 민족주의자들이 모여 민중대회를 준비하기 시작했다.102) 조병옥은 천도교 청년당 조기간과 불교계의 한용운을 만나고 이후 주요한과 오화영·이용설·박연서·전필순 등 기독신우회 회원들을 만나서 광주학생사건의 불상사가 모두 경찰의 한국인에 대한 압박과 사법당국의 불공평한 태도에서 그 원인이 있음을 지적하고 이 소식을 민중에 알리는 것이 절대로 필요하다고 역설했던 것이다.103) 그러나 불행하게도 민중대회는 개최도 되기 전에 본부 간부들에 대한 일제의 검속으로 좌절되고 말았다.104)

이처럼 광주학생운동을 기회로 전국적인 민중운동을 주도하려고 했던 신간회의 계획은 일제의 발빠른 탄압으로 실패로 끝나버렸다. 그런데 여기

---

101) 이준식,「세계 대공황기 민족해방운동 연구의 의의와 과제」,『역사와 현실』 11, 1994 참조.
102)『朝鮮日報』1930년 9월 7일자.
103) 독립운동사편찬위원회,『독립운동사자료집』 14, 1977, 255쪽.
104)『朝鮮日報』1930년 9월 10일자.

에는 일제의 탄압 외에도 여러 변수가 작용하고 있었다. 특별히 신간회를 주도하던 민족주의 좌파가 갖고 있던 움직임의 한계였다. 민족주의 좌파가 사회주의 세력과 가장 큰 투쟁역량을 갖고 있던 학생·노동·농민 대중을 배제하는 듯한 태도와 인상을 남기며 연설회를 개최하려고 하였다는 점이었다.105) 결과적으로 이런 태도는 민족주의세력의 큰 기반이 종교세력의 참여를 끌어내는 데까지 실패함으로써 신간회의 투쟁노선의 한계를 드러냈던 것이었다.106)

기독교세력에게도 한계가 있었다. 당시 기독교세력의 정치적 기반이 되었던 기독신우회의 움직임이 1929년 말경에 오면 거의 찾아볼 수 없을 정도로 침체되어 있었다는 점이었다. 이것은 기독신우회가 결성 때부터 안고 있던 문제에서 비롯되었다. 기독신우회가 기독교계 협동전선체로 결성되었음에도 불구하고 당시 가장 큰 기독교조직인 YMCA와 흥업구락부의 리더인 신흥우와 그 멤버들이 빠져 있었다는 점107), 기독신우회 발기인에 동

---

105) 이준식, 「광주학생운동과 민족운동세력」, 광주학생운동70주년 심포지움 발표문, 1999 참조. 이것은 민중대회의 연설자를 물색하던 조병옥의 모습에서 확연히 드러난다. 그는 사회주의자와는 접촉하지 않고 종교계 민족주의자들을 대상으로 한정하여 연설자물색을 추진하였다.
106) 이준식, 윗글 참조. 기존연구에서는 조병옥을 반공인물로 묘사하면서 그의 이런 태도 역시 민중대회 실패의 중요한 요인 중에 하나였음을 지적하였다. 그러나 조병옥의 공산주의에 대한 태도가 급변하는 것은 신간회가 해소난 뒤의 일이었다. 즉 신간회 해소이전까지만 해도 공산주의에 대해 비판적이기는 했으나, 적대적이지는 않았다는 점이다. 신간회 해소 이후 조병옥은 최소한의 주어진 공간자체를 거부한 공산주의세력에 대해 대대적으로 비판을 하고 이것이 이후 그의 공산주의에 대한 불신으로 연결된 것으로 보인다. 그것은 공산주의에 대해 적대적인 태도를 가진 인물이 어떻게 해서 공산주의자들이 대거 진출해 있는 경성지회장에 선출될 수 있었는지, 그리고 신간회의 본부의 투쟁노선을 주도할 수 있었는지 등이 설명되지 않기 때문이다.
107) 기독교계의 협동전선체를 가장 먼저 구상한 것은 신흥우였다. 그는 1928년 예루살렘 국제선교대회를 다녀온 직후 같이 동행했던 수양동우회계열의 정인과에게 한국교회 개혁을 위해 혁신단체의 결성을 제의했다. 그러나 정인과는 이에 대해 "100년이 지나야 가능한 일"이라고 일언지하에 거절하고서는, 얼마 안 있어 신흥우가 제시했던 혁신적 이념을 지닌 기독신우회를 수양동우회 중심으로 결성했다. 이런 상황에서 먼저 협동전선을 제의한 신흥우가

우회사람보다 흥업구락부사람이 많음에도 불구하고 단체의 이사진에 동우회원들이 대거 포진했다는 점, 기독신우회 선언의 내용이 수양동우회의 이념을 그대로 되풀이하고 있다는 점[108] 등이 내재되어 있었다.

이 때문에 처음에는 흥업구락부계열이 '기독교 협동전선'이란 명분에 따라 참여했지만, 시간이 흐르면서 협동전선이 아니라 수양동우회의 일방적 독주임을 간파하고 기독신우회에서 탈퇴하거나 일정한 거리를 두었던 것이 기독신우회 침체의 주된 원인이 되었다. 이것이 조병옥이 민중대회 연설회 강사를 선정할 때 기독신우회 회원들을 만나 요청했음에도 불구하고 주요한을 제외하고 모두 거절하는 중요한 이유였던 것이다.[109] 즉 기독교계 협동전선으로 결성된 기독신우회가 정치적 능력을 발휘해야 할 그 때가 되었음에도 불구하고 소극적으로 일관할 뿐 아무런 대응도 못하는 한계를 드러냈던 것이다.

이것은 이후 국내외의 정세 속에서 기독교계 신간회세력의 활동영역이 대폭 축소되는 배경이 되었다.[110] 또한 신간회 해소논쟁 속에서도 이렇다 하게 대응하지 못한 채 기독교세력은 1930년대 전반에 새롭게 재편과정을 경험하게 된다.

4. 맺음말

이제까지 기독교세력의 신간회 참여와 활동을 살펴보았다. 여기서는 그

이 조직에 들어갈 수 없었던 것은 당연한 일이었다.
陸鴻山, 「積極信仰團을 싸고도는 朝鮮基督敎의 暗流(續篇)」, 『四海公論』, 1936.8, 213쪽.
108) 장규식의 앞의 글 참조.
109) 이균영, 『신간회 연구』, 209쪽.
110) 임경석, 「세계대공황기 사회주의·민족주의 세력의 정세인식」, 『역사와 현실』 11, 1994; 졸고, 「1920~30년대 기독교인들의 사회주의 인식」, 앞의 책, 105~112쪽 참조.

내용을 정리하면서 끝을 맺고자 한다.

1920년대 중반 경 민족운동진영에서 제기된 민족협동전선론과 자치운동의 전개는 기독교세력이 신간회에 참여하게 된 직접적 원인이었다. 이들 기독교세력은 1925년 하반기 무렵 「조선사정연구회」를 중심으로 형성되었다. 이 단체를 중심으로 결집하기 시작한 기독교세력은 자치론의 대두를 저지하고 민족협동전선운동을 전개한 결과, 1927년 2월 신간회 결성에 참여하게 되었다. 당시 신간회에 참여한 기독교인들은 민족주의 입장에서 사회주의세력을 민족모순을 해결할 수 있는 운동의 파트너로 인정하고 있었고, 기독교적 정체성을 바탕으로 식민통치에 대한 적극적인 투쟁을 전개하는 것이 기독교의 민족적인 책무라고 인식하였다.

신간회에서 기독교인들은 본부 임원으로 활약했다. 신간회 초대 회장에 조선일보 사장이며 저명한 기독교 지도자인 이상재가 선출되고, 간사진에 다수의 기독교인들이 선정되는 등 기독교세력은 신간회를 주도하는 세력 가운데 하나였다. 일제의 탄압이 거세지자, 기독교인들의 활동은 각 지회를 중심으로 이뤄졌는데, 이 과정에서 보이는 특징은 각 지역 YMCA가 그 중요한 토대가 있었다는 점이다. 지회의 활동은 주로 토론회와 강연회를 통한 계몽활동이었는데, 때때로는 민족문제와 관련된 주제도 언급되었다.

한편 1928년 중반경에 일제의 탄압을 받고 조선일보계열의 민족주의자들이 대거 탈퇴하였다. 상대적으로 민족주의 좌파세력이 약화된 상태였지만 1929년에 들어서도 본부의 주도권을 여전히 민족주의 좌파가 잡을 수 있었다. 여기에는 기독교세력의 강화가 큰 배경이 되었다. '민족적' 정치투쟁을 주장하며 등장한 조병옥은 사회주의세력의 신간회 본부 장악에 대한 견제와 기독교 민족주의 제 세력의 결집, 그리고 기독교인들의 정치투쟁의 기반 구축의 일환에서 기독신우회를 조직하였다. 이를 기반으로 경성지회장에 선출된 조병옥은 일제에 대한 투쟁을 과감히 전개하기 시작했다.

이러한 투쟁노선은 1929년부터 무르익은 대중투쟁의 열기와 세계 대공황 발발 등과 결합되면서 더욱 힘차게 추진되었다. 광주학생이 일어나자, 신간회에서는 이를 전국적인 민중운동 차원으로 전환시키고자 하였다. 신간회 지도부는 민중대회를 조직하여 일제에 대한 적극적 투쟁을 전개하기로 하고, 준비작업에 들어갔는데, 기독교세력도 예외가 아니었다. 그러나 민중대회의 개최는 일제의 사전 탐지로 결국 물거품으로 끝나고 말았는데, 대회 직전 허헌과 조병옥을 비롯한 신간회 주요 간부 대부분이 구속, 투옥되었다. 이 사건으로 신간회의 투쟁노선을 주도했던 기독교세력은 기독신우회의 한계 노출로 인해 더욱 약화될 수 밖에 없었다. 결국, 신간회 내 정치적 기반을 상실당하는 가운데 기독교세력은 신간회의 실제적 활동에서 거리를 둘 수밖에 없게 되었다.

이렇게 신간회에서 기독교세력의 활동은 거의 막을 내리게 되었다. 민중대회 사건 이후 세계 대공황의 여파, 기독교세력의 변동과 신간회 해소와 관련된 기독교인들의 동향, 그리고 민족주의세력의 재편과 관련된 기독교인들의 움직임은 1930년대 전반기 국내 민족운동을 살펴보는데 대단히 중요한 문제이다. 이는 추후의 과제가 될 것이다.

Shinganhoe Participation and Activities of Christian Force

Kim, Kwon Jung

In 1925, Christian force to participate in Shinganhoe(新幹會) was formed, and its center was Chosun Sajung Yonguhoe(朝鮮事情研究會). They criticized 'autonomic theory', and took part in Shinganhoe which was organized by National United Front (民族協同戰線). The Christian force held that the national responsibilities of Christians were, first, to accept Socialist force as partner of national movement, second, to aggressively fight against colonial rule.

Christians took major posts of Shinganhoe Headquarters: a prominent Christian leader was elected as the first president of Shinganhoe; many Christians are chosen for its representatives. Like this, the Christian force was one of the major influences on Shinganhoe. Under the severe suppression of Japanese Imperialism to Shinganhoe Headquarters, Shinganhoe's activities have naturally been done on the basis of its branches. Christians' activities were no exception to this situation. The YMCA in each region became the center of each branch's activities.

In the mid-year of 1928, the Nationalist Left of Shinganhoe got the great damage because of the oppression of Japanese Imperialism. The Nationalist Left, however, still continued to have the power of the Headquarters. This result was due to the fact that the capability of the Christian force was reinforced through the Gidok Shinwoohoe(基督信友會). Based on Gidok Shinwoohoe, the Christian force led the fighting of Shinganhoe against the Japanese Imperialism in 1929. However, Shinganhoe was greatly weakened since its main leaders were captured, owing to the Minjung Daehoesagun(民衆大會事件) was connected with Kwangju Student Movement in November, 1929. Accordingly, the Christian force which was leading the Shinganhoe's activities and fighting was gradually declined.

1930년대 천도교의 반일민족통일전선운동에 관한 연구
― 갑산·삼수·풍산·장백현 지역의 조국광복회를 중심으로 ―

성주현[*]

1. 머리말
2. 천도교 포교와 천도교청년회의 활동
    1) 천도교의 포교와 교세현황
    2) 천도교청년당의 결성과 활동
3. 천도교와 조국광복회의 반일민족통일전선 형성
    1) 조국광복회의 결성
    2) 천도교와 반일민족통일전선 형성
4. 천도교 조직을 통한 조국광복회 하부조직 결성
5. 천도교인의 조국광복회 활동
6. 맺음말

---

[*] 천도교자료실장

1. 머리말

일제하 천도교의 민족운동에 관한 연구는 3.1운동[1]을 중심으로 하여 신문화운동[2], 조선농민사[3], 천도교청년당의 활동[4] 등 다양하게 그 연구성과를 이루었으며, 늦은 감이 없지 않지만 최근에는 사회주의운동과 관련된

---

1) 천도교와 관련한 3.1운동의 연구는 다음과 같다.
　박현서, 「3.1운동과 천도교계」, 『3.1운동50주년기념논문집』, 동아일보사, 1969.
　이현희, 「역사적으로 본 3.1운동」, 『신인간』 통권 365호, 신인간사, 1979.
　이현희, 「3.1운동 재판기록을 통해본 천도교 대표들의 태도분석」, 『한국사상』 12, 한국사상연구회, 1974.
　표영삼, 「3.1운동과 천도교」, 『신인간』 통권 468호, 1989. 3.
　표영삼, 「피흘렸던 3.1운동-정주교구·단천교구·수안교구·맹산교구의 만세운동」, 『新人間』 통권 468호, 1989. 3.
　표영삼, 「구성군 천도교의 3.1운동」, 『신인간』 통권 480호, 1990. 3.
　표영삼, 「양덕군 천도교의 3.1운동」, 『신인간』 통권 480호, 1990. 3.
　성주현, 「제암리의 3.1운동」, 『신인간』 통권 480호, 1990. 3.
　남미애, 「영산 천도교의 3.1운동」, 『신인간』 통권 480호, 1990. 3.
　성주현, 「홍천교구의 3.1운동」, 『신인간』 통권 548·549호, 1996. 3·4.
　김응조, 「울산교구와 3.1운동」, 『신인간』 통권 451호, 1987. 7.
2) 조규태, 『1920年代 天道教의 文化運動 研究』, 西江大學校 大學院 博士學位論文, 1998.
3) 오익제, 「韓國農協運動의 先驅-朝鮮農民社와 農民共生組合運動」, 『韓國思想』 5, 韓國思想研究會, 1962.
　池秀傑, 「朝鮮農民社의 團體性格에 關한 研究-天道教青年黨과의 관계를 中心으로」, 『歷史學報』 106, 歷史學會, 1985 참조.
4) 임형진, 『東學과 天道教青友黨의 民族主義 연구』, 경희대학교 대학원 정치학과 박사학위논문, 1998.
　정용서, 『日帝下 天道教青友黨의 政治·經濟思想 연구』, 연세대학교 대학원 사학과 석사학위논문, 1997.
　정용서, 「日帝下 天道教青年黨의 運動路線과 政治思想」, 『韓國史研究』 105, 韓國史研究會, 1996.

분야까지도 그 연구영역을 점차 넓혀가고 있다. 하지만 사회주의운동과 관련된 연구성과는 대부분 신간회 활동과 관련하여 한정하고 있다.

3.1운동 이후 국내에 사회주의사상이 본격적으로 유입되면서 민족운동 노선에도 적지 않은 영향을 주었다. 1920년대 중반 이후 민족주의운동 세력은 타협과 비타협으로 양분되기 시작하였고, 사회주의 운동세력은 민족해방운동에서의 영역을 확대시켜 나가기 시작하였다. 그러나 식민지 상황에서는 이들 양 세력 어느 쪽에서도 민족운동의 주도권을 잡을 수 없었다. 이들 각각의 운동 세력은 공동의 투쟁대상인 일제로부터 조선의 독립을 달성하기 위하여 연대의 필요성을 인식하게 되었다. 이에 따라 1924년부터 양대 운동세력은 반일민족통일선전을 위한 논의가 전개되었다.

일제하 천도교의 반일민족통일전선운동(이하 통일전선)은 3.1운동 직후인 1920년대부터 시작되었으며 천도교 전체를 대표하는 것은 아니었지만 독자적인 세력으로 1930년대 말까지 활동하였다. 천도교청년회에서 발행한 잡지『開闢』는『共濟』·『朝鮮之光』·『新生活』등과 함께 국내에 사회주의를 대중화하는데 중요한 역할을 하였으며[5] 청년당은 코민테른과 연대를 하기 위해 노력하였다.[6] 이후 1930년대 초에는 국내 공산주의자들과는 민족운동의 영도권 문제를 계기로 사상논쟁을 벌이기도 하였다.[7]

천도교와 관련된 통일전선에 대한 기존의 연구는 1920년대를 중심으로 한 최동희·김봉국·이동국·이동구 등의 고려혁명당운동[8], 신숙·최동

---

5) 『開闢』은 1920년 6월에 창간되어 1926년 8월까지 72호를 발행하는 동안 50여 편의 사회주의적 색채를 띈 논설 등이 게제되었다.
6) 천도교청년당과 코민테른에 관한 내용은 조규태,『1920年代 天道敎의 文化運動 硏究』, 165~171쪽 참조.
7) 천도교와 사회주의자와의 사상논쟁은 金一宇의 「맑스主義反宗敎理論」(『新人間』통권 58호, 1932. 8)을 시작으로 李敦化의 「組織의 哲理」, 趙基栞의 「朝鮮運動과 領導問題」(『新人間』통권 59호, 1932. 9)이라는 글에 사회주의자들이 크게 반발하면서 논쟁이 시작되었다. 韓雪野 鄭栢 등 사회주의자들은『新階段』과『批判』을 통해 당시 사회운동 또는 민족운동의 주도권을 문제로 천도교와 논쟁을 하였다.
8) 고려혁명당에 관해서는 김창수,「高麗革命黨의 組織과 活動」,『汕耘史學』4,

오·강제하 등의 민족유일당운동9), 및 천도교 구파의 신간회운동10), 및 6.10만세운동11) 등 그 성과가 적지 않다. 그러나 1930년대 후반 조국광복회의 통일전선에서 천도교와 관련하여 구체적으로 밝혀진 연구성과는 아직 없는 실정이다. 특히 조국광복회의 통일전선에 참여한 천도교의 인물, 지회 조직 및 활동 등에 대해서는 거의 주목받지 못하였다. 1920년대부터 전개한 통일전선 활동에서 천도교의 역할을 주목할 때 조국광복회의 통일전선에서 천도교인의 역할과 활동 역시 일정한 부분을 담당하였으리라고는 쉽게 생각할 수도 있다.

조국광복회 활동은 무장투쟁이라는 점과 해방 후 북한정권을 수립한 김일성과의 연대라는 점에서 새로운 인식이 요구되었으며, 그동안 祖國光復會의 활동에 관한 연구성과12)가 발표되면서 천도교와 민족통일을 결성한 사실을 언급하고 있지만, 대부분 金日成과 관련하여 활동의 진위논쟁과 조국광복회의 결성과정과 조직, 그리고 공산당 재건이라는데 초점을 맞추고 있다. 천도교와의 관계에 대해서는 소홀하거나 미미하게 취급하고 있다. 천도교가 조국광복회와 통일전선을 결성한 후 그 하부조직으로 장백현 상

汕耘學術文化財團, 1990 참조.
9) 민족유일당운동에 대해서는 「原鈺, 「在滿抗日獨立運動團體의 全民族唯一黨運動」, 『白山學報』 19, 白山學會, 1975 참조.
10) 천도교와 신간회운동에 관해서는 조규태, 「천도교 구파와 신간회」, 『한국근현대사연구』 7, 1997 참조.
11) 장석흥, 「6.10만세운동의 전개와 역사적 성격」, 『순국』 통권 113호, 2000. 6, 86~98쪽.
12) 조국광복회에 관한 국내의 선행연구는 다음과 같다.
신주백, 「1930년대 반일민족통일전선운동의 전개과정」, 『역사와 현실』 제2호, 한국역사연구, 1989.
이준식, 「항일무장투쟁과 당재건운동」, 『일제하 사회주의운동사』, 한길사, 1991.
백동현, 「한인조국광복회운동에 관한 연구」, 『白山學報』 제49호, 白山學會, 1997.
이종석, 「북한지도집단과 항일무장투쟁」, 『해방전후사의 인식』 5, 한길사, 1990.
와다 하루끼, 이종석 역, 『김일성과 만주항일투쟁』, 창작과 비평사, 1992.

강부 17도구의 장백현종리원과 천도교인을 중심으로 왕가동지회와 종리원촌 분회, 국내에서는 갑산군을 비롯하여 풍산군·삼수군·혜산군 지역에 천도교 종리원을 중심으로 지회와 분회조직 외에도 생산유격대도 조직하였다. 조국광복회의 하부조직은 만주 장백현과 함남지역, 평안도 일부지역에서 결성되었는데 이중 장백현과 갑산군·풍산군·삼수군 지역의 하부조직이 가장 핵심 조직이었다는 점에서 천도교와 관련된 하부조직은 매우 중요하다고 볼 수 있다.

본 연구의 중요성은 독립운동사에서 무장항일투쟁 조직인 조국광복회 활동을 통해 1930년대 천도교의 통일전선을 복원하고, 일제하에서 지속적으로 전개된 민족통일 또는 좌우합작에서 천도교가 그 중심 세력에 있었음을 자리매김하고자 하는데 있다.

이에 본고에서는 천도교와 조국광복회의 관계를 규명하기 위해 다음 사항을 중점적으로 살펴보고자 한다. 첫째 조국광복회 조직의 기반되는 관북지역과 장백현의 천도교의 포교 및 활동을 먼저 살펴보고자 한다. 이는 당시 이 지역이 국내 조국광복회 하부조직의 기반으로 천도교와 밀접한 관계가 있기 때문이다. 둘째 천도교와 조국광복회와의 통일전선을 결성하는데 주도적으로 역할을 한 김일성의 천도교에 대한 인식과 천도교인들의 신앙적 특성을 살펴보고, 조국광복회와 천도교의 통일전선 결성과정을 김일성과 박인진을 중심으로 살펴보고자 한다. 이는 조국광복회를 실질적으로 지도한 김일성과 후치령 이북의 천도교를 대표한 박인진이 통일전선 결성과정에서 가장 핵심적인 역할을 하였기 때문이다. 셋째 천도교 조직을 통한 조국광복회 지회 조직과정과 인물, 그리고 활동들을 추적하고자 한다.

그리고 이를 규명하기 위하여 기왕에 소개되었던 일본측 정보문서[13] 이

---

13) 「惠山事件判決書」(金正柱 편, 『朝鮮統治史料』 8, 한국사료연구소, 1960. 이하 「惠山事件判決書」); 『最近に於ける朝鮮治安狀況』(朝鮮總督府警務局 편, 1933·1938년. 이하 『治安狀況』); 「抗日民族統一戰線の擴大」(姜德相 편, 『現代史資料』 30, みすず書房, 1977. 이하 『現代史資料』 30); 「在滿黨の鮮內抗日戰線統一運動竝支那事變後方攪亂企圖事件」(『思想彙報』 14, 高麗書林, 1988. 이하 『思想彙報』 14) 등이 있다.

외에 북한에서 발행한 기록물을 활용하고자 한다. 북한에서 발행한 기록물은 두 가지로 분류할 수 있다. 하나는 김일성과 관련된 저작물로 김일성회고록 『세기와 더불어』14)와 조국광복회의 운동을 정리한 『조국광복회운동사』15)이며, 또 하나는 천도교단측에서 발행한 개설서인 『천도교개요』16)와 『김일성주석과 천도교인』17)이다. 본고에서 천도교와 관련된 서술은 부득이 북한측에서 발행한 기록을 중심으로 전개할 수밖에 없음을 밝혀두고자 한다.

2. 천도교 포교와 천도교청년회의 활동

1) 천도교의 포교와 교세현황

관북 지역에 천도교가 처음으로 포교되기 시작한 것은 1894년 동학혁명 이전부터이다. 일본측에서 조사한 자료에 의하면 함경남도의 경우 1894년에 이미 1,000여 명의 교세를 유지하고 있음을 밝히고 있다.18) 함남 지역은 1894년 이전에 천도교가 유입되었음을 알 수 있으며 동학혁명이 일어난 시기에는 상당한 교세가 형성되었다고 볼 수 있다. 풍산군의 경우 安山面 盧隱里 사람 李啓七19)이 1877년에 입교하였으며, 이원의 朴鍾秀20)는 1880년

---

14) 『세기와 더불어』 5, 조선노동당출판사, 1994(이하 『세기와 더불어』 5).
15) 『조국광복회운동사』는 원래 북한에서 1, 2권으로 발행하였으며 지양사에서 1권으로 1989년에 간행한 바 있다. 본고에서는 지양사에서 간행한 것을 참고로 하였다.
16) 『천도교개요』1, 조선천도교중앙지도위원회, 1975(이하 『천도교개요』).
17) 『김일성주석님과 천도교인』, 천도교청우당중앙위원회, 1994.
18) 村山智順, 『朝鮮の 類似宗敎』, 朝鮮總督府, 1935년, 681~682쪽 ; 崔吉城・張相彦 共譯, 『朝鮮의 類似宗敎』, 계명대학교출판부, 1991, 610쪽.
19) 『天道敎會月報』 통권 120호, 1920. 8, 118쪽. 還元動靜에 따르면 '李啓七은 布德 16年(1877) 丁丑에 입교하여 40여 년 一日과 如히 誠信을 盡, 布德에

에 입교하였다. 그리고 역시 풍산군 안산면 노은리의 金鍾勳21)이 1894년에 천도교에 입교하였다. 갑산·풍산·삼수·장백현 지역을 관장하던 박인진의 부친(이름 미확인)은 호남 출신으로 동학혁명 당시 전봉준의 휘하에서 공주 우금치 전투에 참여한 바 있으며, 우금치전투에서 동학군이 패전한 후 관으로부터 쫓기게되자 고향을 등지고 피신길에 올라 관북 땅인 단천군 하농리에 정착하였다.22) 실제로 박인진의 부친이 천도교를 포교하였는지는 확인이 되지 않고 있으나 적어도 관북지역에 천도교의 이념을 전파하는 데는 적지 않은 영향을 미친 것으로 보인다. 이외에도 호남 지역과 황해도에서 활동하던 동학군들이 관군과 일본군의 추적을 피해 적지 않은 수가 관북 지역으로 피신하였다.23) 이들은 피난 직후 지속되는 지목으로 포교가 쉽지 않았지만 2, 3년 뒤 동학에 대한 탄압이 수그러들자 동학을 포교한 것으로 보인다. 그리고 이들은 대부분 동학혁명 과정에서 일본군과 전투한 경험이 있어 대체로 반일 또는 항일의식을 기본적으로 가지고 있었다.

관북 지역에 본격적으로 천도교가 포교되기 시작한 것은 1900년부터이다. 甲山·豊山·三水郡 지역도 예외가 아니었다. 豊山의 金炳弼24), 甲山의 金鼎學25), 長白縣의 李在明26) 등이 이 시기에 입교했다. 이어 1904년 갑진

勤務하여 傳敎師 역임'이라고 기록하고 있다.
20) 李敦化, 『天道敎創建錄』, 天道敎中央宗理院, 1934, 145쪽. 朴鍾琇는 포덕 31년에 입교하였으며 接主, 首接主, 大接主, 敎長, 敎授, 敎訓, 道訓, 敎區長, 道師, 宗法師, 布德師, 宗理院長 등을 역임했다.
21) 『天道敎會月報』 통권 130호, 1921. 6, 112쪽. 환원동정에 의하면 포덕 35년에 입교한 것으로 되었으나 繼代敎人이었으며 傳敎師, 共宣員을 역임했다.
22) 『세기와 더불어』 5,; 졸고, 「천도교인물열전 15-영원한 혁명투사 문암 박인진」, 『신인간』 통권 577호, 1998. 9, 96~97쪽 참조
23) 「漁隱洞과 沙里院 一帶 東學徒의 동정보고」, 『駐韓日本公使館記錄』 7, 國史編纂委員會, 1992, 294쪽. 동학혁명 당시 황해도 지역은 1895년 4월 말경까지 일본군과 교전을 하였으며 많은 동학군이 함경도나 평안도 지역으로 피신하였다. 그러나 황해도뿐만 아니라 호남 지역의 동학군도 강원도나 함경도 지방으로 피신하였다.
24) 李敦化, 『天道敎創建錄』, 天道敎中央宗理院, 1934, 184쪽.
25) 『天道敎創建錄』, 187쪽.
26) 『天道敎創建錄』, 191쪽.

<표 1> 1901년부터 1904년까지의 입교 사례

입교지	입교년	입교자
豊山郡	1901년	朱鎭豹, 姜道筠, 朱寬憲, 李永信, 梁炳勳, 金炳庸, 金炳直, 金南洙
	1902년	金秉鎬, 金炳軾, 金治勳, 朱羲洛, 李興俊, 金在澤, 金得萬, 朴昌烈, 朴林承, 金吉垠, 朱斗七, 朴昌奎, 金化鳳, 金永秀, 李秀德, 呂亨調, 禹進弘, 申仲甲, 姜熙俊, 朴桂承, 姜熙貞, 李廷柱, 姜熙奎, 金良垠, 金洛淳, 金炳周, 廉德範, 沈景昊, 金濤九, 朴允正, 金聲九, 金百萬, 李學順, 金基協, 金義九, 金炳五, 李春嬅, 金九弘, 朴有觀
	1903년	李時筌, 朱仁建
	1904년	崔宗燮, 金秉權
甲山郡	1901년	金海均, 鄭秀洛, 朴昌化, 朴成葉, 金致雲, 金鼎衡, 金致逸
	1902년	趙碩河, 劉廷鍾, 趙英浩, 李鳳昊, 鄭秀雄, 趙碩俊, 趙鵬濟, 趙碩鴻, 趙成官, 金明洙, 趙來源, 劉丙嬅, 李豊敎, 全元洙
	1903년	朱南鎭, 金炳洙, 李鳳周, 鄭椿朝, 朴龍浩, 金炳官, 全熙邦, 沈尙錄, 崔亨錫, 朴龍涉, 玄國錫, 李成洙
	1904년	趙秉學, 朴龍周, 鄭完朝, 韓成律
三水郡	1901년	趙完範
	1902년	韓錫輿, 朴秉基, 趙完洙, 趙完俊
	1903년	趙炳秀, 趙完振
	1904년	趙完實
長白縣	1901년	金麗泉, 金昌福, 李在麟, 崔東昌, 朴良嬅, 李銓化, 李和性, 金德弘, 李桂完, 李芳茂, 李桂昊, 金相俊, 金鳳聲
	1902년	李龍虎, 朴基潤, 趙完浩
	1903년	李龍寅
	1904년	李文球, 崔忠一, 朴南窘, 李寬在

개화운동이 본격적으로 전개되기 전까지 급속한 신장세를 보이고 있는데 1901년부터 1904년까지 이들 지역의 입교 사례는 <표 1>과 같다.27)

1900년대 초를 기점으로 하여 천도교의 교세가 급신장하였으나 1904, 5년 進步會운동으로 한때 소강상태를 보이기도 하였다. 특히 進步會와 一進會의 합동으로 의병들에 의한 희생이 적지 않았다. 그러나 1905년 중앙총부에서 일진회 관련 유력 인사의 출교와 결별로 교세는 점차 회복하였으며 삼수종리원의 경우 3.1운동 이전에 3,400호에 달할 정도로 흥성하였다.28)

---

27) 『天道敎創建錄』, 181~193쪽.
28) 全石友, 「咸南巡廻五十日」, 『新人間』 통권 45호, 1930, 3, 45쪽.

甲山郡・豊山郡・三水郡에 종리원이 설립된 것은 1906년경이며 長白縣에는 1916년에 설립되었다. 서울에서 1906년 2월 중앙총부가 조직되면서 지방에서도 군단위를 중심으로 종리원이 설립되었다. 이에 따라 이들 지역에서도 각각 종리원이 설립되었다. 종리원에서는 교리강습소를 설치하여 교인들을 위한 계몽운동과 민족의식을 고취시켰다.

한편 이들 지역은 3.1운동으로 한때 종리원을 유지하기 어려울 정도였다. 갑산군종리원은 崔鳳天・鄭秀雄・김명수・정국태・조석하・정완조・조영호・김용균・조병학・노영태・조종현・정창도・정수익・정창원・정내원・주남호・박문옥 등이[29], 풍산군종리원은 맹시정・박인진・김창선 등이[30], 삼수군종리원은 조완오・조완수・조완기・박승정・우종선・김봉서・양선오・노형국 등[31] 대부분의 주요 교역자들이 일경에 체포 구금되었다. 특히 풍산군종리원의 경우 당시 종리원장 주병남은 함흥검사국에서 취조를 받는 동안 고문과 유혹에 회유당하여 탈교하는 한편 일부 교인들을 유혹하여 성미나 교당건축비를 내지 못하게 함으로써 더욱 종리원 유지가 어려웠다.[32]

3.1운동 이후 만세시위가 어느 정도 진정되자 천도교는 辛酉布德 60주년인 1921년 중앙과 지방에서 대대적인 포교운동을 전개함에 따라 이들 지역에도 많은 사람들이 다시 천도교에 입교를 하였다. 이때 포교를 중심적으로 이끈 사람이 祖國光復會와 통일전선을 주도한 朴寅鎭이다. 갑산군종리원의 경우 이해 3월 485명[33], 장백현종리원은 9월에 209명[34], 11월에 167명[35]이 각각 입교하였다. 삼수군종리원에서는 새로 입교한 교인들을 위하

---

29) 『每日申報』, 1919년 5월 19일 자 ; 『독립운동사』 제2권, 독립운동사편찬위원회, 1971, 726~728쪽.
30) 『독립운동사』 제2권, 731~733쪽.
31) 『독립운동사』 제2권, 724~726쪽.
32) 『독립운동사』 제2권, 732쪽.
33) 『天道敎會月報』 통권 128호, 1291년 4월호, 101쪽.
34) 『天道敎會月報』 통권 134호, 1921년 10월호, 105쪽.
35) 『天道敎會月報』 통권 136호, 1921년 12월호, 99쪽.

여 2개월 동안 교리강습을 개최하기도 하였다.36) 이어 1927년 해월 최시형 출세1백주년을 기하여 포교운동을 전개할 때 박인진은 정경포 주간포덕사로 50인 이상 포덕을 하여 포상을 받았다.37) 그리고 지방의 종리원에서는 布德會를 조직하여 지속적으로 포교운동을 전개하였다. 풍산군종리원은 1927년 11월 1일 朱寬憲을 회장으로, 부회장에 朴林昇, 幹事에 梁治厚・韓昌烈・金桂澄으로 포덕회를 조직하였으며38), 갑산군종리원도 敎人大會를 열고 회장 趙秉學, 간사 金智均 趙鵬濟로 포덕회를 조직하여39) 활동하였다.

1920・30년대에 이들 지역에는 갑산군종리원・풍산군종리원・삼수군종리원・장백현종리원(이상 신파)과 갑산군중앙교회・풍산군중앙교회(이상 구파) 등 6개의 교회 조직이 있었다. 이중 장백현, 갑산군, 풍산군, 삼수군종리원은 박인진이 직접 관할하였다. 1929년에 작성한 갑산군종리원의 敎譜, 1928년에 작성한 풍산군종리원・삼수군종리원의 敎譜를 토대로 박인진이 관장하였던 3개 종리원의 교세 현황을 살펴보면 다음과 같다. 갑산군종리원은 교호수 202호에 교인수는 704명40), 풍산군종리원은 교호수 98호에 교인수는 611명41), 삼수군종리원은 교호수 24호에 교인수는 107명이다.42) 장백현을 제외한 갑산군・풍산군・삼수군종리원의 총교호수는 324호에 교인수는 1,422명이다. 이들 지역의 입교 호수를 연대별로 살펴보면 <표 2>와 같다.

갑산군・풍산군・삼수군종리원 중 교세가 가장 많은 곳은 갑산군종리원으로 10호 이상 입교를 한 시기는 1904년과 1927년, 1928년, 1929년이다. 그리고 풍산군종리원은 1902년과 1903년에 가장 많이 입교하였다. 1903년을 전후해서 입교자가 많은 것은 1902년 의암 손병희가 訓諭文을 발표하면

---

36) 『天道敎會月報』 통권 137호, 1922년 1월호, 19쪽.
37) 『新人間』 통권12호, 1927년 5월호, 59쪽.
38) 『新人間』 통권 19호, 1927년 12월호, 49쪽.
39) 『新人間』 통권 20호, 1928년 1월호, 68쪽.
40) 『天道敎甲山宗理院敎譜』, 1929년.
41) 『天道敎豊山宗理院敎譜』, 1928년.
42) 『天道敎三水宗理院敎譜』, 1928년.

<표 2> 갑산·풍산·삼수군종리원 교호 입교연대표

연 대	갑산군 종리원	풍산군 종리원	삼수군 종리원	연 대	갑산군 종리원	풍산군 종리원	삼수군 종리원
1901	8	2	1	1916			2
1902	6	31	5	1917	3	3	
1903	7	17	3	1918	6	5	
1904	13	4		1919	6	1	3
1905	7	1		1920	5	1	
1906	1			1921	1	3	
1907	2			1922	5	2	
1908	1	1		1923		2	
1909	5	3		1924	3	3	1
1910	4	3		1925	2	1	
1911	1	2		1926	4	1	
1912	2	3	1	1927	20		
1913	1			1928	47		
1914	9	5	5	1929	34		
1915	3	2	1	기타	2	1	2

※ 자료 : 천도교갑산군종리원·풍산군종리원·삼수군종리원 敎譜.

서 관서 및 관북 지역에 나용환·나인협·김학수·정계완 등을 파견 포교 활동을 전개할 때 교세가 크게 확장되었다. 특히 김학수와 정계완이 관북의 북청과 함흥 지역을 중심으로 활동하였는데 갑산군·풍산군·삼수군 지역도 이 영향으로 교세가 확장되었다. 그리고 1927년부터 1929년까지 해월 최시형의 탄신 1백주년을 기하여 또 한번의 대대적인 포덕운동을 전개하였는데 이 시기에 전체 교호수의 절반인 101호가 입교를 하였다. 특이한 점은 이 시기의 입교자의 대부분이 20, 30대의 청년들이 주류를 이루고 있다는 것이다. 이 시기의 청년교인들은 청년당 활동을 통해 민족의식을 고취하였으며 대부분이 조국광복회에 참여하게 되는 계기가 되었다.

조국광복회와 통일전선을 이해하기 위해서는 함남지역 천도교 교세현황과 신앙의식을 살펴볼 필요가 있다. 조국광복회가 천도교 중 지역적으로 후치령 이북 지역을 반일통일전선의 대상으로 지목한 것은 이 곳이 당시

<표 3> 천도교 지역별 교세현황(1934년 8월 현재)

지역별	교인수	포교소	교구	지역별	교인수	포교소	교구
경기도	2,458	30	13	강원도	495	17	15
충청북도	415	10	9	충청남도	837	14	8
전라북도	986	12	11	전라남도	2,544	38	20
경상북도	221	10	3	경상남도	912	16	12
평안북도	38,491	321	23	평안남도	15,030	111	21
함경북도	2,092	15	11	함경남도	18,643	91	19
황해도	10,282	115	18	합계	93,406	781	193

※ 자료 : 조선의 유사종교.

영북 지역에 이어 천도교의 최대 분포지이며 민족의식이 강하였기 때문이다. 1934년 당시의 지역별 천도교 교세현황은 <표 3>과 같다.

그리고 일제 식민지하에서 천도교인의 입교동기는 국권회복과 밀접한 관계를 가지고 있다. 1934년 통계조사에 의하면 천도교에 입교하게 된 동기를 다음과 같이 밝히고 있다.

> 우리 교는 내정 문란하고 왜적에 고통을 당하는 한국의 국권을 회복하고 무고한 인민을 구제하고 무식자를 계몽하여 행복을 얻게 한다.[43]

> 조선 민족에게 행복을 수행케 하는 단체는 우리 교를 제외하곤 달리 없으며, 다른 사회단체, 사상단체 등 많이 있지만 모두 유명무실하고 오직 우리 교만이 조선 민족운동의 대표단체로서 활약한다.[44]

또한 대부분의 천도교인들은 '민족주의 수행, 조선의 독립 후 특전적 지위 획득'을 신앙생활의 목적으로 삼고 있었다.[45] 이는 천도교가 민족주의를 지향하고 있음을 보여주고 있다. 지역별 입교목적을 살펴보면 <표 4>와 같다.

<표 4>에서처럼 천도교인의 대부분은 조선의 독립이라는 목적이 신앙을

---

43) 『朝鮮의 類似宗敎』, 776쪽.
44) 『朝鮮의 類似宗敎』, 777쪽.

<표 4> 지역별 천도교인의 입교목적 현황[46]

입교 목적	경기	강원	왕여	평북	평남	암남	암북	경남	경북	충남	충북	전북	전남	계
무병식재·생활안전·소원성취·안락생활·자손번영/영술획득	2	3	2	4	5	1	1			5		6		29
민족주의 수행, 조선독립/제폭구민	5	12	9	10	8	10	6	6		7	3		10	86
교주 등극 후의 고위·고관취임										1				1
사업조합원이 되어 생활자재 획득			1			1	1							3
정신수양		2	1			1		1					1	6
사후 극락정토						2					1			3
사회적 인정/농촌계몽 및 문화운동				1			2						3	6
불명	8	2	4	11	3	1	3	1	10		1	12		56

하는 주요 목적임을 알 수 있다. 함남의 경우도 민족주의 수행과 조선의 독립이 무병장생이나 생활안정, 소원성취 등 여타 목적보다 월등히 중요함을 밝히고 있다. 이러한 입교 목적은 당시 중국공산당이 천도교를 통일전선의 대상으로 선정한 것과 전혀 무관하지 않을 것으로 추론된다.

2) 천도교청년당의 결성과 활동

갑산군·풍산군·삼수군·장백현에 天道敎 靑年黨(이하 靑年黨)이 결성된 것은 1927년경이다. 이 지역의 청년당은 당시 정경포 도정으로 있던 박인진과 신흥군 下碣隅黨部 金洙學의 후원이 절대적이었다. 天道敎靑年黨은 3.1운동 이후 '天道敎 敎理의 硏究, 宣傳과 朝鮮 新文化의 向上發展을 목적'으로 이해 9월 2일 결성된 '天道敎靑年敎理講硏部'가 모태이다.[47] 天道敎靑

---

45) 『朝鮮의 類似宗敎』, 779쪽. 1934년에 발행한 이 책에 의하면 천도교인 195명 중 87명이 입교한 목적을 민족주의 수행, 조선의 독립 후 특전적 지위 획득으로 응답하고 있다.
46) 『朝鮮의 類似宗敎』 801~837쪽. 「各道敎別信仰表」를 참조하여 작성하였다.

年敎理講硏部는 이듬해 天道敎靑年會로 발전을 하였으며 창립 4주년인 1923년 9월 2일 天道敎靑年黨으로 확대 개편하였다.48)

그러나 갑산·풍산·삼수·장백현의 천도교 청년당은 1927년에서야 결성된다. 관북 지역의 경우 1920년에 함흥·단천·북청·이원을 비롯해 대부분 지역에 청년회 지부가 결성되어 활발한 활동을 전개한 것으로 보아 갑산·풍산·삼수·장백현에도 청년회 지부가 결성된 것으로 보이나 이들의 활동 기록은 아쉽게도 전혀 남아 있지 않다. 다만 1920년 9월 천도교청년회 본부에서 朴思稷과 車相瓚을 파견 갑산·풍산·삼수·장백현에 강연회를 가진 바 있다.49) 그리고 풍산군종리원에서는 청년들을 위해 敎理講習會를 개최하였다.50) 삼수군종리원도 別東面 光生里傳敎室에서 청년들을 중심으로 각각 短期敎理講習會51)와 臨時敎理講習會52)를 개최한 바 있다.

한편 1927년 3월 청년당 본부는 전국을 12개 권역으로 나누어 중앙포덕대를 조직하고 각 권역별로 포덕대원을 파견하였는데 갑산·풍산·삼수·장백현은 동일 권역으로 金洙學이 담당하였다.53) 김수학은 정경포 주간포덕사 박인진과 갑산·풍산·삼수·장백현을 순회하면서 청년당 조직에 적극 후원하였다. 이에 따라 당풍산부는 1927년 6월 2일54), 당갑산부·당삼수부·당혜산부는 11월 1일에 결성되었다.55) 이들 지부의 설립 당시

---

47) 趙基栞, 『天道敎靑年黨小史』, 1935, 14쪽.
48) 위의 책, 17쪽.
49) 「天道敎靑年會講演狀況」, 『天道敎會月報』 통권 122호, 1920, 10, 107~108쪽.
50) 朴龍綵, 「豊山郡 敎理講習會에 對하야」, 『天道敎會月報』 통권 124호, 1920. 12, 107~109쪽.
51) 「各郡講習會狀況」, 『天道敎會月報』 통권 131호, 1921, 7, 103쪽.
52) 「各郡講習會狀況」, 『天道敎會月報』 통권 129호, 1921, 5, 101쪽.
53) 「靑年黨時報-中央布德隊 組織에 關하야」, 『新人間』 통권 12호, 1927, 5, 67~68쪽.
54) 「靑年黨時報-黨地方部新設」, 『新人間』 통권 14호, 1927, 7, 44쪽.
55) 「靑年黨彙報-黨地方部의 新設」, 『新人間』 통권 19호, 1927, 12, 40~42쪽. 당장백현부는 당혜산부의 오기로 보인다. 『天道敎靑年黨小史』에 의하면 당혜산부가 이때에 결성되었으며 당장백부는 1933년 8월 4일 결성하였다.
56) 『新人間』에 의하면 장백현당부로 되어 있으나 혜산진당부의 오기로 보인다.

<표 5> 갑산·풍산·삼수·혜산[56] 당부의 설립 당시 임원현황

당부	대표	상무 (집행위원)	유소년부 위원	학생부 위원	청년부 위원	농민부 위원	여성부 위원	노동부 위원	상민부 위원
풍산부	朱義洛	朴昌烈	金貞奎	劉東鮮	韓昌烈	姜熙奎	梁治厚	白龍洙	
갑산부	鄭完朝	全熙邦 朝來源	趙碩河 趙鵬濟	李鍾泰 金鶇昊	趙來源 金枝均	李鍾泰 趙來源	趙秉學 朴龍浩	李鳳周 鄭秀雄	金晩均 趙鵬濟
삼수부	廉昌永	趙炳秀	廉昌永	趙炳秀	趙完書	趙炳秀	朴秉基	趙完奎	崔承和
혜산부	朴基潤	許東榮 梁棒生	梁棒生	許東榮 鄭道益	趙誠極 方景烈	李龍虎 朱東林 金昌福	洪聖敎 朴林厚		

임원을 살펴보면 <표 5>와 같다.

이와 같이 조직된 청년당은 포교활동과 시일학교 운영, 농민운동 등을 전개하였다. 포교운동은 일상적인 청년당의 기본활동이었으나 청년당 본부는 1926년 8월 13일 임시전국위원회를 개최하고 매년 11월 1일을 '布德宣傳日'로 정하고 중앙과 지부에서 대대적인 포교활동을 추진하였다.[57] 이에 따라 지방당부에 중앙당에서 보내온 선전비라와 표어를 시내 각처에 배포 또는 부착, 강연회 및 좌담회 개최 등을 전개하였다. 갑산·풍산·삼수·장백현의 당부에서도 포덕선전일을 기해 포덕활동을 전개했는데 그 활동 내용을 보면 다음과 같다. 이중 풍산당부의 활동을 살펴보면 다음과 같다.

> 黨豊山部에서는 布德날 午前 九時부터 黨員이 總出動하야 邑內 各官公署 機關의 職員及一般有志에게 宣傳비라를 配付하며 各 敎育機關 及 面事務所 와 其他 一般民衆團에도 送付하엿스며 仝日 午前 十一時에는 紀念式을 行 하고 仝 午後 三時에는 布德會를 組織하엿더라.[58]

趙基栞의 『天道敎靑年黨小史』에 의하면 장백현당부는 1973년 8월 4일 결성되었다. 결성 당시 주요 인물은 李銓化, 崔柬昌, 洪性敎, 李文球, 崔忠一 등이며 黨代表는 李銓化였다.
57) 『天道敎槪論』資料調査第22輯, 朝鮮總督府 警務局 圖書課, 1930, 147쪽; 「원 땅 원사람의 歡迎속에서 天道敎의 큰 웨침이 울어 동하던 十一月 一日 布德宣傳日에 關한 報告」, 『新人間』 통권 8호, 1926, 12, 24쪽.
58) 「各地의 布德날 宣傳狀況」, 『新人間』 통권 19호, 1927, 12, 56쪽.

이때의 포덕 선전활동 결과 갑산교구는 143戶, 풍산교구는 101戶를 포교 하였으며59), 갑산·풍산·삼수당부는 16호 이상 포교하여 포상을 받기도 하였다.60)

또한 갑산·풍산·삼수당부는 10월 21일부터 24일까지 개최하는 三郡聯 合農畜産品評會를 이용하여 강도회를 개최하기도 하였으며 강도회 외에도 선전비라를 전 시내에 배포하였다.

> 宣傳비라 五六千枚를 印刷해 가지고 (警察署와도 問題가 생기고 印刷所 活字不足도 問題가 되고 時間도 促迫해서 難産이었습니다) 自動車(會社로 부터 無料提供)에다 弓乙旗 及 靑年黨旗을 交叉해 가지고 軍樂隊 先頭로 (그 亦 協贊會로서 一時寄與) 市內를 往復하면서 數萬群衆에게 大大的 宣傳 을 하고 나서 이날 밤 七時半부터 公開의 宣傳講演을 하엿습니다. ……(中略)……. 그리고 正敬布 主幹 朴寅鎭의 發奮忘食의 大活動이라든지 邑內 黨 員들의 敎內敎外間 責任있는 活動이라든지 모두 感服을 마지 안엇습니 다.61)

이와 같은 포덕활동을 통해 갑산당부와 풍산당부는 布德會를 조직하였 다. 갑산포덕회는 회장에 趙秉學, 간사에 金智均·趙鵬濟62), 풍산포덕회 는 회장에 朱寬憲 부회장에 朴林昇 간사에 梁治厚 韓昌烈 金 桂澄을 각각 선임하였다.63) 이외에도 각 당부는 청년당 조직을 강화하기 위해 접64)을

---

59) 金秉濟, 「勿驚! 六十日間 七千戶 突破」, 『新人間』 통권 23호, 5쪽. 당시 함남 지역의 단천은 205戶, 홍원 140戶, 경흥 148戶, 고원 136戶, 정평 115戶, 함흥 359戶를 포교하였다.
60) 『신인간』 통권 22호, 55쪽.
61) 春坡, 「明年에는 수레(牛車)타고 오겟습니다-豊山·北靑·端川을 단녀와서」, 『신인간』 통권 19호, 1927, 12, 29~30쪽.
62) 「天道敎靑年黨彙報-布德會組織」, 『新人間』 통권 20호, 1928, 1, 63쪽.
63) 「靑年黨彙報-各地方布德會組織狀況」, 『新人間』 통권 19호, 1927, 12, 46쪽.
64) 接은 당의 기본 조직으로 3명 이상 7명 이내로 조직하였다. 접의 임무는 다음과 같다.
가) 당원간의 소속기관에 대한 연락. 나) 당 결의와 명령에 준행할 것. 다) 그 지역에서 당을 대표하며 활동할 것. 라) 포덕, 당원모집 및 부문운동. 마)

조직하였는데 다음과 같다.

당풍산부

第1接 代表 朴林昇, 第2接 代表 姜熙俊, 第3接 代表 金桂澄, 第4接 代表 朱寅健[65], 第11接 代表 金炳西, 第12接 代表 朱寬憲.[66]

당혜산부

第1接 代表 李龍虎, 第2接 代表 朱東林, 第3接 代表 鄭道益, 第4接 代表 朴基潤, 第5接 代表 趙誠極, 第6接 代表 金昌福, 第7接 代表 洪聖敎, 第8接 代表 朴林厚, 第9接 代表 金振秀, 第10接 代表 朴昌燮.[67]

당갑산부

第8接 代表 全熙烈, 第9接 代表 金炳官, 第10接 代表 李炳九.[68]

이 접조직을 통해 청년당의 당세를 파악할 수 있다. 1931년부터 33년까지 이들 당부에 입당한 당원은 갑산군당부가 53명, 풍산군당부가 102명, 삼수군당부가 23명, 혜산진당부가 16명, 장백현당부가 22명으로 이를 모두 합하면 216명에 달하고 있다.[69] 한편 시일학교는 '天道敎理의 闡明, 天道敎政의 究明, 社會常識의 普及'을 목적으로 설립하였는데[70] 이 시일학교를 통하여 천도교 이념에 입각한 민족의식의 고취와 우리 말 우리 글의 文字普及運動을 전개하였다.[71] 갑산 ·

당 선전품 기타를 나누어 전달하며 접원의 의무금을 독려할 것(『朝鮮의 유사종교』, 97쪽).
65) 「靑年黨時報-天道敎靑年黨의 接組織實施」, 『新人間』 통권 14호, 1927, 7, 44쪽.
66) 「靑年黨彙報-地方黨部의 接組織」, 『新人間』 통권 21호, 1928, 2, 60쪽.
67) 위의 책, 62~63쪽.
68) 「靑年黨彙報-各地黨部의 接組織」, 『新人間』 통권 24호, 1928, 6, 60쪽.
69) 『黨員成績一覽表』.
70) 「靑年黨時報-侍日學校通則」, 『新人間』 통권 7호, 1926, 11, 50~51쪽.
71) '侍日學校通則'에 의하면 豫備班을 두어 國文과 漢文에 대한 簡易한 文字를

풍산·삼수당부의 시일학교 현황을 보면 다음과 같다.

당갑산부

會麟面厚地里侍日學校: 校長 鄭秀雄, 幹事 趙秉學 金枝均 趙完浩 金晃均, 講士 趙來源 趙碩鴻 趙完豹 朴良화

山南面石幕里侍日學校: 校長 金明洙, 幹事 金熙烈 崔得화, 講士 全熙邦 金敬俊.[72]

당삼수부

三水郡宗理院侍日學校: 校長 趙完奎, 幹事 朴秉基 盧花玉, 講士 趙炳秀 韓昌奎 趙完書.[73]

당풍산부

豊山郡宗理院侍日學校: 校長 朴林昇, 講師 朴昌烈 劉東鮮 朱義洛.

豊山郡天南面宗理院侍日學校: 校長 李東協, 講師 朴寅鎭 幹事 禹進弘 韓昌烈 金京嬅.

豊山郡新昌面宗理院侍日學校: 校長 崔宗燮, 講師 金炳軾 金貞奎, 幹事 金吉塤 廉敬俊.[74]

豊山郡天南面 全蒼侍日學校: 校長 李和性, 幹事 朴哲俊 千呂嬅, 講師 沈亨植 崔秉兢.[75]

또한 甲山·豊山·三水黨部의 농민운동은 주로 朝鮮農民社를 통하여 전개되었다. 조선농민사는 1925년 10월 천도교청년당의 주도 하에 설립되었다.[76] 조선농민사 설립 당시 갑산·풍산·삼수 지역에 농민사 지부가 함

가르치도록 하였다.

72) 「天道敎靑年黨彙報-侍日學校의 職員氏名」, 『新人間』 통권 20호, 1928, 1, 61쪽.

73) 위의 책, 61~62쪽.

74) 「靑年黨時報」, 『新人間』 12호, 1927, 5, 74쪽.

75) 「靑年黨彙報」, 『新人間』 통권 21호, 1928, 2, 59쪽.

76) 조동걸, 「조선농민사와 농민운동」, 『日帝下韓國農民運動史』, 1979, 169~178

께 결성되었다.77) 농민사는 농민의 權益擁護와 文盲退治 등을 중요한 사업으로 선정하고 귀농활동78)을 통해 전개하였다. 이에 따라 갑산·풍산·삼수당부의 농민운동도 당연히 농민의 권익옹호와 농민야학을 통한 문자보급운동이었다. 당갑산부 관내에는 甲山郡農民社를 비롯하여 鎭東面農民社, 蘆坪里農民社, 中里農民社, 上里農民社, 南大里農民社, 銅店里農民社, 厚地里農民社79), 朝陽里農民사, 仁洞里農民社, 朴達農民社80), 당혜산부 관내에는 惠山農民社, 雲興面束薪里農民社81), 당삼수부 관내에는 江鎭面新坡里陶唐洞農民社82), 당풍산부 관내에는 豊山郡農民社를 비롯하여 熊耳面農民社, 雄耳面 楊坪里農民社, 雄耳面 櫓岩里農民社, 雄耳面 都上里農民社 등 4개면 17리에 조직되었다.83) 특히 당풍산부 관내의 경우 설립 초기 박인진·주회락·元忠喜 등의 노력으로 사세가 크게 대진할 형세였으나 歲款과 恐慌으로 크게 확대되지는 못했다. 이러한 상황은 갑산과 삼수도 마찬가지였다.

1930년 풍년으로 살인적 米價暴落이 일어나 그 영향이 농민들에게 직접적으로 미치사 갑산군농민사에서는 각면 리 농민사와 각 단체와 연합하여 갑산청년회관에서 미가폭락대책강구회를 개최하고 그 대책으로 아래의 7개 조건을 요구하였다.

米價暴落對策案
一, 細農民의 返信할 一切債務는 米價回復期까지 延期할 것을 債權者에게 要求할 것
二, 細農民이 負擔할 水利組合費는 半減할 것을 水利組合 當局에 要求할 것

---

77) 全朝鮮農民社編輯室, 「朝鮮農民社의 沿革」, 『朝鮮農民』 제6권 제4호, 1930, 6, 30~31쪽.
78) 歸農運動은 지금까지 일반적으로 1929년 朝鮮日報社의 文字普及運動과 1931년 東亞日報社의 브나로드운동을 계기로 한 농촌운동을 알려져 왔으나 천도교청년당은 조선농민사를 설립과 동시에 귀농운동을 전개하였다.
79) 『農民』 제1권 제8호, 1930, 12, 43쪽.
80) 『農民』 제4권 제10호, 1933, 10, 목차 뒷쪽.
81) 『農民』 第1卷 第7號, 1930, 11, 52쪽.
82) 『農民』 제1권 제3호, 1930, 7, 33쪽.
83) 『農民』 제3권 제11호, 1932, 12, 64쪽.

三, 細農民의 負擔할 小作料 半減하고 地稅 及 肥料代는 地主가 負擔할 것을 各 地主에게 要求할 것

四, 細農民 子弟에 限하야는 普通學校 授業料를 米價 回復期까지 免除할 것을 學務局에 要求할 것

五, 細農民의 負擔할 各 租稅金은 米價 回復期까지 延期할 것을 各 當局에 交涉할 것

六, 細農民의 納付할 公共團體 義務金은 正租 每斥 六錢으로 換算하야 物納할 것을 各 機關에게 交涉할 것

七, 低利資金 融通 物價 煙草價 飮食 家賃共 他雜物價를 引下할 것

發起人

李鳳周·李鍾泰·金泳欽·朴龍周·金宗洙·金明洙·金熙邦·趙碩鴻·趙來源·金景昊.

準備委員

李鍾泰·趙來源·李泳欽.[84]

 이 지역은 대개가 山峽이므로 청년당원 역시 화전민이 많았다. 이러한 관계로 청년당의 주요사업의 하나가 화전민의 생활문제[85]였다. 당갑산부 대표 李鍾泰는 각 지방의 긴급문제로 화전민의 생활문제를 다루었는데 그 내용은 다음과 같다.

---

84) 「조선일보」, 1930년 11월 12일 자.
85) 당시 혜산진당부의 청년당원 梁泉(梁一泉)은 화전민의 생활을 『동아일보』에 연재한 바 있는데 그중 일부를 살펴보면 다음과 같다.
'이 갑산의 화전은 10년 전부터 개간하기 위시한 것인데 현재는 수십만의 생령이 생을 구하고 있는 중요지이다. 이 지구상에서 가장 비참하고 헐벗고 불쌍하고 생애를 하고 있는 민중을 찾는다면 나는 갑산 화전촌을 지적하려 한다. 급속도로 닥쳐온 자본주의 문명에 패배를 당한 우리 농민은 산재사방하여 지동지서로 지향없이 방호아하는 참패유리군만이 갑산 화전굴로 운집하였으니 그들의 생활상 참경이야 실로 언어도단이다.'(동아일보, 1931년 3월 3일자).

우리 지방에는 화뎐민의 생활안정(生活安定) 문뎨가 가장 큰 문뎨임니다. 화뎐민 가운데는 물론 우리 교인들도 만히 석겨 잇어 우리 교회나 당으로도 크게 관심되는 일임니다. 여긔서 그들 생활의 상태가 엇더타고 긴말은 하지 안으려고 함니다. 다만 현재의 화뎐민 가운데는 우리 교인이 다수하게 석겨 잇는 덤으로 보아서 우리 당이나 교회에 즉졉으로 크게 관게되는 긴급한 문뎨가 되여잇고 또는 장차 당세와 교세를 한층 더 떨치기 위한 포덕편으로 보아서 화뎐민의 생활안정 문뎨가 또한 긴급한 문뎨로 되어지지 안을 수 업슴니다.

다시 요약해서 말하면 우리 지방은 화뎐민이 가장 만히 사는 곳인만치 이 문뎨의 젹의(適宜)한 해결을 엇는 노력이 무엇보다도 긴급한 문뎨라고 생각함니다.[86]

이 같은 화전민 문제는 갑산·풍산·삼수 지역 대부분이 산협으로 이루어져 공동의 관심사였다. 따라서 화전민을 위한 농민공생조합 설립을 추진하기도 하였다.[87] 黨惠山部 대표 梁一泉 역시 당화주간을 맞아 '우리 지방은 화전민으로의 당원이 많은 이만큼 모든 당생활의 철저를 기하기가 더욱 곤란합니다. 여기에 현념해서 항상 독려하며 혹 부문운동이라 할까 특히 화전농민사(火田農民社) 같은 것을 세워보았으면 합니다'라고 화전민에 대한 문제를 제일 과제로 삼았다.

청년당의 화전민에 대한 관심은 조국광복회의 하부조직이며 갑산군 운흥면을 중심으로 전개된 朝鮮民族解放同盟과도 연대활동을 하였을 가능성도 전혀 배제할 수 없다고 본다. 갑산군 진동면 남대리농민사의 경우 共同耕作을 실시, 그 수입의 일부를 농민사 경비로 활용하기도 하였다.[88] 이외에 청년당은 농민들의 문맹퇴치를 위한 야학을 전개하였다.[89] 갑산군 회린

---

86) 李鍾泰,「各地方緊急問題-火田民의 生活問題」,『黨聲』제3호, 1931, 6, 2, 3쪽.
87) 李鍾泰,「黨工作狀況 各地方代表의 報告-新布德과 組合確立」,『黨聲』제5호, 1931, 8, 1, 3쪽.
88)「各地方農民社活動 共同耕作實施-甲山南大里農民社」,『黨聲』제4호, 1931, 7, 1, 4쪽.
89)「各機關彙報」,『新人間』통권 23호, 1929, 4, 67쪽. 당갑산부는 22개소에 농

면 후지리농민사는 1926년 1월 농민야학을 설립하여 2년동안 유지되고 있었는데 학생수는 50명씩이었으며 朝鮮語・漢文・作文・國語(일본어)・算術・珠算・習字 등을 교수하였다.90)

3. 천도교와 조국광복회의 반일민족통일전선 형성

1) 조국광복회의 결성

만주 지역은 일찍이 조선인들이 이주하기 시작하였으며 조선이 1910년 일제의 식민지로 전락하면서 이주민은 급격히 증가하였다.91) 특히 이 1930년에 이르러 간도 전체 인구의 70~80%가 조선인으로 구성될 정도였다.92) 이러한 이주민의 증가로 인하여 조선인과 중국인간의 민족적 알력이 적지 않았다.93) 이런 상황에서 만주 지역은 절대무장론을 주장하는 민족주의자들의 독립근거지로 각광받았다. 즉 한말 의병운동의 실패 이후 항일 민족주의자들은 만주로 대거 이동하였으며 무장활동의 근거지와 기반으로 삼았다. 특히 1930년대 이후의 항일무장투쟁 역시 이를 계승하였다.94)

민야학을 설립하였다.
90) 「各地의 農民夜學狀況」, 『朝鮮農民』 제4권 제6, 7, 8합병호, 1928, 11, 51쪽.
91) 玄圭煥, 『韓國流移民史』上卷, 韓國流移民史編纂委員會, 1967, 161~182쪽.
  1907년부터 1928년까지 북간도의 조선인 이주상황을 보면 다음과 같다.
  1907년 71,000人, 1908년 89,000人, 1909년 98,000人, 1910년 109,000人,
  1911년 126,000人, 1912년 163,000人, 1916년 203,426人, 1918년
  253,961人, 1921년 307, 706人, 1922년 313,806人, 1923년 323,011人,
  1924년 329,391人, 1925년 346,194人, 1926년 356,016人
92) 이종석, 「북한지도집단의 항일무장투쟁」, 『해방전후사의 인식』 5, 창작과 비평사, 1989, 7쪽. 1930년 12월 현재 간도의 인구 508,613명 중 조선인은 388,366명으로 76.4%를 차지하고 있다.
93) 1923년 김상호 사건이 대표적이다.
94) 백동현, 「한인조국광복회운동에 관한 연구」, 『白山學報』 제49집, 1997, 213

한편 동만의 조선인 공산주의자는 1931년 12월 명월구회의에서 상비적인 무장력에 의한 무장투쟁노선을 확립하였다. 1932년 4월부터 동만 각지에 조직된 항일유격대는 1934년 3월 동북항일연군 제2군 제1독립사로 통합 편성되어 항일무장투쟁을 전개하였다. 조선인 공산주의자들은 코민테른의 1국1당주의 원칙에 따라 조선공산당이 해체된 상황에서 1930년대 초부터 중국공산당에 개별적으로 입당하여 반제항일 공동투쟁과 조선혁명을 위한 투쟁이라는 이중적 임무를 수행하였다.95) 이러한 이중적 임무는 코민테른의 1국1당주의와 국제적 통일전선원칙에 따른 것이었다. 이에 따라 조선인 공산주의자들은 통일전선을 구축하는 한편 조선혁명을 위한 구체적인 임무를 중국공산당에 요구하게 되었다.

이러한 요구에 대해 '조선인의 조선민족을 위한 항일투쟁'을 인정하였으며 특히 1935년 7월 코민테른 제7차 대회에서 식민지 종속국의 광범한 반제통일전선을 위해 항일연군 결성을 제기하는 한편 조선인 공산주의자들로 하여금 직접적으로 조선해방을 위한 혁명투쟁에 매진할 것을 내용으로 하는 '동북인민혁명군 제2군의 조선독립을 위한 부대로의 전환'이라는 새로운 방침이 결정되었다.96) 이러한 방침에 의해 조선인 공산주의자를 중심으로 구성된 동북항일연군 제6사를 배경으로 조국광복회의 결성이 구체화되었다.

코민테른 제7차 대회에 참석하였다가 돌아온 위증민은 1936년 2월 영안현 남두호회의에 조선에서의 반일민족통일전선체의 조직과 조선공산당 재건에 관한 코민테른의 지시를 전달하였다. 이 회의에서 조선인 공산주의자들은 동만 유격근거지에서 반제반봉건민주개혁 경험과 코민테른의 새로운 방침을 결합해 반일통일전선조직체 결성과 당을 재건하기 위한 준비활동을 추진할 것, 제2군의 주력 부대를 국경지대로 진출시켜 장백현 일대에

쪽.
95) 이중적 임무에 관해서는 신주백, 『만주지역 한인의 민족운동사(1920~45)』, 아세아문화사, 1999, 257~286쪽 참조.
96) 이종석, 위의 책, 75~79쪽.

새로운 유격근거지를 창설할 것 등의 방침을 결정하였다.[97] 이어 3월 미혼진 회의 결과 동북인민혁명군 제2군을 동북항일연군 제2군으로 개편하면서 그 휘하에 3개 사단을 편성하였다. 특히 제3사는 화룡 제2단과 조선인 항일의용군 6개 중대를 흡수하여 7, 8, 9, 10단으로 편성되었으며 사장에는 김일성이 임명되었다. 그 외에도 조선인 유격대 지도자들 대부분이 제3사에 배속되었다. 또한 김일성이 사장으로 있는 제3사에는 조선의 국내진공과 공작이 용이한 백두산 일대를 중심으로 근거지를 건설하라는 임무와 함께 조국광복회 결성의 임무도 맡겨졌다. 이에 따라 제3사는 새로운 근거지인 장백현으로 출발, 1936년 4월 무송현 동강에 이르러 조국광복회 창건을 위한 일련의 작업을 진행하는 한편 5월 1일 동강회의를 소집하고 5월 5일에는 남두호회의의 전략적 방침을 실행키로 하고 반일통일전선조직체로 조국광복회를 결성하였다.[98] 발기인으로 오성륜, 이동광, 엄수명 등이 참가하였으며 창립선언문과 10대 강령을 발표하였다. 조국광복회는 10대 강령을 통해 전조선 민족의 총동원을 통한 반일통일전선을 마련할 것을 제기하였는데 그 내용은 다음과 같다.

> 첫째, 한국 민족의 총동원으로 광범한 반일민족통일전선을 실현함으로써 강도 일본제국주의의 통치를 전복하고 진정한 한국의 독립적 인민정부를 수립할 것.
> 둘째, 한·중 민족의 친밀한 연합으로써 일본 및 주구 만주국을 전복하고 한·중 인민이 자기가 선거한 혁명정부를 설립하여 중국 영토 내에 거주하는 한인의 진정한 자치를 실현할 것.
> 셋째, 일본 군대, 헌병, 경찰 및 그 주구들의 무장을 해제하고, 일본군대가 우리 애국지사로 표변(豹變)하는 것을 원조하며, 전인민의 무장으로 한국인의 진정한 독립을 위해 싸우는 군대를 조직할 것.

---

97) 大內憲昭,「朝鮮の人民政權と憲法」,『アジア・アフリカ研究』1938년 7·8호, 5쪽 ; 이준식,「항일무장투쟁과 당건설운동」,『일제하 사회주의운동사』, 한길사, 1991, 432쪽 재인용.
98)『조선전사』19, 과학백과사전출판사, 1981, 87쪽.

넷째, 일본의 모든 기업, 은행, 철도, 해상의 선박, 농장, 수리기관, 매국적 친일분자의 모든 재산과 토지를 몰수하여 독립운동 경비에 소비하며, 일부 빈곤한 동포를 구제할 것.
다섯째, 일본 및 그 주구들의 인민에 대한 채권, 각종 세금, 전매제도를 취소하고 동시에 대중생활의 개선을 병행하며, 민족적 공·농·상업을 장애 없이 발전시킬 것.
여섯째, 언론, 출판, 집회, 결사의 자유를 전취하고 왜놈의 봉건사상을 장려하는 백지(白地)공포의 실현에 반대하며 모든 정치범을 석방할 것.
일곱째, 양민, 상민 및 기타 불평등을 배제하고 남녀, 민족, 종교 등의 차별을 반대하여 일률적인 평등과 부녀의 사회상의 대우를 제고하고 여자의 인격을 존중할 것.
여덟째, 노예동화교육에 반대하고 우리 말과 우리 글로써 학습하며 의무적인 면비(免費)교육을 실행할 것.
아홉째, 8시간 노동제 실행, 노동조건의 개선, 임금의 인상, 노동법안의 확정, 국가기관으로부터 각종 노동자의 보험법을 실행하여 실업하고 있는 노동대중을 구제할 것.
열째, 한국 민족에 대하여 평등하게 대우하는 민족 및 국가와 친밀하게 연락하며, 우리 민족해방운동에 대해 선의 및 중립을 표시하는 국가 민족과 동지적 친선을 유지할 것.[99]

조국광복회는 이 강령을 통해 광범위한 반일역량을 기초로 하여 조선의 독립적 인민정부를 수립할 것을 제시하고 있다. 조곡광복회가 제시하는 정권은 노동동맹을 계급적 기반으로 하는 소비에트식 정권이 아니라 각계 각층의 민중을 망라한 독립적 인민정부 즉 반일민족통일전선을 바탕으로 한 정권이었다. 이는 동만 유격 근거지에서 수립된 인민혁명정부에서 추진된 민주개혁의 경험을 반영하는 것인 동시에 코민테른 제7차 대회에서 결성된 반파쇼인민전선 방침을 구체화한 것이다. 이에 따라 조국광복회는 노동자·농민(빈농)뿐만 아니라 부농·지주 등 반일민족통일전선에 이해를 같이 하는 모든 반일 역량을 포섭하는 한편 조선 내의 유력단체인 천도교와

---

99) 정덕순 외, 『조국광복회운동사』, 지양사, 1989, 109~110쪽.

의 통일전선 형성을 추진하였다.

2) 천도교와 반일민족통일전선 형성

천도교와 조국광복회의 통일전선 과정을 이해하기 위해서는 김일성의 천도교에 대한 인식과 박인진에 대하여 선행조사가 필요하다. 김일성은 아버지 김형직이 평양 숭실학교를 다녔고 외가가 기독교 집안이었지만 그의 민족주의적 사상 형성에는 천도교의 영향이 적지 않다. 김일성이 만주에서 화성의숙을 다닐 때 당시 숙장은 최동오[100], 숙감은 강제하[101]가 각각 맡았는데[102] 이들은 모두 천도교인으로서 김일성은 이들에게 많은 영향을 받았다.

"제군들, 동학을 알려거든 보국안민의 구호부터 보라"
최동오는 천도교에 대한 선전을 할 때마다 매번 이런 표제를 프랑카드처럼 내들었다.
"밖으로는 외래 침략에 대처해서 나라를 지킨다는 것이 보국이고 안으로는 악정에 대처해서 백성을 편안하게 한다는 것이 안민인즉, 이거야말로 얼마나 훌륭한 천도인가. 성주, 자넨 보국안민에 대해 어떻게 생각하나"
언제인가 숙장은 나에게 느닷없이 이런 질문을 하였다.
"좋은 구호라고 생각합니다. 보국안민을 제창한 것이 천도교라면 그 교를 지지하겠습니다."
그것은 나의 진심이었다. 공산주의 이념이 벌써 우리의 생활에서 주요한 사상적 지주로 되고 있던 때였으나 나는 동학에 대한 지지를 서슴없이 표시하였다. 나라를 지키고 백성들의 편안을 도모하는 것은 지각을 가진 사람이

---

100) 崔東旿는 義州人으로 1911년 천도교에 입교하여 奉訓, 道師, 講道員, 典制員, 主任宗理師 등을 역임하였으며, 정의부에서 활동하였다. 그후 임시정부에서는 法務長官 등을 역임하였다.
101) 康濟河는 1926년 1월 서간도 軍民代表會 대임대위원위원으로 선임되었으며 주로 正義部에서 활동하였다.
102) 『세기와 더불어』 5, 879쪽.

면 누구나 다 절실하게 바라는 것이다.103)

천도교는 자기의 종교적 이념으로부터 출발하여 외세를 배격하고 나라의 독립과 국민주권의 확립으로 민생의 안전을 기하는 보국안민을 이루는 동시에 나아가서 세계적인 포덕천하, 광제창생으로 평화로운 세계, 지상천국을 이룩하기 위한 실천투쟁에 떨쳐나섰다.104)

이외에도 김일성은 최동오로부터 천도교의 역사와 교리를 배웠으며, 『개벽』지를 통하여 천도교에 대한 이해를 넓혀갔다.105) 당시 천도교에 관한 인식은 김일성으로 하여금 조국광복회 결성 후 천도교와 민족통일전선을 형성하는데 지대한 영향을 미쳤다고 볼 수 있다.

박인진과 같은 이름있는 종교인을 혁명의 동반자로 삼는데서 천도교에 대한 우리의 이해와 입장은 아주 중요한 작용을 하였다. 만일 우리가 천도교가 어떤 종교인지 전혀 모르는 문외한이었거나 편견의 적의를 가지고 이 종교를 대하는 사람들이었다면 우리는 애당초 박인진과의 협상도 시도하지 않았을 것이며 수백만에 달하는 전국의 천도교인들을 조국광복회의 기치 밑에 묶어 세우기 위한 통이 큰 작전도 벌리지 못하였을 것이다.106)

한편 박인진이 공산주의자를 중심으로 전개된 조국광복회에 참여한 것은 그가 공산주의자라기보다는 철저한 반일의식과 천도교 이념에 입각한 민족의식이 강했기 때문이다.107) 박인진은 동학혁명에 참여하였던 아버지로부터 일제에 대한 저항의식을 물려받았으며 1909년 천도교에 정식으로 입교한 후 교리강습소를 통해 민족의식이 더욱 강화되었다. 1919년 3.1운동

---

103) 『세기와 더불어』 5, 381~392쪽.
104) 『세기와 더불어』 5, 391~392쪽.
105) 이 부분에 대해서는 『세기와 더불어』 5, 「민족종교 천도교를 두고」(377~408쪽)를 참조할 것.
106) 『세기와 더불어』 5, 373~374쪽.
107) 박인진은 김일성과 회담에서 자신은 공산주의자가 아님을 분명히 밝히고 있다.

때에는 풍산군에서 천도교인을 이끌고 만세운동을 지도했으며 이로 인하여 3년동안 감옥생활을 하였다. 이후 압록강 일대에서 독립군으로 활동하였으며 1927년 풍산군 천남면에서 시일학교와 야학을 설립, 청년들에게 우리글과 우리말을 가르치며 민족의식을 고취시켰다.108) 특히 그의 민족의식은 혜산사건으로 검거되어 피의자 신문을 통해서도 그대로 드러나고 있다.

인류을 모독하는 것은 우리가 아니라 너희들이다. 너희들이 바로 우리 천도교의 종지를 짓밟은 장본인들이다. 네놈들은 수천 수만명에 달하는 조선의 '한울님'을 소나 돼지처럼 매일같이 도살장으로 끌어가지 않았느냐. 군경들의 총칼이 번득거리는 곳에서 우리 백의민족의 피가 내와 강을 이루고 산 사람의 간장마저 원한에 썩고 있다는 것을 너희들은 알고 있지 않느냐. 그렇다면 대답해 보아라. 죄는 누가 짓고 재판은 누가 받아야 하는 것이냐? 우리는 조선국의 신성한 천도를 짓밟고 백성들을 무수히 살해한 강도들을 용서할 수 없다. 그리고 그 강도들이 불법적으로 조작해낸 국체라는 것을 인정할 수 없다. 그래서 우리 300만 교도는 2천만 동포들과 함께 분연히 일어나 피의 항쟁을 하는 것이다. 내 한 몸의 피가 너희들의 제국을 불사르는 한 점의 불꽃이 된다면 나는 죽어서 재가 된다 해도 보람을 느낄 것이다.109)

천도교와 조국광복회의 통일전선은 동강회의에서 마련한 선언문과 10대 강령, 그리고 규약에서 그 발판을 마련하였는데 그 내용은 다음과 같다.

全民族의 階級, 地位, 黨派, 年齡, 宗敎 등의 差別을 불문하고 白衣同胞가 致團結하여 蹶起하고 仇敵인 日本奴 등과 싸워 祖國을 光復한다.110)

양반, 상민, 기타 불평등들 배제하고 남녀, 민족, 종교 등의 차별 없이 일률적 평등과 부녀의 사회상 대우를 제고하고 여자의 인격을 존중히 할

---

108) 성주현, 「영원한 혁명투사 문암 박인진」, 『新人間』 통권 577호, 1998, 9, 96~101쪽.
109) 『세기와 더불어』 5.
110) 姜德相, 『現代史資料』, 314쪽.

것.111)

　本會의 취지와 10대 강령을 찬성하고 또 그 취지와 강령을 실천하고 투쟁할 수 있는 남녀, 노소, 직업, 종교, 지방, 빈부, 당파 등 차별 없이 본회에 참가하여 회원이 될 수 있음.112)

　조국광복회는 그동안 공산주의 운동의 교시로 받들어져오던 '階級對階級'의 전술을 폐기하고 反帝民族統一戰線路線에 기초한 反日統一戰線體에 초점을 맞추었다. 즉 일제를 구축하고 민족의 독립을 위해서는 앞서 살펴보았듯이 계급, 당파, 종교, 지위 등 모든 차별을 논하지 않고 모든 반일세력을 총집결하여 조국광복회 건립을 주장하였다.113) 더욱이 중일전쟁을 전후하여 세계적으로 파시즘이 대두하면서 국제적으로 이러한 파시즘에 대항하기 위하여 반파시즘연합전선의 결성이 절실히 요구되었다.114) 특히 조선에 있어서도 일제의 지배정책이 점차 파쇼화되어 민중들과의 대립이 보다 첨예화한 시기였기 때문에 반일통일전선은 필연적이라고 할 수 있다.

　이러한 상황에서 중국공산당은 제7차 코민테른 대회에서 결의를 기초로 하여 반일통일전선의 대상으로 천도교를 지목하고 이러한 내용을 동북항일연군 제2사에 전달하였다.115) 당시 국내에서는 유력한 단체로 천도교와

---

111) 姜德相, 『現代史資料』, 266쪽.
112) 강덕상, 『現代史資料』, 316~317쪽.
113) 백동현, 위의 책, 245쪽.
114) 반파쇼연합전선은 '人民戰線'이라 할 수 있다. 人民戰線의 어원은 1934년에 불란서 공산당과 사회당이 제휴하여 공동의 적인 팟쇼주의를 방위키 위하여 單一戰線을 결성한 것을 일러 人民戰線이라 하였다. 이래 모스크바에 본부를 둔 국제공산당에서는 공산주의의 국제 선전 내지 실천의 一戰術로 이 人民戰線運動을 취하게 되며 우선 서반아와 지나에 착수하며 전자에는 푸랑코 정권에 대립하는 人民戰線派 내각을 원조하고 후자에는 抗日人民戰線派 結成에 분주하였다. 지나 抗日人民戰線은 1935년 8월 1일에 中國共産黨 中央 執行委員會와 中國, 蘇聯 政府가 연명으로 抗日戰線을 발표하며 그 선언을 지도원리로, 국내 各種抗日단체가 결성되어 1936년 6, 7월 경에 이르러 그 派戰線에 統一이 성립하였다. (「人民戰線이란 무엇」, 『三千里』 제10권 제5호, 1938. 5, 219~220쪽)

기독교가 대표하고 있었으나 중국공산당은 기독교보다는 천도교를 우선적으로 반일통일전선의 협상대상으로 삼았다고 볼 수 있다. 중국공산당에서 천도교를 반일통일전선 대상으로 지목한 것은 1919년 3.1운동 등 천도교가 조선독립운동의 선구자적인 활동을 인정하였기 때문이다.116)

동북항일연군 제1로군 제2군 제6사장 김일성과 제2군 정치위원 魏拯民은 권영달·이동석·장증열·황남훈 등 4인과 1936년 11월 초 만주 통화성 장백현 오지 산중에서 회합을 갖고 群衆領導問題, 黨組織問題, 東北抗日聯軍의 支援問題, 走狗反對問題 등을 논의하고117) 群衆領導問題에 대하여 다음과 같이 결정하고 천도교와 반일통일전선을 보다 구체화하였다.

> 재만조선인은 대부분 민족주의적 사상을 지니고 있어 조선의 독립을 열망하고 있으므로 이를 항일 기치 하에 대동단결시키기 위해 在滿韓人祖國光復會에 획득 가입시키고 滿洲는 물론 朝鮮 내에 그 下部組織을 결성하며 이와 동시에 光復會와 동일한 목적이 있는 靑年會, 婦女會와 같은 外廓團體를 결성할 것과 조선에 있어서 유력한 宗敎團體인 天道敎를 획득함으로써 항일인민전선의 일익으로 할 것과 신체강건한 자로써 生産遊擊隊를 조직해서 군사적 교련을 실시하여 일조 유사시에 東北抗日聯軍과 제휴하여 군사 행동을 할 수 있도록 할 것.118)

중국공산당으로부터 천도교와 반일통일전선을 이룩할 것을 지시받은 당시 동북항일연군 제2사장 김일성은 다음과 같이 말하면서 제6사 제7단 정치위원 김재범과 권영욱에게 이를 다시 지시하였다. 김일성은 천도교와 반일통일전선을 구축하는 것이 절실한 과제였던 것이다.

> 천도교는 우리나라에만 있는 고유한 민족종교이다. 최제우가 천도교를

---

115) 姜德相, 『現代史資料』 30, 295쪽 ; 「惠山事件判決書」, 614쪽.
116) 「惠山事件判決書」, 614쪽.
117) 「惠山事件判決書」, 595~597쪽.
118) 「惠山事件判決書」 595쪽.

동학이라 명명하여 '서학(천주교)'과의 차이를 명백히 한 것만 보아도 이 종교가 가지고 있는 민족적 성격을 알 수 있다. 천도교는 그 기본 사상과 이념에서 애국적이고 진보적인 종교이다. 천도교가 내세운 '보국안민'과 '광제창생'의 구호만 보아도 그것을 충분히 알 수 있을 것이다. 천도교도들은 수십년 동안 그 구호를 들고 나라의 독립을 이룩하고 만백성이 복락하는 이상사회를 건설하려고 투쟁해 왔다.119)

그러나 천도교와 조국광복회의 통일전선은 이미 1936년 5월 동강회의에서 그 가능성이 제기되었다. 당시 조국광복회 결성식에는 장백, 임강, 안도 등 만주 일대의 한인대표가 참석하였으며, 국내에서는 벽동의 천도교 대표와 농민대표, 온성 지구의 교원대표와 노동자대표가 참석하였다.120) 당시 벽동 천도교 대표가 누구이며 어떠한 경로로 그 결성식에 참가하였는지는 확인할 수 없으나 이미 천도교와의 반일통일전선의 형성은 예견할 수 있었던 것이다.

조국광복회와 천도교의 통일전선은 李昌善이 동북항일연군에 입대하면서 시작되었다. 김재범은 김일성의 지시에 따라 1936년 10월 경 천도교청년당 풍산당부 당원인 李昌善을 동북항일연군 제2사에 입대시켰다.121) 그러나 이창선이 동북항일연군에 입대하자 天道敎人이라는 이유로 정치공작원 이제순 등으로부터 반대가 적지 않았다. 김일성은 "지금 우리가 어떤 호박을 잡았는지 아직 모르고 있다. 저 청년의 줄을 타면 갑산, 풍산, 삼수지방의 천도교도들 속에 조국광복회의 씨앗을 뿌릴 수 있고, 나아가서는 영북의 광활한 대지를 우리 세상으로 만들 수 있다. 이제 두고 보면 저 청년의 가치를 알게 될 테니 그를 잘 대해주고 귀중히 보호해 주라"고 하면서 천도교와의 통일전선 구축에 적지 않은 노력을 하였다.

李昌善은 박인진과 한마을에 살면서 그의 교육과 영향을 받았으며 그의 수제자로 불렸다.122) 그는 청년당 풍산당부에서 농민부 위원으로 활동하였

---

119) 『세기와 더불어』 5, 351쪽.
120) 심국보, 「천도교와 조국광복회」, 『新人間』 통권545, 1995. 12, 33쪽.
121) 「惠山事件判決書」, 614쪽.

으며 일제의 감시를 피하여 장백현으로 옮겼다. 김일성은 이창선을 천도교 방면 정치공작원으로 교육시켰다.[123]

(이창선은) 지금까지 조선인민혁명군으로서의 견습단계를 거쳤다. 이제부터는 유능한 정치공작원으로 되기 위한 단계를 거쳐야 한다. 나는 입대시킬 때부터 동무에게 앞으로 천도교인들과의 정치공작을 맡겨야 하겠다고 생각하였다. 동무는 1개 중대인원 정도가 아니라 수백명, 수천명, 혹은 수만명의 천도교인들을 조국광복회 대렬에 이끌어 들이고 지도하는 공작원이 되어야 하며 앞으로 더 큰 정치일꾼이 되어야 하겠다.[124]

이창선은 정치위원 김재범과 선전과장 권영벽으로부터 교육을 받고 7연대 선전간사로 천도교 방면 정치공작원으로 활약하였으며 특히 박인진을 비롯한 북선 지구 천도교인을 조국광복회원으로 가입시키는데 커다란 공헌을 하였다.[125]

김일성은 천도교와 통일선전을 구축하기 위해 "우리와 천도교인은 다같이 나라와 민족을 사랑하는 조선 사람들이며 척왜와 보국안민을 최우선적인 목표로 삼고 투쟁해 온 빈천민중의 벗들인 것만큼 서로 손을 잡고 합세해 단합된 힘으로 일제와 맞서 싸워야 한다는 것과 가까운 장래에 양측의 대표들이 한자리에 모여 앉아 진지하게 협상했으면 하는 희망을 표시한다"는 것을 특별히 강조하며 이창선을 일제의 감시를 피해 장백현 신흥촌에 와 있던 박인진에게 파견해 반일통일전선을 위한 회담을 추진했다.[126]

조국광복회는 천도교와 통일전선을 구축하기 위해 박인진과 두 차례의 회담을 가졌다. 1차 회담은 11월 초순 천도교 장백현종리원장 이전화의 집에서, 2차 회담은 백두산 밀영에서 개최되었다. 김일성은 이창선을 통해 박

---

122) 『세기와 더불어』 5, 348쪽.
123) 『세기와 더불어』 5, 조선노동당출판사, 1994, 349~350쪽.
124) 『세기와 더불어』 5, 352~353쪽.
125) 『세기와 더불어』 5, 353쪽.
126) 『세기와 더불어』 5, 356~357쪽.

인진과 회담을 하려하였으나 부득이한 사정으로 정치위원 김재범(김평)으로 하여금 박인진을 만나도록 했다.[127] 김재범은 1936년 11월 초순 천도교 장백현종리원장 李銓의 집에 도착하였으며 다음날 홍명의[128]로 하여금 박인진을 이전화의 집으로 초청하고 반일통일전선을 위한 제1차 회담을 가졌다.[129] 이 회담에서 김재범은 조국광복회 선언문과 10대 강령을 설명하고 천도교가 통일전선에 참여해줄 것을 제의함으로써 본격화되었다.[130]

이에 박인진은 조국광복회가 소비에트식 정권을 수립하는 것에 대한 우려를 표명하고 강령과 선언이 선전이 아니라 확고부동한 실천의지가 있다면 천도교인들도 통일전선에 참여할 용의가 있음을 밝혔으며[131] 그 이튿날 천도교 장백현종리원에서 동북항일연군 대표들의 환영식을 갖기도 하였다.[132]

---

127) 『세기와 더불어』 5, 357쪽 ; 姜德相, 『現代史資料』 30, 295쪽 : 「惠山事件判決書」, 614~615쪽 ; 「惠山事件의 狀況」, 「最近に於ける朝鮮治安狀況」, 411쪽.
128) 洪明義는 北靑人으로 1921년에 천도교에 입교하였으며 傳敎師, 部領 등을 역임하였다.(『天道敎創建錄』, 168쪽)
129) 姜德相, 『現代史資料』 30, 295쪽.
130) 이날 회담의 내용은 다음과 같다.
'천도교는 과거 3.1만세운동을 일으키는 등 조선독립을 위하여 활동한 역사를 가지고 있는데 최근에 와서는 대동방주의를 제창하고 특히 최린과 같은 자는 천엔이라는 대금을 국방헌금으로 강도 일본제국주의에 제출하는 등 완전한 친일적 단체로 된 것은 매우 유감스러운 일이다. 그러나 동북항일연군은 십수만의 병력을 가지고 백만에 달하는 홍군과 4억 5천만의 중국 민중과 재만조선인 다수의 지원을 받고 있으며 그 배후에는 소연방이 있어 실로 그 세력이 웅대하다. 때문에 이때에 천도교는 우리들과 제휴하여 항일인민전선을 결성하고 조국광복을 위하여 활동하기 바란다는 권유에 대하여 박인진은 '우리들은 중앙의 명령에 의하여 활동하기 때문에 자기 개인으로는 천도교 전체적인 대답을 하기는 극히 곤란한 일이므로 후일 최린과 협의를 하고 회답을 하겠다'고 답하였다. 그러나 김재범은 '천도교 전체의 의사표시가 곤란하면 당신만이라도 우리의 취지를 찬동하고 일단 유사시에는 당신의 휘하에 있는 교인들을 동원하여 우리들과 행동을 같이하기 바란다'고 제기함으로써 박인진은 이를 승낙하였다.
131) 『세기와 더불어』 5, 358쪽.
132) 『세기와 더불어』 5, 359~360쪽.

통일전선을 위한 2차 회담은 1936년 11월 백두산 밀영에서 김일성과 박인진, 그리고 이전화 장백현종리원장 등이 참석한 가운데에 개최되었다.133) 김일성은 이 회담에서 "천도교도들 혼자만의 힘으로 척왜에 성공하고 보국안민을 도모할 수 없다. 우리 조선인민혁명군(동북항일연군)도 혼자의 힘만으로는 조선 독립을 이룩할 수 없다. 다른 반일애국역량을 다 묶어 세워야만 승산을 내다보게 된다. 그러므로 우리 서로가 민족대단결을 꼬는 단심줄이 되어 조국광복회의 두리에 뭉치자"134)라고 역설하면서 천도교의 참여를 촉구하였다. 당시의 회합 결과를 조국광복회 기관지『3.1월간』에는「천도교 상급 령수 모씨 우리 광복회 대표를 친히 방문」이란 제목으로 다음과 같이 소개하고 있다.

…… 내지에 있어서 유력한 대중적 기초를 가지고 있는 천도교 ××위원 모씨는 끓어 넘치는 애국의 정열을 가지고 친히 …… 김일성 장군님을 방문하였다. …… 전기 모씨는 개인적으로 우리 조국광복회 정강과 일체의 주장에 대하여 찬동을 표시하고 아울러 천도교청년당원 100만명을 조선독립전선에 출동시킬 의향을 맹세하고 장차 우리 광복회와 보다 긴밀한 련계를 취할 것을 굳게 약속하였다.135)

이 2차 회합에서 박인진은 300만 천도교인과 100만 청년당원을 모두 조국광복회에 참여하도록 할 것을 밝혔다. 그러나 당시 천도교의 조직상 중앙집권제의 성격으로 중앙과 협의가 필요했다. 박인진은 1936년 12월 24일 인일기념을 맞아 이전화와 함께 상경하여 최린과 협의를 하였으나 '김일성주의는 우리 천도교의 주의에 반대가 됨으로 제휴할 수 없다'하여 거절하였다.136) 이에 따라 박인진은 애초 김일성과의 약속대로 자신이 관리하는

---
133) 『세기와 더불어』 5, 360쪽.
134) 『세기와 더불어』 5, 362쪽.
135) 『現代史資料』 30, 296쪽 ;『천도교개요』, 102쪽, 재인용.
136) 『現代史資料』 30, 295~296쪽. 당시 최린이 조국광복회 참여를 거절한 것은 1934년 천도교청년당의 오심당사건과 관련지어 볼 수 있다. 당시 오심당사건으로 천도교청년당원 230명이 검거되었다. 이에 대해서는 좀더 고찰해 보

연원인 지원포와 종리원 교인을 중심으로 참여하기로 결정하였다. 또한 김일성도 천도교인의 통일전선에 참여한 것을 다음과 같이 회고하고 있다.

> …… 국내에 있는 많은 진보적인 천도교인들도 반동적인 최린 일파의 친일적 행동을 반대하고 민족의 공동위업을 위한 투쟁의 길에 나서게 되었다. 그들은 조국광복회 10대 강령과 호소를 받들고 항일무장투쟁을 적극 지지 성원하고 있으며 수십명의 대표를 파견하여 우리와 련합하여 조국광복전선에서 함께 싸울 것을 맹세하고 지금 물심량면으로 원조를 보내고 있다. 조국광복회는 이미 우리나라 북부지대 여러 군의 천도교인들을 수많이 자기 산하에 망라하였으며 갈수록 전국의 진보적 종교인들 속에서 그 영향력을 확대하고 있다.137)

4. 천도교 조직을 통한 조국광복회 하부조직 결성

조국광복회의 하부조직은 크게 세 가지 계통을 통하여 결성되었다. 첫번째 계통은 동북항일연군 제2군 제6사를 통한 권영벽, 이제순, 김재수, 장증열, 김창락, 박금록 등을 통한 장백현과 만주지역의 하부조직이고, 두 번째 계통은 韓人民族解放同盟의 박달, 박금철 등을 통한 갑산 지역의 하부조직 결성, 세 번째 계통은 천도교 연원조직과 종리원, 그리고 朴寅鎭, 李昌善, 李景云, 李銓化 등을 통한 장백현, 갑산, 풍산, 삼수 지역과 강병선을 통한 평안북도 지방의 하부조직 결성이다.138)

조국광복회의 하부조직 결성 작업은 1936년 9월부터 장백현에 정치공작원을 파견하면서 시작되었다. 항일연군의 제2군 제6사장 김일성은 장백현에 權永達을 정치공작 책임으로 하여 김재수・장증열・김창락・이제순・

아야 할 것으로 보인다.
137) 『김일성저작집』 제1권, 170쪽 ; 『천도교개요』, 105쪽 재인용.
138) 『세기와 더불어』 5, 387쪽.

박금록·황금옥·이인숙·조희숙·엄응국 등을 정치공작원으로 파견하여 1936년 10월부터 이듬해 1937년 6월까지 활동하도록 하였다. 이들의 주요 임무는 다음과 같다.

1. 재만한인조국광복회의 조직
   ……(전략)……. 장백현 정치공작원은 장백현 내에 있어서의 조선인을 조선 독립의 기치 하에 획득 규합하여 조국광복회를 조직함과 함께 국내 동지의 획득과 군중 조직에 노력하며 그리하여 조선과 만주에서 서로 호응하여 항일인민전선을 결성하며 일본제국주의의 전복, 조선독립, 공산화에 힘쓸 것
2. 재만공산당의 조직공작
   조국광복회원을 공산주의 사상으로 교양하며 그들 중 우수분자를 선발하여 당세포를 조직할 것
3. 생산유격대의 조직
   당 및 조국광복회 기타 영도 하에 있는 분자들로부터 신체건강한 자들을 선발하여 생산유격대를 조직할 것
4. 부녀부의 조직
   조국광복회의 영도 하에 부녀부를 결성하며 이에 항일의식을 주입하며 무장대 출동 시에 정신적 위안과 물질적 원조를 하게 할 것
5. 아동단의 결성
   아동단을 조직하여 일만군경 및 친일파의 행동을 내탐하여 보고케 할 것
6. 군사탐지
   항상 일본군의 편성, 배치, 이동, 군사시설, 군수품 수송, 군사행동을 내탐하여 보고할 것
7. 자위공작
   항상 일만군경의 밀정을 내탐하여 필요에 따라 사단에 보고하고 편의대의 파견을 요청하여 납치, 암살하며 그리하여 상대방의 밀정활동의 여지가 없게끔 할 것
8. 경제모연공작
   편의대의 행동 및 군자금 모연공작을 용이케 하기 위하여 미리 지리, 경제상태 등을 조사하여 사단에 보고함과 동시에 공작원은 자기 영향하의

분자를 통하여 모연공작을 진행할 것
9. 모병공작
결사원 중 신체건강한 자를 선발하여 편의대를 통해서 무장대에 입대시킬 것139)

이에 따라 1937년 2월 상순경 장백현공작위원회140)와 동만특위 장백현 공작위원회를 결성하였다.141) 이로부터 1938년 7월 제2차 惠山事件으로 조직이 와해될 때까지 장백현공작위원회 산하에 구회 3개, 지회 11개, 분조 41개, 반 10개, 생산유격대 6(미조직 2)개를 각각 결성하였다. 또한 김일성은 朴達·박금철 등을 국내에 파견하여 조직사업을 전개한 결과 갑산군 운흥면과 보천면을 중심으로 韓人民族解放同盟142) 1개와 지회 3개, 분조 3개, 정우회 1개, 반일회 1개, 반일그룹 14개, 생산유격대(미조직) 2개, 그리고 갑산·풍산·삼수군의 천도교 세력을 획득했다.143) 이중 천도교인을 중심으로 결성된 하부조직은 장백현, 갑산군 일부와 풍산, 삼수, 혜산군 지역이다.

1936년 11월 김일성과 회담을 마친 박인진은 조국광복회와 통일전선을 실현하기 위해 1937년 4월 5일 장백현 왕가골 이전화의 집에서 장백현·갑산·풍산·삼수군종리원의 대표 11명이 참가한 종리원 대표회의를 개최하였다. 이 대표회의에서 조국광복회 참여, 청년당원의 항일유격대 입대,

---

139) 「惠山事件에 關한 함경남도 경찰부의 전말서」, 『함남경찰부 자료』, 265쪽.
140) 「함남경찰부 자료」, 267~268쪽.
141) 「함남경찰부 자료」, 267쪽.
142) 한인민족해방동맹에 관해서는 이준식, 「항일무장투쟁과 조선민족해방동맹」, 한국역사연구회 1930년대 연구반, 『일제하 사회주의운동사』, 한길사, 1991 참조.
143) 姜德相, 『現代史資料』30, 260쪽. 조국광복회의 구체적인 조직상황에 대해서는 이종석, 앞의 논문, 117~20쪽 참조. 일제 관헌측 자료에 따르면 조국광복회 관련 검거자는 739명이었으며, 이 가운데 168명이 재판을 받아 권영벽·이제순·박달 등 사형 6명, 박금철 등 무기 4명, 징역 15년 4명, 징역 13년 6명, 징역 12년 9명, 징역 10년 18명 등 중형을 선고받았다. 통일전선체로서의 조국광복회 조직의 특징에 대해서는 신주백, 앞의 논문, 242~43쪽 참조.

항일무장투쟁 원호에 관한 문제 등을 토의한 결과 조국광복회의 반일민족 통일전선에 참여키로 하였다. 그리고 박인진은 '耀光一成 輔國安民 一心同體 祖國光復 地上天國'이란 구호를 만들어 장백현을 비롯하여 갑산, 풍산, 삼수, 혜산종리원을 중심으로 조국광복회 하부조직 결성을 적극 추진하였다. 장백현 종리원대표 회의를 계기로 하여 함경남도 일대에서는 천도교인이 중심이 되어 빠른 속도로 조국광복회 지부가 조직되기 시작하였다.

장백현 지구의 조국광복회 하부조직 결성은 1936년 9월부터 시작되어 상강구, 하강구로 각각 나누어 진행되었다. 당시 천도교 장백현종리원은 17도구 왕가동에 있었으며 종리원장에는 李銓化가 맡고 있었고 청년당원은 22명이나 되었다.144) 이들은 대다수가 빈농으로 일제에 불만을 품고 이곳으로 이주하였기 때문에 대부분 반일감정이 강하였으며 민족주의 의식 또한 농후하였다. 특히 이전화는 1936년 12월 권영벽의 권유로 조국광복회에 가입하였다.145)

1937년 1월 초순 서응진은 동만특위 장백현공작위원회 총책임자로 있는 권영창과 장회열로부터 정치적 지도를 받고 하방면 하부조직 결성 책임자로 선정되었다. 그는 1월 하순 17도구 안민촌 토기점리에 있는 자신의 집에서 최경화·전남순·이전화146) 등과 모임을 갖고 조국광복회 왕가동지회를 결성하고 회장에 서응진, 청년부 책임에 최경화, 위원에 이전화 전남순을 임명하였다. 이어 왕가동지회는 청년당 장백부 당원인 洪明義을 비롯하여 김희선·송영권·김창조·이덕현·천만형 등을 책임자로 하는 6개의 분회를 조직하였다.147) 그리고 이듬해 1937년 4월 5일 종리원촌 분회를 조직하고 종리원장 이전화와 그 세 아들과 며느리를 비롯한 대부분의 교인들이 조국광복회에 가입하였다.148)

---

144) 「黨員成績一覽表」에 의하면 1931년부터 33년까지 등록된 청년당원은 이전화 종리원장을 비롯하여 22명이 등록되어 있다.
145) 「惠山事件判決書」, 615쪽.
146) 李銓化는 『조국광복회운동사』에서는 1937년 1월 하순에, 「惠山事件判決書」에서는 1937년 2월 조국광복회에 가입한 것으로 되어있다.
147) 姜德相, 『現代史資料』 30, 274쪽.

박인진은 장백현에서 종리원촌 분회를 조직한 후 갑산군에도 조국광복회 지회를 결성하기 위해 갑산군 각 면과 리의 종리원를 순회하였다. 먼저 혜산종리원에서는 조국광복회 10대 강령을 설명하고 철저한 준비를 갖춘 후 1937년 4월 중순 혜산지회를 결성하였다.149) 혜산지회는 종리원장을 중심으로 청년당원 16명이 참여하였다. 이어 5월에는 갑산군 조병학 종리원장을 책임자로 회린면·산남면·진동면·동인면 종리사와 청년당원150) 등 대부분의 교인과 청년당원이 참가한 가운데 갑산지회를 결성하였다.151)

삼수군 별동면 광생리지회 결성은 두 방면에서 추진되었다. 하나는 장백현 왕가동지회 청년부책임 최경화를 통해서, 다른 하나는 천도교 지원포 도정 박인진을 통해서 추진되었다. 광생리지회 결성의 핵심인물은 李禮泳152)이다. 이례영은 李完泳153)과 함께 최경화로부터 고향인 삼수군 별동면 광생리으로 돌아가 광생리지회를 결성토록 하였다.154) 이례영은 1937년 4월 고향인 광생리로 돌아와 처가인 朴秉基155)의 집에 기거하면서 사금체취에 종사하면서 천도교인을 조국광복회원으로 가입시키는 등 조직을 확대하였다. 2개월 후인 1937년 6월 하순 광생리지회를 결성하고 이례영은 회장, 박병주156)는 조직부 책임, 박병열은 선전부 책임에 각각 선임하였다.157) 박인진은 갑산군 지회를 결성에 이어 이예영과 박분화를 삼수군 별

---

148) 『천도교개요』, 105쪽 ; 『조국광복회운동사』, 147~150쪽.
149) 『천도교개요』, 105쪽 ; 『조국광복회운동사』, 167쪽.
150) 「黨員成績一覽表」에 의하면 갑산당부의 당원은 53명이 등록되었다. 당시의 교구 또는 청년당 조직상 당원 모두가 조국광복회에 가입한 것으로 보인다.
151) 『천도교개요』, 105쪽 ; 『조국광복회운동사』, 167~168쪽.
152) 李禮泳은 1933년에 천도교청년당 장백현부에 입당하였다.(『黨員成績一覽表』)
153) 李完泳은 李銓化 長白縣宗理院長의 아들로 1933년 천도교청년당 장백현부에 입당하였으며 1934년에는 信道執을 지냈다.
154) 姜德相, 『現代史資料』 30, 288쪽.
155) 朴秉基는 1902년 천도교에 입교하였으며 傳敎師, 講道員, 宗理師, 信道執, 青年黨 常務, 道師 등을 역임하였다.
156) 박병주는 1921년에 천도교에 입교하였으며 宗理師, 敬道執, 青年黨 常務 등을 역임하였다.
157) 姜德相, 『現代史資料』 30, 288쪽.

동면 광생리로 파견하여 1937년 6월 중순까지 조국광복회 광생지회를 조직토록 하였으며[158] 자신도 8월경 삼수군종리원으로 가서 조완협 종리원장, 이전화 장백현종리원장 등과 협의하여 조국광복회와 통일선전을 적극 추진하였다.[159] 그리고 종리원 산하에 여러 개의 분회를 결성하였다.[160] 하지만 삼수군종리원의 조국광복회 참여는 『思想彙報』 14호에 의하면 실패한 것으로 보고하고 있는데 그 내용은 다음과 같다.

최경화는 광생리에 천도교인을 중심으로 지회가 결성되었지만 천도교 삼수군종리원을 조국광복회 조직으로 획득하기 위하여 1937년 7월 하순 이례영과 이완영에게 다음과 같이 지시하였다.

> 우리 조선독립에 있어서 가장 관심을 가지고 있는 것은 교도 300만을 가지고 있는 천도교에 있어서 동교는 3.1운동 당시는 조선독립을 표방하였으나 최근에 이르러서는 최린이 대동방주의를 교도에게 선포하고 자신은 중추원 참의가 되어 이번에 일지사변에서는 1천원을 국방헌금을 내어 친일적 태도를 분명히 하였는데, 금일 항일연합군에 있어서는 인민전선의 결성에 가장 중대한 관계에 있어서 천도교 간부의 이러한 행동에 분개하고 동교 간부의 암살을 기획하고 있는 상황에 이르렀지만 일부의 천도교인 중에서도 지역적으로 우리 연합군에 호의를 가지고 있는 지방이 있음으로 먼저 후치령 이북 각 종리원의 획득 공작키로 결정하였다. 그대는 살고있는 삼수군 별동면에는 삼수군종리원이 있는데 국내에 귀국한 후 종리원 간부들에게 전술한 취지를 선전하고 동 종리원 교도들을 획득하여 반일통일전선결성에 노력할 것.[161]

이례영은 1937년 8월 초순 광생리로 돌아와 조국광복회원이며 천도교인 인 朴秉珠, 朴秉烈에게 조국광복회에서 천도교와의 통일전선을 구축하고자 하고 있다는 취지를 설명하는 한편 삼수군종리원 조완협 종리원장,[162] 조

---
158) 『천도교개요』, 106쪽.
159) 『세기와 더불어』 5, 370쪽.
160) 『천도교개요』, 106쪽.
161) 姜德相, 『現代史資料』 30, 296~297쪽.

병수 청년당대표163) 등에게도 이를 설명하고 종리원 차원에서 조국광복회 와 반일항일전선을 구축할 것을 협의하였다. 즉 이례영은 천도교가 조국광 복회의 통일전선에 빠른 시일 내에 참여하고 동북항일연군에 합류할 것을 교섭하였다. 조완협 종리원장은 조국광복회와 통일전선 형성의 중대성을 인식하고 이를 주요 간부들과 협의하였으나 결론을 내지 못하였다. 그러던 차에 장백현을 비롯 갑산, 삼수, 풍산 지역을 관활하는 박인진 도정이 1937 년 8월 중순 삼수군종리원을 방문함을 기회로 삼수군종리원에서 이를 다 시 논의하였으나 역시 결정을 내리지 못하였다. 박인진은 9월 1일 호인읍 에 사는 박용하164)로 하여금 이전화 장백현종리원장을 불러 그의 의견을 듣고 결정하려 하였으나 박인진과 이전화의 일정이 맞지 않아 조국광복회 와의 통일전선을 형성하는데 이르지는 못하였다.165)

이처럼 삼수군종리원의 경우 조직적으로 참여하지 못한 것으로 되어있 으나 실제적으로는 앞서 살펴보았듯이 삼수군 광생리지회는 전적으로 천 도교인을 중심으로 결성되었다. 또한 1937년 8월 박병주·박병열·조병 수·한창수·조완서·박병기 등을 중심으로 생산유격대를 조직한 바 있 어166) 삼수군종리원의 경우 조직적으로 참여하였다고 볼 수 있다.『조국광 복회운동사』와『천도교개요』에는 다음과 같이 기록하고 있다.

> 한편으로 광생리를 비롯하여 삼수군 안의 여러 곳에 조국광복회 조직을 확대해 나갔다. …… 광생리 일대에는 대부분 화전민들이 살고 있었으며 그 중 많은 사람들이 천도교를 믿고 있었다. 조국광복회 장백위원회에서는 광 생리 주민들의 특성을 고려하여 17도구 왕가동지회 회원이며 천도교 교인 인 한 성원을 지하공작원으로 광생리 일대에 파견하였다. 지하 공작원은 이 지방의 유력자(천도교인 : 필자주)를 통하여 손쉽게 거주 수속을 하고 광생

---

162) 조완협은 1912년에 천도교에 입교하였고 宗理師, 誠道執, 道師 등을 역임하 였다.
163) 趙炳秀는 1931년부터 천도교청년당원으로 활동하였다.
164) 박용하는 1919년 천도교에 입교하여 宗理師, 青年黨 常務를 역임하였다.
165) 姜德相,『現代史資料』30, 297쪽.
166) 姜德相,『現代史資料』30, 288~289쪽.

리에 자리잡았다. …… 천도교인들의 모임에도 참가하면서 우선 반일의식이 강한 핵심들을 요해 장악하였다. … 이러한 사업성과를 기초하여 1937년 7월 중순 조국광복회 삼수군 광생리지회가 결성되었다.167)

그는 또한 삼수군 별동면 광생리에 이례영, 박분화 등을 파견하여 1937년 6월 중순 조국광복회 광생지회를 조직하였고 그 산하에 여러 개의 분회를 내왔다.168)

풍산군의 조국광복회 하부조직 역시 박인진 도정의 지도 아래 결성되었다. 풍산군종리원의 경우 박인진이 직접 관할하는 종리원이라는 점에서 조국광복회 지회 결성은 당연한 것이었다. 김일성이 '1937년 중엽까지 풍산 일대의 천도교청년당이 왕성하였습니다. …… 풍산 천도교가 매우 강하고 좋았습니다'라고 하였듯이 풍산 일대는 일찍부터 천도교가 포교되어 농민들과 화전민 속에 깊숙히 뿌리를 내리고 있었다.

풍산군 조국광복회의 하부조직 결성은 천도교청년당 대표인 이경운의 역할이 컸다. 이경운은 천도교청년당원이었던 이창선의 권유로 1936년 12월 조국광복회에 가입하였으며 김재범으로부터 입대권유를 받고 제6사 제7단에 입대하였다.169) 이경운은 정치공작원으로 활동하면서 1937년 3월 천도교 조직망을 통하여 조국광복회 풍산지회와 풍산군의 풍산면, 천남면, 안산면, 능기면 등에 각 분회를 조직하였다.170) 그리하여 풍산군에서만 수백명의 천도교인이 조국광복회에 가입하였다. 특히 청년당 풍산당부는 당원이 102명에 달하였는데 이들을 통해 풍산군종리원은 사실상 조국광복회 조직의 역할을 수행하였다.

한편 각종 자료에 나타난 천도교와 조국광복회 결성과정 및 하부조직에 관련된 내용을 정리하면 <표 6>과 같다.

---

167) 『조국광복회운동사』, 175~176쪽.
168) 『천도교개요』, 106쪽.
169) 『思想彙報』 제14호, 58~59쪽.
170) 『천도교개요』, 106쪽.

<표 6> 전도교와 관련된 조국광복회 하부조직 결성에 관한 내용

자료명	연대사가로	전도교개요	예산사건판결서	조국광복의 운동사
장백현	·1937년 1월 왕가동지회 설립-줄리원장 후천化(위원)독수(위원) ·1937년 8월 왕가동지회분국 조직-共明義(위원) ·黨小組 조직-共明義 ·生産遊擊隊 조직-共明義	·1937년 4월 5일 줄리원에서 11명이 참가 줄리원대표회의 개최, 조국광복회 증가결의, 줄리원본 분국 결성	·1937년 2월 상순 줄리현장 이전화 조국광복회 가입 金長緣 朴鳳助 등 조국광복회 가입	·1937년 1월 하순 왕가동지회 결성, 후천化를 비롯 교인 가입
괘산진		·1937년 4월 중순 괘산지회 결성		·1937년 4월 중순 괘산지회 결성-박인진, 괘산면 줄리사 외 교인 가입
감산군		·1937년 5월 감산지회 결성-조병학, 청년당 대표, 하린면, 신남면, 진동면 줄리사 등가입		·1937년 5월 감산지회 결성-박인진, 줄리원장, 청년당 대표, 신남면, 진동면, 하린면줄리사 등 교인 가입
삼수군	·1937년 6월 광생리지회 결성-이례영, 박병주(조직부책임), 박병영 (선전부책임) ·1937년 8월 생산유격대 조직-박병주, 조병수, 한원수, 조완서, 박병기 ·1937년 9월 1일 박인진, 조완서, 조병수, 이례영, 박병영, 박용하 등 줄리원에서 개최하고 박용하를 조국광복회 지회로 획득코자 하였으나 만원	·1937년 6월 중순 광생리지회 결성 -이례영, 박용하 활동	·1937년 7월 하순 천도교인 조국광복회 가입(이례영 활동)	·1937년 7월 중순 광생리지회 결성-이례영, 조병수 외 교인 가입
풍산군	·1936년 9월 이창선 독복항일연군 입대 ·1936년 11월 조순 박인진 김제범 회담 ·1936년 12월 박인진 취린 항담 ·1936년 12월 조순 이경운 독복항일연군 입대	·1937년 3월 풍산지회 결성-이경운, 동례 분회 조직-풍산면, 하남면, 인신면, 등 기면 ·1937년 4월 생산유격대 조직-줄리원장 책임하에	·1936년 10월 중 이창선 김제범 입대 ·1936년 11월 박인진, 김재범 회담 ·1936년 12월 24일 박인진 취린 독복항일연군 입대 ·1937년 3월 하순 이경운 독복항일연군 입대 ·1937년 5월 상순 원종희, 염춘수 조직	·1937년 3월 풍산지회 결성-이경운, 줄리원조직 사럽상 조국광복회 조직 ·1937년 4월 생산유격대 조직-줄리현장 책임하에

5. 천도교인의 조국광복회 활동

 조국광복회의 활동방향은 1936년 5월 5일 발표한 선언문에 잘 나타나 있다. 이 선언에는 일제의 조선강점에 반대하여 의병운동과 3.1운동으로부터 끊임없이 반일민족해방투쟁을 전개하였음에도 불구하고 통일적 정치강령과 정확한 투쟁방침의 결여로 민족적 독립과 해방을 이루지 못했음을 지적하고 있으며, 이러한 교훈을 기초하여 모든 반일 역량을 하나로 묶고 통일적인 영도를 위해 조국광복회를 조직했음을 밝히고 있다. 그리고 그 투쟁방침으로 계급, 성별, 지위, 당파, 연령, 종교의 차이를 극복하고 돈있는 사람은 돈을 내고, 식량있는 사람은 식량을 내고, 기능과 지혜가 있는 사람은 지혜를 바쳐 반일조국광복전선에 총동원할 것과 혁명적 무장대오 강화를 통한 무장투쟁을 제시하고 있다.[171] 이러한 투쟁방침에 따라 조국광복회에 가입한 천도교인도 항일무장투쟁에 적극 활동하고 있다. 천도교인들의 조국광복회 활동에 대해 구체적으로 파악하기는 쉽지 않다. 왜냐하면 천도교가 독자적으로 무장투쟁을 전개할 수 있는 여건이 갖추어지지 않았기 때문이다. 그리하여 조국광복회와 반일통일전선을 통해 전개할 수밖에 없었다.
 천도교인의 활동은 대체적으로 세 가지로 파악할 수 있다. 첫째는 동북항일연군의 입대와 항일무장투쟁의 참여, 둘째는 생산유격대의 조직, 셋째는 항일무장투쟁 지원 또는 원호활동 등이다.
 첫째, 무장항일투쟁의 가장 중요한 과제로서 신체 강건하고 민족의식이 투철한 청년들을 선발하여 동북항일연군을 조직하는 것이다. 1933년 현재 청년당 갑산당부, 풍산당부, 삼수당부, 혜산당부의 청년당원은 216명이 달하고 있었다. 청년당원들 중 1936년 12월 李昌善이 김재범의 권유로 동북항일연군에 입대하였으며, 李景云과 崔龍振 등은 李昌善을 통하여 동북항일

---
171)「思想彙報」14호, 63쪽.

연군에 입대하였다.172)

또한 金東學173)도 동북항일연군에 입대하여 보전경찰서 주재소습격 진공대장으로 30여 명의 대원을 이끌고 보천보 전투에 참가하기도 하였다.174) 그 외에도 많은 청년당원이 동북항일연군에 입대하여 항일무장투쟁에 직접 참여하였다.175) 박인진이 백두산 밀영에서 김일성과 회담 후「월간 3.1」에 '조국 서북부 각지의 피끓는 청년애국용사들은 떼를 지어 매일 7~8명씩 압록강, 두만강을 건너 …… 김사장 부대에 가입하고 있다. …… 이들은 조선 국내의 지세와 도로 및 각지의 정형을 잘 알기 때문에 무장대의 전위로서 국내출입의 선두에 설 것을 지원하였다'하여 박인진과 관련하여 소개하고 있는데176) 이는 천도교 청년당원의 동북항일연군 입대와 무관하지 않을 것으로 보인다. 앞서 밝힌바와 같이 박인진도 김일성과 회담을 할 때 천도교청년당원 100만명을 조선독립전선에 출전시킬 의향을 밝힌 바 있으며177) 청년당원 7~8명을 동북항일연군에 파견시켰다.178) 김재범도 이창선에게 함경남도 후지령 이북 갑산, 풍산, 삼수 각 군내 천도교청년당원을 획득하여 동북항일연군에 입대시킬 것을 지시하였다.179) 이러한 점으로 보아 적지 않은 수의 청년당원이 동북항일연군에 가입한 것으로 본다.

다음으로 천도교인의 주요한 활동은 생산유격대의 조직이다. 생산유격대는 평상시에 생업에 종사하다가 유사시에는 군사활동을 수행하는 전위적 실행기관으로 반군사조직이다. 생산유격대의 조직은 풍산군종리원과 삼수군종리원을 중심으로 조직되었다. 풍산군 청년당원이며 동북항일연군에 입대한 이창선은 김재범으로부터 생산유격대를 조직에 관한 지시를 받

---

172)「惠山事件判決書」, 587~588쪽.
173) 김동학은 1933년 3월 15일 청년당에 입당하였으며 풍산군종리원에서 신도집을 지냈다.
174)「惠山事件判決書」, 653쪽.
175)『김일성주석님과 천도교인』, 17쪽.
176)『세기와 더불어』 5, 347쪽, 재인용.
177) 姜德相,『現代史資料』30, 296쪽, 및『세기와 더불어』 5, 347쪽.
178)『세기와 더불어』 5, 370~371쪽.
179)「惠山事件判決書」, 615쪽.

고 1937년 12월 5일 풍산군종리원에서 청년당원 元忠喜[180], 廉宗洙[181] 등과 협의하고 이를 조직하였다.[182] 이에 앞서 1937년 5월에는 趙完書[183] 풍산군종리원장을 책임자로 하고 각 面宗理師들이 책임지고 활동하여 생산유격대를 조직하였다.[184] 비합법적으로 조직된 풍산지구의 생산유격대는 조직을 끊임없이 확대강화하면서 조국광복회 조직을 보위하면서 동북항일연군을 물심양면으로 지원하였다. 한편 천도교청년당 삼수당부 당원 李禮泳은 1937년 7월 하순 권영욱과 최경화로부터 국내로 돌아가 생산유격대를 조직할 것을 권유받고 8월 상순 삼수군 별동면 광생리도 돌아와 조국광복회원이며 천도교청년당원인 朴秉珠, 朴秉烈, 趙炳秀[185] 등에게 생산유격대의 취지를 설명하고 조직을 협의한 후 천도교청년당원 韓昌洙[186], 趙完書, 朴秉基 등과 생산유격대를 조직하였다.[187] 이외에도 李景云도 생산유격대 조직에 적극 활동하였다.

 이경운은 그후 항일연군 제6사 제7단에 입대하고 삼수, 갑산, 풍산 군내의 천도교당원을 획득하여 항일인민전선의 결성과 함께 생산유격대를 조직하라는 지령을 받고 이후 그의 실행에 광분하였으며 드디어 풍산군내 천도교청년당원 수명을 가지고 조국광복회를 조직함과 동시에 생산유격대를 조직하는데 이르렀다.[188]

---

180) 元忠喜는 1928년 천도교에 입교하였으며 敬道執, 知道執, 靑年黨部 執行委員, 黨常務, 黨副代表, 黨代表 등을 지냈다.
181) 廉宗洙는 1933년 3월 27일 청년당에 입당하였다.
182) 「惠山事件判決書」, 615쪽.
183) 趙完書는 1914년에 천도교에 입교하였으며 傳道師, 庶務宗理師, 敬道執, 靑年黨部 常務, 黨代表, 黨執行委員, 道師 등을 지냈다.
184) 『천도교개요』, 110쪽.
185) 趙炳秀는 1903년 천도교에 입교하였으며 講道員, 宗理師, 金融員, 知道執, 道師, 宣正, 靑年黨部 常務, 黨代表 등을 지냈다.
186) 韓昌洙는 1916년 천도교에 입교하였으며 傳敎師, 宗理師 등을 지냈다.
187) 『現代史資料』 30, 288~289쪽.
188) 「思想彙報」 14호, 58~59쪽.

그리고 장백현종리원의 洪明義도 왕가동지회 分會를 조직하고 이어 朴鳳勳 등 6명의 청년당원과 생산유격대를 조직하였다.189)

끝으로 천도교인의 중요한 활동은 항일무장투쟁의 지원 또는 원호사업이었다. 동북항일연군의 근거지인 장백현은 일제의 독립투쟁에 대한 계속적인 토벌과 함께 집단부락정책으로 한 톨의 쌀, 한 홉의 소금, 한치의 천이라도 독립군의 손에 들어가지 못하도록 감시하였다. 또한 식료품이나 생활필수품의 판매와 수송을 엄격히 통제하는 한편 독립군과 연계하는 것을 발견하면 현장에서 무참히 학살하고 그 마을을 불태워 없애버렸다. 이런 조건에서 무장독립군에 대한 지원활동은 목숨을 희생할 각오를 해야 하는 어려운 일이었다. 조국광복회에 가입한 천도교인들은 식량, 천, 소금, 신발, 성냥 등 생활필수품과 의약품, 그리고 신문과 원고지, 등사잉크, 골필 등을 비롯하여 동북항일연군의 전투활동에 필요한 물자들을 조직적으로 마련하고 지원하였다.190) 무장항일투쟁의 지원은 종리원을 통한 조직적 지원 외에도 개별석으로 원호사업을 전개하기도 하였다.191) 또한 1937년 9월 갑산군종리원 교인들은 이 일대에 파견된 동북항일연군 1개 소대를 10일 동안 안전하게 보호해 주기도 하였다.192) 이외에도 천도교인들은 다음과 같은 활동을 전개하였다.

1937년 6월 조국광복회 왕가동지회(장백현 17도구) 책임자 최경화는 조국광복회 광생리지회(함남 삼수군) 책임자 이례영에게 압록강에 얼음이 얼면 항일연군이 선내 제2선 주재소와 부락을 습격할 계획임을 전달, 동면 안의

---

189) 姜德相, 『現代史資料』 30, 275~276쪽.
190) 『천도교개요』, 109쪽.
191) 개별적인 원호사업은 다음과 같다.
김준규 : 토공노동으로 번 돈 30원, 이창길 : 쌀 한섬, 김두천 : 명주천으로 만든 수건들, 심주영 : 3대째 기르던 말 한필을 판 돈 49원과 집에 있던 돈 1원을 합하여 50원, 정택영 : 짚신삼아 번 돈 7원, 박호준 : 보리쌀 한 섬과 노전 16 방안분을 걸어서 판돈 16원, 김창영 : 소 한 마리 판돈 50원, 김귀택 : 범가죽으로 만든 요 한 채(『천도교개요』, 109~110쪽).
192) 『천도교개요』, 111쪽.

선거와 별동주재소의 경비시설과 부호, 그리고 민심의 동향을 조사하여 보고하도록 지령하였다. 이해 8월 이례영은 주재소의 경비상황 등을 조사한 보고서를 최경화를 통하여 김일성 비적단에게 제출하였으나 실행에 옮기지는 못했다.193)

우리 천도교들은 조국광복회에 망라되여 일제의 밀정과 친일파, 민족반역자를 처단하는 투쟁, 일제의 수력발전소 건설공사와 철도부설공사를 파탄시키기 위한 투쟁(조국광복회 풍산지구 조직들), 일제의 전시생산을 파탄시키기 위한 투쟁(갑산 일대에서의 아마재배반대투쟁), 림업로동자들(갑산, 풍산일대) 속에서 파업 및 태업투쟁도 벌리였다.
풍산지구를 비롯한 국내 여러 곳에 조직된 조국광복회 조직들은 적들의 탄압 속에서도 야학, 서당들을 통하여 우리 말과 글, 조선력사와 지리에 대한 지식을 광범히 보급하였다.194)

천도교인들은 동북항일연군의 항일무장투쟁을 정신적으로 지원하기 위해 위문편지와 위문품을 보내며 적극적인 지지와 성원을 보냈다.195) 조국광복회의 통일전선에 참여한 천도교인의 활동을 정리하면 <표 7>과 같다.

---

193) 김봉우 역,『조선의 치안상황』, 348쪽 및 강덕상,『現代史資料』30, 292쪽.
194) 『천도교개요』, 111쪽.
195) 이외에도 풍산일대는 물론 평안남도 신양군 광흥리(당시의 양덕군 쌍룡면 중리)의 큰 골 왼쪽 긴 능선 중간지점과 신양군 장성리 가막골에서 발견된 구호문헌 "김일성 령수는 조선의 하늘님, 2천만 일심으로 김대장을 받들자" "조선 민족은 죽지 않는다. 일본 파시즘 타도하라, 조선혁명승리 만세" "동포여 일어나라. 광복은 멀지 않다"와 자강도 위원군 부흥리 업산골에서 발견된 구호문헌 "천도교인들이여, 반일에 힘을 합쳐 싸우자!", 황해남도 장연군 련애골에서 발견된 구호문헌 "광복하고 금수강산, 백성사는 지상천국 세우자" "왜놈치고 나라 찾자" "장군님 기다리는 백두산 찾아가자", 평안남도 운곡지구에서 발견된 구호문헌 "애국종교인들은 김일성의 뜻을 따르라" 등 껍질벗긴 나무에 새겨진 많은 구호문헌들과 그리고 그때 양덕군 인민들 속에서 널리 불리워지던 "광명가"를 비롯하여 유적유물들은 당시 우리 천도교인들이 …… 일제를 기어이 몰아내고 삼천리 금수강산에 지상천국을 세울 확고한 신심과 드높은 결의에 충만되어 있었으며 항일무장투쟁을 적극 지원 찬동하였다는 것을 웅변으로 말하여 주고 있다.(『천도교개요』, 107~108)

<표 7> 조국광복회에 참여한 천도교인의 활동

이름	출신지	입교연대	교회 주요 경력	조국광복회 활동	비 고
朴寅鎭	풍산	1909	金融員 講道員 共宣員 奉訓 敎訓 道訓 巡廻敎師 宗理師 主任宗理師 主幹布德師 知道執 道師 道正 靑年黨 顧問	· 장백현, 갑산군, 풍산군, 삼수군, 혜산종리원에 지회 조직을 주도	혜산사건으로 피체되된 후 고문후유증으로 1939년 4월사망
李銓化	장백현	1901	接主 首接主 中正 傳敎師 巡廻敎師 庶應員 宗理師 主任宗理師 奉訓 敎訓 庶務宗理師 法道執 信道執 道師 宣正 宗法師 黨部代表	· 왕가동지회 위원, 특수위원	혜산사건으로 피체
李昌善	풍산		靑年黨 農民部委員	· 동북항일연군 입대 · 정치공작원	
李景云	풍산		信道執 知道執 黨代表	· 동북항일연군 입대 · 생산유격대 조직 지도자	혜산사건으로 피체
金東學	풍산		信道執	· 오풍동사건 주도 · 보전경찰서 습격 습격대장 · 보위연장	
洪明義	북청	1921	傳敎師 部領	· 토기점리 분회조직, 당소조책임 · 생산유격대 조직	혜산사건으로 피체
李禮泳	삼수	계대교인	靑年黨員	· 광생리회장 · 생산유격대 조직	
李完泳	장백현	계대교인	靑年黨員	· 신거주재소 습격사건 계획 · 징치공작원	
趙炳秀	삼수	1903	講道員 宗理師 金融員 知道執 道師 宗正 黨執行委員 黨監査	· 생산유격대 조직	
朴秉基	삼수	1902	傳敎師 講道員 宗理師 信道執 黨常務 道師 黨女性部 靑年部委員	· 생산유격대 조직	
朴秉珠	삼수	1921	宗理師 敬道執 黨常務	· 광생리지회 조직부 책임 · 생산유격대 조직	혜산사건으로 피체
元忠喜	풍산	1928	敬道執 知道執 黨執行委員 黨常務 黨副代表 黨代表	· 생산유격대 조직	
趙秉學	삼수	1904	共宣員 敎區長 主任宗理師 宗理院長 巡廻敎師布德師 奉訓 敎訓 道師 宗法師	· 삼수군종리원 조국광복회 조직으로 획득하는데 노력	
韓昌洙	삼수	1916	傳敎師 宗理師 巡廻敎師	· 생산유격대 조직	
金鳳勛	장백현		工作契 會員	· 생산유격대 조직	혜산사건으로 피체
趙完晝	삼수	1914	傳敎師 庶務宗理師 敬道執 黨副代表 黨代表 黨執行委員 道師	· 생산유격대 조직	
朴龍河	혜산	1919	宗理師 黨常務	· 박인진 이전화 연락	
趙完協	삼수	1912	宗理師 誠道執 道師 宗理院長	· 생산유격대 조직	
田南淳	장백현		敎區 建築委員	· 왕가동지회 위원, 특수위원	혜산사건으로 피체
朴秉烈	삼수		靑年黨員	· 광생리지회 선전부 책임 · 생산유격대 조직	혜산사건으로 피체
金長錄	혜산		靑年黨員	· 토기점리 분조조직	
廉宗洙	풍산		靑年黨員	· 생산유격대 조직	

6. 맺음말

 이상으로 조국광복회와 반일통일전선 결성 과정을 박인진을 중심으로 살펴보고 하부조직 결성에 대하여 미진하나마 살펴보았다. 이를 다음과 같이 정리하면서 결론을 맺고자 한다.
 첫째, 천도교와 조국광복회의 통일전선은 코민테른 7차 대회에서 공산주의운동의 교과서처럼 여겨졌던 '계급대계급'이라는 전술을 폐기하고 반일역량을 통합하기 위한 변화와 천도교의 반일 또는 민족의식의 결합이었다. 1935년 7월 코민테른 제7차 대회에서 식민지 종속국의 광범한 반제통일전선을 위해 항일연군 결성을 제기하는 한편 중국공산당은 조선인 공산주의자들로 하여금 직접적으로 조선해방을 위한 혁명투쟁에 매진할 것을 내용으로 하는 '동북인민혁명군 제2군의 조선독립을 위한 부대로의 전환'이라는 새로운 방침이 결정되었다. 그리고 통일전선 대상으로 천도교를 구체적으로 지목하였다. 당시 공산주의자들의 천도교에 대한 적의는 뿌리가 깊은데, 그것은 천도교 자체가 하나의 종교단체로 그치지 않고 국내에서 일제와 타협적인 노선을 취하였기 때문이다. 그럼에도 불구하고 조국광복회가 천도교와 통일전선을 결성하고자 하였던 것은 천도교가 반일단체로서 중심적 역할을 하였기 때문이다.
 둘째, 천도교와 조국광복회의 통일전선은 김일성의 천도교에 대한 인식 및 항일투쟁과 박인진의 반일민족의식이 두 차례의 회담을 통해 공감대가 형성되었기 때문이다. 일제하에서 천도교의 조직만으로 척왜와 보국안민에 성공할 수 없고, 조국광복회의 활동만으로 조선독립을 성취할 수 없다는 현실적 인식을 받아들였다. 또한 이들 지역의 천도교인들의 민족의식이 투철하였다. 박인진을 비롯한 이들 지역의 천도교인들은 비록 공산주의자들은 아니었지만 조국광복회와 반일통일전선 구축이 가능하였던 것은 조국의 독립을 일차적인 목적으로 삼을 정도로 반일의식이 강하였다. 이러한 반일의식은 천도교를 통하여 자연히 형성되었으며 특히 동학혁명 과정에서 일제와 전투를 경험한 동학군들이 이들 지역으로 피신, 정착하면서 그대로 유지되었다. 박인진의 경우도 부친 역시 우금치 전투에서 일본군과 전투, 참패한 경험을 통해서 형성된 반일의식이 박인진에게 많은 영향을 주었다. 박인진은 김일성과의 회담에서 조국광복회의 강령과 선언문에 대한 설명을 듣고 반일통일전선에 적극 참여할 수 있었다. 이러한 점에 대하여 김일성은 '진보적인 천도교인'이라고 표현하고 있다.

셋째, 천도교는 조국광복회와 통일전선을 결성한 후 그 하부조직을 구성하는데 적극적으로 활동하였다. 장백현 상강부 17도구의 천도교 장백현종리원과 천도교인을 중심으로 왕가동지회와 종리원촌 분회를, 국내에서는 갑산군을 비롯하여 풍산군, 삼수군, 혜산군 지역에 천도교 종리원을 중심으로 지회와 분회, 그리고 생산유격대를 조직하였다. 조국광복회의 하부조직은 만주 장백현과 함남지역, 평안도 일부 지역에서 결성되었는데 이중 장백현과 갑산, 풍산, 삼수 지역의 하부조직이 가장 핵심 조직이었다는 섬에서 천도교와 관련된 하부조직은 매우 중요하다고 볼 수 있다.

넷째, 박인진, 이전화, 이경운, 이창선 등 관북 지역의 천도교인들이 조국광복회 가입에 적극적이었다. 장백현 일원과 갑산, 풍산, 삼수, 혜산 등 5개 종리원을 관할하는 지원포 도정 박인진은 김일성과의 회담과 장백현 종리원대표회의 후 관내 교인 및 청년당원들은 대부분이 조국광복회에 가입하였으며 동북항일연군에 입대하여 항일무장투쟁에 참여하기도 하였다. 그러나 통일전선에 천도교 전체가 참여하는데는 실패하는 한계성을 드러내었다. 그럼에도 불구하고 천도교의 교세가 가장 많은 함남과 평북 지역에서 조국광복회에 참여, 반일민족통일전선을 형성한 것은 매우 중요한 의미를 갖는다.

끝으로 조국광복회 활동이 북한정권을 수립한 김일성을 비롯하여 이에 참여하였다는 점으로 인해 독립운동사에서 배제되거나 축소되기도 하였다. 그리고 김일성의 역할을 한편으로는 긍정적으로 다른 한편에서는 부정적으로 서술하고 있다. 그러나 중요한 것은 조국광복회가 일제 식민지하에서 조선의 독립을 위하여 무장투쟁을 하였다는 사실이다. 그리고 조국광복회의 반일통일전선에서 민족주의 세력으로 천도교가 참여하였다는 사실이다. 또한 천도교와 조국광복회의 통일전선은 1920년대부터 천도교가 전개하였던 통일운동의 연장선상에서 이해가 되어야 한다.

일제하에서 천도교는 3.1운동에서 중심적 역할을 하였던 종교세력이었으며 전국 규모의 조직을 바탕으로 사회주의 세력과도 다양한 방법을 통하여 반일민족통일전선을 적극 모색하였다. 이러한 점에서 사회주의 세력도 민족통일전선을 위한 가장 유력한 제휴대상으로 천도교를 주목하였다. 더욱이 1932년 국내에서 사회주의 또는 공산주의자들과 민족운동의 영도권을 놓고 사상논쟁을 전개한 바 있는 천도교인들로서는 비록 조국광복회가 공산주의자를 중심으로 결성되었지만 일제하 식민지라는 상황에서 반일민족통일전선체를 조직하는데 장애가 되지 않았다. 이러한 선례는 해방 이후 부활된 천도교청우당 활동에서도 찾아볼 수 있다. 해방후의 천도교청우당의 활동에 대해서는 추후 기회가 있으면 다루어 보고자 한다.

Study on the Nation Unification Movement by Chondo-Gyo in 1930
― On the center of the Fahterlahd Restoration Association(祖國光復會) at the area of Kapsan(甲山), Samsoo(三水), Pungsan(豊山), Jangbaekhyun(長白縣) ―

Sung, Ju Hyeon

The Nation Unification Movement(hereafter called as the Movement) by Chondo-Gyo(天道敎) under the colony of Japan had been started from 1920s right after the March first Independence Movement on March 01, 1919 and developed until the end of 1930s. The exisiting study on the Movement concerning the Chondo-Gyo didn't get a few results with the Koryo Revolution Party Movement by Choi, DongHee, Kim, BongKook, Lee, DongKook, Lee, DongKoo, etc., the Shinkan Association Movement by the old family of ChondoGyo, the One Korea Party Movement by Shin, Sook, Choi, DongOh, Kang, JeHa, etc., the June 10 Movement, etc. in 1920s.

However, in fact there is no study result in details regarding the ChondoGyo in the connection with the Movement by the members of "the Fahterlahd Restoration Association"(hereafter called as the FRA) in the late 1930s. Especially there is almost no spotlight on their members, organizations, activities, etc. who participated in the Movement with the FRA.

It needs a new cognition of the activities of the FRA at the point of struggle in arms and connection with Kim, Il Sung who established North Korea. When the study result on the their activities was released, it was told that they made and developed Chondo-Gyo and the Movement but it was mostly focused on the truth and untruth of the Kim, Il Sung's activities, the establishing procedure and organization of the FRA, and the reconstruction of Communist Party. It has dealt with the connection with Chondo-Gyo neglectfully or slightly.

The summary on the foundation and activities of the FRA and the Movement by Chondo-Gyo are as following; First, Chondo-Gyo and the FRA had abandoned the strategy called as "Rank v. Rank" at the 7th Comintern Meeting in July 1935 and made the consolidation between Anti-Japanese and People Consciousness of Chondo-Gyo for the change to do make a stronger struggle against Japan. The 7th Comintern made a new policy, " Change the 2nd troops of East-North People's Revolution Army into the corps for the Chosun Independence from Japan" with the contents that the Chinese Communists made the Chosun communists do their revolutional struggle for our independence from Japan while they made the union force against the Japan for the Colonies in the East-North Asia. Also it is appointed to the Chondo-Gyo as the object of the Movement entirely. At that time, the communists had got hostility towards the Chondo-Gyo deeply because the Chondo-Gyo didn't do only their religious activities by itself and did have the line to compromise with Japan in the country. Nevertheless, it is the central role of the party against Japan that the FRA did the Movement with the Chondo-Gyo.

Second, the both parties had the same line of the cognition of Chondo-Gyo and the struggle against Japan by Kim, Il Sung and the People' sense against Japan by Park, In Jin after the meeting twice. It is based on the realistic recognition under the control of Japan that only Chondo-Gyo couldn't succeed in expelling Japan from the country and keeping our people safe, and the FRA itself didn't get the independence. Also the Chondo-Gyo believers(hereafter called as "the believers") in the areas did have the through spirit of People.

The believers led by Park, In Jin were not the communists but it is enough possible to do the Movement with the FRA that they had the strong spirit against Japan with the top target for our independence. This spirit was established by Chondo-Gyo of itself, especially it remained continuously by the TongHak troops who had the experience of fighting against Japan during the Tonghak Revolution, fled from Japan and stayed in the areas. Park, In Jin listened to the general principle and announcement of the FRA during the talk with Kim, Il Sung, he could take participate in the movement actively. In this point, Kim, Il Sung could be expressed as 'an progressive Chondo-Gyo believers'.

Third, the believers did very aggressive activities in building the infrastructure after they joined the movement with the FRA. They organized the Wang Family Branch and the Temple Branch centering the Chondo-Gyo temple in the Jangpaekhyun with their 17 towns, their areas and branches in mainly Kapsan-gun, Pungsan-gun, Samsoo-gun, Hyesan-gun in the country, and their corps in charge of production. The infrastructure of the Group was made at Jangpakhyun in Manchuria, the partial districts of Hamkyongnam-do and Pyongan-do in the current North Korea while the very nuclear structures were those of Jangpaekhyun, Kapsan, Pungsan, Samsoo districts. They were very important for the infrastructure concerning the Chondo-Gyo.

Fourth, the Chondo-Gyo believers like Park, In Jin, Lee, Jeon Hwa, Lee, Kyong Woon, Lee, Chang Sun, etc. did enter the FRA and took participate in the Movement very actively. The leader, Park, In Jin, who controled the 5 branch temples in some parts of Jangpaekhyun, Kapsan, Pungsan, Samsoo, Hyesan, etc., did take the meeting with Kim,

Il Sung and the representatives at each temple, then they mostly entered the FRA and did take participate in the struggle in arms against Japan with the East-North Union against Japan, too.

But it is the limit that every Chondo-Gyo didn't join the movement successfully. Nevertheless, it is very important meaning that the believers at the districts of Hamkyongnam-do and Pyonganbuk-do with most of Chondo-Gyo did join the FRA and made the Movement against Japan with the FRA.

일반논문

車美理士의 美洲에서의 國權恢復運動*

朴容玉**

1. 머리말
2. 生長 結婚 및 中國遊學
   1) 生長과 結婚生活
   2) 基督敎와의 만남과 中國遊學
3. 美洲에서의 國權恢復運動과 修學
   1) 大同敎育會와 大同保國會 活動
   2) {大同公報}의 刊行 活動
   3) 한국부인회 組織과 大同孤兒院 支援事業
   4) 스캐리트 Scarritt大學으로의 修學
4. 맺음말

---

* 이 논문은 1998년도 성신여자대학교 학술연구조성비 지원에 의하여 연구되었음.
** 성신여대 사학과 교수.

1. 머리말

차미리사의 이름이 세상에 널리 알려지게 된 것은 1920년부터이다. 그는 중국과 미국에 유학한 당 시대의 보기 드문 인텔리 여성이었다. 1912년 미주에서의 유학을 마치고 귀국한 후 줄곧 배화여학교에서 사감으로 시무한 그는 학생들에게 민족정신을 일깨우면서 새 생활운동을 펴 나아갔다. 그는 남편으로부터 소박 받거나 청춘 과부가 되어 비탄스러운 삶을 사는 부인들에게 제 2의 삶을 주기 위하여 조선여자교육회를 조직하고 야학을 열어 이들 불쌍한 부인들을 교육시켰다. 이러한 운동을 전국적으로 확대하기 위하여 순회강연단과 가극단을 조직하여 전국을 순회하면서 생활 개선을 주장하며, 구시대의 의식을 벗어던지게 하였다. 그의 獅子吼와 같은 연설들은 희망이 보이지 않았던 우리의 식민지 사회에 대한 등불이 되었으며, 그의 일거수 일투족은 신문과 잡지의 지면들을 할애하였다. 그의 여성교육운동은 일제식민지로부터 조국을 건져내는 민족주의 운동이었다. 이 운동의 정신은 중국 유학을 거쳐 미국으로 다시 유학의 길을 잡았던 그가 修學보다도 국권회복운동이 더욱 緊切하다고 판단하고, 1905~10년에 걸쳐 미주에서의 국권회복을 위한 민족운동을 활발하게 전개하면서 다져진 것이었다.

그런데 그가 미주에서 활동한 민족운동의 실상과 내용, 그리고 그 활동들이 갖는 역사적 의미나 가치에 관하여 이제껏 학계에서는 전혀 관심을 가지고 연구한 바가 없었다. 그러므로 차미리사를 식민지시대의 여성교육운동가로서만 인식하고 있었을 뿐이었다. 그 이유는 첫째 그의 국권회복을 위한 민족운동이 해외에서 추진되었고, 귀국 후 일제 식민지 통치하라는 구속적인 정치 상황 때문에 자신의 활동 내용을 세상에 거의 밝히지 않았기 때문이다. 둘째는 자료부족으로 인하여 학계에서의 연구 대상이 되지 못하고 있었다는 점이다. 셋째는 1905~10년에 여성이 남성과 마찬가지로 주체적이고도 동등하게 국권회복을 위한 민족운동에 참여할 수 있었을까 하는 전통적인 여성 비하 의식 때문에 그의 위대한 활동을 등한히 하였던 것도 중요한 이유라 하겠다.

차미리사는 1880년에 지금의 서울 아현동에서 섭섭이 외딸로 태어나 부모의 사랑 속에서, 남에게 의지하지 말고 독립적으로 살아야 한다는 아버지의 교육을 받으며 생장하였다. 17세에 결혼하였으나, 19세에 딸 하나를 두고 과부가 되었다. 고모의 소개로 상동예배당을 찾은 그는 독실한 기독교인이 되고 마침내 중국 蘇州로 유학하여 4년의 수학을 하였고 향학의 뜻을 더 펴기 위하여 미주로 유학을 떠났다. 그가 미주에 도착하였을 즈음하여 조국에서는 을사조약의 강제 체결로 국가의 운명이 풍전등화와 같아 그는 수학의 길을 접어놓고 국권회복을 위한 민족운동에 투신하였다. 당시 미주에 와 있는 한국인 대부분은 노동자들이었고 약간의 유학 목적인들이 있었다. 차미리사처럼 외국(중국) 유학을 정식으로 거친 사람은 아주 드물었다. 그러므로 미주 교포사회에서 그에 대한 기대는 실로 크지 않을 수 없었던 것이다.

차미리사는 미주에 도착한 지 얼마 안 되는 때인 1905년 12월 9일에 조직된 大同敎育會와 대동교육회를 개편 확대하여 1907년 1월에 출발한 大同保國會에 발기인으로 참여 활동하였고, 以血報國하겠다는 투철한 애국정신을 피력하며 『大同公報』 간행에 참여 활동, 미주교포들의 애국심을 불러 일으켰다. 또한 미주내에서의 최초의 교포 부인단체인 한국부인회를 조직하여 회장으로서 활동하였고, 평안도 선천에 설립한 大同孤兒院에 대한 적극적인 지원 사업을 벌였다. 그는 國恥를 당하기 직전인 1910년 8월 초, 자신을 더욱 연마하기 위하여 여자 선교 교역자를 철저하게 양성하는 캔사스시에 있는 스캐리트대학에 입학하여 2년간 수학하고 1912년 8월에 귀국하여 배화여학교에서 사감으로 시무하였다.

1905~10년, 차미리사의 미주에서의 국권회복을 위한 민족운동에 관한 연구를 통하여 차미리사의 한국근대항일운동사에서의 위상을 새롭게 밝히고, 미주지역에서의 국권회복운동의 실상과 독립정신의 성격도 밝히고자

한다.

2. 生長 結婚 및 中國遊學

1) 生長과 結婚生活

　인물 연구에서 그 인물의 생애와 활동에 대한 정확한 年譜를 작성하는 것은 중요한 일이다. 차미리사의 경우, 그의 출생·성장·결혼 및 유학과 민족운동 그리고 귀국까지의 생애와 활동들은 각 논저마다 연대의 차이를 보이고 있다. 차미리사의 생애사에 관한 기록으로는 차미리사 자신이 쓴 「春風秋雨五十年間에 多淚多恨한 나의 歷史(이하「나의 歷史」로 略記)」(『別乾坤』, 新春特別號, 1928년, 54~58쪽) 와 「小女時代의 追憶(이하「追憶」으로 略記)」(『東光』, 1932년 3월호, 79~80쪽)이 있으며, 『女性』지의 R기자가 차미리사의 가까운 주변인과 대담하여 기사화한 「敎育奉仕三十年! 意志의 使徒 車美理士氏(이하「車美理士氏」로 略記)」(『女性』, 1938년 7월호, 64~67쪽) 등이 있다. 이상의 기록들은 내용은 간략하지만 그의 출생으로부터 1910년대까지의 활동 줄거리를 다루고 있어 이 시기의 생애사를 이해 연구하는 데 적지 아니 긴요한 자료들이다. 차미리사의 전생애사를 체계적으로 서술한 것으로는 그와 교분도 있었고 일제하 여기자로서 활약하였던 崔恩喜가 그의 업적을 추앙하여 쓴 『씨뿌리는 女人 ; 車美理士의 生涯』가 있다. 그 동안 여러 형태의 글에서 차미리사를 언급할 때는 대개 이 책이 활용되어 왔다.

　「나의 歷史」와 「追憶」은 차미리사 자신이 쓴 것이므로 내용은 정확하나 연도가 거의 언급되어 있지 않다. 이에 비하여 「車美理士氏」와 『씨뿌리는 女人』은 생애를 연도에 따라 체계적으로 서술하였다. 그러나 연도와 내용에 誤記가 많아 역사적 검토가 있어야 한다. 차미리사의 사회 활동이 활발하였던 40대 말인 1928년에 쓴 「나의 歷史」에서 그는 출생과 생장, 결혼 및 남편과의 사별, 기독교와의 만남과 중국 蘇州로의 유학 및 미국유학으로부터의 귀국 등을 다음과 같이 비교적 소상히 서술하고 있어 이를 기반으로 1910년대까지의 그의 생애와 활동의 대개를 검토할 수 있다.

나의 출생지로 말하면 서울에서 멀지도 않은 고양군 공덕리이다. 열일곱 살 되던 해 봄에 그 근동의 김씨집으로 출가를 하였는데 삼년이 불과하여 전생의 악연이라 할지 남편되는 김씨는 불행히 병으로 신음하다가 백약이 무효하고 최후에는 내가 단지까지 하였으나 또한 아무 효과도 보지 못하고 그는 영원한 천당의 길로 가고 다만 일점의 혈육인 딸자식 하나를 남겨 두었으니 그 때에 나의 나이는 겨우 열아홉살이었다. ……다만 어린 딸을 데리고 친가로 돌아와서 눈물겨운 고독한 생활을 하며 무정한 세월을 보낼 뿐이었다. 그 때에 우리 고모님 한분이 계시었는데 그는 역시 나와 같은 과수댁으로서 천주교를 신앙하다가 중도에 신앙을 고치어서 북감리교파인 상동예배당에를 다니었었다. 그는 나의 고독한 생활을 불쌍히 여기시고 특히 권유하여 하늘님의 사랑을 받게 하였었다. ……나도 역시 치마를 쓰고 상동예배당 출입을 하게 되었다. ……내가 예배당 출입을 하기 전까지는 친가에 있어서 비록 어머니의 따뜻한 사랑을 받더라도 나의 고적한 회포를 도저히 위로할 수 없었다. ……그 중에도 아비 없는 어린 아이가 이웃집 아이들과 놀다가 와서 나는 왜 아버지가 없느냐고 물을 때에는 불쌍도 하고 측은도 하여 아무 대답도 못하고 가슴이 미어서 가만히 앉았을 적이 많았었다. 그러나 한번 예배당에를 가서 한울님께 단단한 맹세를 한 뒤에는 전일의 비애와 고독이 다 어디로 살아지고 앞길의 희망과 광명만 있을 뿐이었다.[1]

차미리사는 1880년 8월 21일[2], 경기도 高陽郡 孔德里[3]에서 태어났다. 그

---

1) 이 논문에 인용된 자료들은 모두 읽기 편하도록 現代文으로 고쳤음.
2) 崔恩喜, 『씨뿌리는 女人; 車美理士의 生涯』(5쪽)에서 출생년월일을 "단기 4213(1880)년 8월 21일"이라고 하였다. 차미리사는 1955년 6월 1일 사망하였는데, 당시 『朝鮮日報』에서는 "77세를 일기로 서거하셨다"고 하였고, 당시 서울시장인 金泰善의 弔辭(『씨 뿌리는 여인』, 174쪽)와 덕성여중고 동창회장 鄭順和의 奉悼辭(앞 자료, 179쪽)에서는 "76세"를 일기로 영면하였다고 하였다. 사망시 연세가 77세이면 1879년생이 되고, 76세이면 1880년생이 된다.

의 아버지는 장손인데다가 부모가 모두 40이 훨씬 넘도록 자손이 없어 絶孫될 것을 근심하여 여러 달 동안 산천에 치성기도를 한 후 태기가 있어 출산하였다. 대를 이을 아들을 몹씨 기다렸던 50줄의 아버지는 아들 아닌 딸이 태어난 것을 확인하고 몹시 섭섭다 하여 이름조차 '섭섭이'라고 했으니 그는 여성이라는 존재를 천시하였던 남계혈통 계승 존중이라는 사회제도 속에서 차별적 인간으로 태어난 것이다. 이에 대하여 차미리사는 뒷날 「小女時代의 追憶」4)에서 다음과 같이 술회하고 있다.

> 안방에서 '으아' 하고 터져 나오는 갓난아기의 기운찬 첫 울음 소리에 아버지는 황급히 안방에 들어와서 갓난아기를 살펴보신 후 울렁거리는 가슴을 진정하실 사이도 없이 '아이고 섭섭이고나' 하셨다고 한다. 오십 줄에 당신 혈육이라고 처음 생긴 아기가 아들이 아니구나 하는 것을 아시고 '섭섭이'구나 말씀하신 아버지의 절망에 가까운 말씀은 조금도 무리가 아니었을 것이다.

더 이상 자녀를 출산할 수 없는 50줄에 들어선 아버지가 딸임을 확인하자마자 이젠 絶孫이로구나 하고 비통해하였던 아버지의 정황을 50줄에 들어선 차미리사도 그 시대의 당연한 소산으로 이해하였던 것이다. 어린 시절 비록 '섭섭이'라는 愛名을 들으며 자랐으나, 부모의 극진한 사랑 속에서 별 어려움 없이 평화롭게 성장했다. 아버지는 이처럼 어려움을 모른 채 성장하는 딸의 미래를 생각할 때 부모 사후에 외동딸이 의지가지 없는 신세가 되면 어쩌나 하는 염려를 하지 않을 수 없었다. 당시의 딸들은 시집을 가면 부계 계승 사상과 제도에 순종해야 하는 기존의 사회 틀 속에서 살아야 하는 것이 운명이었다. 그러할 수밖에 없는 여성의 운명을 익히 아는 아버지는 딸에게 인간으로서의 여성 자아를 상실하지 않는 독립적 삶을 살도록 하는 정신력을 키워 주었다. 다음은 아버지의 그러한 가르침을 평생

---

3) 孔德里는 지금의 阿峴洞(『女性』, 1938년 7월호, 65쪽)임. 서울特別市史編纂委員會, 『동명연혁고 ; 마포구편』, 1979, 24~26쪽 참조.
4) 『東光』 1932년 3월호, 79쪽.

뼈에 새겨 일생 동안 잊지 않고 살았음을 고백한 차미리사의 후일담이다.

> 내 '섭섭'아 너는 지금 아버지 어머니의 품 속에서 살지만 머지 않아 남의 집 귀한 며느리가 될 사람이오 남의 아내가 될 사람이다. 네 장래가 어떻게 될 줄 알겠니. 하니까 네게 부탁하고자 하는 말은 너는 언제든지 너 이외의 다른 사람을 의지하거나 믿지 말라는 한 마디뿐이다. 누구에게든지 네 마음 속에 다 털어놓지 말고 무슨 일을 당할 때에 남의 도움으로 살아가겠거니 하는 마음을 절대로 갖지 말아라. 완전히 독립하여 살아갈 생각을 하여라. 내게 혈육이라고 너뿐이니 우리 내외가 죽으면 누가 너를 보살피고 도와주 겠느냐. 그러니 절대로 남의 힘을 믿고 살 생각을 말아라.[5]

외동딸에 대한 아버지의 가르침에는 인간으로서의 여성 자아를 찾는 삶을 스스로 선택하도록 하라는 근대적 여성사상이 짙게 배어 있을 뿐, 유교적 三從之道 정신과 같은 것은 한치도 찾아볼 수가 없다. 18세기 이래 양반을 주장하는 남정들 중에는 가장으로서의 책임조차 상실한 나약한 존재로서 사는 이가 많았다. 그러므로 그의 아버지는 딸이 시집을 가더라도 결코 남편에게 자신의 생을 의지하지 말고 완전히 독립하여 살 각오를 가지라고 가르쳤던 것이다. 차미리사는 자기 생전에 아버지의 이러한 당부와 가르침을 잠시도 잊어본 적이 없었다고 했다. 그가 뒷날 남다른 모험적 용기와 의지를 가지고 해외 유학을 하고 민족운동과 여성교육운동에 渾身할 수 있었던 것은 소녀시절 아버지로부터 받은 철저한 교육때문이었다.

車美理士는 17세[6]가 되는 해 봄에 그 근동[7]에 사는 金氏[8]집으로 출가를

---

5) 위의 자료.
6) 차미리사의 결혼 연령은 자료 및 논저마다 다르게 나타난다. 그의 사회적 활동이 활발하고 정신이 맑은 49세(1928년) 당시에 직접 쓴 대표적 인생 역정기인, 「나의 歷史」(『別乾坤』, 1928년 신춘특별호; 1월호, 54~58쪽)에서는 "열일곱살 되던 해 봄"에 결혼하였다고 했는데, 「小女時代의 追憶」,(『東光』 1932년 3월호, 79~80쪽)에서는, "16세", 『씨뿌리는 女人』(5쪽)에서는 18세에 혼인을 하였다고 했다. 이것은 나이를 만으로 계산하는 과정에서 誤算 誤記된 것으로 생각된다. 본 논문에서 그의 연령 및 연도는 「나의 歷史」에 의거하며, 年紀는 전통적인 나이 셈법에 따랐다.

하였으나 불행하게도 18세9)에 딸 하나를 둔 채 과부가 되었다. 남편의 집은 평상시에도 과일이 있고 平床을 놓고 지내는 것 등으로 보아 비교적 여유롭게 생활을 했었던 듯하다. 혼인 3년10)의 생활을 "꿈결같이 지냈다"고 표현하고 있는 것 등으로 보아 부부 금슬도 좋았던 것으로 생각된다. 그러나 19세 되던 해에 남편이 병석에 누웠고, 그 해 여름에는 병이 아주 沈重하여져 그는 남편 병 수발에 온 정성을 바쳤다. 조선조의 효자 효부 열녀들이 부모나 남편의 꺼져 가는 생명을 기적적으로 살려보고자 斷指하여 흐르는 피를 환자 입에 흘려 넣는 孝烈 행위를 하여 칭송을 받았었는데, 차미리사도 남편을 위하여 자신의 손가락을 절단하는 烈行을 하였음에도 무심하게 幽冥을 달리 하고 말았다.11)

남편 임종시의 容態를 나이 깊도록 생생하게 기억하는 것으로 볼 때 남편에 대한 애정이 각별하였던 것으로 생각된다. 여름날 대청에 평상을 놓고 누어 있는 남편이 목이 마르다고 하자, 그는 과일을 깎아주려고 평상 바른 쪽에 있는 찬장 위에 놓여 있는 목판을 내려오려고 두 팔을 들다 무심결에 남편의 얼굴을 내려다보았다. 인생 경험이 적은 스물도 안된 새아씨였으나, 너무도 수척한 남편의 얼굴을 보고는 그에게 죽음이 다가오고 있는 것이 아닌가 하는 불안을 느꼈다고 했다. 아내가 깎아 준 과일을 한입 베어 물고 씹는 남편의 입은 벌렸다 다무는 것조차 힘들어 보였다. 그는 남편의 죽음이 가까왔음을 直感하고, 식구들의 도움을 받아서 남편을 안방으로 옮겨 뉘었다. 남편도 운명의 때가 다가왔음을 깨달았던지 아내를 의미 있게 쳐다보며, 삶의 마지막 안간힘을 보였다. 차미리사는 임종하는 남

---

7) 近洞은 시내 무교ㅅ다리(『女性』, 1938년 7월호, 65쪽), 즉 무교동임.
8) 차미리사는 기독교인이 된 후 서양식으로 남편의 성을 따랐고, 또한 세례명 美理士(밀리사, Melissa)를 받아 '金美理士'라고 칭하였다. 그러나 은행통장이나 증명문서와 같은 공적 문서에는 '車美理士'로 썼다(「나의 歷史」, 54쪽).
9) 23세에 中國 蘇州로 유학을 떠날 때 그의 딸이 6살(「나의 歷史」, 56쪽)이라고 한 것으로 계산하면 18세에 딸을 출산하였다.
10) "이태를 다 못살고"(『女性』, 1938년 7월호, 65쪽)라고 표현한 것으로 볼 때 3년은 햇수이고 정작 결혼생활은 만 2년이 채 못되었다.
11) 「나의 歷史」, 『別乾坤』, 1928년 신춘특별호, 54쪽.

편의 그러한 용태를 다음과 같이 술회하고 있다.

> 나를 쳐다보는 김씨의 시선에는 어쩐지 무슨 뜻이 잠겨 있는 듯하였다. 벼게를 바로 잡는 나의 왼손을 김씨는 붙잡고 마치 이별하는 사람 모양으로 처량스러운 시선으로 나를 보았다. 갑자기 내 왼 손 둘째 가락이 접게에 잡히는 듯이 몹시 아프기에 겁결에 홱 뿌리쳤다. 알고 보니 김씨가 깨물었다. 살아져가는 그의 목숨의 마지막 발악이었다. 나는 아파서 어쩔 줄 모르고 섰었는데 김씨는 내 얼굴을 쳐다보면서 마지막 미소를 보여 주었다.12)

이상의 정황으로 볼 때, 남편의 인물됨은 필시 선량하되 아내의 돌봄을 받아야 하는 병약인이었을 것이다. 再嫁와 같은 것은 생각도 할 수 없는 그는 남편이 죽자 딸을 데리고 친정으로 돌아와 어머니의 따뜻한 돌봄 속에서 살았다. 그가 뒷날 청춘과부가 되었을 때 자신의 장래에 대하여 한숨짓거나 눈물을 흘린 적은 털끝만치도 없다13)고 술회하고 있는데, 이러한 의지는 첫째 결혼 전 아버지의 가르침을 항상 뼈에 새기고 있었기 때문이다. 둘째는 기독교 신앙을 통하여 과부의 슬픔을 극복하고 새로운 희망찬 세계에서 자신의 인생을 독립적으로 창조 개척해 나가겠다는 강한 의지를 가지게 되었던 때문이다. 기독교인이 되기 이전의 그의 젊은 과부로서의 생활은 특별한 미래 설계가 없는 고독한 삶이었을 뿐이다. 그러한 자신의 과부생활을 「나의 歷史」(55쪽)에서 다음과 같이 술회하고 있다.

> 친가에 있어서 비록 어머니의 따뜻한 사랑을 받더라도 나의 고적한 회포를 도저히 위로할 수 없었다. 금화산에 해떨어질 때에 까마귀의 지적이는 소리를 들어도 남편의 죽던 때 생각이 나고 한강 어구에 봄들 때에 푸른 버들을 보아도 눈물이 자연 흘렀다. 더욱이 가을바람이 선들선들 불고 나뭇잎이 뚝뚝 떨어지며 기러기무리가 짝을 불러 만리 장공으로 훨훨 날아올 때에는 산란한 심회를 금하기 어려웠다. 그 중에도 아비 없는 어린 아이가 ······

---

12) 『東光』, 1932년 3월호, 80쪽.
13) 위의 자료.

이웃집 아이들과 놀다가 와서 나는 왜 아버지가 없느냐고 물을 때에는 불쌍도 하고 측은도 하여 아무 대답도 못하고 가슴이 미어서 가만히 앉았을 적이 많았다.

어린 딸을 데리고 친정에 의탁한 청춘 과부의 감당할 수 없는 고독한 삶의 정경이 너무도 잘 표현되어 있다. 그는 기독교와의 만남을 통하여 젊은 과부의 이같은 고적한 삶을 극복하고 자신의 미래를 희망차게 설계할 수 있게 되었다.

2) 基督敎와의 만남과 中國遊學

비탄스럽고 가슴 저미는 젊은 과부의 생활에 생기와 희망을 넘치게 하는 변환의 새 삶을 준 것은 기독교와의 만남이었다. 그에게는 자신과 마찬가지로 과부가 된 후 천주교를 신앙하다가 尙洞예배당의 교인이 되어 새로운 삶을 살고 있는 고모가 계셨다. 그는 청춘과부가 된 조카를 불쌍히 여겨 상동예배당에 다니도록 권유하여 그를 따라 예배당에 나가 마침내 독실한 기독교인이 되었다. 이때부터 그는 환희에 넘치는 변환된 삶을 살게 되었다. 눈을 뜨면 천당이 환연히 보이고 귀를 들면 한울님의 말씀이 순순히 들리는 듯 하였다. 교회 안의 동무 신자들과 같이 찬미도 하고 풍금도 치고 놀 때에는 세상 만사를 다 잊어버리고 마치 환락의 세계에서 사는 것 같았던 것이다. 신앙심이 날로 자라 당시 자신의 信心은 鐵石 보다도 더 굳었었다. 또한 신심이 그와 같이 굳었던 만큼 교회의 여러 사람들로부터 많은 신용을 얻었었던 것이다.[14]

이처럼 그는 기독교인으로서의 생활을 통하여 아직까지 경험해보지 못한 희망찬 환락의 삶을 갖게 되었다. 그는 비록 장옷을 입고 교회 출입을 하였으나, 그의 내면에는 낡은 시대의 여성 가치로부터 자신을 해방시키려

---

14) 「나의 歷史」, 『別乾坤』, 1928년 신춘특별호, 55쪽 참조.

는 의지로 가득하였다. 고독하더라도 수절생활을 하는 것이 최고의 가치요 덕목이었던 유교적 여성관을 그는 기독자의 생활을 통하여 비로소 벗어버릴 수 있었던 것이다. 그는 이제 하나님을 통하여 평등한 인간으로서의 여성 자아를 발견하게 된 것이다. 이제는 죽은 남편을 위한 수절 과부가 아닌 萬人에게 크게 쓰임 받아야 하는 人間으로서의 女性이 되었던 것이다. 예배당을 통하여 新文物을 접한 그는 배움에 대한 강한 열망을 갖게 되었다.

당시 그 예배당에는 자신과 같은 처지의 여신자들이 많았다. 그 중 자기보다 6살 위인 趙信聖(1874~1952)15)이라는 부인이 있었다. 그는 차미리사와 마찬가지로 아들을 간절히 기다리던 義州 부근의 한 부호 집안의 딸로 태어났다. 출생 당시는 식구들에게 실망을 주었으나 곧 집안의 귀중한 꽃처럼 귀여움과 사랑을 받으며 무남독녀로 생장하여 16살에 결혼을 하였다. 그러나 남편은 방탕으로 가산을 탕진하더니 마침내 아편을 먹고 자살하여 22세에 청춘과부가 되었다. 그는 자신의 인생을 스스로 개척하기 위하여 먼저 교인이 되어 한글과 성경을 배우는 과정에서 향학열에 불타 서울로 올라와서 이화학당에 입학하였고, 졸업한 후에 다시 상동예배당의 교원양성소를 졸업하고 이화학당에서 교사활동을 하고 있던 선각적 여성이었다. 그는 뒷날 일본에 유학하고 돌아온 뒤에 평양 進明女學校의 교장으로 취임하여 항일민족정신을 일깨우는 女性敎育運動을 하였고 3.1운동 이후로는 세상을 놀라게 했던 平安道 孟山 仙遊峰 호랑이굴을 거점으로 하는 독립청년단의 단장으로서 武裝 義烈活動을 총지휘하다가 일경에게 체포되어, 3년의 감옥생활을 한 혁혁한 항일투사였다. 또한 1927년 이후에는 槿友會 운동에 참여하여 槿友會 會長으로서의 중직을 맡았던 여성운동가이기도 하였다. 그 조신성이 차미리사에게 각별한 호의로 대하면서 미국으로 유학갈 것을 항상 권유하였다. 그의 권유를 받으면서부터 차미리사는 외국에 유학하고 싶은 강한 열망을 갖게 되었다.

그는 기독인으로서의 신앙이 깊어지고, 예배당을 통하여 새로운 세계의

---

15) 박용옥, 「趙信聖의 민족운동과 의열활동」, 『한국여성항일운동사연구』, 지식산업사, 1996, 33~58쪽 참조.

문물에 눈이 트이면서 가족에 대한 미련이나 애착이 멀어지고 미지의 세계에 도전하려는 새로운 의지가 강하게 솟구쳤다. 그는 마침내 해외 유학을 결심하였다. 유학을 결심한 그는 70이 넘은 어머니나 6살 된 어린딸16)에 대한 걱정보다는 유학비 마련에만 애를 태웠다. 그러던 중 선교사 헐버트 (H. B. Hulbert)를 소개받았고, 헐버트는 차미리사의 뜻을 가상히 여겨 중국 蘇州교회에 있는 「고」목사17)에게 소개를 해주어 먼저 중국으로 유학을 떠날 수 있게 되었다. 遊學熱에 가슴 부풀어 있는 23세(1902)의 차미리사는 어머니와 6살 된 어린 딸과 집안 일을 조신성과 교회에 부탁하고는 표연히 중국 소주로 떠났다.

인천에서 상해로 가는 중국배(바닥이 평평한 중국인 돛단 배, 쟝크18))를 타면서 여성해방을 상징하듯 그 간 입었던 장옷을 벗어버렸다. 꿈을 안은 과부 유학생은 돈이 없어 배의 지하 맨 아랫층 석탄 싣는 칸에 앉아서 갔다. 그는 외국 유학 전에 언어에 대한 기초 훈련도 받지 않은 채 떠났으므로, 중국어도 영어도 거의 못했다. 그가 소주의 중서학원(中西女塾)19)에 입

---

16) 차미리사가 美洲에 가 있는 동안에 70 老母가 외동딸의 임종을 받지 못한 채 쓸쓸히 돌아가서 이것이 평생의 한이 된다고 하였다. 또한 본국을 떠날 때 6살이었던 딸이 자신이 중국으로부터 미주로 가던 해(1905년)에 놀러 나갔다가 행방불명이 되었다는 소식을 어머니의 편지를 통해 알았는데, 그 당시는 다시 찾았겠지 하는 생각에 범상히 넘겼다는 것이다. 귀국하여 보니 딸의 행방을 전혀 알 수가 없어 『每日申報』에 광고도 내고 백방으로 알아보았으나, 정확하게 찾을 수가 없었다고 했다. 1917~8년경에 어떤 사람의 제보에 따라 자기 딸일지도 모른다는 희망으로 서울 黃土峴 사는 徐氏라는 여인을 찾아보니, 우두 자국이며 수 가마 위에 있는 險 등이 자기 딸의 것과 비슷하나 역시 자신의 딸이라는 확신은 서지 않았다. 그러나 그 뒤로 그녀가 어머니라면서 가끔 찾아왔다고 했다(「나의 歷史」, 57~58쪽).
17) 『씨뿌리는 여인』 6쪽에 "선교사 고모사씨를 알게 되어" 그의 소개로 헐버트를 알게 되었다고 했는데 이는 착오로 생각된다. '고모사씨'는 차미리사가 '고' 목사라고 말한 것을 잘못 들어 기억한 착오라 생각된다. 헐버트가 차미리사를 중국 소주교회에 있는 '고'목사에게 소개한 것이 맞는 것이다(「나의 歷史」, 55쪽).
18) 「車美理士氏」(『女性』, 1938년 7월호, 65쪽)에, "상해 가는 중국배 쟝크에다 몸을 싫고" 라고 했다. 쟝크는 'junk'임.

학하여 약 4개년간 神學을 공부하여 졸업을 하였다. 그의 유학 시작인 23세의 1902년부터 4개년을 햇수로 계산하면 1905년이고, 만으로 계산하면 1906년이 된다. 그런데, 그가 1905년 12월 9일에 미국 파사디나 Pasadena에서 조직된 大同敎育會의 발기인이었던 것[20]을 감안하면, 그는 1905년에 중서학원을 졸업하고 곧바로 渡美한 것이라 생각된다.

그의 중국 소주에서의 유학 생활은 참으로 고달팠다. 가지고 간 학비가 얼마 안되어 고학을 해야 했고 영어 중국어를 모두 몰라 언어로 인한 답답함은 학업 추진의 큰 고통이었다. 그러나 그는 포기하지 않고 "저 청인놈들이 나를 삶아먹지만 않으면 견디고 공부를 마치고 나가리라."[21]는 굳은 결심과 의지로 공부를 하였다. 이국 땅에서 여러 어려움을 혼자 극복하면서 학업에 열중해야 하는 그의 나날의 생활은 실로 표현할 수 없는 심한 스트레스였다. 학업 도중 그는 생각치 못한 심한 뇌신경병에 걸려 여러 달 동안 신음하였고, 한때는 위험한 상태에까지 이르렀었다고 술회하고 있으며,[22] 그 후유증으로 귀가 어두워져 남의 이야기를 잘 들을 수가 없게 되었다[23]

---

19) 『新韓民報』, 1910년 8월 3일, 「여자계의 서광」. 中西學院은 中西女書塾(또는 中西女塾)이다. 이 학교는 미국 남감리교 목사 林樂知가 중국의 여성교육을 위하여 蘇州에 창설하였으며 幽閑貞靜하며 책임감이 강한 여교사 海淑德으로 하여금 교육을 총감리하게 하였다. 학교 제도는 감리교 선교사가 세운 中西書院과 거의 같다.(李又寧 張玉法 編, 『近代中國女權運動史料』, 995~996쪽에 게재된 『萬國公報』, 光緖 15年 12月號, 「中西女書塾啓」; 同, 光緖 17年 2月號.). 中西書院에는 일찍이 尹致昊가 유학하였었고, 차미리사가 유학하고 있을 때 梁柱三도 수학하여 같은 해에 졸업하고 함께 渡美하였다. 『女性』 1938년 7월호 65쪽에는 "中華民國 湖州重貞學校"라고 誤記하였고, 『씨뿌리는 女人』 6쪽에 "소주 버지니아여학교에 입학하였다"고 했는데 찾아본 바에 의하면 중국 소주에 이러한 명칭의 여학교는 발견되지 않음.

20) 김원용, 『재미한인오십년사』, 89쪽.

21) 「車美理士氏」, 『女性』, 1938년 7월호, 65쪽.

22) 「나의 歷史」, 56쪽.

23) 그는 말을 잘 알아듣지 못하여 학생들이 '구리 귀신'이란 별명을 부쳤었다.(『別乾坤』, 1933년 1월호, 24쪽), 그의 耳聾症으로 인한 에피소드도 적지 않은데, 그가 조선 여자교육협회 순회 강사로 海州에 가서 강연할 때였다. 臨席 경관이 불온한 내용이 있다고 주의를 시켰는데도 그는 알아듣지를 못하므로 그대로 계속하였다. 경관이 화가 나서 최후 중지까지 시켰는데도 들은

고 했다. 그는 중국에서의 유학생활을 마치고는 귀국치 않은 채 공부를 더 하기 위하여[24] 다시 미국으로 건너갔다.

3. 美洲에서의 國權恢復運動과 修學

1) 大同敎育會와 大同保國會 活動

『新韓民報』, 1910년 8월 3일자 「여자계의 서광」에서 차미리사에 관한 다음과 같은 기사를 게재하고 있다.

> 다년간 상항에 두류하던 밀리사 김부인[25]은 본래 독실한 신교인으로 증왕에 상해 중서학원에서 공부하다가 다시 유학차로 미국에 건너온 지 여러 해에 학비를 마련하기에 노고를 피치 않더니 마침내 그 뜻과 같이 되어 금에 학업을 전공할 차로 작일에 상항을 떠나 칸사스 시티를 향하였더라. 장하도다 김부인의 품은 뜻이여. 천신만고를 무릅쓰고 스스로 학자를 마련하여 독행 독립으로 학업을 마치고자 할 뿐 아니라 우리 나라의 여자 사회에 교편을 들고 광명한 길로 인도코자 함이니 돌아보건데 전국 일천만명 자매 중에 이와 같은 이가 그 몇 분이 될는지 기필치 못하는 바라. 우리는 아국의 미래를 위하여 하례하며 또한 그 성공이 속히 있기를 축수하노라.

채도 안하고 계속하였다. 이를 잘 모르는 청중들은 부인네도 저처럼 당당하다고 칭찬을 하였고, 반대로 경관은 경관의 말을 무시하고 계속 강연을 하였다고 노발대발하여 소리를 꽥 지르자 그때서야 알아듣고 내가 귀가 어두워서 그렇다고 하자 경관은 어이가 없어 웃고 청중은 박장대소를 한 일이 있었다(『別乾坤』, 1930년 7월호, 144쪽).

24) 「나의 歷史」, 56쪽에서 이에 대하여 "그 뒤에 美洲에 가서 있기는 약 9개년 동안이었는데 거기서도 공부한 것은 역시 神學이오, 거기에 가게 된 것도 역시 교회의 일로 가게 된 것이었다."고 한 것으로 보아 미국 선교사의 주선으로 갈 수 있었던 것이다.

25) 미주에 있는 동안 차미리사는 '밀리(이)사 김부인', '김씨밀리(이)사', '金美理史' '김미림' 등으로 호칭되었었다.

위의 기사에 의하면 차미리사는 샌프란시스코에 다년간 逗留하였는데 그 이유는 미국에서의 유학 학비를 마련하기 위해서였고 그의 유학 목적은 자기 일신을 위해서가 아니라 우리 나라의 여성교육을 위해서라고 했다. 차미리사의 "다년간 두류"는 보다 정확히 말한다면 중국 소주의 중서학원을 졸업하고 곧바로 미주에 온 1905년 후반경으로부터 미국 미조리 Missouri주 캔사스 Kansas시에 있는 스캐리트 대학 Scarritt College에 수학하러 샌프란시스코를 떠나는 1910년 8월 1일까지의 약 5년간인 것이다. 그는 이 5년 동안 학업을 계속할 학비도 마련하였겠으나, 그보다도 기울어져 가는 조국을 구하는 일에 바쁜 나날을 바쳤던 것이다. 열강의 침략이라는 엄청난 역사적 비극을 한국과 더불어 비슷한 경험을 함께 겪고 있던 중국에서의 유학생활은 그로 하여금 새로이 국가와 민족문제를 깨닫게 했었을 것임이 분명하다. 그 어려웠던 중국에서의 유학생활을 끝마치자마자 다시 망망대해의 동쪽 끝에 있는 미주로의 再遊學을 시도한다는 것은 특별한 뜻이 있지 않고는 어려운 일이다. 더군다나 자신이 돌아오기만을 기다리는 고국의 70 중반의 노모와 아비 없는 어린 딸을 생각한다면 보통 사람으로서는 수행하기 어려운 결행이다.

그가 미주에 도착한 즈음인 1905년 11월, 조국은 일제에 의하여 乙巳保護條約이 강제 체결되었고, 이 비탄스러운 소식은 미주 교포들의 가슴을 아프게 하였다. 더 큰 유학의 꿈을 안고 미국 땅을 밟은 차미리사는 이러한 조국의 비운을 외면한 채 학업만을 계속할 수는 없었을 것이다. 그가 미국에 도착 후 샌프란시스코에서 일천리나 되는 로스앤젤레스에서 가까운 파사디나 Pasadena에 가 있었던 것은 학비 마련을 위한 일자리를 구하기 위해서였을 것이다. 그러한 그가 학업 계속을 미루고 大同敎育會 조직에 참여 활동하였던 것이다. 그는 조국의 국권 회복을 위한 민족독립운동의 거보를 위하여 미주에 온 것이라 해도 과언이 아닐 것이다. 위기에 처한 조국이 당면한 가장 큰 과제는 교육을 흥왕시켜 民力을 키우는 일이라고 믿었던 것이다. 특히 일천만 여성을 광명의 길로 인도할 여성교육을 진흥시키므로써 약화된 국권을 회복, 완전 독립을 성취할 수 있는 국민적 임무를 여성으로 하여금 담당하게 해야 한다고 믿었던 것이다. 을사조약의 강제 체결로 국가의 운명이 풍전등화의 위기에 처하자 국내에서는 이미 이 위기를 극복하기 위하여 먼저 근대교육을 전국민에게 확대, 국민의 지적 수준을 높이고 국민의 권리를 강화하면 강건한 국권을 확립할 수 있다고 확신하는 선각적 지도자들에 의한 애국계몽운동이 활발하게 일어났다. 이 운동은 국외 민족운동자들에게도 적지 않은 반향을 일으켰다. 대동교육회 운동은 애국계몽운동을 문명 세계로 연계 확대하자는 운동의 성격을 포함하고 있었다.

동방 여러 나라에서 미국 서부로 들어올 때는 샌프란시스코의 天使島 Angeles Island에서 입국 절차를 밟아야 하므로 샌프란시스코는 동양인의 첫 기착지가 된다. 도미 한국인도 마찬가지였다. 1902년에 시작된 우리나라의 하와이 노동이민자들 중 1903~4년경부터 미주의 캘리포니아로 이주하여 새로운 생활 터전을 찾는 이들이 늘어나 1903년 9월에 샌프란시스코의 한인수가 25명이었던 것이 1906년 말에는 北美 거주 한국인수가 1300여 명으로 늘어났다. 이들은 주로 광산·철도·과실농장 등에서 노동으로 생업을 하였었다.26) 북미로 이동하는 교포의 수가 늘어나면서 직업 알선의 정보 교환을 비롯하여 서로 患難相扶할 조직체가 필요했다. 이에 安昌鎬를 비롯한 박성겸 이대위 김성무 박영순 장경 김찬일 김병모 전동삼 박승지등이 발기하여 1903년 9월 23일에 親睦會를 조직하였고27), 안창호는 회장을 맡았다. 친목회는 1905년 4월 5일에 좀 더 규모가 갖추어진 共立協會로 출발하여 회관을 건립(동 11월 27일)하고 서부 각 지역에 지회를 설립하여 적극적인 민족 독립운동을 추진하는 정치적 성격의 단체로 확대되었으며, 그 기관지 『共立新報』를 간행하였다.28) 그리고 안창호는 미주 교포 사회에서 지도자로서의 지위를 갖게 되었다.

당시 안창호에 상응되는 張景도 애국심과 민족 의식이 강한 미주 서부 교포 사회의 민족지도자였다. 그는 親睦會의 발기인이었고, 안창호와 함께

---

26) 『共立新報』, 1906년 ?일, 「北美寓居韓人槪況」.
27) 김원용, 앞의 책, 87쪽.
28) 김원용 앞의 책, 88쪽.

손잡고 일한 동지였다. 그런데 공립협회 출발 이후, 그는 교육 구국을 목적으로 하는 새로운 민족운동 단체의 조직을 준비하여 1905년 12월 9일에 파사디나에서 大同敎育會를 발기 조직하였던 것이다. 평소 교육 구국을 염원하고 계획하였던 차미리사는 대동교육회의 목적과 정신이 자신의 뜻과 부합한다고 믿어 발기인으로 참여하였던 것이다.

대동교육회 창설 당시 발기인으로 참여하고 동 회의 순찰위원 직임을 가지고 여러 지역에 지회를 설립하고 뒷날, 大同保國會 출발시의 발기인으로도 참여하였던 方四兼은 자신의 평생일기에서 동 회의 설립 경위와 활동에 관하여 다음과 같이 서술하고 있다.

> 하루는 어떤 한인 한 분이 나성에서 상항에 올라와 기숙사를 심방할 때에 나도 만났는데 장경씨라는 분이다. …… '상항은 복잡하고 공부하기가 좋지 못하니 나와 함께 로스엔젤스로 가자'고 하신다. 곧 정거장으로 나가 로스엔젤스로 가는 기차에 몸을 실었다. 유니언 정거장에 도착을 했고 전차를 타고 파사디나라는 곳으로 갔다. 곧 장선생께서 새 일자리를 소개해주셨는데 ……이 일을 시작한 다음에는 매일 저녁 장선생을 만나게 되었다. 이 분은 이때마다 사업상 이야기나 물욕에 대한 이야기가 일체 없고 다만 우리 나라가 망하여가는 것을 어떻게 바로 잡을까 하는 것 뿐이다. 한번은 파사디나에 사는 한인이 다 모여보자고 해서 모였는데 참석자는 장경씨와 부인, 이병준, 유홍조, 김밀리사와 나, 그리고 새로 오신 분도 6~7명이었다. 장선생께서는 '우리 나라는 오래지 않아서 망하게 되는데 해외에 나와 있는 한 인으로서 가만이 앉아서만 있어 되겠느냐'며 '나라를 구하는 활동을 하자'고 그 취지를 말씀하신다. 그리고 교육기관을 조직하자고 하시면서 명칭은 大同敎育會라 하는 것이 어떻겠느냐고 물으셨다. 이것이 바로 대동교육회가 북미 파사디나에서 설립된 것이고 회장[29]은 장경씨가 맡게 되었다.

이상 글의 내용으로 볼 때, 장경 이병준 유홍조 김(차)밀리사 방사겸은 대동교육회 설립을 위하여 이미 수차 회동한 사이인 것으로 보인다. 그리

---

29) 김원용, 위의 책 89쪽에는 회장 김우제, 총무는 장경이라고 했다.

고는 대동교육회 발기 조직 당시 이들 이외로 6~7명을 새로 영입 회동하였던 것이다. 동 교육회 설립에 대하여 김원용은 『재미한인오십년사』(89쪽)에서 "이 회는 공립협회에 대립하여 조직한 것이며 그 지도자 장경이 최초의 친목회 발기인 중의 한 사람으로서 도산 안창호와 충돌이 있은 후에 분립되었던 것이다" 라고 하여 안창호와 장경이 뜻이 맞지 아니하여 공립협회에 대립하여 조직한 것이라고 설명하고 있으나, 그 대립의 명분이나 원인에 관하여서는 설명하고 있지 아니하다. 미주 지역의 항일독립운동에 관한 한 연구에서 그 분립의 원인을 공립협회는 공화주의이고 대동교육회는 보황주의라는 政治體制 이념의 차이때문이었다[30]고 했다. 대동보국회에 관한 또 다른 연구에서는 위의 이유를 지지한 위에 공립협회의 關西 출신과 대동교육회측의 非關西 출신간의 지역파벌주의도 한 원인일 것이라[31]고 추정적 사유를 더하였다. 그런데 『공립신보』에 의하면 장경이 국내 신문에 안창호를 파렴치한으로 비방하는 광고를 게재하여 로스앤젤스 학생회의 강력한 항의를 받고 장경이 정식으로 사과문을 발표한 바가 있는 것으로 보면 두 사람간에 사업을 통한 개인직 감정이 있었던 것은 분명한 사실이다. 또한 미주에 온 후 안창호의 지도를 받고 공립협회 회원으로도 있던 방사겸이 장경을 따라 대동교육회와 대동보국회에서 중추적 역할을 하였던 까닭인지 공립협회에서는 그가 회규를 위반하여 총회에서 黜會를 가결한 일[32]이 있었다. 이와 같은 일련의 일로 보아 공립과 대동의 관계는 썩 원만치는 못했던 것으로 보인다. 그런데 방사겸은 그의 일기에서 그러한 내용은 적고 있지 않다.

방사겸은 공부를 하기 위해서 노동 이민으로 하와이에 왔다가 북미주로 다시 이주해온 유학 지원생이다.[33] 또한 차미리사도 공부를 더 하기 위하

---

30) 尹炳奭, 『國外韓人社會와 民族運動』, 261~285쪽.
31) 崔起榮, 「舊韓末 美洲의 大同保國會에 관한 一考察」, 『朴永錫敎授華甲記念韓民族獨立運動史論叢』, 論叢刊行委員會, 1996, 1318~1326쪽.
32) 『共立新報』, 1907년 1월 ?일, 제 27호, 「違規黜會」.
33) 閔丙用, 「方四兼옹의 平生日記」, 『美洲移民 100年』, 한국일보사, 1986, 62쪽.

여 미주에 온 유학지망생이다. 대동보국회 설립 당시의 발기인들 중의 張仁煥·安定洙·白一奎 등도 모두 신학문을 공부하기 위하여 준비하거나 또는 대학 진학을 하였다. 선진 지식의 배움을 희망하였던 미주의 젊은 우국인들은 국내의 준수한 청년자제의 해외 유학과 신지식의 각종 서적 간행과 신문의 간행 譯佈 등의 교육구국운동이란 취지34)에서 출발한 조직이란 점에서 보다 적극적으로 참여하였던 것이라 생각된다. 특히 대동교육회는 대동이라는 명칭에서 보여주듯이 2천만 동포 모두를 아우르고 전세계를 무대로 하는 것이다. 아울러 대동교육회에는 남녀의 차별 없이 뜻 있고 능력 있는 여자도 더불어 참여케 하는 것이었다. 발기인 중에 차미리사를 비롯하여 장경의 부인이 포함되고 있었던 점은 실로 선진적이고도 개방된 조직이었음을 말해준다 하겠다. 만일 동 회가 保皇主義라는 보수 정치체제를 강하게 고수하는 단체라면 여성을 평등하게 참여시키는 것과 같은 일은 생각치도 않았을 것이다. 이런 점에서 볼 때 대동교육회는 국내의 애국계몽운동과 궤를 같이 하면서도 한 단계 높은 수준에서 출발한 국권회복 운동단체였다.

당시 차미리사의 존재는, 살기 위하여 노동을 하고 장사를 하는 그러한 이민 교포들과는 크게 구별되어 많은 이로부터 우러름을 받았을 것이다. 방사겸의 일기에서 대동교육회를 조직하던 날 모였던 12~3명 중 여섯 사람의 이름을 거명하였는데, 장경과 그 부인의 경우는 '장경씨와 부인'이라고 씀으로서 양인의 관계성을 표현하였다. 그와 유사한 표현으로서 '김밀

---

34) 취지서의 요점은 "…… 現今 我同胞之住美洲한 有志者가 衆議를 합하여 大同教育會를 加洲諸處에 設立하는데 其宗旨는 人材를 培養하여 祖國을 救援하기 위하여 辦事한 것이라. 上下同心하고 內外合力하여 大儲巨款하고 海內의 俊秀青年子弟를 公選하여 海外教育을 運受케 하여 以成遠大之器하여 以備國家之用케 하고 또 學生을 善히 保養하며 學問의 方針을 善히 指導하고 併設 海外報館하여 一體 新智의 諸種 書籍을 刊出하며 或 國漢文의 新聞을 譯布하여 內外消息을 交通하며 東西 情形을 歷觀케 하여 互相裨益을 增加勉勵하면 庶可爲我韓人自助自修之一大機關矣이라. ……, 北美諸省大同教育會會員 安定洙 金燦一 柳性春 金宇濟 邊昌洙 金承濟"이다('寄書」,『大韓每日申報』, 1906년 8월 9일자).

리사와 나'라고 쓰고 있다. 이것은 방사겸과 김밀리사는 무언가 관련성을 갖는 관계인이라는 평소의 생각이 그렇게 쓰게 한 것이리라 생각되는데, 그것은 아마도 미국에서 공부하려는 동지라는 뜻이었을 것이다. 조국의 가족까지도 뒤로 하고 유학차 도미한 차미리사가 유학의 일을 접어 놓고 대동교육회에 적극적으로 가입 활동한 것은 "人材를 培養하여 祖國을 救拔하기 위하여 辦事"한다[35])는 대동교육회의 주된 宗旨인 교육 구국의 목표가 자신의 목표와 의지에 부합되었기 때문이다. 여성교육을 국권회복의 중요한 방편으로 여긴 차미리사로서는 대동교육회 발기에 적극 참여하지 않을 수 없었을 것이다. 차미리사의 대동교육회에의 참여 활동은 그의 생애에서의 첫 민족주의운동이요 국권회복운동이었다는 점에서 중요한 의미를 지닌다.

대동교육회는 미주내에서 동지를 규합하기 위하여 미주 각지에 지회를 설립하고 국내와 상해에까지 지회를 두어 국내외가 긴밀한 연계를 가지고 인재 배양 운동을 하고자 했었다. 또한 이 사업을 확장하고 효율화시키기 위하여서는 이미 취지서에서도 밝힌 바와 같이 신문을 발행하는 일이 무엇보다도 중요하다고 생각하였다. 신문 간행을 위하여서는 상당한 재정이 필요하므로 대동교육회는 국내 유지들의 도움을 받고자 『大韓每日申報』 (1907년 1월 4일자 雜報欄)에 「北美大韓人 集款組成海外報館啓 北美桑港大韓人大同敎育會」의 제목으로 신문을 중시하는 문명국들의 상황과 조국의 교육 구국을 위해서는 신문사 출판사를 설립하여야 하므로 국내 유지인들이 捐助해 줄 것을 요구하는 다음과 같은 내용의 서한을 발송 게재하였다.

> …… 대저 신문이란 실로 邦家의 이목이오 국민의 스승이오 어머니이다. 활발한 의논은 안으로 士軍의 정신을 양성하고 밖으로는 천하의 公論을 발하여 크게 인민의 이익을 구하고 국가의 경영을 확장함에 신문이 쓰이는 것이다. 이에 문명국인이 존중하여 힘써 조장함은 이런 까닭 때문인 것이다. …… 美洲에서 이민을 연 이래로 우리나라 청년으로 멀리 해외에 항해하는

---
35) 『大韓每日申報』, 1906년 8월 9일, 寄書.

자가 만명에 달하였다. 뜻이 있는 자들은 時事의 다급함을 알고 衆力을 합하여 大同敎育會를 北美에 창립하여 내외가 합력하여 鑄款 培材 救國을 宗旨로 하였다. 文武의 정신으로 軍國과 民의 자격을 양성하고 君國을 보존하는 뜻을 가지고 元氣를 보존한 후라야 外患을 막을 수 있는 때문이다. ……
지금 본 회중에서 해외 報館을 助成하여 民際 國際의 大務를 한 지 수주에 동포들이 듣고 기뻐서 거금을 보내왔으며 외국인 유지자들도 정성껏 찬조를 하고 있다. 이는 내외의 시사를 아는 유지의 大義이다. 스스로 돕는 자를 하늘은 돕는다는 이치가 있는데 어찌 힘써 이루려 도모하지 않을 수 있겠는 가.36)

대동교육회는 창립 1년여에 그 세력을 적지 아니 확대하여 회원이 300여명에 달하였고 기관지 『大同公報』를 간행하려 노력했고, 국내에 대동교육회를 설립하여 국내외간에 사업의 기맥을 상통하여 청년남녀의 교육을 진흥케 하고자 하였다.37)

『大同公報』의 발행은 대동교육회의 중요한 사업으로 추진하였으나, 그 신문을 대동교육회 활동기간에는 발행하지 못하였다가 대동교육회를 大同保國會로 확대 개편하고도 약 7개월 가량 지난 1907년 10월 3일에야 비로소 창간되었던 것이다.

대동교육회가 급변하는 시세에 대처하여 강력한 항일구국운동을 보다

---

36) "夫新聞者 實爲邦家之耳目 國民之師母 以活潑之議論 內養士軍之精神 外發天下之公論 大求人民之利益 擴張國家之經營 其爲用也 重且大矣 是文明國人 所尊重而力助之職 此之故也 故欲知其國家之盛衰 先察其多少報館之發達與否而已 ……開自美洲移民以來 吾國靑年 遠航海外者 乃達萬人 有志者 知時事地大急 合衆而 創立大同敎育會於北美 內外合力 鑄款 培材 救國爲宗旨 以文武之精神 養成軍國民資格 以保君國之義 以保元氣以後 以禦外患故也 …… 今自本會中議與 組成一海外報館 以爲民際國際之大務 數週之間 達近同胞聞之而 欣欣然 誠輸巨金已爲入款不少 凡外國人有志家聞 輒嘉愛多許誠力贊助 況乎內外知時有志之大義乎 蓋人自助 天必助之理也 豈不可勉力圖成哉"

37) 『大韓每日申報』1907년 2월 17일자 雜報欄의 「大同設會」기사에 "대동교육회는 大同公報를 발간하여 청년남녀를 運輸留學케 하고 내외정형을 互相 通涉케 할 뜻으로 미국에 留在한 회원이 삼백여인인데 근일 內地에도 조직하여 氣脈을 相通하며 敎育을 振興케 하라 하였더라"고 보도되었다.

광범위하게 전개할 목적으로 1907년 1월[38])에 大同保國會로 확대 개편할 때, 차미리사는 25명의 발기인[39]) 중 유일한 여성으로 당당히 참여하였다. 그의 참여와 활동은 피할 수 없는 시대적 요구였다. 대동보국회는 샌프란시스코에 중앙회를 두고, 미주내 각지(상항 San Francisco, 앵부 Sacramento, 부호 Fresno, 칼륜 Carlin, 염호 Salt Lake 등)에 지회를 두고 국내[40])와 상해[41])에까지도 聯會를 두고 상당한 활동을 하였다. 또한 국내에서 애국적 열기가 뜨거웠던 국채보상운동을 추진[42])하면서 특히 국내와의 기맥을 견고히 하고자 하였다. 이러한 활동 분위기에서 유일한 여성 차미리사는 중앙회 상의원으로서 김준화 김용균 백일규 서택원 등과 활동하였다.[43]) 대동교육회 당시의 차미리사의 구체적 활동은 자세히 알 수 있는 자료가 없어 정확히 알 수 없지만, 대동교육회와 연계된 대동보국회 창립 이후 그의 활동이 활발했다. 그것은 그의 대동교육회 시절의 활동을 통하여 이미 그 능력이 크게 부각되고 인정되었던 결과라고 생각된다.

大同保國會는 1908년 1월 22일, 중앙회 제3차 대의회를 개최하였는데 이

---

38) 김원용, 『재미한인오십년사』, 89쪽에는 대동보국회가 1907년 3월 2일에 조직되었다고 하였으나, 『大同公報』 1907년 10월 3일자 창간호의 「本會來歷」에는 "금년(1907년) 1월에 이르러 회명을 개량하여 대동보국회라 하니"라고 하여 1907년 1월에 대동보국회로 재조직되었음을 밝혔다.
39) 대동보국회의 발기인은 장경 김우제 이병호 류홍조 김밀리사(注 : 차미리사) 윤응호 문양목 최윤백 장인환 변창수 김춘화 김홍균 송사원 양주은 백일규 이면식 방사겸 조성학 이학현 박도선 서택원 박창운 김필권 이성칠 김찬일 등이며, 중앙회 회장은 이병호, 총무는 장경이 선임되었다. (김원용, 위의 책, pp. 89~90.) 대동보국회 설립 취지는 『大韓每日申報』, 1907년 7월 17일, 雜報欄, 「北美大韓人大同保國會趣旨書」에, 『大同公報』, 1907년 10월 3일, 창간호에는 대동보국회로의 개편 확대의 내력과 배경 및 취지를 밝히고 있음.
40) 『大韓每日申報』 1907년 2월 17일, 雜報, 「大同設會」. 『皇城新聞』 1907년 7월 12일, 「北美大韓人大同保國會內地委員長朴永運 勸告二千萬同胞書」.
41) 『大韓每日申報』, 1908년 1월 15일, 雜報, 「上海韓人保國會, ……大同保國會 發起」.
42) 『大韓每日申報』, 1907년 8월 16일, 雜報, 「旅美韓人國債報償趣旨書, ……北美大韓人大同保國會中央會長 李秉瑚·書記 邊昌洙 謹」.
43) 『大同公報』, 1908년 2월 6일, 「會報」.

때 그 部署 체계가 제대로 잡혀 있었고 회원도 500여인으로 증가하고 『大同公報』도 이미 발행하고 지회사업도 궤도에 올라 그 활동이 활발하였다. 그런데 중앙회의 각 임원을 투표 공천할 때 차미리사는 중앙회의 상의원일 뿐, 그 임원으로 공천되지는 않았다. 그 이유는 두 가지로 해석할 수가 있다. 첫째는 그가 공부를 계속하기 위하여 머지 않은 날 샌프란시스코를 떠날 것이기 때문일 것이고, 둘째는 남녀간의 평등적 참여가 시대적으로 보아 아직은 절대적이 아니었다는 점일 것이다.

그 대신 그는 대동보국회가 가장 중요시하는 신문 사업인 『大同公報』의 일을 전담44)하였다.

2) 《大同公報》의 刊行 活動

週報인 『大同公報』는 대동보국회의 단순한 소식지가 아니라, 이 신문을 통하여 독자들의 뜨거운 애국심을 함양하게 하고, 더 나아가 대한제국을 세계에 웅비시킬 방침을 인도하는 역할을 담당해야 하는 것이다. 그러므로 신문 담당자는 이러한 역할을 담당할 애국심과 상당한 지적 수준을 지녀야 한다. 정확하고 훌륭한 기사를 써야만 대동보국회의 정신과 『大同公報』의 주의를 발휘할 수 있기 때문이다. 『大同公報』1908년 2월 6일자 논설「記者遞任說」에서 기사 작성자인 기자의 중요성을 다음과 같이 논하고 있다.

> ……본보의 주의는 지애지경하는 동포로 하여금 사람마다 완전히 독립할 자격을 양성하여 자유한 정신과 의기로 살신구국하여 대한제국이 세계에 웅비할 방침을 인도하는 범위 안에 있을 따름이니 학문과 지식이 넉넉할지라도 애국열성이 없은즉 기자의 직임을 자담치 못할 터이오 또한 본사에 쌓아놓은 재정이 없고 유지사녀와 일반회원의 열성으로 연조도 하며 찬성동맹도 하여 근근히 계간한즉 무수한 곤란이 가위백공천창이라. 그런고로 학

---

44) 『大同公報』는 회원의 月捐으로 운영되는데 김미리사도 매월 2원을 연조하고 있었다(『大同公報』, 1908년 1월30일, 「총무보고」).

문과 지식과 열성이 있고도 모험하는 용맹이 있는 자야 능히 감당할지니 미주에 유재한 동포 중에 본보 기자의 자격이 어찌 一二人뿐이리요마는 그러나 각기 학교에 들어가 고명한 학문을 더욱 연구하여 그 지식이 각각 자기 목적을 달하기 전에는 담책을 전임하고 사위에 착수치 못할 형세니 일초가 급급한 시국에 처하여 심상한 방관자의 모양으로 있지 못하겠고 한인이 아니면 할 일 없거니와……

차미리사야말로 『대동공보』가 구하던 바로 그 기자의 직임을 모두 갖춘 인물이었다. 그는 대동교육회 이래 높은 지적 수준과 뜨거운 애국심을 가지고 대동보국회 회원으로 활약하였다. 나라와 민족을 위해서는 자신의 修學 시기도 지연시킬 수 있는 애국적 여성이었다. 대동보국회의 발기인이자 회원이며 중앙회 상의원인 차미리사는 물심 양면으로 『대동공보』를 계속 발행하기 위하여 전심전력을 하였다. 『대동공보』는 1호에서 14호(1907년 11월 14일자)까지는 筆寫 石版印刷이다가 1907년 11월 21일부터 활자 인쇄를 하였다. 그런데 동 12월 5일자 신문을 발행한 후부터는 재정난으로 정간을 하지 않을 수 없었다. 『대동공보』는 발행 당시부터 재정난이어서 대동공보사가 동 10월 11일[45], 24일[46], 11월 14일[47]의 3회에 걸쳐 회원과 독자들로부터 의연금을 거두었다.

신문 발행은 대동보국회의 중요 사업이므로, 중앙회 제2차 통상회에서는 신문사를 유지할 찬성회 設立案을 내놓아 가결하였고, 완전 조직까지의 주무원으로서 김준화를 찬성동맹회 총무로 선임하였다.[48] 이에 동맹회에서는 장기 구독할 회원을 확보하여 그들로 하여금 의무적으로 출연케 함으로써 신문 간행을 계속하고자 했다. 그 결과 사크라맨토에서 이인용 양주은 하상옥 이한원 박기순 송형두가 6개월간 매달 5원씩, 강대운이 매달 3원씩 출연키로 맹약을 했다. 또한 샌프란시스코의 임선봉은 6개월간 노동한

---

45) 「大同公報社 第1回 義捐諸氏」, 『大同公報』, 1907년 10월 11일.
46) 「大同公報社 第2回義捐諸氏」, 『大同公報』 1907년 10월 24일.
47) 「大同公報社 第3回義捐諸氏」, 『大同公報』, 1907년 11월 14일.
48) 「중앙회 제 2차 통상회」, 『大同公報』, 1907년 11월 14일.

품삯을 전부 출연하겠다고 약속을 하고, 김(차)밀리사는 " 상항 유할 동안 신문사에 전력 의무"49)를 할 것을 약정하였고, 의무금도 출연하였다. 출연 약정 회원들은 약정에 따라 다음과 같이 성심껏 출연을 하였다.

- 1907년 12월분 출연인과 액수 : 이한원 하상옥 박기순 양주은 각 5원, 정국신 정국신부인 각 2원, 합24원
- 1908년 1월분 출연인과 액수 : 이한원 박기순 각 5원, 정국서 1원 양주은 7원, 김밀리사 2원, 합 15원
- 1908년 2월분 선납인과 액수 : 양주은 박기순 각 5원 합 10원50)
- 1908년 2~5월간 출연액 : 하상옥 20원
- 1908년 4~8월간 출연액 : 김밀리사 10원
- 1907년 11월~1908년 3월간 출연액 : 10원51)
- 1908년 9~12월간 출연액 : 김씨밀임(주 ; 밀리사) 8원
- 1907년 12~1908년 1월 출연액 : 김여식 4원
- 1908년 3월분 출연액 : 2원
- 1908년 4~5월 출연액 2원52)

이상에서 보면 차미리사는 신문사를 위하여 전심전력할 뿐만 아니라 매월 2원씩의 출연 약속을 하고, 1908년 1월부터 12월까지 꼬박 1년간 출연을 했다. 그리고 출연 약속인 중 차미리사만큼 성실하게 출연한 이가 없다. 이러한 상황들은 그가 대동공보사에서 없어서는 안될 존재였음을 말해 주는 것이다. 『大同公報』의 발행에는 이처럼 실제로 차미리사의 물심 양면적인 공과에 의했던 것이다.

대동보국회에서는 미주 내의 지도적 인사를 영입 내지 연결하려는 활동을 했었다. 『大同公報』제 1호(1907. 10. 3)의 別報의 「李氏謝函」에 의하면 대동보국회 회원 문양목 이응칠 김찬일 최운백 김미림(차미리사) 제씨가

---

49) 「會報 ; 總務의 報告」, 『大同公報』, 1908년 1월 2일.
50) 「총무보고」, 『大同公報』會報, 1908년 1월 30일.
51) 「찬성동맹회 月捐」, 『大同公報』, 1908년 3월 5일.
52) 「신문동맹회 총무 최영만이 중앙회보고」, 『大同公報』會報, 1908년 4월 2일.

국사의 급함을 민망히 여겨 지사 李承晩에게 장서로써 간청하였는데, 동씨가 입학시기가 임박하여 올 수가 없어 答謝한 全文을 수차에 걸쳐 신문에 연재한 바가 있다. 이것은 대동보국회의 상당히 중요한 활동인데 차미리사가 동 회의 대표자들 중의 한 사람으로 연명되었다는 것은 그의 이름이 미주 안에서 이미 상당히 널리 알려져 있음을 의미하는 것이며, 대동보국회에서의 그의 위치를 말해주는 것이다.

또한 『大同公報』 제7호(1907. 11. 14)에는 논설에 해당되는 欄에 「상제를 믿고 나라를 위할 일」이라는 김(차)밀리사의 寄書가 게재되었다. 『大同公報』 간행 후 寄書로서는 세 번째가 된다. 이 기서는 차미리사의 국권 회복론과 사상을 여실히 보여 주는 중요한 자료이다. 그러므로 그 전문을 실어 검토 분석하여 보고자 한다.

독일무이 獨一無二하신 상제께서 천지를 창조하시고 우리 인생을 내실 때에 온전히 선한 성품을 주셨으니 감사한 일은 말씀으로 다할 수 없거니와 선한 성품을 지켜 상제께서 주신 은혜를 감당하는 것이 사람의 직책이라. 연이나 그 선한 성품을 지키는 자 적고 세상 정욕을 따라 죄에 빠지는 자 많은 고로 상제께서 독생자 예수씨를 세상에 보내어 우리의 죄를 대속하여 십자가에 피를 흘리셨으니 구세주의 선한 은덕이 얼마나 크다 하리오. 주 강생하신 후 一千九百七年에 십자가 밑에 나가 상제를 믿고 주를 지지하여 나라에 행복된 나라이 많은 중 미국을 독립한 와싱턴 같은 영웅도 처음 전쟁할 때에 다만 七十七인 민병을 더불어 싸움을 시작할 때에 군사와 맹세하고 상제께 축사祝辭하여 왈 저의 무무이에 독립을 주시든지 죽음을 주시든지 양도 중에 하나는 상제의 뜻대로 하옵소서 하고 독립 찾는 날까지 八년 전戰에 애국지성으로 황천만 믿고 나가 성사하였으며 세계에 유명한 영국 여황 같은 빅토리아도 나라를 다 살릴 때에 성경 일 권을 손에 쥐고 천국만 믿은 고로 세계의 일등국이 되었으니 과시 상제의 선하신 능력이 거룩코도 어질도다. 깰지어다. 깰지어다. 전국 동포 깰지어다.

우리 나라가 이와 같이 급한 때를 당하여 성신의 방위가 아니면 승전키 어렵도다. 우리 이천만 형제자매가 일심으로 상제를 믿고 대포 앞에 나가 원수를 대적하면 대자대비하신 상제께서 도와주실 것은 명명백백이라. 우

250

리의 믿는 정성이 상천께 감동하면 지극히 공평하시고 널리 사랑하시는 상
제께서 그 자녀로 하여금 어찌 독립을 주시지 않으리오. 대개 죽음이 여러
가지 죽음이 있는 중에 오직 한가지 요긴한 죽음이 있으니 이는 나라를 위
하여 이혈보국이 제일 죽음이니, 차는 하나님의 진실된 이치라. 진리를 모
르면 어찌 내가 죽고 남을 구할 정신이 있으리오. 우리 상제를 믿는 형제자
매여 우리가 이 세상에서 보는 나라와 동포를 사랑하여 선을 행치 못하면
어찌 보이지 않는 천국을 사랑한다 하리오. 이는 거짓 착한 체 하는 자라.
어찌 실상으로 믿는다 하리오. 선이라 하는 근본을 행치 않고 오직 ……약
13字 消失됨…… 대저 선악이라 하는 것은 행하는 데 있으므로 사람이 선을
한번 행한 즉 복이 시금에 돌아오지는 않지만은 악은 멀어지고 사람이 악을
한번 행한 즉 화가 시금에 돌아오지는 않을지라도 복은 이미 멀리 떠났은
즉 실로 가탄한 일이라. 그러므로 묻노니 우리 이천만 동포는 어서 속히 정
신을 차려 이 때에 선을 행하며 살신구국하여 망한 국권을 회복하여 이천만
동포를 구하는 선과 내 한 몸 사는 사사정욕과 두 가지 중에 어느 것을 취하
나뇨. 취하리라 취하리라 이혈보국 취하리라. 저 원수의 대포알이 우리 한
국 독립 결과될 꽃봉이라. 이 내 몸은 대포알에 집이 될지라도 내 나라만
독립되면 내의 죽음 꽃이로다. 동포 동포여 내가 참으로 고하노니 나라를
위하여 피흘리는 것은 백성된 의무요. 동포를 위하여 피흘리는 것은 사람의
직책이라. 우리의 직책을 다하여 세상의 빛이 되고 나라에 꽃이 되옵시다.
나는 이 세상에 성명 없는 일개 여자로써 애국하시는 동포에게 이같이 말씀
하는 것이 당돌한 듯 하나 나라를 위하여 동포를 사랑하는 데는 남녀가 없
음이오. 또한 나라의 망하는 지경에 어찌 적은 체면을 차리고 수수방관만
하리오. 이러므로 붓을 잡고 두어줄 글월을 기록하여 애국하시는 형제자매
에게 청컨대 우리의 붉은 피로 대한제국의 독립을 찾아 대대손손에 빛내기
를 축수하고 바라나이다.

이상 글에서 차밀이사의 독립정신의 기조는 철저하게 기독교 신앙에 의
거하고 있음을 알 수 있다. 상제가 주신 선한 성품을 지키는 것이 상제의
뜻에 따르는 사람의 직책이라고 하였다. 미국의 와싱턴 영국의 빅토리아
여황이 위기에서 나라를 지킨 것은 오직 상제의 뜻에 따랐기 때문이라는
것이다. 인간의 힘이나 능력으로 극복할 수 없는 부분은 聖神의 보위가 없

이는 이루어질 수가 없다는 것이다. 2천만 동포가 합심하면 공의로우신 상제가 우리를 도울 것이라는 믿음을 가지고 대포 앞에 나가 원수를 대적하면 상천이 감동되어 독립을 준다는 것인 바, 이는 정의가 승리한다는 만고 불변의 법칙이라는 뜻인 것이다. 공의로우신 상제의 뜻을 이루기 위해서는 2천만 동포가 죽음으로 보국(以血報國)하겠다는 각오와 용기를 가지고 실전에 임해야 한다는 것이다. 이것이야말로 상천이 본래 우리에게 준 선이므로 이를 취할 때 나라를 구할 수가 있다는 것이다. 그는 나라를 위하여 피 흘리는 것이 백성 된 의무이고 사람의 직책이라는 것을 강조하고 있다. 피 흘리지 아니하고는 결코 독립을 구할 수 없다는 것이다. 차미리사는 자신의 한 몸 희생하여 나라와 민족을 구하겠다는 굳굳한 의지로 국권 회복 운동을 하였고 또한 외쳤던 것이다. 『大同公報』의 논설과 寄書가 수다히 있었으나, 이처럼 강력한 독립 전투 의지를 보인 내용은 없었다. 정의로운 독립전쟁을 승리로 이끌기 위하여 피 흘려야 한다고 주장한다는 것은 남자의 의지로도 어려운 것이다. 그 위에 그는, 나라를 위하고 동포를 사랑함에는 남녀의 차별이 있을 수 없다고 주장함으로써 여자도 국권 회복의 전선에서 싸우는 용기를 가져야 한다고 주장하였던 것이다. 여자들도 당당히 독립전쟁 수행의 주역이 되라는 것이었다. 이것은 그의 강력한 국권회복의지를 분명하게 나타낸 것이다.

『대동공보』가 창간을 준비할 즈음에 국내의 대표적인 한 신문인 『제국신문』이 재정난으로 인하여 1907년 9월 20일부터 휴간되었다가 동 10월 3일에 복간된 일이 있었다. 『제국신문』 정간 소식에 접한 대동보국회 회원인 金鴻勻 崔雲伯 朴昌淳 徐澤源과 차(김)미리사는 조국의 『제국신문』을 부활시키는 것은 우리 동포 2천만의 직책이므로 미주 동포들을 일깨워 복간케 하는데 기여하여야 한다는 주장으로 위 4인이 발기인이 되어 1907년 10월 24일자 『大同公報』에 다음과 같은 「復活帝國新聞趣旨書」를 발표하였다.

슬프다, 나라에 충성하는 자는 그 나라 사랑하는 자를 사랑하나니 이는 천리에 원다한 공예오. 민족의 떳떳한 실정이라. 그런즉 그 백성이 되어 목숨이 진하도록 행할 것은 충성이니 어쩜인고. 명예를 구하고자 함이 아니오 사업을 이루고자 함이 아니라 내의 당연한 직책이 된 연고니 만일 아지 못한 즉이어니와 알고도 행치 아니할 수 없난 이는 직책이오 행치 못할 사세 인즉이어니와 행할 만한 처지에 행치 아니치 못할 것은 직책이라. 사람이 되어 사람의 직책을 행하는 것이 사람이뇨 행치 아니하는 것이 사람이뇨.

오호라, 우리 동포여! 우리 조국이 황황 급급한 금일에 무슨 방략이던지 나라이 흥왕할 여망이 있는 일이면 행하는 것이 우리의 직책인가. 이는 설명치 아니하여도 제위 형제자매의 먼저 아실 바라. 오 희라. 제국신문은 우리 조국의 四千년래 개화의 기관이오. 우리 동포의 이천만인 문명의 생명이라. 우리가 금일을 당하여 국가 형편을 생각치 아니 할 자 없을지라. 혼이 깨어지고 넋이 흩어져 일시라도 이 세상에 목숨을 부쳐 살 마음이 없으나 다만 우리 동포가 교화의 정신을 말하고 문명의 직책을 행하여 위태한 가운데 편안함을 얻고 망한 즈음에 보존함을 취할까 바랐더니 상천이 우리의 나라 사랑하는 정성이 부족함을 미워하사 앙화를 주심이로다. 저 제국신문이 제일 재정이 군색하여 폐간한 지가 일삭이 지난지라. 조국이 교화 기관을 잃었으니 교화가 다시 운동치 못할 것이오. 동포가 문명 생도를 잃었으니 문명이 더욱 주검에 빠진지라. 사랑하는 우리 동포는 제국신문을 사랑하여 부활시키면 우리 나라에 구세주가 될 것이오. 우리 나라에 국민될 직책이 넉넉할지니, 천만번 생각하여 다소를 불구하고 큰 의를 발하심을 복조하옵네다.

이상 취지서는, 『제국신문』은 우리 나라 4천년 역사 이래 처음 되는 개화기관으로 동포의 교화와 나라의 문명을 이끄는 중요한 직책을 수행하여 왔는데 재정의 궁핍으로 폐간된 지 이미 한달 이상이 되었으니 동포의 힘으로 『제국신문』을 부활시켜 나라의 구세주가 될 것을 호소하고 있다. 이 취지서의 작성인이 발기인 5명 중 누구인가는 정확히 알 수 없으나, 취지서 내용 중에 "상천이 우리 나라 사랑하는……." 등의 어휘를 쓴 것, 또는 취지서 말미에 "연의(捐義)하실 첨위께서 직접으로 부치기가 불편할 경우에는 대동공보사로 교송하압"이라고, 연조금 송부 방법을 제시하고 있는 것 등으로 미루어 대동공보사를 중심으로 추진한 활동이 분명하며, 그 문체 또한 차미리사의 寄書와 유사하다. 특히 『제국신문』은 국민의 절반이 되는 부녀자들을 啓導하려는 목적에서 출발된 부녀자를 위한 신문이었던 것이다.53) 그러므로 이 신문의 폐간은 부녀자의 계도 문명화의 길을 폐쇄함과 같은 것이다. 여성 교육을 위하여 한 생을 바치겠다는 의지를 가진 차미리사에게 있어서 『제국신문』 폐간은 적지 않은 충격이었을 것으로 생각된다. 그러므로 차미리사가 대동공보사 일을 맡고 있는 만큼 그가 동지 발기인을 모으는 주체인이 되어 취지서를 작성했을 가능성이 높다. 우리는 이 취지서를 통하여 당 시대의 민족지도자들이 인식하고 있는 新聞觀을 분명하게 알 수 있다. 신문이란 소식을 전하는 임무보다는 국민을 충성인이 되도록 교화시키고 세계 문명을 가르쳐 나라의 기틀을 튼튼히 만드는 국민 교육적 기능으로 보았던 것이다. 『제국신문』의 설립자인 李鍾一이 朴殷植 李東寧 등과 『제국신문』을 창간할 때 국력 배양의 가장 좋은 방법으로 "先創新聞 後立學校54)"를 주장한 바 있다. 이처럼 신문이 갖는 국민 계도적 기능으로 인하여 폐간 신문에 대한 국내에서의 복간 운동55)도 강렬하여 『제국신문』은 내외의 성금과 성원에 힘입어 폐간된 지 한달 여만인 10월 3일에 복간되었다.

미주에서 국내 소식을 접하는 데 거의 한 달이 걸리는 통신 수단 시대에 『제국신문』의 복간 소식을 늦게서야 접하게 된 차(김)미리사 등 『제국신문』 복간 운동 발기인들은 그들 운동을 마감하지 아니하고, 새로운 운동으로 확대하였다. 이들은 『제국신문』을 영원히 유지 보존케 하는 것이 일반 동포의 직책이라는 취지의 「永保帝國新聞趣旨書」를 『대동공보』 1907년 11

---

53) 朴容玉, 『韓國近代女性運動史硏究』, 韓國精神文化硏究院, 1984, 42~43쪽.
54) 李鍾一, 『默庵備忘錄』, 1898년 6월 8·9일자.
55) 李儁 烈士의 부인 李一貞은 아침에 일어나 망부의 외로운 혼을 부르다가 제국신문을 보니, "첫째는 재정의 군졸함과 둘째는 신문을 구람하시는 동포의 열심이 부족하옴과 셋째는 언론의 자유를 얻지 못하와 내외국의 시세 형편을 마음대로 기재치 못하므로 인하여 장차 폐지할 지경에 이른지라(『제국신문』 1907년 9월 11일, 「新聞廣覽」)"라는 신문사측의 폐간될 사유를 읽고 慷慨 激烈한 장문의 寄書를 신문사에 보냈으며, 이 기서는 세간여론을 일으킴에 적지 않은 영향을 주었었다(『皇城新聞』 1907년 9월 12일, 「文明婦人」).

월 14일자에 다시 발표하고 역시 의연금을 모았던 것이다. 이는 조국의 문명 발전에 대한 간절한 책임 의식을 보여 준 것이라 하겠다.

3) 한국부인회 組織과 大同孤兒院 支援事業

초기 민족운동계에서 무관심 내지 성차별을 당연시하는 사회적 관행으로 인하여 자칫 외면 제외될 수도 있는 여성계 사회를 계발하여 그 여성들로 하여금 조국독립의 기틀을 확고하게 하는 기여인이자 구성원이 되게 하는 것이 차미리사의 원대한 포부였다. 대동보국회는 국민으로서의 여성 인력을 구국의 大同力으로 보았고, 차미리사가 바로 가장 타당한 그 牽引者로서 공인되었을 것이다. 대동보국회 회원 차미리사는 동 회와 연계되는 재미여성단체의 조직과 활동을 계획 추진하였다.『大同公報』1908년 3월 12일자「부인회조직」에 의하면, 상항 거주 한인 부인 제씨가 3월 5일에 모여 부인회를 조직하였는데 宗旨는 '도덕 숭상, 자선사업, 여자사회 발달'이 목적이라고 보도하였다. 이것은 샌프란시스코에 있는 한국부인들을 규합하여 미주에서 최초의 교포 부인단체 조직을 위한 발기회였다고 생각된다. 이 발기회를 거쳐 1908년 5월 23(화)에 차미리사에 의하여 한국부인회가 정식으로 발족되었다. 한국부인회의 조직 활동은 차미리사의 포부였던 여성 교육 계발 운동의 첫 단계의 실행으로서 미주 교포 부녀들에게 사회적 국민적 책임의식을 불어 넣는 중요한 시발 사업이었다.

한국부인회는 샌프란시스코에 거주하는 미쓰 레익의 집에서 한인 부인들을 소집, 회의하여 조직된 것으로, 차미리사는 회장에 그리고 대동교육회와 대동보국회 창립 중추 인물인 장경의 부인이 서기로 선출되었다. 회원은 문꾸레스부인・신운호의 부인・이민식의 부인・이성민의 부인, 그리고 차미리사와『제국신문』복간운동을 행했던 발기인 박창순의 부인등이었다. 동 회의 참여인들이 대동보국회 발기인 또는 회원의 부인들이었던 점 등으로 보아 대동보국회와는 자매적 성격을 가졌었을 것이다. 한국부인회는 "도덕 여행과 국민 자격 확충"을 종지로 삼아 활동하기로 하였다. 한국부인회가 발기 조직되던 날, 샌프란시스코에 있는 남자동포들도 청첩되었는데 그 수가 수십명이었다. 그리고 회의 진행 순서도 규모가 있었다. 회장 차(김)밀이사가 먼저 부인회 창립 취지를 설명하고 집주인 미쓰 레익은 올갠을 치고 그 집에 수용되어 있는 한국 여아들이 올갠으로 영어찬미를 합창하였다. 또한 초청된 남자동포들 중 양주삼·최정익·문양목·안정수·최운백·이명진 등은 부인회 창립을 찬성하여 여자 의무와 사회 권한을 차례로 연설하고, 서로 화기애애하게 다과를 나눈 후 해산했다.[56] 무려 3시간에 걸친 행사였다.

그런데 김원용의 『재미한인오십년사』(224쪽)에는 김밀이사(차미리사) 이민식부인 신윤호부인 문경호부인 장홍범부인 박창운부인 등의 발기로 조직되고 김밀이사만 회장이라 하고 서기인 장경부인은 언급되지 않았다. 이는 김밀이사가 한국부인회의 중심 인물이었음을 의미하는 것으로 해석할 수 있다. 또한 발기 인명도 다소 차이를 보이며, 부인회의 목적도 "자녀들의 국어교육을 장려하며 교회사업을 후원하며 정치적 시비에 간섭하지 말고 동포간의 친목을 증진함"이라고 했다. 이는 부인회가 출발 당시는 도덕 여행과 국민 자격 확충을 주된 활동으로 했으나, 활동 수행 과정에서 현실적 문제를 구체적으로 수용하는 범위로 그 목적을 바꾸어가게 된 것으로 생각할 수 있다. 특히 "정치적 시비에 간섭하지 말자"는 것은 당시 샌프란시스코 중심의 재미 교포 사회가 공립협회와 대동보국회로 나뉘어 다소 불협화하고 있었기 때문에 부인회만큼은 정치적 시비를 초월하여 나라사랑과 2세 국민교육과 교포친목을 증진하는 역할을 주로 부인들이 앞장서서 행하도록 한 것이다.

1908년은 차미리사에게 있어서 참으로 바쁘고 의미 있는 해였다. 이 해 11월에, 대동보국회는 본국과 연계되는 민족적 애국사업으로서 평안북도 宣川[57]에 大同孤兒院[58]을 설립하고 주로 미주에 있는 교포들로부터 성금

---

56) 『共立新報』, 1908년 5월 27일, 雜報.
57) 崔起榮, 「舊韓末 美洲의 大同保國會에 관한 一考察」(『韓民族獨立運動史論叢』,

을 거두어 운영하도록 준비하였다. 차미리사는 이 대동고아원의 설립과 운영에 있어 상당한 책임을 지고 핵심적 활동을 하였던 것이다. 동 고아원의 설립 취지는 불쌍한 고아를 거두어 양육하여 완전한 국민을 만드는 데 있었다.[59] 1908년 3월에 스티븐스를 처단한 일로 25년 징역형을 받고 미국 샌퀸틴 San Quentin 감옥에서 囚刑生活을 하다가 1919년 1월에 가석방된 張仁煥이 고아원 외지 총무를 맡았다. 그는 1927년 1월 27일자 『新韓民報』에 「대동고아원에 대하여」라는 제목으로 고아원의 설립으로부터 당시의 운영현황 등에 관한 글을 발표하였다. 이 글에서 그는 고아원의 초기 설립에

1997, 1326쪽)에서 공립협회는 關西 출신이 주도하고 대동보국회는 非關西 출신자들이 상당수 참여한 것같다고 하여 美洲의 대표적 두 단체를 지역 파벌주의의 안목으로 특성화하려는 경향이 보인다. 비관서인 중심의 대동보국회라면 미주 교포사회와 연계되는 첫 실제 사업인 대동고아원을 구태어 선천에 설립하지 않았을 것이다. 대동교육회가 공립협회에서 분립한 이유를 공화주의(공립협회)와 보황주의(대동교육=보국회)의 대립되는 정치적 입장으로 보는 견해도 있다(尹炳奭, 「國外韓人社會와 民族運動」, 一潮閣, 1990, 269~270쪽).

58) 대동고아원 설립에 적극 개입한 인물은 1908년 3월 23일에 친일적인 한국정부 외교고문인 스티븐스의 저격을 감행한 장인환이다. 그는 독실한 기독교 신자이며, 대동보국회 회원으로서 활동하면서 1907년경부터 국내에 고아원을 설립코자 선천의 양전백 목사와 연결하여 준비하는 중, 스티븐스 저격을 감행한 것이다. 그는 1919년 1월 17일 출옥하고, 1927년에 귀국하여 가정을 이루고 선천의 고아원 운영에 마음을 의탁하여 여생을 보내려 한 바 있다(김원용, 위의 책, 328쪽, 『新韓民報』 1926년 6월 17일자 논설 「대동고아원과 장인환의사」; 동 1927년 1월 27일자 「대동고아원에 대하여」).

59) "세상에 제일 불쌍하고 가긍한 것은 부모 없는 아해라. 우리 나라 안에도 이와 같은 고아가 몇백명 몇천명이 될 것은 면면 촌촌히 다니며 보지 아니하여도 가히 짐작할지라. 그 정형을 생각하면 아버지를 불으며 어머니를 찾으며 배가 고프다 목이 마르다 옷이 춥다 하는 소리가 귀에 들리는 듯 쟁쟁한지라 본인이 晝宵로 耿耿한 마음이 다만 이같은 고아를 거두어 양육하여 완전한 국민을 이루고자 하옵는 바 다행히 유지 제씨의 찬성을 입어 확실한 기초를 정하온 고로 이 사업을 성취하기로 동맹한 이가 위선 70인에 달하였사오니 첨원께서도 더욱 극력하실여니와 우리들과 뜻이 같은 유지군자는 속속히 찬성하시고 동맹시주에 참명코자 하시는 이는 성함을 속속히 보내시옵소서."(「謹謝贊成諸氏」, 『共立新報』, 1908년 11월 18일).

대하여,

> 이 고아원은 근본 1907년에 미주 동포들이 발기하여 평북 선천에 거주한 양전백 목사에게 부탁하여 설립이 되었습니다. 그 때 형편으로 말하오면 얼마의 지지하는 주무원들이 이 원을 유지하게 할 생각을 미치지 못하게 되었고 또는 경제상 곤란으로 인하여 해 원을 발전시키기 난한 지 벌써 십여성상 일이올시다.

라고 쓰고 있다. 대동고아원은 미주 동포들, 특히 대동보국회가 중심이 되어 행해진 사업이었다.

일제의 경제적 침탈로 국민마다 파산을 당하였고, 그 위에 水災 旱災는 遊離乞食人들을 양산하고 이들은 자녀를 양육할 수가 없어 남의 집 문전이나 길거리에 버리게 되는 비참한 정황이 부지기수로 일어나게 된다는 것이다. 그러므로 애국적 정신과 기독교적 정신으로 고아원을 설립 운영해야 한다는 것이다.60) 이 고아원의 설립 운영은 애국계몽운동의 일환이었다. 이 사업을 통하여 재미 교포 유지들을 결속하고 해내외 구국운동의 힘을 더욱 다지려는 것이기도 했었다.

대동고아원의 운영 책임은 주로 李炳晙61)·김(차)미리사·張聖山이 맡고, 많은 후원자들이 참여하였다. 후원자들은 捐助 액수에 따라 동맹시주·찬성원·보통연조원의 세가지 유형으로 나뉜다. 동맹시주는 고아원 후원회의 중심을 이루는데, 이들은 10元(弗을 지칭) 이상 자신의 형편대로 특별 연조를 하고 매년 1원씩 연조하여야 한다. 고아원 사업 초에 동맹시주의 수는 이미 70여명이나 되었으며, 그 중에는 李承晩 李大爲와 같은 거물급 민족지도자들도 포함되어 있으나, 安昌鎬와 張景62)의 성명은 보이지

---

60) 차(김)밀이사가 회장으로 활동하던 한국부인회의 조직 목적 중에는 "교회 사업 후원"이 들어 있다(김원용, 앞의 책, 224쪽). 또한 대동고아원의 내지 주무 담당자들이 모두 선천 지역의 목사들이다.
61) 이 병준씨는 자비심이 많아 노동으로 모은 금전을 고아원 사업에 많이 썼다고 하였다(『공립신보』, 1908년 1월 22일, 「리씨자선」).

않는다. 찬성원은 5원 이상의 연조자이며, 보통연조원은 자기 형편대로 연조하는 이들이다. 대동보국회의 발기인들(이병준 김미리사 문양목 장인환 변창수 김준화 백일규 방사겸 조성학 이일(이학현) 박도선 서택원 이응칠 등)은 대부분 후원자로 참여 하였다.

　대동고아원의 실무수행 조직으로는 미주와 內地에 각각 主務員들을 두었다. 미주의 주무원은 대동보국회 회장인 이병준 김(차)밀이사 및 장성산 3인이고, 내지에는 梁甸伯과 崔寬訖63)이 주무 담당자였다. 대동고아원을 위한 고액 출연자로는 이병준이 120원으로 가장 많았고, 50원을 출연한 미스 어쉬어가 있고, 그 다음이 차(김)밀리사의 30원이고 장성산 김계선이 각각 25원씩이다. 이병준 차미리사 장성산이 미주내의 주무원이므로 고액 출연을 한 것인지 또는 고액 출연자이므로 주무원이 된 것인지는 자료 관계상 잘 알 수는 없다. 그러나, 이병준이 대동보국회의 회장이고 차미리사가 한국부인회의 회장인 점을 감안할 때 고아원 사업이 이들 단체의 중요 사업으로 두 회장이 이 사업을 적극적으로 추진 확충해갔던 것이라 생각된다. 특히 한국부인회에서는 회원들이 상당한 액수의 義捐을 하였다. 즉 박애나 차(김)미리사가 각 10원, 현매리 문끄레스 장성산 신엘니사가 각 5원씩, 이에스터 김영순 김샌일려가 각 2원씩 출연하였다. 차미리사 장성산 문끄레스는 동맹시주로서 또는 찬성원으로서 이미 出捐한 바 있는데도, 또

---

62) 대동보국회 중앙총무 장경은 원동지회 설립을 목적으로 1907년 9월 24일에 중국 상해로 출발(김원용, 앞의 책, 90쪽)한 관계로 참여하지 못한 것으로 보인다.

63) 梁甸伯(1869~1933)은 1907년 평양신학교를 졸업하고 선천북교회에서 목사 시무를 하면서 미국장로교계에서 설립한 선천의 신성중학교와 보성여학교를 운영하였으며, 1911년 105인사건으로 2년간 복역했고, 3. 1운동 때는 민족대표 33인 중의 한사람으로 참여, 2년의 옥고를 치루었다. 崔寬訖(1877~?)은 평북 정주 출신으로 기독교에 입교 전도에 열심하여 정주 廉坊교회를 설립, 1906년에는 장로가 되어 郭山교회의 당회를 조직하였다. 1909년 6월 평양신학교를 졸업(제2회)하고 동 9월에 목사 안수를 받았다. 양전백 목사와 신학교 선후배 관계 등으로 인하여 고아원 주무원으로 정해진 것으로 생각된다. 그러나 그는 곧 시베리아에 있는 한인들을 선교하기 위하여 노회의 파송을 받았기 때문에 고아원 일은 주로 양목사가 담당했다.

다시 한국부인회 이름으로 출연하고 있다.64) 차미리사는 고아원 사업을 성취케 하고자 한국부인회의 적극적 참여를 유도했던 것으로 생각된다. 차미리사의 경우는 고아원을 위하여 총 40원을 출연한 것이다. 당시 학업을 계속하기 위하여 학비를 장만하면서 민족운동을 수행하는 차미리사에게 있어 40원이란 거액에 속한다. 이 사업에 대한 그의 정열을 보여 준 것이라 하겠다.

차미리사의 대동고아원 사업은 일본의 한인 유학생 사회에까지 알려졌다. 일본 유학생 사회에서 간행하는『大韓興學報』제 1호(1909년 2월호, 76쪽)에 "대동보국회 회원인 有志紳士 李炳俊氏 및 女史 金美琳65) 張聖山 제 씨는 고아원 設立事를 발기하였는데 본 고아원 위치는 우선 본국 平壤에 배치할 터이오"라고 소개되고 있다. 차미리사가 1910년 8월 초에 학업을 계속하기 위하여 캔사스 Kansas 시로 출발한 후로 고아원 사업은 주로 회장 이병준이 전적으로 맡았고, 1919년 이후는 장인환이 담당하였다. 장인환은 대동고아원 추진 당시부터 깊이 관련되어 있었던 중요 인물이었다. 그가 스티븐스 저격 후 재판, 투옥되어 이 사업을 더 이상 관여할 수 없게 되었으나 그의 마음 속에는 고아원 일을 잊을 수 없어 감옥 안에서도 간절하게 걱정했었다. 장인환은 거사 전에, 고아원측에 100원을 보내기로 하였던 약속을 지키지 못한 것이 못내 마음에 걸렸던 것이다. 대동보국회와 공립협회가 스티븐스 사건을 계기로 서로 연합하는 공동회를 조직하였는 바, 그 공동회에서 이 100원을 내 줄 것을 요구한 바 있었으나 會衆의 의견이 불일치하여 시행치 못한 일이 있었다. 장의사는 자신을 감옥으로 면회 온 사람들에게 육신 고생보다도 고아원에 죄인 된 마음 고생이 심하니 여러분이 나를 위로하려거든 공동회에서 고아원에 100원을 보내달라고 간곡히 부탁하였다. 이 뜻을 가지고 다시 공동회에서 표결한 결과 20여명 참석인 중 4분의 3이 찬성 가결하여66) 100원을 송부하고, 샌프란시스코의 부인단

---

64) 「謹謝贊成諸氏」,『共立新報』, 1908년 11월 18일.
65) 金美琳은 金(車)美理士이다. 김미림의 이름으로 捐助한 바도 있다(「함패연금」 및 「총무보고」,『大同公報』1908년 2월 27일).

체도 한자루 10전씩 하는 연필을 팔아 고아원 연조금66)을 보태었다.
　1905~1910년 8월에 걸친 차미리사의 미주에서의 국권 회복운동은 참으로 혁혁한 것이었다. 그는 자신이 추진한 민족 독립과 국권 회복을 위한 운동을 수행했던 것에 대하여 「나의 歷史」(56쪽)에서 다음과 같이 간략하게 요약하고 있다.

> 내가 미주에 있을 때에는 공부보다도 사회의 일에 비교적 많은 활동을 하였었다. 혹은 국민회68) 혹은 신문사 혹은 부인회, 기타 각 방면으로 거기에 있는 여러 동지들과 같이 일을 하였었다. 지금 여기에서 자세한 말을 발표할 자유가 없으므로 성약(省略)하지만은 그 때에는 그래도 자유가 많은 까닭에 우리의 활동도 다소 볼 만한 일이 많았었다. 나도 특별히 한 일은 없었으나 많은 노력을 한 것은 사실이었다. 몸은 약하고 일은 많았던 관계로 소주에서 생긴 뇌신경병은 더욱 격렬하여 일시에는 뇌일혈까지 생기어서 정신을 상실할 위험한 일도 있었다. 그 병은 나의 종신 지질이라 하여도 과언이 아니다. 지금에도 몸이 좀 약하든지 무슨 생각을 많이 하면 머리가 아프고 귀가 더 어두워서 정신을 차릴 수가 없다.

　차미리사는 일제 치하에 있는 민족적 비극 상황 속에서 미주에서의 자신의 국권 회복운동에 관한 구체적인 발표를 할 수가 없었던 것이다. 그 시기에 자신에게 밀려오는 그 많은 민족과 국가를 위한 일들을 정열과 책임감을 가지고 처리 수행해 간다는 것이 그의 건강이나 여건으로 보아 너

---

66)「장인환씨와 고아원」,『新韓民報』, 1911년 3월 15일.
67)「상항부인회와 고아들」,『新韓民報』, 1911년 3월 15일.
68) 1907년 말 이래 공립협회와 대동보국회의 통합론이 크게 대두되었는 바, 마침내 1909년 2월 1일부로 공립협회와 합성협회가 통합되어 국민회(『共立新報』, 1909년 1월 20일, 논설,「論兩會合同」; 동 1월 27일, 논설,「國民會慶祝日字」)가 탄생되고, 대동보국회는 1909년 8월에 新興同盟會를 병합(『新韓民報』, 1909년 8월 4일, 雜報,「양회합동」)하고 이어 국민회에 통합됨으로써 1910년 5월 10일 大韓人國民會가 성립되었으므로, 차미리사가 스캐리트 대학에 입학하기 이전에 잠시 국민회 참여하였던 것으로 생각된다. 그러나 그가 국민회라 한 것은 대동보국회 활동을 뜻하는 것이고, 신문사도『大同公報』사를 의미하는 것이라 생각된다.

무도 벅찬 것이었다. 결국 그는 건강이 악화되어 소주에서 앓았던 뇌신경병이 더욱 심하게 재발하여 뇌일혈병69)이 되어 한때 死境을 헤맬 정도로 위독하였었다. 그의 건강으로는 더 이상 국권회복운동을 수행하기 어려웠던 것이 아닌가 한다. 결국 渡美 당시 계획하였던 학업을 계속하고자 9월 개학을 맞추어 1910년 8월 2일에 갠사스 시로 떠난 것이다.

4) 스캐리트 Scarritt大學으로의 修學

차미리사가 수학차 입학한 학교는 스캐리트 대학70) Scarritt College for Christian Workers이다. 이 대학은 1892년에 미국 남감리교회 해외여선교회를 창립하고 초대 회장을 맡았던 베네트(B. H. Bennett, 1852 - 1922)와 스캐리트(Nathan Scarritt)가 여선교사 양성을 목적으로 캔사스市에 설립하여 많은 선교사를 배출했다.71) 국내에서는 이 대학을 흔히 스캐리트(여자)성경학원이라고 지칭하였다. 일종의 여교역자 양성의 전문 신학교와 같은 대학

---

69) 『씨뿌리는 女人』 11쪽에, "선생은 샌프란시스코에서 안창호씨를 만나 ……여러 가지 운동에 힘을 썼으나…… 경술년 8월 29일 극악 치욕의 한일합병조약이 발표되고…… 만리 이역에서 조국의 운명이 호전되기를 염염 기원하던 차선생은 이 소식을 듣고 아연실색하여 애통한 나머지 입으로 붉은 선지피를 토하고 그 날부터 병석에 누어 오래동안 신음하다가 필경은 귀머거리가 되고 말았다. 선생은 다시 용기를 내어 안창호씨와 같이 독립신문을 발간하였다."라고 서술하고 있다. 안창호는 공립협회의 영수격이었고, 차미리사는 거기서 분립된 대동교육=보국회에서 주로 활동하였고, 『독립신문』은 上海에서 발행된 것이고 차미리사가 관여한 신문은 『大同公報』이며, 안창호와 관련되는 신문은 『共立新報』와 『新韓民報』였다. 또한 그가 귀가 먹을 정도로 격렬하게 두통을 일킨 병은 소주 유학중에 이미 罹病되었던 것이 미주에서의 과중한 민족운동 수행의 과로에서 뇌일혈을 일으켜 사경을 헤매다 일어난 후로는 귀가 거의 안들리게 되었다는 것이다. 그리고 그는 경술국치가 발표되기 좀 전에 유학차 캔사스시로 떠났다.
70) 『씨뿌리는 女人』(12쪽)에서 "단기 4246년=1913년 3월, 미국 캔사스시의 '티스칼 칼레지 신학과'에 입학하였다"고 한 것은 잘못된 것임.
71) 이덕주, 『태화기독교사회복지관의 역사』, 태화기독교사회복지관, 1993, 229쪽 참조.

이었다. 1924년에는 그 학교를 테네시Tennessee주의 내쉬빌 Nashville로 옮겼다. 학교 규모는 학생 200명 가량밖에 안 되는 소규모의 대학이었으나, 선교사로서의 훈련을 철저하게 시켜 이 학교 출신들이 사명감을 가지고 중국 한국 등지에 파견되어 주로 선교 교육 사업을 했다. 한국에서 활동했던 미국 남감리교회의 여선교사들(에드워즈 와그너 빌링슬리 올리버 빌링스 등) 중 이 대학 출신이 많았으며, 태화기독교사회복지관 관장을 지낸 문인숙 김선심 남경현 등도 이대학 출신들이며, 현 대통령 영부인인 이희호여사도 이 대학에 유학하였다.

한국인으로는 차미리사가 최초로 이 대학을 입학 수학하였다. 이 대학에는 일반 대학생과 2년간 수학하는 시니어班이 있는데 차미리사는 바로 시니어반 출신인 것으로 생각된다. 「나의 歷史」(56쪽)에 의하면 몸이 약하여지고 庚戌年 국치 이후에는 외국에 가서 있느니보다는 차라리 고국에 돌아와서 여러 동지들과 손을 잡고 직접 사회 일도 하고 청년여성들을 교육시켜서 우리의 실력을 양성하는 것이 무엇보다도 필요하다고 생각해서 "그 해에 돌연히 귀국하였다."고 술회했다. 이 회고적 서술에 의하면 그가 경술국치년인 1910년에 귀국하였다는 것이다. 만일 그 서술대로라면 그는 대학에 입학하자마자 귀국한 셈이 된다. 이 사실은 차미리사 자신이 무언가 착오를 하고 있었던 것이라 생각된다. 서울의 배화여학교가 미국 남감리교회 계열의 기독교 학교였으므로 배화에는 이미 스캐리트 대학 출신의 선교사 교사들이 여러 명 있었다. 1910년 배화의 교장으로 부임한 니콜스 Lillian Nichols도 1906녀에 스캐리트를 졸업했고, 1912년에 배화에 와서 1914년에 교장이 된 핸킨스 Hankins도 1910년에 스캐리트를 졸업했다. 1920년 교장으로 취임한 에드워즈 Laura Edwards도 스캐리트를 1909년에 졸업했다. 이처럼 배화는 스캐리트의 중요한 선교학교였던 것이다. 아울러 차미리사가 스캐리트를 졸업하자마자 배화여학교의 교사 겸 선교인으로 파송되는 것은 너무나 당연한 일이었다. 그가 배화에 임명되어온 것은 1912년 8월72)이었으며, 이 후 1920년 3월까지 약 8년 동안 사감의 직을 가지고 학생들에게 민족의식을 심화시키는 교육을 행하면서 한편으로는 여성 스스로가 주인의식을 가지고 구태의연한 사고와 생활을 개선해 나아가는 적극적인 여성교육을 행하였던 것이다.73)

4. 맺음말

이상에서 차미리사의 1905~1912년에 걸친 미주에서의 삶과 활동에 관하여 자세히 검토하였다. 國亡의 위기에 처한 조국의 국권을 회복하기 위해 학업을 미룬 채 이국 땅에서 5년간 사명감을 가지고 정열적인 활동을 했다. 그는 항일민족운동사상에서 높이 평가되어야 할 위대한 독립운동가요 민족지도자였다. 필자는 여기서 그의 활동을 항일민족운동사의 선상에서와 한국근대여성운동사의 선상에서 갖는 의미로서 結語를 맺고자 한다.

여자의 사회적 활동이 인정받지 못하였던 시대에 남자의 사명적 책임으로만 思考되었던 국권회복운동에서 건강도 실하지 못한 한 여인이 이처럼 지도적 활동을 할 수 있었던 그 힘과 의지의 원천은 무엇이었는가. 그 첫째는 결혼 전 아버지로부터 남에게 의지하지 말고 독립적 삶을 살아야 한다는 독립의지의 교육이 그를 연약하고 능력 없는 여성으로 살게 하지 않았다는 것이다. 둘째는 기독교와의 만남이 그를 자신감 넘치는 진취적인 여성으로 변신케 하였던 것이다. 公義로우신 上帝는 항상 正義 편에 서신다는 강한 믿음을 가지고 있어 不義의 침략자 일본을 한민족이 血戰으로 대항하면 튼튼한 국권을 회복할 수 있다고 신념하였던 것이다. 또한 상제는 남녀를 차별하지 아니하고 그 노력의 여하를 보는 것이므로 여자도 의지를 가지고 자신의 능력을 다하면 국민의 당당한 구성원이 되고 민족의 지도자가 되는 것이라고 확신하였던 것이다.

---

72) 성백걸, 「1910년대 배화학당 교사 임퇴현황」, 『배화100년사; 1898~1999』, 165쪽, 『씨뿌리는 女人』(12쪽)에서 4250년=1917년 8월에 귀국하였다고 했음은 잘못된 것임
73) 성백걸, 위의 책, 138쪽.

이러한 확신을 가지고 있었기 때문에 그는 국권회복운동을 위하여 자신을 던질 수 있었던 것이다. 敎育과 血戰만이 나라를 구할 수 이는 方略이라고 믿은 그는 대동교육회와 대동보국회에 참여하여 이를 실현하기에 적극 노력하였던 것이다. 이 조직이 행한 가장 중요한 사업인 『大同公報』의 간행에 있어 그는 사장이나 편집장과 같은 책임은 갖지 않았으나, 그 실제의 운영에서 차미리사는 중요한 자리를 점하고 있었다. 이 신문을 간행함에 있어서의 어려움은 말할 나위도 없이 財政難 人材難이었다. 차미리사는 그것을 충족시키기에 큰 一翼을 담당하였으며, 그 위에 국권회복을 위한 血戰論으로 미주 교포들의 독립의지를 일깨웠을 것이며, 조국에서 간행되는 『제국신문』의 復刊 운동을 추진함으로써 교포들의 조국애를 발양시켰던 것이다.

특히 그는 국권 회복운동이라는 큰 틀 속에서 여성들의 활약을 어떻게 지도하고 참여하게 할 것인가를 항상 마음에 두고 있었던 까닭에 그는 미주 교포 사회에서는 처음 있는 여성 단체인 한국부인회를 조직 활동하였던 것이다. 이 부인회를 통하여 비로소 교포부인들의 사회 참여의 길이 열리게 되었다고 평가해도 지나치지 않다고 생각된다. 그가 大同孤兒院 사업을 위하여 物心 兩面으로 열정을 바쳤던 것도 여성은 누구보다도 불쌍한 고아들의 어미가 되어야 마땅하다는 소명의식과 민족번영을 위한 사업 수행이라는 민족주의 의식의 결합에 의한 것이라고 평가된다. 그리고 이 고아원 사업에 작은 힘이라도 보태고자 한국부인회 부인들이 연필을 팔아 연조 기금을 마련하였던 것은 그 값의 高下를 떠나 민족운동사적 측면에서나 여성운동사적 측면에서 높게 평가하지 않을 수 없는 것이다.

이상에서 차미리사의 국권회복을 위한 미주에서의 활동들과 그것이 갖는 역사적 의미를 검토하였다. 그는 분명 한국근대사에서 높이 평가받아야 하는 위대한 민족지도자이며, 그가 1920년 이후 국내에서 여성교육운동을 활발하게 추진할 수 있었던 것도 미주에서의 활동 정신과 경험을 바탕으로 이를 더욱 열정적이고 조직적으로 확대하여 이룩할 수 있었던 것이라 생각된다.

Melissa Cha's Independence Movement for Korea in the US

Park, Yong Ock

Melissa Cha left a huge step in the modern history of Korea by devoting herself to the independence movement in the US during 1905~1910 and to the education of women in Korea through Chosun Yeo-Ja Kyo-Yook-Hoe(Association for Korean Women's Education) since 1920. Her historical reputation as a women's educator is already fairly high as her activities were well known via newspapers or magazines at that time. In contrast, there is not much revealed so far regarding her life and accomplishments during her staying in the US. It is the most contribution of this paper to show that she dedicated herself to the independence movement for Korea even during her US days.

This paper reviewed her birth, growth, and marriage life in order to understand how she could participated in the independence movement abroad when women's social activities were strongly discouraged. She was born in 1880 without any brother or sister. Her father taught her to stay independent and she kept her father's saying all throughout her life. She married at the age of 17 and lost her husband leaving one daughter after two years of the marriage. At that time, Korean widows were not socially allowed to marry again. However, she changed her hopeless life to a full joy by accepting Christianity and started to study more. After finishing 4 years at Joong-Seo Women's School, she went to the US in 1905 for the higher education.

While she was staying at Pasadena, California to make money for her further education, she joined Dae-Dong Kyo-Yook-Hoe(Dae-Dong Association for Education) which was established by Kyung Chang, one of the movement leaders. The Association pursued the perfect independence through the education; supporting the selected people from Korea to study abroad, and publishing newspapers and translated books. Melissa postponed her study and moved to San Francisco to work for the Association because she also was strongly interested in educating especially women who could play key roles in the independence movement as well. As Japan gradually strengthened its power in Korea, the Association also changed its name to Dae-Dong Bo-Kook-Hoe(Dae-Dong Association for National Independence) from January 1907 and expanded the activity areas including the independence movement with international religious groups. This is one of the reasons why Melissa, a very sincere Christian, actively participated in the Association as one of the initiators and board members. She played the critical role in publishing Dae-Dong-Gong-Bo, the newspaper of the Association. The 7th issue of the newspaper included one of her articles titled "We Believe in God and Work for Korea" which clearly shows her passion and love to her home country. In this article, she claimed as follows. "God is fair and prefers the justice. Thus God would help us who fight against Japan, the invader. Also women should join the independence movement as God never discriminates female and will prize whoever does his/her best."

In addition, she organized Han-Kook Boo-In-Hoe(Association for Korean Women) for the first time in the US. Indeed, Korean women in the US could start their social participations with this Association. She also worked for the Dae-Dong Orphanage because she thought that every woman should serve as a mother for poor orphans and that the orphanage business itself was an important civil movement. For the financial support of the orphanage, she lead the fund raising by selling pencils, which is considered very valuable in terms of the history of the civil movement and of the women movement.

As discussed above, this paper provided strong evidence that she spent her US days in the independence movement and discussed the historical meaning of her activities in the US. Melissa Cha deserves her high reputation as she is one of the great civil leaders in the early 20th century. Also this paper concluded that her active social participation mainly through women's education since 1920 was deeply rooted to her valuable experience in the US.

1920년대 소련 극동지역 한인 이주민 사회에 대한 연구

배은경[*]

> 1. 머리말
> 2. 소비에트 극동 한인의 인구학적 동향과 특징
> 3. 한인 이주민의 사회·직업적 구성
> 4. 한인과 소련 국적 취득
> 5. 한인에 대한 소비에트 정부의 토지 분배와 토지 이용 정책

---

[*] 모스코바 국립대학교 역사학부 박사과정 졸업.

1. 머리말

본 논문은 1920년대 소련 극동 지역에 존재했던 한인 사회의 기본 성격의 규명을 그 목적으로 하며, 이러한 연구 목적에 부합하는 주요 문제들에 대한 소 주제별 고찰에 기초하고 있다.

논문에서 다루고자 하는 소 주제들은 ① 소련 한인의 인구학적 동향과 특징, ② 한인들의 사회·직업적 구성, ③ 한인들의 소련 국적 취득에 대한 입장과 그 과정, ④ 토지의 이용 및 분배에 관한 소련 정부의 대한인 정책이다.

각 소 주제들은 상호 긴밀한 내용적 연관관계를 갖는다. 주제 ①과 ②는 사회 통계학적 분석에 기초한 극동 한인 인구 동향과 사회 구성상의 특징에 대한 연구이며, 주제 ③과 ④는 1920년대 극동 한인 사회의 초미의 해결 과제로 등장했던 소련 국적 취득과 토지 문제에 대한 역사적 고찰을 통해 그 당시의 한인 이주민사의 기본적 흐름과 성격을 밝히는 작업이다.

본 논문은 연대기적 서술 방식을 따르고 있다.

2. 소비에트 극동 한인의 인구학적 동향과 특징

1920~30년대 소비에트 극동 지역에는 다양한 민족들이 살고 있었으며, 그 수는 36개 민족에 이르렀다. 그 중 11개 민족은 유럽계였고, 그 밖에 한인, 중국인, 일본인 등 동양계 민족들이 하나의 민족 군을 형성하며 살아가고 있었다. 그 당시 한인은 백 러시아인, 우크라이나 인 다음으로 그 인구 수에 있어 세 번째 위치를 점하고 있었다.[1]

이제 한인 이주민의 인구 수 동향과 그 분포 상황에 대해 살펴보도록 하자.

시베리아 내전 시기의 극동 한인의 인구 동향이 기록된 문서를 찾는다는 것은 쉬운 일이 아닐 것이다. 전시 상황에 체계적인 인구 조사는 이루어지지 않았을 것이며, 더구나, 그 당시 러시아 극동 지역에서는 계속적인 정권 교체가 있었다. 그러나, 한 가지 확인된 사실은 이 무정부적 혼란기에도 한인의 러시아 극동으로의 이주는 계속되고 있었다는 것이다.[2] 1917년 당시 프리모르 현(Приморская губерния)에 거주하고 있던 한인 수[3]는 93,696명(9,308가구)이었으나, 1922년 말 134,412명(18,809가구)으로 그 수가 증가했다.[4] 약 5년 사이에 프리모르 현 한인 이주민의 수는 1.4배 증가했던 것이다.[5] 그 당시 극동 지역 한인 인구는 전체 극동 인구의 약 11%를 차지하고 있었다.[6]

---

1) 볼디례프 게. 이., 「극동 지방. 극동 지방의 경제지리학 개설」, 『태평양』, 2, 모스크바, 1935, 159~160쪽(Болдырев Г.И., Дальневосточный край. Эконо-ге ографический очерк ДВК // Тихий Океан. - М.,1935. - №2(4). - С. 156~160).
2) 극동 러시아 역사 문서 보관소, 에르-24함, 1철, 28건, 25뒷쪽(Российский го сударственный исторический архив Дальнего Востока (РГИА ДВ). Фонд Р-24, Опись 1, Дело 28, - Лист 25 оборот).
3) 그 당시 프리모르 현에 살고 있던 한인 수는 전체 극동 지역 한인 거주민의 약 85%를 차지하고 있었다. 그렇기 때문에 프리모르 현 한 지역에 대한 한인의 인구 동향 분석은 러시아 한인 이주민의 인구학적 특징을 밝히는데 보편적인 의미를 가질 수 있다.
4) 「고려사람」, 6~7, 상트-페테르부르그, 1993, 8면 (Корё сарам. Вып. 6~7, -СПб., 1993, - С. 8).
5) 선봉 1927년 12월 20일자, 1927년 6월 26일자.
6) 바비췌프 이, 소비에트 극동에서의 백군과 외국 간섭자와의 싸움에 있어 중국, 한국 노동자의 참여를 위해 일해 온 공산주의 선동가들과 조직가들(1920~1922년), 역사학 박사학위 논문에 대한 개요 보고서, 모스크바, 1960년, 4면(Бабичев И. Коммунисты-вдохновители и организаторы участия китайс ких и корейских трудящихся в борьбе против интервентов и белогвардейце в на советском Дальнем Востоке(1918~1922 гг.). Автореферат диссертации на соискание ученой степени кандидата исторических наук.-М., 1960.- С. 4).

한편, 코민테른 동양부 산하 한인국에서 활동하고 있던 한명세는 프리모르 현 통계국이 조사 발표한 1923년 당시의 한인 이주민 수는 정확하지 않다고 지적했다. 그의 논거는 그 당시 다수의 한인 이주민 가정이 도시 지역으로부터 멀리 떨어진 농촌 부락이나 산촌에 묻혀 살고 있었기 때문에, 그들에 대한 인구 조사는 완전하게 이루어질 수 없었다는 것이다.[7] 그의 견해는 단지 피상적 추론만은 아니었다. 관청의 자료나 정기 간행물에서 밝히고 있는 1923년 프리모르 현 한인 수에 대한 다양한 통계 자료들은 한명세의 주장을 어느 정도 뒷받침해주고 있다. 각 통계 수치상의 차이는 약 2만 명에 이르렀다.

① 99,647명.[8]
② 106,193명(당시 프리모르 현에 거주하고 있던 전체 주민의 17%에 해당하며, 그 지역에 살고 있던 민족 중 2번째로 그 인구 수가 많았다).[9]
③ 106,409명.[10]
④ 106,193명(18,375가구).[11]
⑤ 106,817명.[12]

---

7) 극동 러시아 역사 문서 보관소, 에르-1함, 1철, 373건, 38뒷쪽.
8) 소비에트 아시아, 3~4, 모스크바, 1931, 204쪽(Советская Азия. - М.,1931. - Книга 3~4, - С.204).
9) 김만겸,「한인 주민사이의 소비에트 건설」,『소비에트 연해주』, 1~2, 블라디보스톡, 1926, 199쪽(Ким Ман Гём. Советское строительство среди корейского населения. // Советское Приморье.-Владивосток,1926. - No.1~2. - С.199).
10) 극동주 통계행정, 극동주의 통계 편람, 하바로프스크, 1925, (Дальневосточное областное статистическое управление. Статистический справочник Дальневосточной области.- Хабаровск,1925.- С.18~19); 극동 러시아 역사 문서 보관소, 에르-2422함, 1철, 1501건, 14뒷면; 살트이코프 엔.엔, 프리모르 현의 영토와 주민,『연해주의 경제 생활』, 6~7, 블라디보스톡, 1924, 부록 1 (Салтыков Н. Н. Территория и население Приморской губернии. // Экономическая жизнь Приморья.- Владивосток, 1924.-No6~7.-Приложение 1).
11) 러시아 현대사 문서 연구 및 보관소, 495함, 154철, 188건, 80쪽(Российский центр хранения и изучения документов новейшей истории (РЦХИДНИ). Фонд 495, Опись 154, Дело 188,-Лист 80).
12) 아노소프 에스. 데, 우수리 변강의 한인들, 하바로프스크-블라디보스톡,

⑥ 120,983명(그 중 농촌에 살고 있던 주민 수는 103,483명(85.5%), 도시 주민 수는 17,500명이었다).13)

이 같은 다양한 통계 수치들은 신생 소비에트 정부가 통계 결산을 정확히 수행해 나갈만한 조직, 통신망, 교통망을 가지고 있지 못했다는 점, 그리고 한인 유동 인구 비율이 낮지 않았음을 보여주고 있다. 그 당시 소련 국적을 취득하지 못했던 대다수의 한인 농민들은 유랑 소작농으로서 여기 저기 이동하며 살아가야만 했다.14)

1923년 당시 소련 극동 지역의 한인 인구 동향에 대한 통계표를 살펴보도록 하자.15)(표 1 참조)

<표 1>에서 보는 바와 같이, 1923년 소련 극동 지역에 거주하고 있던 한인 수는 11만 명을 상회했다. 이는 이 지역 전체 인구 수의 10.7%에 해당하였다. 그리고 절대적 다수의 한인(극동 한인 인구의 96.4%)은 지리적으로 한반도와 접하고 있던 프리모르 현에 모여 살고 있었다. 반면에, 아무르 현 (Амурская губерния)의 경우, 극동 한인 인구의 약 3%가, 자바이칼 현(Забайкальская губерния)의 경우, 극소수의 한인(0.5%)만이 살고 있었다. 또한 극동 한인 인구의 89%가 농촌 지역에 거주하고 있었으며, 더욱이 도시 지역에 거주하고 있던 한인 인구의 21.8%조차 도시 근교 촌락에 정착하고 있었다.16) 이는 대부분의 한인이 농민이었거나, 또는 농업과 관련된 업종

1928, 29~30쪽(Аносов С. Д. Корейцы в Уссурийском крае.- Хабаровск - Владивосток,1928. - С. 29~30).
13) 극동 러시아 역사 문서 보관소, 에르-2422함, 1철, 1501건, 14뒷면 ; 극동주 통계행정, 극동주의 통계 편람, 앞의 책, 18~19쪽.
14) 극동 러시아 역사 문서 보관소, 에르-1함, 1철, 373건, 38쪽.
15) 통계표는 다음 자료들에 기초해 작성되었다 : 극동 러시아 역사 문서 보관소, 에르-2422함, 1철, 1501건, 14뒷쪽, 에르-87함, 2철, 823건, 11쪽 ; 야르모슈 아. 엠., 「1926~36년의 극동 주민 이동」, 『극동 경제 생활』, 1~2, 하바로프스크, 1927, 86쪽(Ярмош А. М. Движение населения ДВК на десятилетие 1926~36 годов. // Экономическая жизнь Дальнего Востока.- Хабаровск,1927.-№1~2. С.86).
16) 극동 러시아 역사 문서 보관소, 에르-87함, 2철, 823건, 11쪽.

<표 1> 1923년 지역별·성별에 기초한 극동 한인 수(단위 : 명).

현(□)	전체 주민 수	한인 수		
		남자	여자	합계
프리모르 현				
도시 지역		5,994	5,078	11,072
농촌 지역		50,603	44,734	95,337
총계	813,474	56,597	49,812	106,409
아무르 현				
도시 지역		448	281	729
농촌 지역		1,425	1,180	2,605
총계	98,742	1,873	1,461	3,334
자바이칼 현				
도시 지역		386	63	449
농촌 지역		83	5	88
총계	115,784	469	68	537
캄차크 현[1]	통계수치 無	통계수치 無	통계수치 無	통계수치 無
극동 총계	1,028,000	58,939	51,341	110,280

에서 일하고 있었음을 보여주는 것이다. 한편, <표 1>을 통해 1923년 당시 극동 한인 남성과 한인 여성간의 수량적 비율을 알 수 있다. 한인 남녀의 비율은 100 : 87이었으며, 그 비율상의 차이가 크지 않았다. 이는 한인 인구 수 변동 요인으로 자연 증가율도 포함될 수 있음을 보여주는 것이다. 당시 다수 한인의 이주는 가족단위로 이루어졌으며, 영구 정착의 성격을 띠었다.

1924년 프리모르 현에 거주하고 있던 한인 이주민 분포에 대한 통계 자료에 기초해 표를 작성해 보았다.[17] (표 2 참조). <표 2>는 프리모르 현의 5개 군(한인 이주민의 주요 거주지)과 도시 지역에 거주하고 있던 한인을 그 조사 대상으로 하고 있다.

<표 2>에서 알 수 있듯이, 비 도시권 지역에 거주하고 있던 한인 인구는 현 전체 한인 인구의 89.5%를 차지하고 있었다. 이 규모는 프리모르 현의 비 도시권 지역에 거주하고 있던 전체 주민의 22.5%에 해당하는 것이었다.

---

17) 러시아 현대사 문서 연구 및 보관소, 495함, 154철, 188긴, 79쪽.

<표 2> 1924년 프리모르 현 한인 수(단위 : 명)

	군(口)과 도시	전체 주민 수	한인 주민 수
군	1.블라디보스톡	106,654	52,934
	2.니콜스크-우수리스크	148,188	34,242
	3.스파스크	103,144	3,685
	4.하바로프스크	47,989	2,488
	5.니콜스크-나-아무레	10,874	347
	총계	416,849	93,696
도시	1.블라디보스톡	99,711	5,289
	2.노보키예프스크	1,760	752
	3.바라바슈	733	147
	4.올가	736	8
	5.니콜스크-우수리스크	30,296	2,472
	6.라즈돌노예	719	284
	7.우골노예	4,043	–
	8.스파스크	8,817	523
	9.수찬	5,606	191
	10.하바로프스크	28,851	558
	11.이만	4,491	208
	12.무라비예보-아무르스크	4,491	–
	13.니콜라예프스크-나-아무레	5,112	532
	14.케르비	354	–
	총계	195,720	10,964
	현 총계	612,569	104,660

이는 농촌 지역에 살고 있던 한인의 비율이 낮지 않았음을 의미한다. 그 당시 한인과 비슷한 거주 지역상의 특징을 보이던 민족이 있었는데, 우크라이나인이었다. 프리모르 현에 거주 하고 있던 전체 우크라이나인의 97%가 농촌 지역에 정주하고 있었다.[18] 한편, 도시 지역 인구 중 한인이 차지하던 비율은 5.6%에 불과했다.

1924년의 프리모르 현에 거주하고 있던 한인 수에 대한 다른 이설이 있다. 한명세의 주장에 따르면, 1923년 당시 적어도 12만에서 13만 명에 이르는 한인이 프리모르 현에 정착하고 있었다고 한다.[19] 그의 견해는 1924년 3월을 기준으로 프리모르 현 한인 인구 수를 12만 명 이상이라고 보고한

---

18) 아르모슈 아. 엠., 앞의 논문, 40쪽.
19) 러시아 현대사 문서 연구 및 보관소, 495함, 154철, 188건, 69쪽.

<표 3> 1925년 아무르 현 주요 한인 분포 지역의 한인 인구 수(단위 : 명)

군		남자 수	여자 수	전체
블라고베셴스크 군	블라고베셴스크 시	236	110	346
	아스트라호노프카 촌	114	49	163
	블라고베셴스크시의 부속지	78	29	107
	농민 노동 조합	63	26	89
	볼코보 촌	120	46	166
	그로제코보 촌	135	57	192
	그리보브카 촌	79	31	110
	제야에 위치했던 국영 휴양지	151	74	225
	블라지미로프카 촌	62	33	95
	군 합계	1,038	455	1,493
스바보드넨스크 군		396	228	624
자비찐 군		1,385	1,223	2,608
합 계		2,819	1,906	4,725

러시아 공산당 프리모르 현 위원회 산하 한인부의 조사 내용[20]과 일치하는 것이기도 하다.

1925년 아무르 현의 주요 한인 분포 지역을 중심으로 한 한인 인구 분포도를 소개한다.[21](표 3 참조).

아무르 현의 한인 주민 수는 프리모르 현의 경우와 비교했을 때, 그 수가 절대적으로 적었다. <표 2>와 <표 3>을 비교해 보았을 때, 아무르 현 한인 인구 수는 프리모르 현 한인 인구 수의 4.5%에 불과하였음을 알 수 있다. 한인 남성과 한인 여성의 비율에서도 특징을 보이고 있다. 그 당시 극동 한인 남녀간의 평균 비율이 남성 100명 당 여성 87명이었다면, 아무르 현 남성 대 여성의 비율은 100 : 68이었다. 이는 아무르 현으로의 가족 단위의 이주 비율이 프리모르 현의 경우와 비교했을 때 상대적으로 낮았으며, 농업에 종사하는 비율 또한 상대적으로 낮을 수 있음을 반증하는 것이었다.

1925년 당시 프리모르 현 전체 인구 수는 571,902명이었다. 이 중 농촌 지역에 거주하고 있던 주민 수는 403,806명이었으며, 그의 33%에 해당했던

---

20) 러시아 현대사 문서 연구 및 보관소, 372함, 1철, 1095건, 111뒷쪽.
21) 러시아 현대사 문서 연구 및 보관소, 17함, 68철, 191건, 181쪽.

134,412명이 한인 이주민이었다.22) 1924년 당시 농촌 지역 한인 주민이 차지하던 비율(22.4%)과 비교해 보았을 때, 1년여 동안 10% 이상의 증가율을 보였다.

한인의 러시아 극동 지방으로의 이주는 계속되었다. 당시 한민족에 대한 일제의 탄압은 그 강도를 더해갔고, 신생 소비에트 정부는 조선의 항일 투쟁과 독립 운동에 공식적인 지지를 천명했다.23) 이러한 주·객관적 상황은 한인의 러시아 극동지역으로의 유입을 더욱 부추겼다. 1923년 당시 극동 전체 인구의 11%를 차지하고 있던 한인 이주민이 1926년에는 14%로 그 비율이 증가했다.24) 그리고 한인 이주민 수도 1923년 당시 약 11만 명이었던 것이 1926년에는 168,000명으로 늘어났다.25) 결과적으로, 3년간 평균 2만 여 명의 한인이 매년 러시아 극동으로 이주했던 것이다.

프리모르 현 토지 행정부의 자료에 따르면, 1926년 블라디보스톡 관구26) 내에 164곳의 한인 촌락이 형성되어 있었으며27), 관구 소재 니콜스크-우수리스크 군(郡) 한 지역에만 91곳의 한인 부락이 있었다. 블라디보스톡 시에는 약 만 여명의 한인이 모여 살던 34곳의 한인촌이 있었다.28)

한편, 1926년까지 증가 추세를 유지하던 한인 이주민 수가 1927년에 들

---

22) 선봉 1928년 1월 13일자.
23 박 베. 데., 소비에트 러시아의 한인들(1917~30년대 말), 모스크바 - 이르쿠츠크, 1995, 21~33쪽(Пак Б.Д. Корейцы в Советской России (1917-конец 30-х годов). - Москва-Иркутск, 1995. - С. 21-33).
24) 야르모슈 아.엠., 앞의 논문, 85쪽.
25) 위의 논문, 98쪽.
26) 1926년 1월 4일 러시아 소비에트 연방 사회주의 공화국 전(全) 러시아 중앙 집행위원회의 결정에 따라 현, 군, 읍으로 나뉘는 행정 지역 제도가 폐지되었다. 그 대신 극동 변강 지역은 9개의 관구와 75개의 구로 나뉘게 되었는데 다음과 같다 : 블라디보스톡 관구(14개 구), 하바로프스크 관구(5개 구), 니콜라예프 관구(7개 구), 아무르 관구(11개 구), 제이스크 관구(4개 구), 스레텐스크 관구(8개 구), 치틴스크 관구(16개 구), 캄차크 관구 그리고 사할린 관구.
27) 극동 러시아 역사 문서 보관소, 에르-24함, 1철, 28건, 25쪽.
28) 선봉 1925년 3월 1일자.

어서서 주춤했다. 1927년 한 해 러시아 극동 지방으로 이주한 한인 수는 단지 1,991명에 불과했다. 반면에, 1925년까지 극동 지역 주민 수가 매년 평균 56,000명 정도 늘어났던 이전과 달리, 1926~27년 2년간 약 607,000명의 주민 수가 증가하였다. 새 이주민의 절대적 다수는 러시아인이었다. 러시아 극동으로의 한인 이주민 수의 감소 그리고 러시아 이주민 수의 증가는 극동 인구 중 한인이 차지하던 비율을 크게 감소시켰다. 1927년 극동 한인 인구 수는 약 170.000명이었으며, 이는 극동 전체 인구(1,805,400명)의 9.4%에 해당하는 것이었다. 이는 극동 지방에서 한인이 차지하던 평균 비율보다 약 5%가량 떨어진 수치였다.29) 이러한 현상을 야기시킨 두 가지 요인이 있었다. 첫째는 극동 지역 개발을 목적으로 한 소련의 러시아인 이주 정책이었으며, 둘째는 이 지역으로의 한인 이주를 통제하기 위한 국경 수비대의 활동 강화였다. 그 당시 소비에트 러시아 정부는 한인의 불법적인 이주를 막기 위해 국경 수비대의 인원을 보강하였고, 그의 활동을 강화시켰다. 이 조치는 극동 지역에서 광범위하게 전개되고 있던 토지 이용 합리화 방안의 일환책이었다.30)

1929년 당시 블라디보스톡 관구에 거주하고 있던 한인의 인구 분포도를 소개한다.31)(표 4 참조) <표 4>는 당시 한인 분포 상황에 대한 완전한 통계 자료에 근거하여 만들어졌다.

<표 4>는 블라디보스톡 관구에 거주하고 있던 한인의 50.5%가 관구 내의 3개 구에 집중적으로 분포하고 있었음을 보여주고 있다.

- 포시예츠 구   23.7%
- 수이푼 구   13.7%
- 수찬 구   13.1%

---

29) 야르모슈 아.엠., 앞의 논문, 86, 91쪽.
30) 극동 러시아 역사 문서 보관소, 에르-38함, 1철, 942건, 43~45쪽.
31) 1929년 블라디보스톡 관구 한인 주민 인구 조사 결산, 하바로프스크-블라디보스톡, 1932, 81쪽(Итоги переписи корейского населения Владивостокского округа в 1929 году.-Хабаровск-Владивосток,1932.-С.81).

<표 4> 블라디보스톡 관구 한인 농가의 이주 연도와 체류 연도

이주 연도	체류 연도	농가의 수
1929	1년 미만	4,134
1928	1년	3,278
1927	2년	1,649
1926	3년	2,104
1925	4년	2,158
1924	5년	1,660
1923	6년	1,139
1922	7년	889
1921	8년	907
1920	9년	730
1919	10년	1,006
1918	11년	548
1917	12년	502
1857~1916	13년 이상	8,258
미 확인	-	2,769
총 계	-	31,731

 한편, 전체 한인 중 도시 지역 한인 거주민의 비중이 낮아지는 경향을 보였는데, 1924년 당시 프리모르 현 전체 한인 인구의 10%를 차지하던 도시 지역 거주 한인 규모가 1929년에는 8.3%(이는 도시에 거주하는 전체 인구의 5%에 해당되었다)로 줄었다.
 한편, 한인 이주민 집단을 이주년도와 체류년도에 따라 분류한 통계 자료에 기초해 통계표를 작성하였다.[32](표 5 참조)
 <표 5>는 1929년 당시 블라디보스톡 관구에 정착하고 있던 한인 가구들이 언제 러시아 극동으로 이주했으며, 그 체류기간이 얼마나 되는지를 체계적으로 보여주는 표이다. 그 당시 관구 내에 거주하고 있던 한인 이주민 가구 중 65.2%가 러시아 혁명(1917년) 이후 이 곳으로 이주했으며, 그 중 36%(전체 한인 가구의 23%)는 1928~1929년에 이주했다.
 러시아 극동 지역으로의 한인 이주는 자발적이면서 동시에 (소비에트 정부의 입장에서 본다면) 비계획적인 것이었다. 이 곳으로 이주한 한인의

---

32) 위의 책, 86~87쪽.

<표 5> 1929년 블라디보스톡 관구 한인 분포 상황도

	구(□)와 도시	한인남성(명)	한인여성(명)	전체 한인 수(명)	전체인구중(%%)
구	1. 그로제코프	4,340	3,520	7,860	31.7
	2. 이바노프	1,909	1,471	3,380	15.5
	3. 미하일로프	1,216	958	2,174	6.7
	4. 올긴스크	2,644	2,271	4,915	22.1
	5. 포크로프	5,660	4,731	10,391	38.6
	6. 포시예츠	19,197	16,558	35,755	89.0
	7. 스파스크	2,616	1,808	4,424	13.2
	8. 수이푼	11,065	9,653	20,718	49.1
	9. 수찬	10,487	9,211	19,698	50.9
	10. 한카이	5,093	4,006	9,099	29.9
	11. 체르니고프	2,325	1,950	4,275	16.8
	12. 슈코토프	6,054	4,783	10,837	29.1
	13. 슈마코프	1,848	1,318	3,166	8.3
	14. 야코블레프	925	650	1,575	6.1
도시	1. 블라디보스톡	4,236	3,758	7,994	7.0
	2. 니콜스크-우수리스크	1,478	1,418	2,896	7.5
	3. 스파스크	730	602	1,332	9.3
	4. 수찬	145	117	262	3.1
올가형의 산간 부락		19	25	44	4.7
구(區)에 포함되지 않는 군도		통계 無	통계 無	통계 無	통계 無
관구 총계		81,987	68,808	150,795	-

절대적 다수는 한반도와 국경을 접하고 있던 연해주 지역에 집중적으로 분포하고 있었다. 러시아 극동 지역으로 이주한 한인 수는 1917년에서 1937년까지 20년간 2.2배 증가하였으며, 매년 평균 5천에서 6천 명에 이르는 한인이 러시아 극동으로 이주했다.

3. 한인 이주민의 사회·직업적 구성

1923년 당시 프리모르 현 한인 이주민의 85.6%인 17,680가구 (92,861명)가 농업에 종사하고 있었다. 한편, 한인 노동자는 소수(전체 한인 인구의

2.3%)였는데, 그 중 대다수는 육체 노동을 하는 일용 노동자였다. 그 당시 수공업 종사자는 3.3%(2,974명), 지식인은 약 5~7%를 차지하고 있었다. 도시 소자본가는 대략 10%를 점하고 있었으며, 대자본가는 존재하지 않았다. 농민 중 부농이 약 5~6%, 중농이 25~30% 그리고 60% 이상이 빈농이었다.33)

한인 노동자의 절대적 다수는 빨치산 부대 출신이었으며, 그들의 대부분은 도시 지역에 거주하고 있었다. 그들의 직업은 다양했다. 담배 공장의 공원이거나 항구에서 뱃짐을 부리는 짐꾼, 투기업자, 밀수출입 업자, 상인 또는 올가와 아무르 강변의 니콜라예프스카에서 멀지 않은 벌채 이권 지역의 노동자이기도 했다. 그 당시 블라디보스톡 시에만 약 90여명의 한인 노동자가 있었는데, 식료품 공장의 공원이나, 항구에서 일하는 짐꾼으로 살아가고 있었다.34) 1923년 당시 아무르 현에 살고 있던 한인 노동자 중 전문 기술 노동자는 찾아 볼 수 없었다. 그 당시 원주민 부락에서 일하는 약 300여명의 일용노동자와 블라고베쉔스크 시와 스바보드니 시에 살고 있던 약 75명의 육체노동자가 있었을 뿐이다.35)

그러나 1920년대 중반 소비에트 경제가 전반적으로 안정되면서부터 한인 노동자의 진출 영역 또한 확대되기 시작했다. 그 당시 한인 노동자들은 프리모르 현 인민 경제의 거의 모든 분야에서 일하고 있었다. 그 중 31.1%가 농업 분야와 관련된 일용직 노동자였으며, 10.2%는 상업과 수공업 분야, 18.9%는 공업과 채광분야, 21.2%는 운송분야 그리고 16.7%는 각 사회 조직에서 일하고 있었다. 이 당시까지 만해도 전문 기술 분야에서 종사하던 한

---

33) 1923년 농업 조사서에 따른 극동주 농업, 하바로프스크, 1924년, 4~11쪽 (Сельское хозяйство Дальне-Восточной области. По данным сельскохозяйственной переписи 1923 года. Губернские итоги. - Хабаровск, 1924.-С. 4-11) ; 살트이코프 엔.엔, 앞의 논문, 부록 1; 극동 러시아 역사 문서 보관소, 에 -2422함, 1철, 150건, 14뒷쪽, 에프-72함, 1철, 33건, 45쪽; 러시아 현대사 문서 연구 및 보관소, 495함, 154철, 188건, 69쪽.
34) 러시아 현대사 문서 연구 및 보관소, 372함, 1철, 1095건, 114뒷쪽.
35) 러시아 현대사 문서 연구 및 보관소, 17함, 68철, 191건, 183쪽.

<표 6> 1929년 블라디보스톡 관구 한인의 사회적 구성표(단위 : 명)

	구와 도시	노동자	사무원	협동조합원	농 민	기타
구	1. 그로제코프	231	26	23	1,364	8
	2. 이바노프	111	14	60	671	15
	3. 미하일로프	99	2	1	408	4
	4. 올긴스크	113	5	73	711	5
	5. 포크로프	399	21	111	1,529	40
	6. 포시예츠	688	96	690	4,870	49
	7. 스파스크	387	10	84	824	37
	8. 수이푼	497	32	374	3,240	24
	9. 수찬	360	28	8	2,923	13
	10. 한카이	273	22	401	1,430	6
	11. 체르니고프	153	18	-	775	3
	12. 슈코토프	584	22	35	1,706	10
	13. 슈마코프	152	2	14	664	14
	14. 야코블레프	124	-	-	289	4
도시	1. 블라디보스톡	1,270	167	132	376	92
	2. 니콜스크-우수리스크	187	55	2	72	43
	3. 스파스크	63	18	-	233	18
구(區)에 포함되지 않는 군도		699	17	233	69	6
관구 총계		6,390	555	2,241	22,154	391

인 기술자는 없었던 것으로 보여진다. 이 시기 한인 노동자들은 농촌 지역(2,100명)과 도시 지역(2,000여명)에서 비교적 고른 분포로 거주하고 있었다.36)

1929년 블라디보스톡 관구에 거주하고 있던 한인의 사회적 구성 및 직업 분포에 대한 통계표가 있다.37)(표 6 참조)

<표 6>을 통해 다음과 같은 새로운 통산을 도출해 낼 수 있다.

- 노동자 : 20.1%
- 사무원38) : 1.7%
- 협동조합원 : 7%

---

36) 러시아 현대사 문서 연구 및 보관소, 17함, 68철, 191건, 180쪽.
37) 1929년 블라디보스톡 관구 한인 주민 인구 조사 결산, 앞의 책, 81쪽.
38) 국가기관이나 국영기업에서 일하는 사람들도 이 범주에 속한다.

- 농민 : 69.8%
- 기타 : 1.4%.

여전히 농민이 차지하는 비율이 높다. 특히 수찬 구(區)의 경우 구 전체 한인의 87.7%가 농민이었고, 수이푼 구의 경우는 77.8%, 포시예츠 구의 경우는 76.2%가 농민이었다. 이 세 지역에 거주하고 있던 한인 수는 블라디보스톡 관구 전체 한인 수의 49.8%를 차지하고 있었다. 이러한 사실로부터 이 세 지역을 중심으로 하여 한인 경제의 근간이 형성, 발전되고 있었음을 예측해 볼 수 있다. 표 6은 한인의 사회 구성비에 있어 1920년대 상반기와는 다른 특징을 보여주고 있다. 우선, 농업에 종사하는 한인 농가 수가 줄었고, 한인 노동자의 수는 상대적으로 늘어났으며, 협동 조합의 종사자들이 하나의 사회 그룹으로 자리잡았다.

4. 한인과 소련 국적 취득

한인 이주민의 대부분은 러시아 극동 지역에서의 장기적이고도 안정된 생활을 원했다. 조국의 주권 상실, 그로 인한 불안정한 사회적, 법적 지위 그리고 경제적 빈곤. 이러한 상황들은 그들로 하여금 소비에트 러시아의 제반 환경에 적극적인 적응 자세를 보이도록 강제했다. 또한, 러시아 국적 취득 외국인에 한해 경작지를 제공한다는 소비에트 러시아의 법규[39]도 한인 이주민으로 하여금 소련 국적 취득에 대해 긍정적인 입장을 취하게끔 만들었다. 왜냐하면, 대부분의 한인 이주민은 농업에 종사하고 있었기 때문이었다.

1922년 12월 8일 극동 혁명 위원회는 외국인의 소비에트 국적 취득에 관한 법령을 발표했다. 그 내용은 1918년에 공포되었던 러시아 시민권 획득

---

39) 박 베. 데., 앞의 책, 129쪽.

에 관한 전(全) 러시아 중앙 집행 위원회의 법령과 1921년의 외국인의 러시아 국적 취득에 관한 인민위원회의 법령을 극동 지역에서도 발효시킨다는 것이었다.[40]

1923년 초 프리모르 현 혁명 위원회 행정부 산하에 한인의 소련 국적 취득 문제를 담당할 입적 위원회가 창설되었다. 입적 위원회는 프리모르 현 혁명위원회, 국가 정치국, 코민테른 집행 위원회 산하 한인국, 조합 단위 조직들 그리고 외무 인민 대표부에서 파견된 사람들로서 구성되었다.[41] 입적 위원회의 위원장으로 김만겸 (프리모르 현 토지국 소속)이 선출되었고, 위원으로는 한명세, 최고려, 그 밖에 2인의 러시아인이 선정되었다.[42] 한편, 블라디보스톡 시 한인 거류민의 소비에트 국적 취득 업무는 '해항 한인회'에서 담당했다.[43]

입적 위원회의 주요 업무는 러시아소비에트연방사회주의공화국의 국적 취득과 관련한 한인의 청원서 수령 및 검토에 있었다. 입적 위원회는 한인 이주민을 세 집단으로 분류했다.

① 제1집단 : 극동변강지역에서 오랜 기간 체류한 자로서 농업에 종사하는 한인들
② 제2집단 : 노동자와 사무원
③ 제3집단 : 투기꾼과 그 밖의 비노동 분야에서 일하는 사람들.

입적 위원회는 소련 국적 취득에 있어 그 우선권을 제1, 제2집단에게 제공하였다. 제3집단의 경우, 소련 국적을 취득하는 것이 거의 불가능했다.[44]

프리모르 현 집행위원회는 소련 국적 취득 절차의 간소화를 그 내용으로 하는 특별훈령을 발표했다. 훈령에 따라 한인의 소련 국적 취득은 비교

---

40) 러시아 현대사 문서 연구 및 보관소, 17함, 68철, 191건, 190쪽.
41) 러시아 현대사 문서 연구 및 보관소, 17함, 68철, 191건, 190쪽.
42) 선봉, 1923년 4월 5일자.
43) 선봉 1923년 5월 12일자.
44) 러시아 현대사 문서 연구 및 보관소, 17함, 68철, 191건, 190쪽.

적 간소화되었다. 소련 국적을 취득하기 위해서는 자신의 여권을 필히 제출해야만 했는데, 훈령은 여권을 소지하지 못한 한인들에게도 기회를 제공했다. 여권 대신 읍(邑) 단위 집행위원회, 지역 소비에트, 각 한인 단체에서 발급하는 신분 증명서를 제출할 수 있었다. 신분 증명서에는 청원자의 성별, 직업, 러시아에서의 체류 기간, 정치적 성향 등이 확인, 기록되었다. 또한 수속 비용은 내지 않아도 되었으며, 청원서 제출 시 신원 보증을 위한 수속과 조사 과정도 폐지되었다. 청원서 수령과 비자 발급 또한 간소화되었는데, 각 읍 단위 집행위원회에서도 처리할 수 있게 되었다.45) 1923년 11월에서 12월까지 현 단위 집행위원회는 50여건의 청원서를 처리했다.46)

그러나, 러시아 공산당 프리모르 현 위원회 산하 한인부는 한인의 국적 취득 간소화 조치에 대한 반대 입장을 표명했다. 한인부는 1923년 12월 13일자 보고서에서 한인 이주민에 대한 소련 국적의 대중적 발급은 정치적 의미에서 볼 때 불가능한 일이라고 지적했다. 또한 국가 보안부(ГПУ), 국가 집행 위원회(ГИК) 그리고 외무 인민 위원회의 대표로 구성된 입적 위원회의 한인에 대한 개별적인 조사를 통해 그들의 정치적 건전함이 입증되고 난 후에 국적을 발급해 주어야 한다고 주장했다.47)

러시아 국적 취득 여부에 따라 그 1923년 당시의 한인 주거지를 다음과 같이 분류해 볼 수 있다.

① 러시아 국적을 취득한 한인들이 모여 사는 곳
  • 구(區) : 포시예츠, 보리소프, 니콜스크 - 우수리스크
  • 부락 : 다바니, 타우제미, 로마노프카, 카자케비체보, 이바노프카, 니 콜라예프카
② 비러시아 국적 소지 한인들이 집중적으로 거주하던 지역
  • 아누친 읍(邑)의 루후 - 후토르스크 부락, 수이푼 읍의 짜피고우 부락, 폴타

---

45) 극동 러시아 역사 문서 보관소, 에르-1함, 1철, 373건, 127쪽 ; 선봉 1923년 10월 9일자.
46) 극동 러시아 역사 문서 보관소, 에르-1함, 1철, 368건, 106쪽.
47) 러시아 현대사 문서 연구 및 보관소, 372함, 1철, 1095건, 18~19쪽.

프 읍의 신길동 부락.48)

1923년 당시 프리모르 현에 살고 있던 한인은 일본인, 중국인과 비교해 볼 때, 러시아 국적 취득에 대해 긍정적인(때로는 적극적인) 입장을 보였다. 일본인의 경우, 프리모르 현에 거주하고 있던 일본인의 1.2%, 중국인의 경우, 1.3%만이 러시아 국적을 취득한 반면, 한인의 경우, 32.6%가 러시아 국적을 취득했다. 1923년의 인구조사는 한인의 러시아 국적 미 취득 상황에 대한 통계 수치를 제공하고 있는데, 프리모르 현의 한인 거주자 중 러시아 국적을 취득하지 않은 한인은 71,527명이었으며, 그 중 남성이 38,064명, 여성이 32,882명이었다.49) 한인 이주민의 소련 국적 취득을 위한 노력은 계속되었다. 1923년 4월에서 6월까지 1,373건의 청원서가 접수되었으며, 이 중 357건이 처리되었다.50) 일본 역사가인 와다 하루키의 견해에 따르면, 1923년부터 1924년까지 2년간 소련 국적을 취득한 한인 수는 11,596명에 이르렀다고 한다.51)

러시아 공산당 프리모르 현 위원회 산하 한인부가 제출한 1923년 3월 1일에서 1924년 3월 1일까지의 업무 결산 보고서에는 한인 주요 거주 지역의 소련 국적 취득 상황에 대한 통계 자료가 있다.(표 7 52) 참조) 특히, 이 보고서는 소련 국적을 취득한 한인 수와 그에 상응하는 한인 가구 수를 동시에 밝히고 있는데, 이를 통해 당시 한인의 국적 취득이 가구 단위로 이루어지지 않았나 추측해 볼 수 있다.

<표 7>이 확인해 주는 바와 같이, 한인의 국적 취득 상황이 각 지역별로 크게 다름을 볼 수 있다. 이만 구의 경우, 이 곳 한인의 56.9%가 소련 국적

---

48) 러시아 현대사 문서 연구 및 보관소, 372함, 1철, 1095건, 19쪽.
49) 살트이코프 엔.엔., 앞의 논문, 52쪽.
50) 극동 러시아 역사 문서 보관소, 에르-1함, 1철, 680건, 112쪽.
51) 부가이 엔, 와다 하루키, 「러시아 한인의 강제 이주사로부터」, 『인민의 우애』, 7, 모스크바, 1992, 218쪽(Бугай Н. Ф., Вада Харуки. Из истории депортации "русских корейцев" // Дружба народов.-М., 1992. - No.7. - C.218).
52) 러시아 현대사 문서 연구 및 보관소, 372함, 1철, 1095건, 112쪽.

<표 7> 1924년 초 프리모르 현 거주 한인들의 소련국적 취득 상황표

연과 구		러시아 국적 소지 한인		외국 국적 소지 한인		합계	
		주민 수(명)	가구 수	주민 수(명)	가구 수	주민 수(명)	가구 수
현	1. 포시예츠	14,371	2,348	13,611	2,366	27,982	4,714
	2. 수찬	2,302	360	19,342	3,640	21,644	4,000
	3. 올긴스크	14	9	2,199	369	2,213	378
	4. 이만	1,848	344	1,402	293	3,250	637
구	1.니콜스크-우수리스크	7,621	1,345	28,354	5,538	35,975	6,883
	2. 스파스크	2,896	400	4,294	965	7,190	1,365
	3. 포크로프	2,091	366	3,138	549	5,229	915

을 취득한 반면, 올긴스크 구의 경우, 0.63%만이 소련 국적을 취득했다. 표 7에는 니콜스크 - 우수리스크 시 한인 주민과 블라디보스톡 시 한인 주민 약 14,000명 그리고 소베츠크, 니콜라예프스카 - 나 - 아무례 등 구 단위 지역 한인 3,500여명에 대한 조사는 빠져 있다.

1924년 3월 외무 인민 위원부와 내무 인민 위원부의 지시에 따라 극동 혁명 위원회는 1918년 이전까지 러시아 극동으로 이주한 한인 노동 주민에 대한 국적 취득 간소화 조치를 발표했다.53) 1925년 당시 프리모르 현에 살고 있던 한인 이주민 중 33,765명이 소련 국적을 취득한 반면, 소련 국적을 취득하지 못한 한인은 72,428명(68%)이었다. 프리모르 현 집행위원회는 1925년 1월 1일까지 소련 국적 취득에 관한 11,593건의 청원서를 접수했으며, 그 중 2,629건을 처리했다.54) 1925년 당시 아무르 현에 거주하고 있던 전체 한인(4,725명) 중 2,342명(49.6%)이 소련 국적을 소지하고 있었다.55)

1925년 4월 4일에 열렸던 극동 혁명 위원회 산하 한인국 회의는 한인의 소련 국적 취득을 위한 청원서 수령과 처리 업무를 활성화하기 위해 입적 위원회의 회원 수를 늘리기로 결정했다.56) 그리고 그 해 11월 한인의 소련

---

53) 극동 러시아 역사 문서 보관소, 에르-2422함, 1철, 1498건, 45뒷쪽 ; 에르 -2422함, 1철, 744건, 2~2뒷쪽.
54) 러시아 현대사 문서 연구 및 보관소, 17함, 68철, 191건, 176쪽.
55) 러시아 현대사 문서 연구 및 보관소, 17함, 68철, 191건, 182쪽.
56) 러시아 현대사 문서 연구 및 보관소, 17함, 68철, 191건, 184쪽.

국적 취득 업무를 전담할 '특별 위원회'를 조직했다.57)

1923년부터 1925년 말까지 14,860건의 청원서가 접수되었으며, 그 중 4,899건이 처리되었다.58) 1925년 10월 1일 당시 프리모르 현에 거주하고 있던 21,199 한인 가구 중 11,624 가구(55%)가 소비에트 국적을 취득했다.59)

1926년 10월 1일 당시 18,474건의 소련 국적 취득에 대한 한인의 청원서가 접수되었다. 이 중 12,783건이 처리되었고, 1,575건은 무효로 처리되었다. 국적 취득에 필요한 증빙 서류가 완전히 구비되기 않은 청원 서류는 무효 처리되었다. 그렇게 해서 4,116건의 청원서가 접수된 채 남게 되었는데, 이전에 접수된 채 처리되지 않은 8,000건의 청원서와 합치면, 그 당시 모두해서 12,116건의 청원서가 해결을 기다리고 있던 셈이었다.60)

1927년부터 1931년 말까지의 한인 이주민에 대한 소련 국적 발급은 큰 성과 없이 진행되었다. 그러나, 집산화 운동이 본격적으로 진행되기 시작한 1932년 초부터 한인의 국적 취득에 대한 지방 정부의 방침은 바뀌기 시작했다. 그 당시 지방 정부는 집산화 과정에서 갖는 한인 이주민의 역할이 크다고 판단했고, 집산화 운동에 적극적으로 동참할만한 법적 근거를 제시해 주어야 한다고 생각했을 것이다. 1930년대 중반 극동 지역에 거주하고 있던 대부분의 한인은 소련 국적을 취득했다.61)

5. 한인에 대한 소비에트 정부의 토지 분배와 토지 이용 정책

제정 러시아 시대의 극동 지방 정부와 한인 이주민사이에 날카로운 긴

---

57) 『선봉』, 1925년 11월 7일자.
58) 『선봉』, 1925년 11월 7일자.
59) 김만겸, 앞의 논문, 200쪽.
60) 극동 러시아 역사 문서 보관소, 에르-38함, 1철, 942건, 41쪽.
61) 와다 하루키, 「소비에트 극동의 조선인들」, 『소비에트 한인 백년사』, 서울, 1989, 64쪽.

장 관계를 제공했던 사안 중 하나가 바로 토지 분배와 토지 이용에 관한 것이었다. 청년 소비에트 정부 역시 오랫동안 미제로 남겨져 있던 제정 러시아 시대의 유산을 청산하는데 있어 배외적 민족주의라는 전통을 지켰다. 토지 분배와 이용에 대한 권리는 항상 러시아 민족에게 우선적으로 주어졌던 것이다.

러시아 극동 지방으로 이주한 한인의 대부분은 농민이었으며, 농민에게는 농사짓기 위한 토지가 필요했다. 제정 러시아 시기에 단 한번 한인들에게 토지를 분배한 적이 있었는데, 1894년 러시아 국적 취득자에 한해 15 데샤티나[62]의 토지를 나누어주었다. 이후 소비에트 러시아가 등장할 때까지 한인 농민에 대한 토지 분배는 더 이상 이루어지지 않았다.[63]

1917년 당시 러시아 국적 취득 한인에게 분배되었던 토지 중 경작지로서 유용했던 토지의 총 면적은 약 17,400 데샤티나였다. 주요 한인 분포 지역의 한인 소유지 면적을 살펴본다면 다음과 같다.

- 니콜스크 - 우수리스크 군(郡)   16,500 데샤티나
- 수찬 군 - 617 데샤티나
- 스파스크 군 - 157 데샤티나.[64]

그 당시 많은 수의 한인 이주민의 살고 있던 니콜스크 - 우수리스크 군의 토지 이용 면적은 상대적으로 넓었다.

한편, 시베리아 내전이 종결되고 난 후 러시아 전역을 강타했던 전반적 경제 위기는 가난한 한인 가정을 반 기아 상태로 몰고 갔다.[65] 1922년 말

---

62) 데샤티나(десятина)는 미터법 이전의 러시아에서의 지적 단위였으며, 1,092 헥타르에 해당하는 것이다.
63) 남만춘, 「소비에트 극동 민족 문제의 일부로서의 한인 문제」, 『우리의 길』, 11, 블라디보스톡, 1923, 15쪽(Нам Ман Чхун. Корейский вопрос как часть национальной проблемы на Советском Дальностоке / Наш пути.-Владивосток,1923. - No.11.-C.15).
64) 극동 러시아 역사 문서 보관소, 에르-1함, 1철, 368건, 37~38쪽.
65) 러시아 현대사 문서 연구 및 보관소, 372함, 1철, 1095건, 113뒤~114쪽.

한인 농민들이 가지고 있던 비축 식량은 4~5개월 이상을 버틸 수 없는 것이었다.66) 이와 같은 어려운 상황에서 더욱 경제적인 고통을 받던 사람은 비러시아 국적을 소지하고 있던 한인이었다. 그 당시의 토지법에 의거하면, 외국인은 토지를 분배받을 수가 없었다. 1923년 초 극동 토지국은 한인 거류민을 위한 새로운 토지 임대 시행령을 발표했다. 러시아 국적을 취득하지 못한 한인의 토지 임차를 적극 지원한다는 것이 본 시행령의 주요 골자였다. 이제 외국 국적 소지 한인들은 지방 지주의 토지를 법적으로 자유롭게 임차할 수 있게 되었다.67)

한편, 러시아 지주들은 한인 농민들에게 토지를 임대해주려 하지 않았다. 러시아인들은 토지 문제와 관련하여 한인 농민들에 대해 좋지 않은 감정을 가지고 있었다. 러시아인과 한인간의 갈등이 노골적으로 불거져 나오기 시작한 것은 1923년 1월 소비에트 토지법이 극동 지역에서 발효되기 시작하면서부터였다. 그 당시 이주 1~2세대이거나 그 후손이었던 한인 농민들은 자신의 손으로 직접 일구고 개발한 러시아인 소유의 경작지를 자신들에게 돌려줄 것을 지방 정부에 요청했다.68) 그러나, 극동 정부는 한인의 요청을 묵살했으며, 또한 이로 인해 러시아 지주들의 횡포는 날로 심해져 갔다. 이러한 상황은 다수 한인 농가가 러시아 극동을 떠나 중국 대륙으로 넘어가도록 부추겼다.69)

한편, 1923년 초 프리모르 현에 거주하고 있던 전체 한인 가구 중 단지 13%(2,442 가구)만이 토지를 분배받았다. 그리고 이들의 절대적 다수는 19세기에 러시아 극동으로 이주한 사람들이었다.70)

1923년 3월 프리모르 현에 살고 있던 한인에 대한 토지법이 마련되었는데, 그 내용은 다음과 같다.

① 러시아 국적을 취득한 한인 중 토지를 소유하고 있지 않거나, 또는 적은

---

66) 러시아 현대사 문서 연구 및 보관소, 1함, 1철, 368건, 38쪽.
67) 극동 러시아 역사 문서 보관소, 에르-1함, 1철, 368건, 38쪽.
68) 극동 러시아 역사 문서 보관소, 에르-2422함, 1철, 1499건, 32쪽.
69) 극동 러시아 역사 문서 보관소, 에르-1함, 1철, 373건, 27~27 뒷쪽.
70) 극동 러시아 역사 문서 보관소, 에르-72함, 1철, 203건, 11쪽.

토지를 가지고 s있던 농민들에게 우선적으로 국유지를 분배한다
② 빨치산 부대 출신과 특히 러시아 시베리아 내전에 적극적으로 가담했던 반일 민족 해방 조직원이었던 의병에게 차선적으로 토지를 분배한다
③ 세금을 납부한다는 조건 하에서 비러시아 국적 소지 한인들에게 토지를 임대한다.71)

새로운 토지법에서의 특징적인 항목은 ②와 ③이다. ②의 경우는 시대적 산물이었다. 그리고 극동 지역에서의 소비에트 러시아 정부 수립에 크게 기여한 한인 유격대 출신들에게 주는 무공 훈장과도 같은 것이었다. 세 번째 항목은 법적으로는 거류민이었던 비러시아 국적 소지 한인의 불법적인 토지 임차가 아닌, 국가에 세금을 납부하는 합법적인 토지 임차의 경우라면, 토지 이용권을 법적으로 보장해 주겠다는 내용이었다.

1923년의 극동 한인 이주민에게 임대된 평균 토지 면적에 관한 통계가 있다. 이 통계에 따르면, 남의 땅을 빌려 농사를 짓던 한인의 5%가 1.5 데샤티나의 토지를 임차하고 있었고, 10%는 1.2 데샤티나, 15%는 1 데샤티나의 토지를 빌려 사용하고 있었다. 그리고 나머지 70%는 불법적인 방법으로 토지를 이용하고 있었다.72) 한편, 토지를 임차하고 있던 한인 농민에게 좋은 소식이 전해졌다. 1923년 3월 20일자 극동 토지국의 명령서가 그 것이었다. 명령서는 토지 임대 기간을 의무적으로 1924년까지 연장시킬 것을 지시하고 있다.73) 이 조치는 지주 계급에 대한 국가적 차원의 통제가 시작되었음을 의미하는 것이었다.

1923년 11월 27일 러시아 공산당 프리모르 현 위원회 산하 한인부 협의회에서는 한인에 대한 토지 분배 및 이용에 관한 구체적인 논의가 진행되었다. 협의회는 한인에 대한 토지 임대 절차의 간소화와 마이힌 골짜기에 위치한 프리한카이 구(區)와 슈코토프 구에 있는 잉여 땅을 빨치산 부대 출신 한인에게 배분할 것을 결정했다.74) 한편, 소비에트 권력 수립 이후, 극

---

71) 『선봉』, 1923년 6월 15일자.
72) 남만춘, 앞의 논문, 16쪽.
73) 극동 러시아 역사 문서 보관소, 에르-24함, 1철, 28건, 31~32쪽.

동 한인에 대한 토지 분배 및 이용에 관한 업무 담당은 프리모르 현 집행위원회 행정국 산하 한인 문제 전담 위원이 맡았으나, 1923년 11월 프리모르 현 토지과 산하에 한인 문제 특별 전담 위원이 선출됨으로써 그 전담자가 바뀌게 되었다.[75]

1923년 당시 프리모르 현에 거주하고 있던 한인 가구는 18,375가구(106,558명)였으며, 그 중 15.6%인 2,860가구만이 자신의 땅을 가지고 있었다.[76] 1923~1924년 초까지의 한인 농가에게 분배된 주요 지역별 토지 면적은 다음과 같다.

- 하바로프스크 구 : 1,200 데샤티나
- 이만 구 : 16,792 데샤티나
- 스파스크 구 : 300 데샤티나 이상
- 니콜스크 - 우수리스크 구 : 477 데샤티나.[77]

그 당시 프리모르 현에 살고 있던 한인 임차농(약 14,000 가구)의 28.6%(4천 여 가구)는 국유지에 살고 있었으며, 나머지 만 여 가구는 지방 지주들의 토지를 빌려 살아가고 있었다.[78]

1924년 초 한인 농가의 가구 당 평균 소유지 면적은 1.71 데샤티나였다.[79] 그 당시 러시아 국적을 지녔던 4,462 한인 농가는 가구 당 평균 3.6 데샤티나의 경지를 가지고 있었으며, 또한 국가로부터 평균 4 데샤티나의 토지를 임차하고 있었다. 그러나, 러시아 국적을 취득하지 않은 한인 농가(12,878가구)는 정부와 각 사회 단체로부터 총 15,382 데샤티나에 해당하는 경지를 빌려 쓰고 있었는데, 이는 한 가구 당 평균 1.2 데샤티나의 임대지

---

74) 러시아 현대사 문서 연구 및 보관소, 372함, 1철, 1095건, 75~76쪽 ; 극동 러시아 역사 문서 보관소, 에르-72함, 1철, 33건, 49쪽.
75) 러시아 현대사 문서 연구 및 보관소, 372함, 1철, 1095건, 129쪽.
76) 극동 러시아 역사 문서 보관소, 에르-72함, 1철, 33건, 45쪽.
77) 러시아 현대사 문서 연구 및 보관소, 372함, 1철, 1095건, 129~129뒷쪽.
78) 극동 러시아 역사 문서 보관소, 에르-72함, 1철, 33건, 49쪽.
79) 극동 러시아 역사 문서 보관소, 에르-72함, 1철, 33건, 48쪽.

를 사용하고 있었음을 의미하는 것이었다.80) 반면에, 러시아인의 경우, 극동 지방 출신의 부농 가구는 평균 16.5 데샤티나의 땅을 가지고 있었으며, 구 이주민은 10.5 데샤티나, 신 이주민은 9.5 데샤티나의 경지를 소유하고 있었다.81) 결과적으로 러시아 국적을 취득한 한인 가구의 평균 소유지 면적은 러시아 신 이주민의 평균 소유지 면적의 절반에도 미치지 않았다.

1924년 8월 29일 한인의 토지 문제에 관한 새 법령이 공포되었다. 우선적으로 취해진 것은 한인의 토지 분배 사업을 관장할 프리모르 현 토지국 산하의 '특별 위원회'의 구성이었다. 법령의 주요 내용은 다음과 같다

① 1924년 10월 1일까지 한인에 대한 거주 지역 내에서의 토지 분배를 일차적으로 실시한다.
② 경지가 부족한 지역에 살고 있는 일부의 한인 가구는 다른 지역으로 이주시킨다.
③ 1924년 10월 1일부터 사유지와 국유지에 대한 한인의 불법적인 정주 및 농경생활을 완전 금지시킨다.82)

이 법령은 토지 문제 해결 방안으로서 한인에 대한 대중적인 이주 조치가 고려될 수 있음을 암시하고 있다. 또한 본 법령의 핵심은 한인의 불법적인 토지 임차 및 사용 행위에 대한 금지 조치였다. 한편, 한인의 러시아 극동으로의 이주는 계속되었다. 그리고 그 당시 극동 지방에서의 토지와 관련된 법규가 현실화되지 않는 한, 한인에 의한 토지 무단 점유와 이용은 계속될 수밖에 없는 상황이었다. 결국, 이 법령은 현실적인 성과를 거두지 못했으며, 다시 새로운 방안이 모색되기 시작했다.

1925년 초 한인의 토지 문제 해결을 위한 한 방안으로 한인에 대한 이주 문제가 본격적으로 거론되기 시작했다. 프리모르 현 러시아 공산당 위원회는 한인 농민에 대한 토지 문제는 프리모르 현 내에서 해결되기 어렵다는

---

80) 러시아 현대사 문서 연구 및 보관소, 495함, 154철, 188건, 70쪽.
81) 극동 러시아 역사 문서 보관소, 에르-1함, 1철, 373건, 40쪽.
82) 극동 러시아 역사 문서 보관소, 에르-72함, 1철, 33건, 52~53쪽.

입장을 밝혔으며, 토지를 분배받지 못한 프리모르 현의 한인 농가들의 극동 내륙 지방의 미개발된 광활지로의 이주를 결정했다.[83]

1925년 4~5월 극동 혁명 위원회 산하 한인 위원회와 극동 혁명 위원회 간부 회의는 일련의 연석회의를 갖고 한인에 대한 토지 문제를 논의했다. 논의 결과, 토지를 소유하지 못한 프리모르 현의 한인 농가들을 3년 이내에 다른 지역으로 이주시킨다는 구체적인 방침을 마련했다.[84] 그 총 예산으로 306,000 루블이 책정되었고, 그 중 50%는 국가가, 25%는 지방 조직이 그리고 25%는 농민 개인이 부담하는 것으로 결정되었다.[85] 이 조치는 한인의 입장에서는 결코 만족스러운 것이 아니었다. 반면, 소비에트 정부의 입장에서 본다면, 일석이조의 효과를 얻는 최대의 방책이었다. 한인에 대한 토지 문제를 해결함과 동시에, 황무지 개간을 자연스럽게 한인에게 떠맡길 수 있게 되었으며, 특히, 한반도와 러시아 극동의 접경 지역에 집중적으로 분포하고 있던 한인들을 내륙 깊숙한 곳으로 몰아낼 수 있는 구실이 생긴 것이다. 그간 소비에트 정부는 외국인이, 그것도 국경을 마주 접하고 있던 국가의 민족이 국경 인근 지역에 모여 산다는 사실에 항상 불안감을 가졌다. 더구나 그 민족의 조국은 당시 적국이었던 일본의 식민지였다. 1925년 5월에 열렸던 극동 혁명 위원회 간부회의와 극동국 총회 연석 회의는 한인 이주 정책에 대한 정확한 입장을 밝혔다. 회의는 최근에 러시아 극동으로 이주한 한인에 대한 포시에트 구, 니콜스크-우수리스키 구의 남쪽으로부터 프리모르 현의 내륙 지역으로, 특히 아무르 현으로의 이주 방안은 시기적절하면서도 절대적으로 합리적인 조치라고 발표했다.[86]

한편, 한인 농가에 대한 프리모르 현 지역 내에서의 토지 분배는 계속되었다. 1924년 10월 1일에서 1925년 10월 1일까지 1년 간 4개 군에 거주하고

---

83) 선봉 1925년 2월 2일자.
84) 러시아 현대사 문서 연구 및 보관소, 17함, 68철, 191건, 185쪽 ; 극동 러시아 역사 문서 보관소, 에르-2441함, 1철, 511건, 10쪽.
85) 선봉 1925년 5월 17일자.
86) 극동 러시아 역사 문서 보관소, 에르-72함, 1철, 143건, 308쪽 ; 러시아 현대사 문서 연구 및 보관소, 17함, 68철, 191건, 171쪽.

있던 1,462 한인 농가에 대한 토지 분배 상황을 살펴보면 다음과 같다.

- 블라디보스톡 군 : 77 가구
- 니콜스크 - 우수리스크 군 : 1,100 가구
- 스파스크 군 : 200 가구
- 하바로프스크 군 : 85가구.[87]

그러나, 이 정도의 토지 분배로는 한인이 안고 있던 토지 문제를 근본적으로 해결할 수 없었다. 1925년 10월 당시 프리모르 현에 살고 있던 한인 가구의 71%가 토지를 가지고 있지 않았다. 프리모르 현 토지국 산하 한인 문제 전담 위원회 보고서에도 유사한 내용이 기록되어 있다. 이 보고서에 따르면, 1925년 10월 1일 당시 21,199 한인 가구가 이 지역에 거주하고 있었으며, 이 중 6,071 가구(28.6%)만이 토지를 가지고 있었다.[88]

1925년 가을 프리모르 현 토지국은 측량 기사들을 동원해 토지 조사를 실시했다. 측량 기사들에 의해 과다하게 분배되었다고 판단된 부농의 잉여 토지는 국가에 의해 몰수되었다. 그리고 몰수된 토지는 빈농을 위해 따로 책정되었다. 토지국의 2년 여간(1925~26)의 토지 조사 결과로 3,230 가구의 한인 농가에게 분배할 수 있는 55,000 데샤티나의 토지가 현내에서 확보되었다. 또한 토지국은 50,000 데샤티나에 해당하는 토지에 대한 조사가 현재 진행 중에 있다고 발표했다.[89] 그러나, 한인 농민을 위해 책정되었던 토지는 끝내 그들에게 돌아가지 않았다. 토지는 소련의 유럽 지역으로부터 새로 이주한 러시아 농민들에게 제공되었던 것이다.[90] 한인들은 이 조치에 대해 불만을 표시했다. 그들은 프리모르 현 토지국에 자신의 대표를 파견하여 공식적인 항의를 하였다.[91]

---

87) 극동 러시아 역사 문서 보관소, 에르-72함, 1철, 203건, 10쪽.
88) 김만겸, 앞의 논문, 200쪽.
89) 극동 러시아 역사 문서 보관소, 에르-35함, 1철, 940건, 133쪽.
90) 극동 러시아 역사 문서 보관소, 에르-2441함, 1철, 511건, 10쪽.

1925년 당시 러시아 극동 지방의 한인 농가와 러시아 농가의 토지 분배와 이용 상황을 비교해 본다면 다음과 같다: 프리모르 현의 경우, 한인 농가에게 분배된 토지는 각 가구 당 평균 1.6 데샤티나였던 반면, 러시아 농가에게 제공된 토지 면적은 각 가구 당 평균 4.1 데샤티나였다. 그리고 전체 한인 농가의 68.8%가 토지를 임차해 농사를 지었던 것에 반해, 러시아 농가의 경우, 단지 7.8%만이 남의 땅을 빌려 사용했다.[92] 아무르 현의 경우, 상대적으로 그 상황은 나은 편이었다. 당시 이 지역의 한인 농가는 각 가구 당 평균 2.5 데샤티나의 토지를 소유하고 있었다. 이는 프리모르 현의 한인 농가 소유의 평균 토지 면적보다 약 1.5배가 넓은 것이었다. 그러나 아무르 현의 러시아 농가들은 그 곳 한인 농가보다 2배 이상 넓은 경작지를 가지고 있었는데, 각 가구 당 평균 5.7 데샤티나의 경지를 소유하고 있었다.[93] 한편, 1925년 10월 1일에서 1926년 2월 1일까지 4개월 간 프리모르 현에 살고 있던 821가구의 한인 농가가 토지를 분배받았다.[94]

한인의 불만과 항의에 부딪친 프리모르 현 당국은 한인 농가의 토지 문제를 조속히 해결해 보겠다는 의지를 보이기 시작했다. 1926년 3월 28일 프리모르 현 토지국은 극동 변강 토지국에 한인 농가를 위한 새로운 경지를 조속히 찾아줄 것을 요청했다. 변강 토지국은 이 해 6월 14일 답신을 주었는데, 그 내용은 블라디보스톡 관구에 8,000 가구의 한인을 위한 토지를, 그리고 치틴 관구에 2,000 가구를 위한 토지를 마련해 볼 수 있다는 것이었다. 그러나, 변강 토지국은 그와 같은 입장을 곧바로 철회하였으며, 블라디보스톡 관구에 단지 2,000 가구의 한인만을 남기는 쪽으로 그 입장을 바꿨다.[95] 결국, 한인의 토지 문제 해결 방안은 '이주'라는 조치로 결정된 것이었다. 1926년 중반 프리모르 현 토지국은 하바로프스크 관구의 신진 구와

---

91) 극동 러시아 역사 문서 보관소, 에르-35함, 1철, 940건, 133쪽.
92) 러시아 현대사 문서 연구 및 보관소, 17함, 68철, 191건, 173쪽.
93) 러시아 현대사 문서 연구 및 보관소, 17함, 68철, 191건, 173쪽.
94) 극동 러시아 역사 문서 보관소, 에르-72함, 1철, 203건, 11쪽.
95) 극동 러시아 역사 문서 보관소, 에르-35함, 1철, 940건, 133쪽.

<표 8> 극동 한인 농민에 대한 토지 분배 결산표(1923~1926)

연도	한인에게 분배된 토지(단위:데샤티나)		토지를 분배받은 한인 가구 수	
	분배지 총 면적	유용 경지	한인 가구 수	가구 구성원 총수
1923	18,267.07	11,064.03	931	4,701
1924	17,257.31	10,649.69	717	3,881
1925	49,158.46	36,057.91	2,938	18,901
1926	33,393.00	17,707.00	1,417	9,509
합 계	118,075.84	75,478.63	6,003	36,992

키르다긴 구로 블라디보스톡 관구에 살고 있던 9,000 가구의 한인을 5년 안에 이주시킬 계획이라고 발표했다.[96] 이주 대상으로 상정된 한인 가구는 블라디보스톡 관구에 거주하고 있던 전체 한인 가구의 44%에 해당하는 것이었다.[97]

한편, 1923년부터 1926년까지의 4년에 걸쳐 진행된 극동 한인 농민에 대한 토지 분배에 대한 결산표가 있다.[98](표 8 참조)

<표 8>에서 1925년도에 주목해보자. 총 4년간의 분배지 총 면적의 연 평균 증가율이 149%였던 데 반해, 1925년의 분배지 총 면적 연 증가율은 285%였으며, 토지를 분배받은 한인 가구 수에 있어서도 410%라는 높은 증가율을 보였다. 1925년에 진행되었던 한인에 대한 토지 분배가 비교적 적극적인 성격을 띄었음을 알 수 있다. 1923년부터 1926년까지 극동 한인 농가 중 6,003 가구가 118,075.84 데샤티나에 해당하는 토지를 분배 받았다. 한 가구 당 평균 19.7 데샤티나의 땅을 분배 받은 셈이다. 한편, 1926년 당시 토지를 소유하지 못한 극동의 한인 가구 수는 만 가구를 넘었다.

1927년 한인의 토지 이용 합리화 정책을 수행하기 위한 특별 조직이 구성되었다. 이 조직은 프리모르 이주대(移住隊)라고 명명되었다.[99] 그 명칭

---

96) 극동 러시아 역사 문서 보관소, 에르-38함, 1철, 942건, 41쪽.
97) 극동 러시아 역사 문서 보관소, 에르-2441함, 1철, 511건, 10뒷쪽.
98) 극동 러시아 역사 문서 보관소, 에르-2422함, 1철, 1499건, 32뒷쪽.
99) 극동 러시아 역사 문서 보관소, 에르-2441함, 1철, 511건, 10뒷쪽.

이 주는 의미로도 알 수 있듯이 한인에 대한 토지 분배 정책은 그들의 극동 내륙 지방으로의 이주를 통해 해결하는 방향으로 그 입장이 굳혀졌다. 블라디보스톡 관구 당 위원회는 프리모르 이주대에게 6개 구(수찬, 슈코토프, 그로제코프, 수이푼, 포크로프, 체르니고프)에 거주하고 있던 한인들에 대한 인구 조사에 착수함과 동시에 이주 대상으로부터 제외된 나머지 한인들에 대한 토지 이용권의 법률적 내용을 구성하라는 지시를 내렸다. 또한 당 위원회는 1년 내로 하바로프스크 관구와 카자흐스탄으로 3,500명의 한인을 이주시킨다는 방침이 담긴 5개 년 이주 계획을 수립했다. 프리모르 이주대는 당 위원회의 지시에 따라 우선 한인에 대한 인구조사에 착수했다[100].

프리모르 이주대는 1927년 중반 한인에 대한 인구 조사를 끝냈다. 당시 블라디보스톡 관구에 살고 있던 한인 수는 150,779명(31,206가구)이었다. 그리고 새로운 계획이 구상되었다. 그 계획은 44,340명의 한인(관구에 거주하고 있던 전체 한인의 29.4%)을 관구 내에 그대로 남겨 두고, 나머지 106,439명을 다른 지역으로 이주시킨다는 것이었다. 한편, 블라디보스톡 관구의 한인 거주민의 하바로프스크 관구로의 이주는 도로 사정상의 이유로 1927년 5월에 들어서야 시작되었다. 그러나, 그 해 8월 한인의 이주 정책을 함께 담당했던 하바로프스크 관구 당국은 한인 이주민을 받아들일 것을 거부했다. 결국, 하바로프스크 관구로 이주한 한인 수는 단지 1,408명에 불과했으며, 카자흐스탄 지역으로는 220명이 이주하였다.[101]

결과적으로, 한인 이주를 통해 토지 문제를 해결해 보려던 그 많은 시도와 계획들이 큰 성과를 거두지 못한 것이었다. 그 이유는 다음과 같다

① 블라디보스톡 관구의 입장에서 본다면, 한인의 다른 지역으로의 이주는 심각한 경제적 손실과 노동력 부족 사태를 야기시킬 수 있었다. 벼농사의 주역이었던 한인 농민의 이주로 인한 경제적 손실, 어업 분야에서의 노동력 부족 등의 이유는 이주 조치의 적극적 진행을 방해했다.

---

100) 극동 러시아 역사 문서 보관소, 에르-35함, 1철, 940건, 133뒷쪽.
101) 극동 러시아 역사 문서 보관소, 에르-35함, 1철, 940건, 133뒷쪽.

② 한인들은 이주 조치에 대해 계속해서 반발했다. 그들은 자신의 힘으로 개척한 땅을 포기하고 떠날 용의가 없었다.
③ 지방 정부(블라디보스톡 관구와 하바로프스크 관구)들은 정책상의 입장 차이와 대립을 보였다. 블라디보스톡 관구 당국은 한인 이주민을 떠나 보내려 하였고, 하바로프스크 관구 당국은 새로운 이주민을 받아들임으로써 발생할 제반 문제들을 염려하고 있었다.
④ 계획이 치밀하게 준비되지 않았다. 위에 열거된 이유들로 인해 한인에 대한 이주는 순조롭게 진행되지 않았다.[102]

 1928년 3월 23일 극동 토지국은 새로운 규정을 공포했다. 새 규정의 내용은 블라디보스톡 관구와 하바로프스크 관구 남부 지역에 거주하는 새로운 이주민들에게 토지를 제공하지 않겠다는 것이었다. 그러나, 극동 개발을 목적으로 이주하게 될 러시아인들에게는 적당한 토지 분배가 따를 것이라는 예외 규정이 덧붙여져 있었다.[103] 수많은 한인들은 자신의 손으로 일군 연해주 지역에서 쫓겨나 다시 무인지경의 황무지인 극동 내륙 지방으로 강제 이주당할 운명에 놓이게 되었다.
 소비에트 행정부의 토지 분배와 관련, 한인에게 전혀 유리하지 않은 법령이 발표되었음에도 불구하고, 한인의 러시아 영토로의 월경은 계속되었다. 그들은 지주의 경작지를 불법적으로 임차하거나, 국유지를 무단 점유하였다. 실제로 러시아로 유입된 한인의 소재와 그 정확한 수를 파악한다는 것은 불가능한 일이었다. 이러한 상황은 지방 정부가 토지 이용 합리화 정책에 대한 구체적 조치를 정하고, 실행하는 것을 계속해서 방해했다. 한인의 극동 내륙 지방으로의 이주는 자연히 지체되었고, 실제적인 진척은 이루어지지 않았다. 한편, 한인 주민의 이주 정책에 대한 반발은 더욱 거세어져 갔다.[104]

---

102) 극동 러시아 역사 문서 보관소, 에르-2441함, 1철, 511건, 11쪽.
103) 극동 러시아 역사 문서 보관소, 에르-2441함, 1철, 511건, 11쪽.
104) 극동 러시아 역사 문서 보관소, 에르-236함, 2철, 277건, 19면 ; 에르-38함, 1철, 942건, 43쪽.

극동 소비에트 행정부는 한인 이주민의 불만과 반발에 대해 단호하게 대처하였다. 1928년 11월 19일 극동 지역 당 위원회는 다음과 같은 결정 사항을 발표했다

① 국경을 무단으로 넘은 한인들에 대한 토지 임대를 금지한다.
② 외국인의 불법적인 유입을 막기 위해 국경 수비대 활동을 강화한다.
③ 한인 이주민에 대한 보다 정확한 인구 조사를 실시하고 이에 기초해 한인 이주 계획의 내용을 다시 마련한다.[105]

새로운 법규는 소비에트 정부의 대 한인 정책에 대한 최종적인 입장을 분명하게 보여주고 있다. 첫째, 한인의 부단한 유입에 대한 보다 실제적인 통제를 행사할 것이며, 둘째는 연해주 내에서의 한인 이주민에 대한 토지 분배는 더 이상 이루어지지 않을 것이라는 내용을 함축적으로 담아내고 있었던 것이다.

1929년 블라디보스톡 관구 한인 거주민의 토지 소유와 관련된 지역별 현황 통계 수치를 표로 정리해 보았다.[106](표 9 참조) <표 9>는 1929년 당시 블라디보스톡 관구에 살고 있던 한인 가구의 73.4%인 23,282 가구가 농업에 종사하고 있었음을 보여준다. 그 당시 한인 농가의 31%(전체 한인 가구의 22.8%)가 토지를 분배받았으며, 나머지 69%는 자신의 땅을 가지고 있지 않았다. 한인 농가 중 토지를 소유하고 있던 농가 수의 비율이 상대적으로 높았던 지역으로는 포시예트(63.1%), 야코블레프(41.3%), 수찬(36.3%), 올긴(36%), 한카이(34.6%), 포크로프(31.9%), 수이푼(25.1%) 구가 있었으며, 비율이 낮았던 지역으로는 스파스크 시(0%), 스파스크 구(0.24%), 미하일로프 구(0.97%)가 있었다. 블라디보스톡 관구 농촌 지역의 한인 농가 중 31.8%가 토지를 분배받았던 반면, 도시 지역에서는 단지 4.5%의 한인 농가가 자신의 땅을 가지고 있었다.

---

105) 극동 러시아 역사 문서 보관소, 에르-38함, 1철, 942건, 43~45쪽.
106) 1929년 블라디보스톡 관구 한인 주민 인구 조사 결산, 앞의 책, 82쪽.

<표 9> 1929년 블라디보스톡 관구 한인 농가의 토지 소유 현황

	구와 도시	전체 한인 가구 수	한인 농가 수	한인 농가 수 중 토지 소유 농가	한인 농가 수 중 토지 무소유 농가
구	1. 그로제코프	1,652	1,389	232	1,157
	2. 이바노프	871	684	74	610
	3. 미하일로프	514	410	4	406
	4. 올긴	907	713	257	456
	5. 포크로프	2,100	1,669	533	1,136
	6. 포시에트	6,393	5,133	3,241	1,892
	7. 스파스크	1,342	841	2	839
	8. 수이푼	4,167	3,738	939	2,799
	9. 수찬	3,332	3,008	1,093	1,915
	10. 한카이	2,132	1,581	547	1.034
	11. 체르니코프	949	783	32	751
	12. 슈코토프	2,357	1,735	96	1,639
	13. 슈마코프	846	659	37	622
	14. 야코블레프	417	286	118	168
도시	1. 블라디보스톡	2,037	356	17	339
	2. 니콜스크-우수리스키	359	52	12	40
	3. 스파스크	332	236	–	236
구(區)에 속하지 않는 군도들		1,024	9	3	6
전체		31,731	23,282	7,237	16,045

1929년 초부터 블라디보스톡 관구 한인에 대한 이주 작업이 본격적으로 진행되기 시작했다. 그 해 1월 '프리모르 이주대'는 이주 사업을 담당할 6인(이후 5인으로 그 수가 감축되었다)을 선출했다. 이들에게 주어진 임무는 한인 이주 사업의 활발한 전개와 블라디보스톡 관구에 그대로 정착하게 될 한인의 토지 이용권에 대한 세부 사항을 만드는 것이었다.[107]

1929년 8월 20일 극동 집행 위원회 간부회의는 한인의 토지 이용과 분배에 관한 더욱 엄격한 규정을 발표했다. 간부회의는 극동 지역의 한인 거류민들의 불법적인 행위(무단 정착과 비합법적인 토지 이용)와의 전쟁을 선포했다.

---

107) 극동 러시아 역사 문서 보관소, 에르-35함, 1철, 940건, 130쪽.

① 소비에트 권력에 완전한 충성심을 보이는 자를 제외한 모든 외국 국적 소지 한인들을 블라디보스톡 관구 밖으로 추방한다.
② 다른 지역으로의 이주를 원하지 않는 경우, 농업 이민법 위반으로 받아들여 엄격한 법적 조치를 취한다.
③ 국경 인접 지역으로의 러시아인의 이주 및 정착 사업에 주력한다.108)

한편, 극동 지방 정부가 한인에 대한 토지 분배에 있어 소극적인 태도를 취하기 시작한 시점은 1927년이었다. 1927년에서 1929년까지 2년간 블라디보스톡 관구 내에서 토지를 분배받은 한인 가구는 564 가구에 불과했다.109) 1929년 당시 한인 일인당 평균 0.94 헥타르의 토지를 가지고 있었는데, 이는 1928년과 비교했을 때, 약 6.5%가 증가한 것이었다. 토지 면적은 절대적으로 늘어났지만, 러시아 주민의 경우(11%의 증가율)와 비교해 보았을 때 그 증가율은 큰 의미를 갖지 않는다.110)

1929년 한 해 동안 하바로프스크 관구로 이주 된 한인 가구는 13,287 가구였으며, 이 밖에도 59가구(220명)가 카자흐스탄으로 이주되었다. 이 수는 이주 대상으로 계획되었던 한인 가구의 46%에 불과한 것이었다. 임무 수행이 계획했던 바의 절반에도 못 미친 이유는 '하바로프스크 이주대'가 이주 사업에 소극적으로 참여했기 때문이었다.111)

1929년 말 우즈베키스탄 토지 정리 인민 위원회와 블라디보스톡 관구 토지국은 공동 사업을 구상했다. 사업의 내용은 80~100여명 규모의 극동 거주 한인 농민을 우즈베키스탄의 벼 경작 협동 농장 3~4 곳에 이주시킨다는 것이었다.112) 당시의 계획은 단지 100여명 안팎의 한인을 벼농사 개발에 투입시키자는 것이었지만, 우즈베키스탄 지역에서의 벼농사 부문에 대한 장기적인 개발 계획이 충분히 엿보이는 구상이었다. 이런 의미에서

---

108) 극동 러시아 역사 문서 보관소, 에르-2441함, 1철, 336건, 67~67뒷쪽.
109) 선봉 1929년 8월 25일자.
110) 선봉 1930년 7월 21일자.
111) 극동 러시아 역사 문서 보관소, 에르-35함, 1철, 940건, 130~130뒷쪽.
112) 극동 러시아 역사 문서 보관소, 에르-236함, 2철, 234건, 35~35뒷쪽.

볼 때, 이 계획은 1937년에 있었던 한인 강제 이주 정책이 갖는 경제적 배경과 일정부분 그 맥을 같이한다고 할 수 있다. 이 계획은 재정상의 이유로 무산되었다.[113]

1930년 당시 극동의 농촌 지역에 거주하고 있던 한인 수는 약 150,000명 (28.000 가구 정도)이었다. 이들은 75,000 헥타르에 해당하는 토지를 가지고 있었는데, 이는 1929년과 비교했을 때, 17,2%가 증가한 것이었다. 소유지의 절대적 면적은 늘어났지만, 농작물 생산량에 있어서는 큰 변동이 없었다. 그 주 원인 중 하나는 그 당시 한인이 사용하고 있던 노동 도구의 낙후함에 있었다. 한인 농민들은 쟁기나 삽과 같은 조악하고 원시적인 도구에 의존하여 생산활동을 하고 있었다.[114]

1930년대로 들어서면서 한인 이주 사업은 소강 상태로 들어갔다. 그리고 한인 이주민에 대한 소비에트 지방 정부의 강경한 태도 또한 누그러지기 시작했다. 모스크바 정부로부터 러시아 극동 지역에서의 집산화 운동에 대한 엄중한 지시가 하달되었기 때문이다. 극동 경제 영역에서 괄목할만한 역할을 수행해 왔던 한인 이주민은 자연스럽게도 집산화 정책의 주 견인 대상이 되었다. 대다수의 한인들(주로, 빈농들)은 집산화 운동에 적극적으로 참여했다. 한인이 밀집해 있던 촌락에서는 집단 농장 건설과 관련된 대규모 캠페인이 전개되었다. 그간 끊임없이 제기되고, 구상되고, 실행되었던, 그리고 마침내 미완으로 처리된 토지 문제는 뒤로 밀려났고, 그 곳에 집산화 운동이 자리를 잡았다. 존재 기반이 불안정했던 러시아 국적 미 취득 한인들과 빈농들은 적극적으로 집산화 운동에 참여했다. 그리고 빠른 속도로 한인 집단 농장이 건설되기 시작했다.[115]

---

113) 극동 러시아 역사 문서 보관소, 에르-38함, 1철, 944건, 47쪽.
114) 김 하이, 「한인 집단 농장을 도와주자」, 『극동의 집단 농장원』, 9, 하바로프스크, 1930, 14쪽(Ким Хаи. Поможем корейским колхозам // Дальневосточный колхозник.-Хабаровск,1930.-No. 9(12).-C.14).
115) 박 베. 데., 앞의 책, 172쪽.

Советские корейцы на Дальнем Востоке в 1920-х гг.

Bae, Yeun Kyoung

Предметом данной статьи являются советские корейцы на Дальнем Востоке в 20-х годах XX века. В данной работе мы рассмотрели те объективные факторы, под совокупным влиянием которых происходило формирование корейской общины на русском Дальнем Востоке, ее основные демографические и социальные характеристики в 1920-х гг., экономическое и правовое положение корейцев Дальневосточного края.

К объективным факторам формирования общины относятся, во-первых, политическая и экономическая ситуация в Корее, вызвавшая эмиграцию ее жителей, основную массу которых составляли крестьяне, во-вторых, природно-географические и климатические условия Дальневосточного края, которые оказались как нельзя более подходящими для корейцев, в третьих, их традиционный хозяйственный уклад, который они принесли с собой на новую родину, и наконец, в-четвертых, отношение к ним российских, а затем и советских властей, определяющих земельную политику, от которой напрямую зависело состояние и развитие корейских хозяйств. На развитие корейской общины повлияли и такие факторы, как корейское национально - освободительное движение и, как его составная часть - корейское партизанское движение, а также национальная политика советского государства.

Одной из особенностей демографии дальневосточных корейцев является то, что их миграция на Дальний Восток самовольная и неплановая не прекращалась до самого их депортации в Среднюю Азию и Казахстан в 1937 году. Это было связано с утратой государственной независимости Кореей, близким соседством России и др. В результате сочетания этих факторов за период с 1917 г. по 1937 г. число корейцев ДВК возросло в 2,2 раза, и средний ежегодный прирост корейцев составлял 5-6 тыс.человек.

Корейцы Дальнего Востока, прочно осевшие на новых местах поселения, активно стремились перейти в русское гражданство, так как его приобретение было важным фактором для стабильного правового положения и полноценной хозяйственной жизни. На российской территории, как правильно, иностранцы-корейцы не имели прав на участие в выборах и получение надельной земли. С начала 1930-х годов, в связи со стремлением советского правительства вовлечь корейцев в коллективизацию, большинство из них получило советское гражданство.

В данной статье анализируется вопрос землеустройства, поскольку он является очень важным для характеристики жизни корейской общины ДВК в 1920~30-е годы.

С наибольшими экономическими трудностями, связанными, главным бразом, с безземельем, корейское население Дальнего Востока столкнулось в первые годы после окончания гражданской войны. В первые годы после окончания гражданской войны местная администрация ДВК приняла меры к разрешению вопроса землеустройства корейцев. Главными мероприятиями являлись следующие: во-первых, отвод земли корейцам по месту их фактического проживания; во-вторых, их переселение из приграничных районов Приморья в другие районы ДВК, где имелись неразработанные государственные земли. Вместе с проведением сплошной коллективизации вопрос землеустройства безземельных корейцев в ДВК уступил свое место вопросу организации и деятельности колхозов среди корейского населения.

Soviet Koreans on the Far East in 20th Years of XX century

Bae, Yeun Kyoung

The subject of given article are Soviet Korean on the Far East in 20th years of XX century. In the given work we have considered those objective factors, under which cumulative influence there was a formation of korean community on Russian Far East, it's basic demographic and social characteristics, economic and a legal status of Korean of Far East region.

The objective factors of a community concern, first, a political and economic situation in Korea, caused emigration of its inhabitants, which great bulk peasants, second, made natural-geographic and climatic conditions of Far East region, which appeared more suitable for Korean, in the third, their traditional economic style of life which they have brought with themselves on the new native land, and at last, fourthly, the attitude to them Russian, and then the Soviet authorities determining a ground polity on which the condition and development of the Korean facilities directly depended. Development of the korean community was affected also with such factors, as the Korean national-liberation movement and, as its component-the Korean guerrilla movement, and also a national polity of the Soviet Union.

One demography from features Far East Korean that their migration to the Far East autocratic and not scheduled, did not stop up to the moment of their deportation to Central Asia and Kazakhstan in 1937. It was connected to loss of statehood of independence by Korea, the close neighbourhood of Russia, etc. As a result of a combination of these two factors the number Korean at Far East has increased in 2,2 times since 1917 till 1937, and the average annual gain of Korean made 5~6 thousand people.

Koreans of the Far East, who strongly based on new places actively aspired to proceed in Russian citizenship'cause its purchase was the important factor for a stable legal status and high-grade economic life. In the Russian territory, as a rule, Korean had no rights to participation in elections and reception the ground for rent. With the beginning of 1930th years, in connection with aspiration of the Soviet government to involve Korean in collectivization, the majority of them has received the Soviet citizenship.

In given article the question of land management as it is very important for the characteristic of life of the korean community in 20~30 years is analyzed.

With the greatest economic difficulties connected, mainly, with lack of land, the Korean population of the Far East has faced in the first years after the end of Civil war. In the first years after the end of Civil war the local administration has arranged to the sanction of a question of Korean land management. The main actions were the following: first, tap of the ground for Korean in a place of their actual residing, second, their resettlement from frontier areas of Primorski Krai in other areas DVK where there were undeveloped state grounds. Together with realization of continuous collectivization the question of land management of landless Korean in DVK has conceded the place to a question of the organization and activity of collective farms among the Korean population.

일제 말기의 농촌통제정책

崔永默*

1. 머리말
2. 戰時 농촌조직화정책과 애국반
   1) 부락연맹
   2) 애국반의 조직화 과정과 활동
3. '부락생산확충계획'의 실시와 촌락
   1) '부락계획'과 촌락의 강조
   2) 국민총력운동·'부락계획'을 통해 본 농촌조직화정책의 특징
4. 맺음말

---

* 건국대 사학과 강사.

1. 머리말

일제는 1937년 중일전쟁을 개시한 이후 한국의 사회경제구조를 전시총동원체제로 급속히 개편해 갔다. 전시총동원체제는 침략전쟁의 수행을 위하여 일체의 물적·인적 자원을 통제하고 동원하는 체제였다. 이 때 인적·물적 자원 수탈의 주요기반은 농촌이었다. 따라서 이 시기 농업정책의 목표는 전시총동원체제에 필요한 식량과 노동력의 안정적 공급에 두어졌다. 이를 위하여 총독부 권력은 농업의 생산·분배·유통과정과 농촌노동력의 이동·유출과정을 전반적으로 통제하였다. 일제는 이상의 농촌에서의 전시동원정책의 효과적 수행을 보장하기 위하여 戰時 이전의 '농촌진흥운동'에 이어 '국민정신총동원운동'과 '국민총력운동'으로 대표되는 통제정책을 강화하는 한편, 戰時期에 들어서면서 표면화한 농산물 증산과 노동력 수탈이라는 모순된 전시요청을 충족시키기 위해 '부락생산확충계획'과 '농촌재편성정책'을 입안, 시행해 갔다.

이러한 일련의 농업·농촌정책은 戰時期 이전의 농촌진흥운동으로 대표되는 식민지 농업·농촌정책의 하나의 귀결점임과 동시에, 일제 식민지배정책의 성격이 가장 집약적으로 표출된 성격을 가지는 것이었다. 또한 비록 이 시기가 일제 말기의 짧은 기간이었다 하더라도 일제 지배정책이 극단적으로 표출되어 해방 후 신국가건설의 국내 여건(중요하게는 농업·농촌경제)을 곧바로 규정해 갔다는 점에서 연구사상 매우 중요한 위치를 차지하고 있다.

지금까지 戰時期 농업·농촌정책에 대한 연구는 이러한 중요성 때문에 일찍부터 그 필요성이 제기되어 왔으나 본격적인 연구성과가 나타나기 시작한 것은 비교적 최근의 일이다. 먼저는 주로 식량생산·유통 통제[1] 및

---
* 본 논문은 1998년도 국사편찬위원회 한국사연구지원비에 의한 것임.

농촌노동력 수탈2)에 초점을 맞춘 연구가 이루어져 연구의 기반이 마련되었다. 이어서 농지정책의 관점에서 '농업재편성' 정책에 본격적으로 접근한 연구3)가 이루어져 일제말기 식량 수탈의 위기가 초래된 구조적 성격과 '농촌재편성' 정책의 내용 및 戰時期 농업통제정책의 방향과 그 성격이 해명되었다. 이들 연구의 토대에 입각하여 최근에는 주로 농촌에 대한 '조직화정책'4)의 맥락에서 일제의 농촌통제정책에 대한 연구가 활발히 이루어지고 있다.5) 이들 연구는 금융조합 및 그 촌락 차원에서의 하부기구였던 殖産契를 통한 농촌의 장악·통제를 분석한 浜口裕子의 연구6)와 '국민정신총동원운동'과 '국민총력운동'의 전개과정을 조직론적인 관점에서 농촌의 말단단위인 촌락 수준의 애국반에까지 주목한 庵逧由香의 연구7)가 대표적이다. 한편 戰時期에 대한 연구는 아니지만 일제 초기부터 1930년대까지

---

1) 崔由利,「日帝末期 '朝鮮增米計劃'에 대한 연구」,『한국사연구』61·62, 1988.
鄭德基,「일제의 한국농촌 수탈사 연구 - 1940년대 농산물 공출제도를 중심으로」,『朴性鳳敎授回甲記念論叢』, 1987.
田剛秀,「전시체제하 조선에 있어서의 米穀政策에 관한 연구」,『經濟史學』14, 1990.
2) 康成銀,「戰時下日本帝國主義と農村勞動力收奪政策」,『歷史評論』355, 1979.
허수열,「朝鮮人 勞動力의 强制動員의 實態 - 朝鮮內에서의 强制動員政策의 展開를 中心으로-」(車基璧 엮음),『일제의 한국 식민통치』, 정음사, 1985.
3) 정연태,「1940년대 전반 일제의 한국농업재편책 - '농업재편성정책'을 중심으로」,『국사관논총』38집, 1992.
4) 여기에서는 김익한이 규정한 바를 수용하여, '동리(또는 촌락)에 대한 직접적 장악, 나아가서는 개별농가 장악을 위한 권력측의 제정책'을 농촌조직화정책이라는 용어로 표현한다. 金翼漢,『植民地期朝鮮における地方支配體制の構築過程と農村社會變動』, 東京大學 博士學位論文, 1996, 14쪽의 주1 참고.
5) 농촌통제정책에 초점을 맞춘 것은 아니지만, 일제 말기의 황민화정책 속에서 '내선일체론'을 중심으로 일제의 전시지배정책을 다룬 것으로 다음의 연구가 주목된다. 宮田節子·李熒娘 역,『朝鮮民衆과 '皇民化政策』, 일조각, 1997
崔由利,『일제말기 식민지 지배정책연구』, 국학자료원, 1997.
6) 浜口裕子,『日本統治と東アジア社會-植民地期朝鮮と滿洲의 比較硏究』, 勁草書房, 1996, 144~178쪽.
7) 庵逧由香,「朝鮮における戰爭動員政策의 展開 - "國民運動"의 組織化를 中心에」『國際關係學硏究(津田塾大學)』No.21 別冊, 1995.

농민의 생활의 場인 洞里에 주목하여, 일제의 지방지배체제의 구축과정과 농촌사회의 변동을 분석한 金翼漢의 연구[8])가 있다. 이 연구는 洞里에 대한 식민지권력의 직접 장악이라는 과정에 초점을 맞추고, 그것을 지역명망가를 중심으로 하는 동리의 자치적 운영과의 길항관계 속에서 파악함으로써 지방제도의 전개와 농촌사회변동의 문제를 다룬 것이다. 이것은 戰時期 농촌통제정책의 前史를 형성하는 제도와 촌락 수준의 중심인물의 문제를 파악할 수 있는 단서를 열어놓고 있다는 점에서 주목할 만하다.

마지막으로 촌락이라는 장에 일찍부터 주목하면서 전시동원체제와 촌락의 기능을 분석한 松本武祝의 최근 연구[9])가 있다. 이 연구는 전시동원정책과 촌락의 기능을 본격적으로 분석한 최초의 연구성과라고 할 수 있다. 저자는 한국에 있어서의 '開發主義體制'[10])의 식민지적 기원을 찾는다는 과제 하에 식민지기에 있어서 식민지권력에 의한 '사회 통합'의 진전이 해방후 한국의 국가-사회관계에 중요한 영향을 미쳤다고 보고, '강력한 국가-약한 사회'라는 국가-사회관계의 형성 모태를 식민지기에서 찾고 있다.[11]) 이러한 시각 하에 저자는 전시동원기에 "폭력에 의해 뒷받침된 강제가 식민지권력에 의해 발동되는 국면과는 별도로, 조선인이 얼마간의 동기 부여를 받아 전시동원체제에 '참가'하는 국면이 있었던 것은 아닐까" 하고 상정하고, 전시동원체제 하에서 "조선인이 자발적으로 정책에 협력하는 국면이 존재"했고, "그 때문에 전시통제경제도 일정한 '성과'를 거둘 수 있었다"고 주장하고 있다. 다만 저자는 이 때의 "자발성은 이데올로기상의 내선일체의 진척을 기다려 발휘되었던 것이 아니라, 오히려 물질적인 동기 부여에 기초하는 것이었다"고 함으로써 조선인들이 물질적인 동기에 의해 전시경

---

8) 김익한, 앞의 논문.
9) 松本武祝, 『植民地權力と朝鮮農民』, 社會評論社, 1998, 제6장 '전시동원체제와 촌락'.
10) 저자가 말하는 '개발주의체제'란 국민의 윤리적·정치적 합리성을 희생으로 하여 국가가 경제적 합리성만을 추구하는 국가체제로 정의된다. 松本武祝, 위의 책, 서장의 주7 참조.
11) 松本武祝, 위의 책, 서문, 서장 참조.

제에 '자발적으로 참가'했다고 분석하고 있다. 그리고 저자는 "그 동기 부여를 촌락이라는 場에서 기능시킴으로써 '효율적'인 동원정책을 수행하려고 했던 바에 조선농촌에 있어서의 전시동원정책의 조직론상의 특징을 찾을 수 있다"고 하여, 촌락이 가진 전시동원정책 수행상의 기능을 강조하고 있다.12)

松本의 이 연구는 식민지권력-지주-농민이라는 삼자간의 경제적 정치적 결합/대항관계를 밝히려는 목적 하에서 그것이 구체적으로 접합되는 촌락에 주목하여 그 구체상을 드러내려고 했다는 점에서 주목할 만하다. 그러나 戰時期 조선농민에 대한 일제의 '경제적인 동기부여', 즉 당시 생산재·소비재 모두 그 입수가 곤란한 상태에서 생활필수품과 비료, 농구 등의 농경상 필요한 물자의 特配 또는 우선배급, 그리고 곡물공출에 대한 장려금과 보장금 등이 가졌던 공출에 대한 동기 부여를 곧바로 농민의 '자발성'으로 대체시켜 전시동원체제에의 '참여', '협력'으로 평가한 것은 논리의 비약이자, 극히 浮彫的인 방법이라고 하지 않을 수 없다.

이와 관련하여 최근에는 池秀傑에 의해 위의 金翼漢과 松本武祝의 연구에 대한 본격적인 비판이 전개되었다. 池秀傑은 金翼漢과 松本武祝의 연구가 촌락단위의 변화만을 문제삼았지 촌락을 벗어나는 수준, 즉 군면 단위에서 진전된 이른바 '관료-유지 지배체제'의 형성 문제, 그리고 '관료-유지 지배체제'의 형성과 더불어 급격히 변화한 새로운 촌락(농민)지배방식을 거의 주목하지 못했다고 비판했다. 그는 이어 "가령 金翼漢과 松本은 농촌진흥운동을 경과하면서 '신흥유력자'나 '중견인물'을 동원한 官治的 촌락지배질서가 자리잡혔다고 보았으나 이는 잘못된 설명"이라고 하면서, "농촌진흥운동의 전개과정은 '역사적 실체'로서의 '지방유지집단'이 배제·소멸되어 가는 과정이 아니라 오히려 하나의 '사회적 지위집단'으로서 자신의 위치를 공고히 해나가는 과정이었다"고 하여 자신의 새로운 歷史像을 제시하였다.13)

---

12) 松本武祝, 위의 책, 207~208쪽.
13) 지수걸, 「일제하 충남 서산군의 '관료-유지 지배체제'-『瑞山郡誌』, 1927에

이상에서 볼 수 있듯이 일제말기의 농촌통제정책에 대해서는 최근에 이르러 연구가 활발해지고 있으며, 주목할 만한 연구성과가 제출되고 있다. 그러나 다른 한편 이 시기의 구체적인 정책의 평가를 둘러싸고는 분석상의 대상과 관점 차이로 인해 의견 차이도 동시에 노출하고 있다.

따라서 여기에서는 일제말기 농촌통제정책에 대한 분석에 있어 견지되어야 할 관점을 정리하고, 본 논문의 과제를 서술하기로 한다.

첫째는 일제 말기, 구체적으로는 전시체제기를 그 前後史와의 관련에서 설명할 수 있는 틀을 갖추어야 한다. 이는 특히 1930년대 농촌진흥운동기와 해방 후의 사태와 관련하여 농촌사회의 재편이라는 시각에서 볼 필요가 있다. 이 때 국가와 지주 및 농민의 관계에 특히 주목할 필요가 있다.14) 둘째는 농민의 구체적인 생활의 장이자, 농민이 국가와 맺고 있는 사회관계의 일차적인 공간인 촌락사회의 차원에서 분석을 진행할 필요가 있다. 이는 1940년대에 들어서면서 일제가 戰時上의 필요와 그동안 축적되어 온 地方支配體制 구축의 '성과'에 의해 촌락을 직접적인 정책대상으로 삼고 있다는 점에서 특히 그 필요성이 더욱 제고된다. 셋째는 농촌통제정책을 분석할 때 제도 및 조직론적인 관점과 동시에, 그 제도를 담당하고 있는 촌락수준의 담당층에 대한 분석이 필요불가결하다. 전시동원체제 자체는 전쟁을 수행하기 위해 사회의 모든 물자를 계획적으로 동원하고 조직하는 일견

대한 분석을 중심으로」, 『역사문제연구』 제3호, 역사문제연구소 1999, 17~18쪽 참조.
14) 해방 후의 사태와 관련하여 농지개혁시 農地委員會의 역할을 생각해 볼 수 있다. 한국 농지개혁의 경우 농지위원회가 촌락 수준에서 거의 제대로 된 역할을 하지 못하고 행정보조적인 성격에 그친 것이 그 특징이다. 이는 촌락 수준에서 농민의 주체 형성이라는 측면에서 볼 때 식민지 지배가 초래한 역기능의 하나로 평가할 수 있다. 한 사례조사에 의하면 당시 농지위원들은 지주와 자작 내지 자소작, 소작별로 안배되어 구성되었지만, 행정능력의 문제 때문에 대체로 區長과 班長이 맡았다고 한다. 장상환, 「농지개혁과정에 관한 실증적 연구(하) - 충남 서산군 근흥면의 실태조사를 중심으로」, 『經濟史學』 9호, 1985, 58~61쪽 참조. 이는 한국 농지개혁의 관료적 성격 = 농민적 역할의 취약성을 단적으로 말해준다.

'고도로 합리화된' 체제일 수 있다. 그러나 그 체제 하에 편입된 농민이 가지는 의식 및 구체적인 행동양태를 농민의 주체적 입장에서 분석해 가지 않고서는 전쟁동원체제의 성격도, 농촌통제정책의 성격도 올바로 파악할 수 없다고 생각한다.

따라서 필자는 1940년대에 일제가 농촌조직화정책을 전개하면서 촌락에 주목하고 촌락 수준에서 어떻게 정책을 펼쳐나가는가 하는 문제를 국민총력운동의 조직화과정을 통해서 살펴보고자 한다. 그리고 戰時期에 들어 최초로 시도되는 '부락생산확충계획'을 통해 일제의 농촌통제·지배정책의 특징을 살펴보고자 한다. 이는 '부락생산확충계획'이 이전의 농촌진흥운동의 하나의 '도달점'이자 지배정책의 특징을 살펴볼 수 있는 바로미터가 될 수 있다고 판단하기 때문이다.

2. 戰時 농촌조직화정책과 애국반

1937년 중일전쟁 개시 직후부터 일본 국내에서 전개되고 있었던 國民精神總動員運動이 1938년 7월의 國民精神總動員朝鮮連盟의 발족을 계기로 조선에서도 조직적으로 실시되기에 이른다. 이 운동의 목적에 관해서는 '擧國一致, 盡忠報國, 堅忍持久'라는 일본 국내에서의 세가지 목표 외에, 조선에 있어서는 內鮮一體 및 皇國臣民化가 가장 중요한 목표가 되고 있다'[15]고 특징지어지고 있었다. 그리고 운동을 위한 조직으로서 중앙의 '朝鮮連盟' 하에 道-府郡島-邑面 각각의 행정단체 차원에서 '연맹'이 결성되고, 町洞里에는 '部落聯盟'이 만들어졌다. 더욱이 '부락연맹'의 '기저조직'으로서 10호 정도로 구성되는 '愛國班'이 조직되었다. '조선연맹' 결성 3개월 후에는 조선의 거의 全戶가 '애국반' 반원으로서 조직되고 있다고 선전되었다.

---

15) 堂本敏雄, 「朝鮮に於ける國民精神總動員運動について」, 『朝鮮』 제290호, 1939. 7. 44쪽.

여기서는 우선 '국민총력운동' 하에서 총독부가 가장 역점을 두고 '운동강화'의 내용으로 삼은 것이 연맹 조직의 정비였기 때문에, 특히 부락연맹과 애국반의 조직화 및 활동을 중심으로 그 구체상에 접근해 보고자 한다.

1) 부락연맹

정동리부락연맹은 각각의 밑에 10호를 단위로 하는 애국반을 조직하고, 애국반별로 반장을 임명, 이 반장 및 이사장·이사에 의해 연맹 임원이 구성되게 되어 있다.16)

1939년 3월에는 이미 조선연맹과 목적을 같이하는 단체는 정동리부락연맹 및 애국반에 수시 통합하든가 혹은 해체하도록 통첩이 나오고 있다.17) 이것은 농촌진흥운동에 의해 설치된 농촌진흥회가 부락에 이미 존재하는 지역에서는 부락연맹과의 조직상의 혼동이 있었기 때문이다. 구체적으로 지역에 따라서는 일찍이 부락연맹과 진흥회를 동일화해 버리는 곳과, 진흥회라는 조직명칭 그대로 부락연맹의 활동을 하고 있는 곳이 있었다.18) 그러나 혼동이 있다고는 하면서도 농촌진흥운동이 진행된 지역에서는 부락연맹이 부락진흥회의 '整地 작업'을 충분히 활용한 조직화 및 활동이 가능했던 것이다.

1940년까지 이들 정동리부락연맹의 활동은 곤란한 상황이었다. 예를 들면 1939년 말의 '각도연맹 사무담당자협의회'19)에서는 道에서 하급연맹으로의 통첩이 실제로는 좀처럼 통달되지 않는 상황이 지적되고 있다. 또한 정동리부락연맹 조직을 실제로 가동시키는 수단으로서 '常會'를 정기적으로 개최하는 것이 의무화되어 있었는데, 1939년 말에도 다른 부락연맹, 애국반에서는 常會 개최를 철저화시키는 것이 불가능한데다가, '이것의 철저

---

16) 「國民精神總動員町洞里部落連盟規約準則」, 『國民精神總動員』, 66쪽.
17) 「國民精神總動員運動ニ關スル件」.
18) 國民總力朝鮮連盟編, 『朝鮮における國民總力運動史』, 1944, 32쪽.
19) 「連盟彙報」, 『總動員』, 1940, 1월호.

를 기하는 데에는 현하의 지도력으로 상당히 곤란을 수반한다'[20])는 것이 총독부 지방과에 의해 지적되고 있다.

1940년 10월, 총력운동의 개편에 임하여 농촌진흥운동이 '부락생산확충계획'으로 통합됨으로써 부락연맹의 역할은 비약적으로 증대한다. 계획은 부락 단위로 행해지게 되었기 때문에, '부락연맹의 구역과 부락생산확충계획에 의한 부락 구역을 일치시킬' 것이 결정되었기 때문이다. 이것은 동 계획을 '한결같이 지역적 공동활동을 하기에 적당한 지역으로 구성'[21])하기 위해 결정했던 것이다. 이것에 이어 총력운동개시 때에는 부락연맹의 구역은 '부락의 연혁 및 지리적 관계를 고려하여 지역적 공동활동을 하기에 적당한 지역으로 할 것'이 규정되고, 이미 조직되어 있던 부락연맹에 대해서도 이 점을 검토하여 필요하다면 그 구역을 변경할 것도 지시되었다. 이와 같이 부락연맹의 조직화에 임해서는 '지역적 공동활동'을 목적으로 하여 '부락의 연혁 및 지리적 관계'를 가능한 한 이용할 것이 지시되었던 것이다.

또한 부락연맹 이사장 선출에 임해서도 농촌공동체의 지연관계가 의식되고 있다. 즉 총력운동 개시 때에는 '부락연맹의 이사장의 인선에 대해서는 부락민의 의향도 반영하여 부락내의 지도적 인물로서 그 운영에 전념할 수 있는 자를 선임할 것'[22])이 지시되고 있다. 이것이 어느 정도 실제로 반영되고 있었는가는 앞으로의 과제이지만, 실례로서 1942년에 전라북도 정읍군의 어느 里에서는 부락민의 비난에 의해 사직당한 부락연맹 이사장의 사례가 있다.[23])

부락연맹 이사장의 역할은 총력운동 추진에 임하여 지금까지보다 훨씬 중시되게 된다. 한 사람의 구장이 복수의 부락을 담당하고 있는 경우는 부락연맹의 상부연맹인 동리연맹이 두어져 동리연맹이 그 구역을 통괄하게

---

20) 「昭和十四年物動關係綴 地方課」, (政府記錄保存所 소장 자료).
21) 「町洞里部落連盟等ノ整備ニ關シ留意スベキ事項」, 「半島ノ國民總力運動 昭和十六年三月」, (政府記錄保存所 소장 자료).
22) 위의 자료.
23) 「現下食糧事情ト治安對策ニ關スル件」, 「經濟治安日報綴」, (政府記錄保存所 소장, 마이크로필름).

되고 있는 것에서도 알 수 있듯이, 원래 부락연맹의 구역은 구장의 담당지역에 따라 결정되는 성격이 강하다.24) 그러나 기본적으로는 '부락활동을 중심으로 하여 기구를 정비'하는 것이 목표가 되었기 때문에, 가능한 한 구장의 수를 증가시켜 구장은 반드시 연맹이사장이 될 것, 즉 구장별로 부락연맹을 형성함으로써 부락연맹의 기능을 확충시킬 것이 지시되고 있다.25)

또 부락에 있어서 우수한 인재를 확보하기 위하여 '구장 우대책'으로서 구장의 '물질적 처우의 개선' 및 '정신적 처우의 개선'이 각도에 지시된 것은26) 주목할 만하다. 이것은 '국민총력체제 하에 있어서의 구장 직책의 중요성에 비추어 부락의 지도적 중심인물의 기용을 촉진하기 위한'27) 요강의 일부로서 지시된 것이다. '물질적 처우의 개선'으로서는 1942년부터 그 때까지 무급이었던 구장에 대해 1인당 年額 100원을 지급할 것, 그 비용을 읍면특별호세 및 道費에서 염출할 것이 결정되었다. '정신적 처우의 개선'으로서는, 구장은 반드시 연맹이사장으로 하고, 부락연맹의 통괄 업무를 부여하게끔 하는 동시에, 가능한 한 지방적 공직에 앉히고, 지방에 있어서의 식전 개최에 초대하며, 부락에 출장한 관공리는 구장에게 경의를 표하며 혹사하지 않을 것 등이 지시되고 있다.

부락연맹장의 일에 대해서는 규약에서는 '연맹 사무의 통괄'이라고 되어 있을 뿐이지만, 구체적인 활동을 나타내는 사례는 몇가지 있다. 예를 들면, 경상남도에 있어서의 '昭和十七年度産米供出要綱細目'28)에 의하면, 부락연맹 이사장은 府·邑·面에 의한 결정사항을 농민에게 전달할 뿐만 아니라, 공출량 결정에 임한 생산고 조사의 입회·확인을 하거나, 조사에 임하여 지주·소작인간의 중재를 행하는 등의 역할이 규정되고 있다.

그러면 정동리부락연맹의 조직화는 실제로는 어느 정도 추진되고 있었

---

24) 前揭, 「町洞里部落連盟等ノ整備ニ關シ留意スベキ事項」.
25) 위의 자료.
26) 「邑面長優遇ニ關スル件」, 「國民總力朝鮮連盟主催事務打合」, 「昭和十六年度道行政綴 (4) 地方課」, (政府記錄保存所 소장 마이크로필름).
27) 위의 자료.
28) 「供出要綱細目」, 「經濟治安日報綴」, (정부기록보존소 소장 마이크로필름).

을까. 총독부의 자료에 의하면, 1939년 6월말 현재 전체적으로 8할 정도의 정동리부락에서 연맹이 결성되어 있었던 것으로 되어 있지만[29], 부락의 상황에 따라 일부에서는 동리연맹이 부락연맹의 위에 결성되는 경우도 있는 등 부락연맹과 정동리연맹이 중복되어 있을 가능성도 있기 때문에, 결성수에서 정확한 결성상황을 판단하기는 어렵다.

정동리부락연맹은 형식적으로는 조직할 수 있었더라도 그것을 실제로 가동시키는 데에는 상응하는 시간을 필요로 했을 것이며, 지역에 따라 상당히 차이가 있었다고 생각된다. 그러나 총독부 스스로 '현하의 지도력에 의해 상당히 곤란'한 상황을 인식하면서도, '하부연맹 조직의 정비'는 1945년 식민지지배 자체가 끝날 때까지 계속 강조, 실행되고 있다. 그 가운데에서도 부락연맹의 확충은 부락연맹 이사장의 유급화를 포함하여 상당히 힘이 기울여지고 있었고, 일정한 성과는 있었다고 할 수 있다. 그리고 1942년 이후에는 농촌을 중심으로 한 '식량대책'의 일환으로서 구장의 역할이 증대해 갔던 듯하다. 이러한 지도자가 부족한 지역에서는 전술했듯이 가능한 한 새롭게 구장을 임명하여 부락연맹을 발족시키고 있었던 것에서도 알 수 있듯이, 연맹조직의 정비 및 확대는 말단 행정의 확충과 중복되는 형태로 행해지고 있었다. 나아가 부락의 내부 사정을 잘 아는 이사장에 대해 '우대책'을 취하여 행정기구 내에 고정시키고, 이용함으로써 부락연맹의 기능도 확충시키고 있었던 것이다.

2) 애국반의 조직화 과정과 활동

애국반은 기본적으로는 10호가 1반으로 되어 있었지만 실제는 7호에서 20호를 1반으로 하고 있다. 반원은 한 집의 가장이 되는 것이 보통이며, 나머지 반원 가족은 반원을 통하여 애국반에 속해 있다고 간주되었다. 따라

---

29) 「國民精神總動員連盟結成狀況調」 朝鮮總督府, 『朝鮮における國民精神總動員』, 1940.

서 애국반 조직을 조선 전역에 형성함으로써, 가족관계를 통해서 전조선인을 운동조직 내에 편입하게 된다.

이 애국반은 연맹조직의 최말단에 위치함과 동시에 연맹조직 중 '유일한 실천부'로 규정되고 있다. 즉 연맹조직의 중핵을 이루는 것이 전 조선인을 포괄하고 있는 이 애국반 조직이며, 애국반을 빠짐없이 조직해 실제로 '국가의 의지에 즉응할' 수 있도록 기능시키는 것이 운동의 최대 목적이었다.

애국반의 조직 형성은 지방연맹과 마찬가지로 1938년 9월의 국민정신총동원조선연맹 대강에 따라 행해지고 있었다고 생각된다. 총독부의 공식기록에 의하면 1938년 7월 국민정신총동원조선연맹 발족 직후, '애국반 서약서'가 조선연맹에 의해 작성되어 41만매가 전조선에 발송되었다고 한다. 서약서에는 날짜와 반원의 연명 서명을 기입시키고, 그것을 각 정동리부락연맹이 정리하여 상부 연맹에 보고했다고 한다.30) 다만 실제로 이 서약서가 어느 정도 모아졌는가는 의문이다. 조직 대강에는 '연맹의 실황에 따라 애국반의 조직을 생략할 수 있음'이라고 규정되어 있어 국민정신총동원운동 개시 당초에는 애국반 결성이 의무화되어 있지 않았다. 또한 서약서를 모았다고 하는 정동리부락연맹 자체가 결성이 늦어지고 있었기 때문이다.

애국반의 결성이 의무화되는 것은 1939년 1월부터로31), 각 연맹은 통달에 의해 동년 2월 말까지 결성을 완료하도록 지시되고 있다. 이 2월 말의 애국반 결성 상황을 총독부는 '애국반 수 31만 8,924, 반원 수 425만 9,755, 이것은 1호가 단위이기 때문에 거의 전조선 인구를 망라'32)하고 있었다고 하고 있다.

그러면 실제로 우리는 여기에서 정동리부락연맹과 애국반이 실제로 어느 정도로 조직되어 갔는가를 살펴 볼 필요가 있다. 아래 <표 1>은 1939년 2월 말과 12월 말, 그리고 1940년 12월 말 현재 정동리부락연맹과 애국반의 조직 현황을 살피기 위해 작성한 것이다. 1939년 1월부터 애국반 결성이 의

---

30) 國民總力朝鮮連盟編, 『朝鮮における國民總力運動史』, 32쪽.
31) 「連盟組織竝ニ實踐網ニ關スル件」, 『總動員』, 1940, 1월호.
32) 國民總力朝鮮連盟 編, 『朝鮮における國民總力運動史』, 34쪽.

일제 말기의 농촌통제정책 319

<표 1> 국민정신총동원(국민총력)연맹 결성상황 조사표(1939년 2월 말·12월 말·40년 12월 말 현재)

지역	부군도연맹 수	부군도연맹 결성수	읍면연맹 수	읍면연맹 결성수	정동리부락연맹 결성수	동상 애국반 반수	동상 애국반 반원수(오)	직장 연맹	동상애국반 반수	동상애국반 반원수	합계 애국반수	합계 애국반원수
경기	23	23	236	236	6,541	6,545 6,758 6,212·	31,796 34,624 35,065	392,534 523,574 467,893·	735 853 1,119	1,442 3,528 6,666	76,682 170,713 342,050	33,238	469,216
충북	10	10	106	106	3,695	2,757 3,163 3,336	14,525 14,290· 13,991·	155,794 147,318· 156,158	405 502 570	14 1,832 1,645	48,271 48,636 87,310	14,539	204,065
충남	15	15	174	174 173	6,534	6,533 6,629 5,955·	24,294 23,998· 24,083	251,556 274,207 271,484·	622 906 1,061	3,463 4,340 4,421	105,189 108,691 126,793	27,757	356,745
전북	16	16	176	176	6,241	6,302 6,155· 6,023·	20,916 25,190 26,319	372,062 261,869· 286,852	224 286 824	未詳 855 3,010	未詳 10,683 106,422	20,916	372,062
전남	24	24	252	252	22,182	7,173 7,721 7,771	31,490 34,277 34,621	595,467 493,963· 534,704	426 769 946	1,021 3,057 3,412	23,190 86,849 113,753	32,511	618,647
경북	24	24	251	251	11,030	6,392 6,375 5,151·	36,570 36,244· 35,069·	397,654 408,930 448,954	605 1,010 1,060	1,422 2,922 3,332	26,176 56,718 100,216	37,992	423,830
경남	21	21 22	243	243 242	9,114	6,691 6,975 6,576	53,108 55,792 40,998·	536,644 372,666· 393,888	781 903 1,494	798 4,670 6,301	60,277 97,806 188,084	53,904	596,921
황해	18	18	212	212	5,096	4,656 7,362 7,361·	20,871 20,045· 20,045	286,220 332,375 321,469·	224 833 1,195	320 2,706 3,258	15,674 120,865 131,937	21,191	301,894
평남	16	16	140	140	2,166	2,212 2,425 6,772	18,725 18,359· 22,967	362,929 332,008· 283,341·	400 475 861	1,110 1,501 3,740	56,330 65,128 85,441	19,835	419,259
평북	20	20	178	178	1,481	2,914 2,869· 2,800·	17,079 17,274 18,491	270,324 264,828· 278,774	896 1,146 1,249	1,208 2,497 2,812	40,409 109,771 129,442	18,287	310,733
강원	21	21	176	176 175	3,288	4,128 4,095· 4,112	21,729 22,243 23,673	270,510 276,659 287,250	685 909 1,243	751 1,894 3,146	26,384 42,185 84,750	22,480	296,894
함남	18	18	131	131 130	2,979	3,269 3,648 3,677	18,200 20,404 20,675	247,780 232,685· 244,216	880 1,261 1,266	1,246 3,904 4,567	6,230 97,235 134,650	19,446	254,010
함북	13	13	77	77	963	1,042 1,268 1,082·	9,621 11,755 13,429	120,281 133,638 166,516	765 849 1,135	2,168 2,813 3,947	53,732 82,002 147,014	11,789	174,013
합계	239	239 240	2,352	2,352 2,348	81,310	60,614 65,462 66,828	318,924 334,495 329,426·	4,259,755 4,054,730· 4,141,499	7,648 10,702 14,023	14,961 35,709 50,257	538,534 1,097,093 1,777,862	333,885	4,798,289

*) 출전: ① 『總動員』 1-3, 1939, 8월호, 3쪽
② 『總動員』 2-4, 1940, 4월호, 54쪽
③ 『國民總力』 3-3, 1941, 3월호, 116~117쪽
④ 『朝鮮における國民精神總動員』, 1940, 79쪽.

**) 비고: 표 안에서 두 종류로 이루어진 숫자는 1939년 2월 말과 12월 말 현재의 수치이며, 세 종류로 이루어진 숫자는 위에서부터 차례로 1939년 2월 말·12월 말·1940년 12월 말 현재의 수치를 가리킨다.
·표시는 감소를 나타낸다. 정동리부락연맹의 수는 자료 ①과 ④에만 나와 있는데, 자료 ①의 수치는 각도별 수치를 합산한 결과(53,220)와 합계상에 나와 있는 수치(73,220)의 차이가 너무 심하여 신뢰하기 어려웠기 때문에, 자료 ④의 수치(1939년 6월 말 현재)를 대신 삽입하여 이용하였다.

무화되면서 그 해 2월 말까지 애국반 결성을 완료하도록 지시되고 있었고, 1940년 초에는 鹽原 학무국장 자신이 연맹의 조직 완성을 공언[33])했다는 점에서 아래 <표 1>은 유용한 분석의 대상이 될 수 있을 것이다.

표를 보면, 우선 총계상으로 부락연맹은 1939년 2월 말에는 전체 정동리부락 중에서 75%, 39년 12월 말에는 81%, 40년 12월 말에는 82%로 점진적으로 조직화가 진행되어 갔음을 알 수 있다. 그런데 1939년 8월호『總動員』에 나와 있는 정동리부락 수(73,220개)를 가지고 계산해 보면 부락연맹의 조직화율은 각각 83%, 89%, 91%로 상승한다. 이는 부락수의 수치에 따라 당시의 조직화율이 상당히 변동할 수 있음을 보여준다. 물론 이것의 일차적인 원인은 1939년에 들어 와 총독부가 애국반 결성을 의무화하면서 드러난 초기의 혼란을 보여주는 것이기도 하다. 하지만 엄밀히 말하면 이 수치의 차이는 국민정신총동원조선연맹이 자신들의 기관지를 통하여 부락연맹과 애국반의 조직화가 전조선을 거의 포괄하는 단계에 이르렀다는 것을 선전하려는 의도에서 약간의 조작을 가한 것이라고 할 수도 있다.

당시에 실제로 제시된 부락연맹과 애국반의 조직화 추세를 통하여 이러한 면을 엿볼 수 있다. 즉, 애국반 결성이 의무화된 1939년 1월부터 조직화 진척에 상당한 노력이 기울여졌다고 볼 수 있는 동년 12월 말까지의 수치를 비교하면, 전체 13도 가운데 3개 도에서 부락연맹의 수치가 하락하였으며, 애국반 수의 경우는 5개 도에서, 애국반원수의 경우는 무려 7개 도에서 수치가 하락하였다. 특히 애국반원수의 경우는 합계에서조차 20만 여명이 줄어들고 있다. 다음으로 鹽原 학무국장이 1940년 초에 '과거 1년 반 사이 각 방면의 피를 흘리는 고심과 노력'에 의해 연맹의 조직화가 이미 완성되었다고 공언한 바 있는 실적을 검토해 보자. 1940년 12월 말 현재의 수치를 놓고 볼 때 1939년 12월 말의 수치와 비교하여 부락연맹 결성수는 전체 13개 도 가운데 무려 7개 도에서 줄어들고 있으며, 애국반의 반수의 경우에는 3개도에서, 애국반원수의 경우는 4개 도에서 그 수치가 줄고 있다.

---

33)『總動員』, 1940, 3월호.

이상과 같이 각 수치가 들쭉날쭉하게 나타나는 것은 총독부가 애국반 결성을 의무화하면서 조직화를 다그친 직후인 1939년 2월 말 현재의 수치가 애초부터 과도하게 부풀려진 것일 가능성을 시사하고 있다. 이것은 위로부터의 조직화 방식과 관료들의 형식주의·관료주의·실적주의에 의한 결과로 볼 수밖에 없다. 물론 이러한 초기의 모습은 전시가 계속되고 총독부의 강력한 관권의 발동에 의해 점차 개선되어 갔겠지만, 단순히 수치가 높다고 해서 전체 조직이 일사분란하게 움직여 갔는가 하는 것은 또 별개의 문제라고 할 수 있겠다. 여하튼 총독부가 각종 기관지를 통해 조직화 수치를 과장되게 제시한 것은 애초에 그것이 대민용(對民用)에 있었던 만큼 충분히 가능한 일이었으며, 이와 같은 실적주의·형식주의는 戰時期 내내 계속되었다.

 1939년 6월에 미나미(南) 총독이 조선 각지를 시찰했을 무렵에는 총독부 자신이 애국반의 활동상황을 시찰하고 있다. 그 시찰 후에 미나미(南)는 각지에서 애국반의 상황에 대한 불만을 표명하고 있다. 예를 들면 경상북도를 시찰한 후에는 "……제일선의 각 부락에서는 애국반이 일단 만들어져 있지만 반원 자신의 자각이 철저하지 못하여, 그 방면의 지도 등을 금후 구체적으로 추진시킬 필요가 있다"34)고 말하고 있다. 또한 충청북도 시찰에서는 도청 직원에 대해 "애국반이 만들어져 있지 않은 것과 마찬가지로 인식해도 되는가" 하고 갈파하고, "애국반으로서의 훈련을 역설 강조"35)하고 있다. 이와 같이 총독부에서는 "조직은 전조선을 망라했다"고 말하면서도, 거의 기능하고 있지 않은 상황이었던 것을 알 수 있다.

 이 미나미(南)의 시찰 이후 조선연맹보다 우선 총독부가 애국반의 조직 정비에 본격적으로 대처하게 된 듯하다. 우선 6월 22일부로 통첩 '지방 출장 시에 있어서의 애국반의 활동 상황 시찰 요강의 건'36)이 총독부 관내에 통달되어, '이번 총독 지방 시찰의 결과 지방연맹 애국반의 활동이 아직 불

---

34) 『京城日報』, 1939. 6. 21.
35) 『京城日報』, 1939. 6. 13.
36) 朝鮮總督府, 『朝鮮における國民精神總動員』, 144쪽.

철저하여 유감스러운 점이 있는 바 상당 지도 계발을 요하'기 때문에, 총독부 직원이 지방 출장할 때 그 지방의 애국반을 시찰하도록 시찰 사항 8항목이 제시되고 있다. 또한 9월에는 국민정신총동원조선연맹 이사장 앞으로 '애국반의 활동을 적극적 자발적으로 하게 하기 위한 방책에 관한 건'이 통달되어, 가까운 애국반 상호 시찰과 표창·장려제도, 중견인물 양성 등의 방책이 제안되고 있다. 또 9월에 각 도청 직원의 출장 때에도 애국반의 시찰이 의무화되어 '시찰표'까지 작성된다.

이러한 시찰은 뒤에 도지사를 중심으로 하는 도연맹과 부윤·군수에까지 의무화되어, 1940년 이후에도 계속되고 있다. 구체적인 시찰 내용으로서 지시되고 있었던 것은 애국반원이 자기 소속 애국반명, 소속 애국반 반장명, 애국반 결성의 이유 등을 말할 수 있는가 등이었다. 그러나 이러한 질문에 대한 모범답안은 거의 상투적인 것이 작성되어 각도에서 선전되고 있었다.37)

이와 같이 지방행정관리에 대해 총독부가 시찰을 의무화한 것은 애국반의 조직 정비를 행하는 전제로서, 우선 지방관리의 애국반에 대한 인식을 촉구한다는 효과를 기대한 것이었다고 생각된다.

다만 애국반의 조직화라는 점에서는 다소의 성과가 있었던지, 국민정신총동원운동 말기인 1940년 초에는 鹽原 학무국장 스스로 '과거 1년 반 사이 각 방면의 피를 흘리는 고심과 노력'의 결과 '연맹의 조직은 이미 완성되었다'38)고 평가하고 있다. 그렇지만 형식적으로 전조선에 애국반이 결성되었다고 해도 애국반원인 조선인이 총독부가 바라는 대로 조직의 존재를 이해하고 귀속의식을 가지면서 애국반의 역할을 이해하지 않는 한 애국반 조직은 기능할 수 없는 것이며, 있으나마나한 존재가 된다. 실제 국민정신총동원운동 하에서의 애국반 조직의 활동은 경기도에 있어서도 상기와 같은 평가와 동시에, "……민도의 저급으로 인해 일반 반원의 인식 부족과 지도자 측의 사무가 복잡 다기에 걸치는 관계상 지도 철저를 결하는 반원의 활동

---

37) 『總動員』, 1940. 4월호·6월호.
38) 『總動員』, 1940. 3월호.

이 아직 소극적으로 흐르는 경향이 있다"39)고 하는 상황도 보고되고 있다.

1938년 국민정신총동원조선연맹의 발족과 동시에, 애국반으로서 행하는 활동의 내용은 '실천항목'으로서 제시되고 있다. 이것은 매일 아침의 궁성요배, 신사참배, 국기의 존중과 게양의 여행, 일본어의 생활화 장려, 소비절약, 근로봉사, 저축의 장려 등 21개 항목에나 이른다. 어느 것이나 일상생활 속에서 행할 것이 중시되었던 것뿐이다. 그러나 국민정신총동원운동하에서는 이들 '실천항목'은 너무 많아 실행할 수 없기 때문에, '必行二則'으로서 궁성요배와 근로저축이라는 두 항목으로 좁힐 수 있다고 하는 지시가 나왔다. 1940년까지는 조직조차 충분히 완성되어 있지 않은 상태에서 그 조직을 기능시켜 항목을 실천시키는 데까지는 이르지 못하고 있었기 때문일 것이다.

이 '실천항목'은 총력운동으로의 개편 때에도 기본적으로 거의 그대로 계승되었다. 총력운동 하에서는 실천내용이 정리되어, '일본정신의 앙양' '내선일체의 완성'을 요목으로 하는 '思想의 統一', '직역봉공의 철저' '생활 신체제의 확립'을 요목으로 하는 '國民總訓練', '전시경제의 추진' '증산의 勵行'을 요목으로 하는 '生産力 擴充'의 세가지로 분류되고 있다. 각각에 '실천사항'으로서 구체적인 항목이 들어지고 있는 이외에, 그들 항목 각각에 대해 상세하게 규정되고 있다. 또한 총력운동하에서는 거꾸로 실천항목의 실행을 통하여 조직을 기능시킬 것을 목적으로 하여 '실천방책'까지 제시되고 있다.40)

애국반에서 이들 실천 내용이 반원에게 전달되어, 실천시키는 장은 班常會였다. 반상회는 각 애국반별로 월 1회를 원칙으로 반장이 반원을 모아 행해진다. 상부연맹과의 전달·연락의 장이자, 또 애국반원에 대해 '황국신민의 서사' 따라하기 등의 실천사항을 실행시킬 수 있는 '교육'의 장이기도 했다. 그 때문에 班常會는 '연맹 애국반 활동의 원천'이며 常會의 철저는 바로 동원정책에도 영향을 준다고 하여, '이것의 철저화를 기하도록 만전

---

39) 『總動員』, 1940, 4월호.
40) 前揭, 「半島ノ國民總力運動」, 10~11쪽.

을 기할' 것이 지시되고 있다.41)

그러나 실제로는 班常會를 정기적으로 가지도록 철저화시키는 것은 곤란한 상황이었던 듯하다. 당시의 신문과 연맹의 기관지에는 1944년 무렵에 서조차도 반상회에 사람이 모이지 않는다고 하는 반장의 고충담이 실려 있다.42) 그 때문에 애국반 단위가 아니라 面·部落 단위에서 월 1회 행해지고 있던 '애국행사'에의 참가로 반상회 출석을 대신하는 지역도 있었다.

우편저금과 조선간이보험에의 가입, 은행·금융조합에의 금전신탁, 국채·저축채권·보국채권 등의 매입 등의 '저축장려'에서 애국반 조직이 수행한 역할도 매우 컸다. 戰時期의 조선에 있어서 자금동원의 원천의 하나가 된 이들 '저축'은 1938년부터 1943년까지만 하더라도 몇억이라는 '저축목표액'의 달성율이 매년 100%를 넘을 정도의 높은 실적을 올렸다. 1940년에는 이미 조선저축조합이 중심이 되어 행해지고 있던 '저축장려운동'이 '전애국반을 동원'43)하여 행해지고 있었는데, 그것이 1942년도의 '저축장려방책'에 있어서는 더욱 더 애국반을 중심으로 하는 연맹 조직을 '저축장려'에 활용하는 방침이 명시되어, 저축추진에 대하여 애국반상회에서 신청과 경우에 따라 모금 등도 행하도록 지도할 것이 지시되고 있다.44)

또한 1942년 이후에는 공출과 촌락에 있어서의 배급, 비상용 식량의 비축에도 애국반이 단위로서 이용되고 있는 실례가 있다. 전라남도 광주군의 한 부락에서는 공출 麥을 애국반장 집에 가지고 온 前 리연맹 이사장과 그 애국반 반장이 지참한 맥의 수용을 둘러싸고 싸웠다고 하는 사례가 남아 있다.45) 이것은 이 부락에서는 공출의 집하를 애국반장이 담당하고, 애국반원이 공출 麥을 관리하고 있었던 것을 보여주는 사례이다. 즉 집하의 단위로서 애국반이 이용되고 있었던 것이다. 같은 전라남도에서는 1942년에

---

41)「國民總力連盟下部常會ノ徹底ニ關スル件」.
42)『總動員』, 1939, 9월호.
43)『總動員』, 1940, 7월호.
44)『朝鮮』, 1942, 5월호.
45) 前揭,「經濟治安日報綴」.

'배급은 애국반별로 할 것'이 명시되어, '애국반장으로 하여금 공평하게 배급을 하게 할 것'이 결정되고 있어, 애국반의 조직이 배급기구의 말단으로서 명확히 위치지워지게 된다.46) 더욱이 함경북도에서는 '소비 규제의 심화 철저를 도모하고 각호에 있어서의 비상용 식량의 비축을 촉진할' 목적으로 '大口소비자의 주거 지역'에 있어서는 각 가정별로 비상용 식량을 축적하도록 지도가 결정되고 있다.47)

여기에서 상기의 사례에서도 나왔던 애국반장에 대해 살펴보자. 반상회 및 정책 전달을 비롯한 애국반의 활동의 성패는 애국반장이 어떠한가에 달려 있었다고 해도 과언이 아닐 것이다. 애국반원에 실천사항을 전달·실시시키기 위해서는 우선 애국반장에게 그 내용과 역할을 이해시킬 필요가 있었다. 그것을 위해서 『새벽』이라는 조선어 잡지가 1940년부터 매월 35만부가 발행되어 전국의 애국반장에게 배포되고 있었다고 한다. 또한 町洞里部落連盟 이사장과 함께 애국반장의 양성 지도 및 '자질의 향상'을 위하여 각 도별로 여러 가지 방책이 취해지고 있다. 경기도와 같이 애국반장의 지도를 목적으로 한 '애국반장 대회'를 행하는 道도 있었고48), 충청북도에서는 애국반장에 대한 지도와 애국반장의 반원 지도의 방법에 대해 상세한 지도 요강을 작성하고 있다.49) 또 인재의 극단적인 부족을 메우기 위해 '관공리는 열심히 거주지의 애국반장이 됨으로써 본 운동의 추진 강화에 노력할 것'이 국민총력과에서 각 府郡 앞으로 지시되기도 하였다.

국민정신총동원 개시 당시는 '반원을 통솔하고 전달, 연락에 종사하는 것으로 함'이라고 정해져 있던 애국반장의 역할은 운동이 진전하여 하부연맹에 있어서의 역할이 증대하는 것과 병행하여 증대하고 있다. 전라북도 남원군의 어느 부락에서는 1940년의 단계에서 '생활개선'의 한 방책으로서

---

46) 「昭和十七年九月二十一日光州地方法院檢事正 食糧事情ヲメグル管內治安狀況 報告」, 前揭, 「經濟治安日報綴」.
47) 위의 자료.
48) 『總動員』, 1940, 2월호.
49) 『總動員』, 1939, 9월호. 1940, 6월호.

시장행의 제한이 가해지고 있는데, 시장에 갈 수 있는 것은 '특별한 사정이 없는 한 각 애국반장이 교대로 이를 대신함'이라고 규정되고 있다.50) 1942 년 이후의 배급과 공출 등에 대한 반장의 역할은 이미 서술한 대로이다. 이처럼 그 때까지 행정적으로는 거의 아무런 권한을 가지고 있지 않았던 애국반장에게 작지만 실질적인 권한을 포함하는 역할이 주어지기 시작했다고 하는 점은 町洞里部落連盟의 행정기능 확충과도 관련시키면서 생각할 필요가 있을 것이다.

3. '부락생산확충계획'의 실시와 촌락

1) '부락계획'과 촌락의 강조

일본 국내에서의 新體制運動의 개시, 大政翼贊會의 발족에 이어, 조선에서도 1940년 10월에 國民總力運動이 개시되었다. 국민정신총동원조선연맹은 '國民總力朝鮮連盟'으로 개편되고, 각 지방행정 차원의 '연맹', '부락연맹' 및 '애국반'은 그 하부기구로서 재편되었다. 동월에는 '국민총력조선연맹실천요강'이 제정되어 '고도국방국가체제의 확립'이 '최고목표'로, '사상의 통일' '국민총훈련' '생산력 확충'의 세 항목이 '실천대강'으로 각각 제시되었다.51) 정신동원에 그치지 않고 전시체제의 심화에 대응하기 위한 생산력 확충이 운동의 과제로 편성되게 된 것이 커다란 특징으로 되고 있다.

이 '요강'에 이어 국민총력운동의 일환으로서 동월에는 '국민총력농산촌생산보국운동'이 개시되었다(이하, 보국운동으로 줄임). 그 때 '① 진흥운동은 국민정신총동원운동과 함께 통합 포섭하여 총력운동의 내용으로서 전

---

50) 大野保,「朝鮮農村の實態的硏究」, 大同學院 編 『論叢』 제4집, 滿洲行政學會, 1940, 163쪽.
51) 전게, 『朝鮮に於ける國民總力運動史』, 106~107쪽을 참조.

개한다. ② 진흥운동에 의한 호별계획은 이를 부락계획으로 바꿔, 부락생산 확충계획을 수행한다'52)고 규정되었다.

②의 규정에 나타나 있듯이 생산력 확충을 수행하는 조직으로서, '부락'의 역할이 강조되고 있다. '전시경제가 조선농업에 대해 필요로 하는 증산의 강행군에 대해서는 종래의 자유주의적 경영에 기초하는 농업생산자 개개의 자의적인 경영이 허용되지 않게 되고, 이에 필연적으로 부락적·단체적 계획생산의 강행으로까지 그 농업정책을 전환시키지 않을 수 없게 되었다'53)고 하는 정책 당국의 판단이 그 배경에 있었다.

村落은 한편으로 지방행정기구의 말단에 포섭되면서, 다른 한편으로 농민의 일상생활에 있어서의 가장 기본적인 사회단위이기도 하다는 그 성격 때문에 전시체제 하에서 경제의 계획화를 강화하려고 하는 총독부에 있어 이용가치가 큰 조직이었다고 할 수 있다. 생산력확충의 계획목표를 할당하는 과정에서 촌락은 지방행정의 관료기구를 통하여 상의하달식으로 배당된 수치를 최종적으로 개별농가에게 할당하는 역할을 짊어졌다. 그 때 각각의 농가가 보유하는 생산수단과 노동력에 관한 정보를 촌락구성원이 공유하고 있다고 하는 사태야말로 개별농가에 대해 원활하게 계획수치를 할당하기 위한 필요조건이었다.54)

'部落生産擴充計劃'(이하 '部落計劃'으로 줄임)은 1940년 12월의 각 도지

---

52) 朝鮮總督府, 『朝鮮の國民總力運動』, 1944, 10쪽. 당시의 일제 자료에서는 '농산촌생산보국운동'에 대해 다음과 같이 말하고 있었다. "종래 農山村에 대해서는 농산촌진흥운동에 의한 근로증진, 제반의 개량 등 증산 및 생활 쇄신에 대해 戶別 指導를 목표로 하여 상당한 성적을 거두고 있었는데, 1940년 10월 이후 국민총력운동의 일부분으로서 部落單位의 生産擴充에 중점을 두고, 有畜農業의 보급, 자급비료의 증산, 미간지 개발, 全家勤勞 등에 의해 식량의 증산 확보, 특용작물의 증산 등 계획생산의 必行을 기하게 하고 나아가 1942년 11월 23일 新嘗祭를 기하여 전조선에 이의 강화운동을 전개하고 있다." 朝鮮總督府 情報課, 『朝鮮統治と皇民鍊成の進展』, 朝鮮事情資料 제2호, 1944, 13쪽.
53) 大熊良一, 「農業增産計劃と部落組織の問題」, 『朝鮮』 제308호, 1941, 1월, 17쪽.
54) 松本武祝, 앞의 책, 213쪽.

<표 2> 읍면 직원수 및 식산계수의 추이

연차	읍면리원	구장	식산계
1930	14,529	30,019	
1935	17,290	30,937	
1936	17,441	31,224	143
1937	17,636	31,551	1,345
1938	19,022	31,696	3,978
1939	20,131	32,825	8,022
1940	22,885	39,083	17,450
1941	23,452	50,248	26,579
1942	25,580	51,618	40,008
1943			47,083

* 출전: 朝鮮總督府, 『朝鮮總督府統計年報』, 각년판 및 朝鮮金融組合聯合會, 『朝鮮金融組合聯合會統計年報』, 1942, 1944년판; 松本, 앞의 책, 218 쪽에서 재인용.

사 앞 통첩에 의해 41년 2월까지 그것을 작성하라는 취지가 지시되고, 그 4월부터 조선의 모든 '부락'에서 3년간의 계획으로 실시에 옮겨진다고 하는 분주한 일정으로 준비되어 갔다.55) 동 계획은 '郡島직원 지도 하에 읍면 직원으로 하여금 간단한 부락개황조사를 하게 하여 부락연맹 및 부락민과 협의하여' 작성하도록 지시되고 있었다. 계획 수립 '부락'수는 약 7만, 그 농가수가 282만호에 이르러 거의 모든 조선농민을 포괄했다.

농가갱생계획에서의 지도부락이 1933~39년의 7년간에 약 3만 3,000개였던 것과 비교하면 경이적인 속도로 계획이 작성된 것이다. 그것을 가능하게 한 직접적인 요인으로서는 읍면 차원에서의 관료기구의 확충이라는 점을 들 수 있다. 즉 표 2에 제시한 바와 같이, 邑面吏員數는 1935~37년간에는 1만 7,000명대였던 것이 38년 이후 급증하여 40년에는 약 2만 3,000명에 달하고 있어, 38~40년 사이에 약 30%나 증가하고 있는 것이다.

그런데 그 '부락계획'은 내용적으로는 총독부가 바라는 바와 같은 충분한 것은 아니었던 듯하다. 우선 계획의 기초가 된 부락개황조사에 관해서 경지면적과 수량이 실태보다도 과소하게 나타나고 있다고 하는 문제를 총

---

55) 朝鮮總督府農林局農政課, 『部落槪況調査簿』, 1942, 4~6쪽.

독부 자신이 지적하고 있다. 그 원인으로서 총독부는 애초부터 농가가 그 수치를 정확히 파악하고 있지 않다는 점에 더하여, 공출과 과세의 자료가 될 것을 두려워하여 농가가 고의로 과소신고하고 있다는 점을 들고 있다.56) 또한 '부락계획' 자체에 있어서도 '부락' 총경지면적과 작물별 작부면적의 합계치와의 미대조 및 2·3년차 계획의 미게재 등의 불충분한 사례가 발견되었다고 한다.57)

더욱이 개별농가에의 생산량 할당에 관하여 '형식적으로 1호평균 數反步에 대해서 一律的으로 가산하여 농가의 실정을 고려하지 않은 할당'58)이 이루어지고 있는 점 등이 결함으로 지적되고 있다.59) '농경지배분의 적정'을 도모한다는 것이 전출의 '통첩'에서 명확히 제창되고 있음60)에도 불구하고 '부락계획'의 입안단계에 있어서 그러한 발상으로부터의 조정작업은 전혀 행해지지 않고, 현상을 추인한 상태에서 목표수치를 형식적으로 개별농가에게 배분해 간 경우가 일반적이었다고 생각된다.

가령 邑面吏員이 일정 정도 증원되었다고 해도 불과 수개월 사이에 모든 촌락을 대상으로 하여 '농경지배분의 적정'을 도모하면서 개별농가에게 생산력확충 목표를 할당하는 작업을 읍면이 실시하는 것은 애초부터 곤란했다고 생각된다. 전술한 바와 같이, 총독부는 '부락연맹'의 협력을 얻음으로써 이 곤란을 극복하려고 생각하고 있었다. 그러나 이 단계에서는 그 '부락연맹'도 총독부의 기대에 부합하는 기능은 수행하지 못하고 있다. 우선 촌락의 '지방유지'와 '중견인물'이 '皇國皇民' 이데올로기를 수용하고 있지 않고, 전시체제에의 적극적 참여에 대한 동기부여를 결여하고 있었다고 생각

---

56) 朝鮮總督府農林局農政課, 위의 자료, 159쪽.
57) 朝鮮總督府農林局農政課, 위의 자료, 161쪽.
58) 朝鮮總督府農林局農政課, 위의 자료, 162쪽.
59) 위의 책에 게재된 어느 계획서를 예로 들면, 미작의 경우 작부면적에서는 現況과 제1년째 계획(2년째 이후의 계획은 미게재)이 모든 농가에서 동일하고, 反收에서는 현황에서 농가별 격차가 있음에도 불구하고 계획에서는 反收계획치는 모두 동일하다는 원칙을 적용하고 있다(이상 29~42쪽을 참조).
60) 朝鮮總督府農林局農政課, 위의 자료, 7쪽.

된다.61)

2) 국민총력운동·'부락계획'을 통해 본 농촌조직화정책의 특징

이상과 같이 30년대 농촌진흥운동의 하나의 '도달점'으로 평가되는 '부락계획'은 그 실시과정에서 많은 문제점을 노정하고 있었다. 총독부는 이렇게 노정된 촌락차원에서의 문제점을 시정하기 위해 몇가지 대책을 세워 나갔는데, 여기에는 戰時期에 총독부권력이 추진한 농촌조직화정책의 특징과 한계가 나타나 있다.

총독부는 먼저 국민총력운동의 계통조직을 동원하여 강연회, 각종 대회, 광고(팜플렛·포스터·잡지), 표창 혹은 '국어보급운동'을 실시해 갔다.62) 이들 활동을 통해 '황국황민' 이데올로기를 조선농민에게 주입해 가려고 했던 것이다. 그러나 1942년말의 통계를 보면 조선인 가운데 일본어를 이해하는 사람(조금 이해하는 사람과 일상 회화에 지장이 없는 사람 모두를 포함)의 비율이 19.9%로 아직 20%에도 채 미치지 못하고 있었으며, 1943년에 이르러서야 겨우 22%의 보급율을 보이고 있는 형편이었다. 그리고 이후 전개되는 '國語全解'·'常用運動'의 실시도 소기의 성과를 거두지 못하고 있었다.63)

둘째로는 종래 新洞里별로 선정되어 오고 있던 구장을 증원하여 거의 구동리별로 조직된 부락연맹의 이사장과 겸무시키는 것으로 했다. 앞의 표 2에서 제시한 바와 같이, 실제로 구장수는 1941년에 급증하고 있다. 그리고

---

61) 앞의 「部落槪況調査」에 관해 경작면적조사를 '구장 등 부락중심인물에게 맡기는 것은 그 萬全을 확보하기 어려운 바가 있다'(163쪽)고 보고되고 있다. 촌락의 '지방유지'와 '중견인물'이 '부락계획'에 대해 반드시 적극적으로 대응하고 있지 않았던 것을 알 수 있다.
62) 조선총독부 전게,『朝鮮の國民總力運動』, 73~104쪽에는 1943년도의 조선·도연맹의 사업의 상세한 사항이 기재되어 있다.
63) 최유리, 앞의 책, 159~171쪽 참조.

'부락연맹' 이사장 겸 구장이 식산계장까지 겸무하는 것이 일반화되어 갔다. 이와 같이 총독부는 한 사람의 인물에게 촌락 주도자로서의 기능을 집중시켜 그 인물에게 '부락계획'의 실시를 주도하도록 생각한 것이다.[64] 또한 총독부는 애국반의 임무를 배가시키기 위해 이사장이 될 정동리 총대 또는 구장 등에는 "경력이나 지위에 관계없이 진실로 열의가 있고 실행력이 있는 인물"[65]로 대치시키라는 지시를 내리고 있었다. 이는 그동안 촌락 질서에서 일정 정도 지위나 영향력을 갖고 있던 이른바 '지역유지' 등 구인물을 완전히 새로운 세대의 새인물로 대체하려는 의도였다고 보여진다. 전시의 각종 임무를 달성하기 위해서는 '열의와 실행력'이 최고의 가치로 부여되었던 것이다.

셋째로는 국민총력운동과 '부락계획'의 실적은 "첫째 제일선지도자의 소질과 열의에 달려있다"고 판단하고 중앙, 지방을 통하여 지도자의 '鍊成'에 노력을 기울이고 있다.[66] 이를 위해 총독부는 '農民道場' 등의 '중견청년' 양성 시설에 있어서는 수강자의 '황국농민정신의 앙양'을 꾀하는 것을 제1차적 과제로서 설정하였다. 더욱이 수강자는 '부락계획'의 구체적인 실시방법의 지도를' 받게 되어 있어, 촌락 차원에서의 조직형성자로서의 능력을 익힐 것이 기대되고 있었다.[67]

또한 총독부는 청년들의 부락에서의 역할에 주목하여 청년훈련소, 청년단, 청년특별연성소를 설치, 조직하여 징병제에 대비하는 한편, 전시체제하 생산력 증강에서 노동력으로서 동원할 것을 도모하였다. 먼저 청년훈련소의 목적은 "국민학교 졸업 후 상급학교에 진학하지 않고 일정한 직업에 종사하는 근로청년에 대해, 그 직무의 여가를 이용하여 教授 및 訓練을 시행

---

64) 松本武祝, 앞의 책, 220쪽.
65) 『國民總力』, 1940, 11월호, 24~25쪽.
66) 朝鮮總督府 情報課, 『朝鮮統治と皇民鍊成の進展』, 14쪽.
67) 朝鮮總督府農林局, 『農山漁村に於ける中堅人物養成施設要覽』, 1942, 18쪽을 참조. 역시 1943년에는 '農民道場'의 수용력 총계를 종래의 750명에서 1,500명으로 배증하는 계획이 세워지고 있다(『調査彙報』 제41호, 1943, 6월, 22~23쪽을 참조).

하여 황국신민으로서의 자질 향상을 꾀하고, 직업에 관한 기능을 전수함과 동시에 군사적 기초훈련을 실시하여 국방능력의 증강을 꾀하는 데" 있었다. 총독부는 1940, 41년 양년에 청년훈련소를 대대적으로 증설하여 1940년에 공사립을 합해 120여개에 불과하였던 것을 1944년에는 2천 여개소로 늘렸다.68) 이 청년훈련소의 특색은 '청년의 전생활을 지도'하는 데 있었는데, 가정생활에까지 전면적인 '지도'를 꾀하고 있었다.69)

또한 1941년 1월 3일에는 "고도국방국가체제의 전면적인 건설을 목적으로 하는 국민총력운동의 강인한 추진력으로 할 목적 하에, 청년단의 조직을 전면적으로 개조하여 국민총훈련의 취지에 입각하여 현재 학교교육을 받고 있는 자를 제외한 전청년을 단원으로 하여" '백만 단원'을 가지고 靑年團이 발족하였다.70) 이 청년단의 발족에 즈음하여 대상연령을 종래의 25세에서 30세(여자는 25세)로 연장하여 인적 확충을 도모하였다. 그리고 청년대장(특히 제일선적 역할을 負荷하기 위해 청년대라 지칭)에는 반드시 국민학교 교장을 앉혀 '복종과 신뢰'를 철칙으로 삼았다.71) 여기에서는 일제가 청소년이라는 특성을 최대한 이용하여 상명하복의 정신을 관철하려 했던 것을 읽을 수 있다.

그러나 이러한 노력에도 불구하고 청년들의 '훈련'에 대해 일제는 만족하지 못하고 있었다. 즉 일제는 "청년의 교양훈련의 現狀을 보면, 국민학교 교육의 보급상황은 아직 그 절반 정도에 불과하고, 근래 청년단의 조직에 의해 이들 미취학분야에 있어서의 청년에 대해 국어교육, 국방훈련 등 健民强兵에의 鍊成을 시행해 왔다고는 해도, 이들 조선청년으로 하여금 皇軍要員으로서의 기본적 요건을 구비하게 하는 데까지는 도달하지 못하고 있다"고 분석하고 있는 것이다. 그리고 "징병제의 실시는 조만간 닥쳐오고 있어, 이들 해당 청년 중 국민학교 교육 不滲透分野의 청년에 대해 하루라

---

68) 『鍊成する朝鮮』, 朝鮮事情資料 4호, 1944, 9쪽.
69) 위의 자료, 10쪽.
70) 위의 자료, 11쪽.
71) 위의 자료, 12~13쪽.

도 빨리 신속하게 황국신민으로서, 장차 또 황국요원으로서 필요한 자질의 연성을 실시해 두는 것은 현재 긴요한 要務"[72]라고 밝히고 있다. 여기에는 일종의 초조감마저 배어 있다.

한편 일제는 청년들에게 '근로관념을 체득시키고 황국노무자로서의 자질 연성을 기하는 것도 극히 중요하다'는 판단하에 靑年特別鍊成所를 설치하였다. 조선청년특별연성령(1942년 10월 1일 공포, 同 11월 3일 실시)에 의하면, 조선에 거주하는 연령 17세 이상 21세 미만의 조선인 남자로서 도지사로부터 선정된 자는 청년특별연성소에 입소하여 연성을 받을 의무를 가지고 있었다. 연성과목은 훈육, 학과, 교련 및 근로작업인데 정신훈련, 일본어의 습득에 주력하였고, 특히 일본어 습득에 중점을 두어 全鍊成時間 6백 시간 가운데 4백 시간을 일본어 습득에 배당하였다. 이 연성소생의 대부분은 "국민학교 미취학청년으로서 문화적으로나 사회적으로나 사회에서 남의 밑에 깔려 출세하지 못한 자로 혜택을 받지 못한자"로 구성되어 있었다고 한다.[73]

이와 같이 일제는 청년들의 부락에서의 역할에 주목하여 청년훈련소, 청년단, 청년특별연성소를 설치, 조직하여 징병제에 대비하는 한편, 전시체제하 생산력 증강에서 노동력으로서 동원할 것을 도모하였다. 그러나 전체 청년을 포괄하여 '황국청년'으로 육성하려는 일제의 기도는 위에서 살펴보았듯이 그리 순탄한 것이 아니었다. 일제 스스로도 완전한 자신감을 가질 수 없을 정도로 방대한 청년을 단기간내에 조직화하는 것은 결국 성공할 수 없었다.

이 때문에 國民總力運動의 전개과정에서는 그것을 담당한 실무관리 사이에서도 그것의 '관료주의・형식주의, 그리고 그것에 따르는 민중의 자발성 진작의 실패' 등의 문제점이 반복되어 지적되어 갔을 정도로 근본적인 난관에 부닥치고 있었다.[74] 여기에서 우리는 당시 청년들이 과연 어떠한

---

72) 위의 자료, 14쪽.
73) 위의 자료, 14~17쪽.
74) 최유리, 앞의 책, 172쪽 참조.

의식을 가지고 있었고, 일제는 이들 청년들에 대해 어떻게 파악하고 있었는가를 살펴 볼 필요가 있다.

당시 청년문제를 주제로 한 한 좌담회75)는 이 점을 엿볼 수 있게 하고 있다. 우선 좌담회에 참석한 당시 총독부 관리나 이른바 식민지식인(일본인 및 친일조선인)들은 공통적으로, 중년 이상은 교육을 받을 기회가 없었기 때문에 새로운 교육을 받은 청년이 극히 중요한 계층에 속하고 있다는 것, 총독정치가 성공하는가 실패하는가는 청년층을 잘 잡느냐 잡지 못하느냐에 달려 있다고 하여 청년문제를 총독정치 성공의 관건으로 인식하고 있었다.76) 그리고 흥미롭게도, 청년들이 "과거에는 민족주의적 혹은 사회주의적 이상을 가지고 있었는데" 이제는 "활기를 띠고 있지 않다, 옛날의 청년과 같은 힘이 나오지 않고 있다"고 파악하고 있다. 이어서 그들은 "지금의 전향한 청장년층[각종 운동에 가담하였다가 일제의 정책에 순응하지 않을 수 없었던 여러 부류의 소극적 분자를 가리키는 듯함 : 인용자]에 있어서는 옛날의 여러 가지 것을 깨끗이 청산했지만, 역시 급격히 변화한 새로운 시대에 따라가기에는 마음의 고민이 남아 있다"고 분석하고 있다.77) 그래서 이들은 '사상보국운동'이 요구되는 이 시점에서 "처음부터 순수하게 일본정신을 파악하고 있는 新人"78), 즉 "새로운 시대의 청년, 중등학교 3, 4학년 이상의 사람들" "20세 전후의 진정한 청년"79)들에게 기대를 걸고 있다. 왜냐하면 이들 식민주의자들에게 있어 "조선의 청년은 조선민족으로서가 아니라 확실히 일본민족의 한 사람으로서 살지 않으면 안되는데", 그들이 보기에 "과거의 사람들에게 그러한 것을 요구하는 것은 지극히 곤란"하다고 보았기 때문이다. 그래서 그들은 "앞으로의 순수한 청년, 과거의 불건전한 전통에 빠져 있지 않은 청년들에게 기대할 뿐"80)이라고 전망하고 있

---

75) 「青年問題座談會」, 『總動員』, 1940, 9월호, 61~75쪽.
76) 위의 자료, 61~62쪽.
77) 위의 자료, 66쪽.
78) 위와 같음.
79) 위와 같음.
80) 위의 자료, 75쪽.

었다.

  여기에서 우리는 일제 말인 1940년 당시에 있어서 이른바 世代問題를 통하여 당시 청년들이 위치해 있던 위상을 엿볼 수 있다. 즉 식민주의자들에게 조선인 '중년 이상'은 그들의 식민지 방침을 효과적으로 주입하기에는 교육경험 등의 이유 때문에 도무지 어려운 대상이었다. 그리고 과거 1910, 20년대에 활발하게 활동하였던 학생, 청년들의 경우는, 그들이 강한 민족의식과 사회의식을 가지고 있었기 때문에 표면적으로는 일제의 정책에 순응하는 듯 보여도 일제의 정책에 대한 완전한 협력 내지 자발적 순응을 얻어내기에는 역시 역부족이었던 것이다. 그래서 일제는 戰時라는 급박한 상황 하에서 중등학교 3, 4학년 이상의 20세 전후의 '新人'들에게 크게 기대를 걸 수밖에 없었다. 이를 통해 우리는 일제시기의 세대 간에 상당한 의식의 차이까지를 내포한 세대간의 간극이 형성될 수 있는 여지가 가로놓여 있었던 것을 일단 확인할 수 있다. 그러나 그것이 일제의 전시정책의 전개 속에서 어떠한 의미를 가지는가는 아직 확인할 수 없다. 다만 우리는 일제 말기인 1940년대의 단계에서 청년들이 일제의 정책에 협력하는 것은 위에서 살핀 바와 같은 근본적인 한계 속에서 진행된 비자발적인 것이었으며, 일부 자발적인 것으로 일제가 선전한 것은 막 커나오는 이른바 신세대를 일제가 완전히 장악하여 이용하려는 그들의 願望이었다고 판단된다.

  넷째로 총독부는 국민총력운동의 보다 효과적인 수행을 위하여 전통조직의 재활용정책을 펴나갔다. 이는 크게 두가지 사례로 살필 수 있다. 첫째는 殖産契의 활동 강화와 儒林 등의 전통조직의 재활용이었다.

  먼저 식산계의 활동 강화와 기능을 살펴보자. 식산계의 설치는 말단의 농촌에까지 중앙의 통제기구가 정비되게 되는 것을 의미했다. 전시체제하에서 금융조합에 특히 요구되었던 역할은 ① 생산력의 확충, ② 국민저축의 조성, ③ 집하배급의 합리화의 3대 사항이었다. 여기에서는 생산력의 확충면만을 살펴본다. 생산력의 확충에 대해서는 종래대로 저리의 농업자금 대부를 통해 농가경제를 지도하는 역할을 수행함으로써 전시체제하의 '당국의 생산증강 제시책에 순응'하여 '不急用途資金의 방출 억제'에 노력하는 것으로 기대되었다. 이를 위해 농가경제의 안정을 기본으로 하여 자작농의 창출이 도모되는 한편, 식산계를 일층 확충시켜 부락단위의 지도를 철저하게 할 것이 요청되었다. 금융조합은 식산계를 증설하여 계원을 증가시킴으로써 '全戶 加入, 全家 指導' 체제의 정비를 추진했던 것이다. 금융조합연합회는 1938년부터 1942년의 5개년에 전조선의 주요부락에 전면적으로 식산계를 설치하는 '식산계5개년계획'을 세웠다. 1940년에 부락단위의 생산확충계획이 수립되어 식산계는 부락연맹과 일체가 되어 부락공동사업의 완수를 위해 협력할 것이 기대되었다. 예를 들면 부락생산확충계획 중의 주요식량인 米와 麥의 증산에 관계되는 부락공동시설에 조성금을 교부하게 되었는데, 그 부락에 식산계가 설치되어 있는 경우는 이것이 식산계에 교부되게 되었다.81) 1941년 6월말 현재 5만 5,002개의 부락연맹 가운데 약 65%인 3만 5,647개가, 다음해 1942년에는 6만 5,080개의 부락연맹 가운데 약 87%인 5만 6,595개가 식산계에 포함되어 있는 것에서도 식산계와 국민총력부락연맹의 一體化가 얼마나 강력히 추진되었는가를 알 수 있다. 부락단위의 생산력확충정책은 식산계를 실행기관으로 해서 수행되게 되었다고 해도 과언이 아니다.82)

그런데 여기에서 제기되는 문제는 총독부의 정책에 의해 이렇게 식산계가 급속히 확대되고 그것이 부락에서 수행한 역할의 의미에 대한 것이다. 식산계는 재래의 관습인 契가 조선사회에서 수행하고 있는 역할이 큰 것에 주목하여 계 관습을 이용하려고 한 정책이었다. 조선 농촌은 洞단위로 결성되는 계가 많기 때문에 금융조합의 지도체계의 단위도 洞=部落단위로 하는 것이 가장 효율적이라고 생각했던 것이었다. 이와 관련하여 浜口裕子는 "조선에서 행한 일본의 금융조합정책은 원래 위로부터의 동원에 약한 성격을 가진 재래 조선사회에 대해 조선사회의 특징을 이용하는 형태로 행해진 정책이었다"고 평가하고 "그 때문에 조선사회의 대응은 취약했다"고 결론을 내리고 있다.83) 이는 뒤집어 보면 식산계를 통해 '부락생산계획'을

---

81) 조선금융조합연합회, 『朝鮮金融組合聯合會十年史』, 1944, 59~60쪽.
82) 浜口裕子, 앞의 책, 163~164쪽 참조.

실시하지 않을 수 없을 정도로 이른바 촌락차원에의 경제력과 대응이 미약했다는 것을 보여주고 있다. 1940년대의 단계에 이르러서도 총독부의 농촌조직화정책은 준행정기관인 금융조합을 동원하지 않고는 제대로의 역할을 수행하기 힘들었던 것이다.

다음으로 유림 등의 전통조직의 재활용 문제이다. 위에서 살핀 식산계의 사례와 더불어 전통조직을 이용하여 조직화정책의 취약성을 보완하고자 한 것이 유림 등의 전통조직의 재활용이었다. 국민총력운동기에 들어 새삼 이와 같은 유림 등의 재조직 문제가 등장하는 것은 일제가 지배망을 더욱 촘촘히 짤 필요성과 유교윤리를 황국신민화 논리와 결합시켜 농민동원을 좀더 쉽게 하고자 하는 의도 때문으로 보인다.

가족주의 등의 유교윤리를 기본으로 농민조직화를 도모해 가는 것은 1920년대 面制 시행부터의 일이다. 일제는 '一面一家族主義를 面治의 근본적 이상으로 하여'[84] 이의 실현에 노력해야 한다고 강조하면서 총독부의 지배에 대한 얼마간의 '자발적 협력'을 이끌어내는 단위로서 面을 설정해 갔다. 이러한 전통조직 내지 이념의 이용은 1930년대 농촌진흥운동의 단계에서도 여전히 강조되고 있었다. 일제는 조선 중기 이후 송대의 향약을 실시하여 크게 효과를 거둔 것에 주목하여 당시에는 이미 향약 등이 많이 없어져 버렸지만, "시대 및 지방의 환경에 입각한 색채를 가미하여 장려를 도모할 때는 施政上 상당한 효과가 있을 것으로 생각"[85]하여 조성금을 교부하는 등 '지도 장려'에 노력하고 있었다. 이 결과 1939년에는 전조선의 '약 40만의 유림'을 조직하여 '全鮮儒林大會'를 개최하고 국민정신총동원운동에 참가시키기도 하였다.[86] 이와 같이 지역유지와 농민들로부터 '자발적 협력'을 이끌어내는 효과적 수단으로 강조되었던 유림 및 유교 등의 전통적 수단의 재활용은 전시기에 들어 보다 강조되게 되었다. 이는 그동안 천주교

---

83) 浜口裕子, 위의 책, 178쪽.
84) 『朝鮮地方行政』, 1926, 9월호, 48쪽.
85) 朝鮮總督府, 『施政二十五年史』, 953~954쪽.
86) 朝鮮總督府, 『國民精神總動員』, 1940, 45·55~56쪽.

및 기독교 계통이 활발히 활동하고 있어 그동안 유도회가 결성되지 않았던 이천군에서 1940년에 들어와 이천군 유도회가 조직된 사례에서도 확인할 수 있다. 더욱이 이 유도회의 중심가맹인물은 행정기구와 직접·간접으로 연관을 맺고 있던 신흥유지계층이었다고 파악되고 있다.[87] 말하자면 이 시기에 들어와 유교를 이용하여 황국신민화 논리를 농민에게 쉽게 침투시키기 위해, 그리고 효과적인 농촌통제를 위해 기존의 전통적인 이념과 조직을 적극 활용하고 있었던 것이다.

이와 같이 일제는 30년대에 진행된 농촌진흥운동기의 농촌조직화정책의 토대 위에서 戰時體制의 요청에 부응하여 국민총력운동과 '부락계획'을 통해 농촌통제를 강화하고자 했지만 농경지 배분과 노동력의 근본적 해결을 도외시한 상태에서는 그 효과를 달성할 수 없었다. 이에 1941년 7월부터 검토되기 시작하여 1943년의 단계에 이르러 '농촌재편성정책'을 실시해 갔다. 그러나 이 정책도 그 이전부터 대부분 시행되고 있던 것을 종합·재편성한 데 불과하였고 시간적 여유도 가질 수 없었기 때문에 당초의 목표를 거두는 데에는 실패하였다.[88]

---

87) 김민철·황병주·허홍범, 「식민지 파시즘기(1937~1945) 이천군 관련자료에 대하여」, 『역사문제연구』 제3호, 1999 참조. 이천군 유도회의 사업은 강연, 향약의 장려 및 지도, 효자·절부의 표창, 풍속개량, 청소년 교화, 명륜전문학원 후원, 서당 개선, 강습소 설치, 문맹 퇴치 등이다. 위의 자료, 241쪽.
88) 정연태, 앞의 논문, 229쪽. '농촌재편성정책'에 관해서는 정연태, 앞의 논문과 松本武祝의 앞의 책을 참조 바람. 그런데 松本武祝의 경우 '농촌재편성' 정책 하에서 농업생산력 확충과 농촌노동력 동원정책의 최하위에 위치하면서 총독부의 말단행정기능을 담당해 간 '중견인물'의 역할과 성격에 대해 상당히 특이한 주장을 펼치고 있어 검토가 요구된다. 그는 "총독부에 의해 공출제도에 '부락공동책임제'가 도입됨으로써 식민지 지방행정의 말단 담당자로서의 '중견인물'의 발언력이 결정적으로 높아졌다"고 하고, 또 "부락공동책임제'의 채택에 의해 곡물생산력의 유지 향상이 촌락구성원에 있어서의 '공적'인 과제로 전환되면서, 농업생산력의 주된 담당자로서의 '중견인물'의 주도성이 촌락 속에서 고양되었다"고 주장한다. 그리고 "농촌진흥운동 당시 私事化 이데올로기'와 '평등주의적인 공동체 윤리'가 대립을 해소할 수 없는 채 차질을 빚은 것과는 달리, 戰時期에는 이들 규범의 실천에 적당치 않은 富農과 零細農(특히 후자)을 적극적으로 배제해 가는 이른바 '농촌재편성' 정책이 총독부에

의해 실시되어 갔다"(松本武祝, 앞의 책, 237쪽)고 규정하고 있다. 즉 松本은 일제의 '농촌재편성' 정책이 '중견인물'의 내적인 요구와 맞물리면서 진행되었고, 양자의 이해가 일치함으로써 또 그만한 근거가 있음으로써 '중견인물'이 촌락 내에서 '주도성'을 발휘해 갔다는 식으로 서술하고 있다. 여기에서 松本이 주목하는 것은 '농촌재편성' 정책과 '노무동원' 정책을 담당해 가는 '중견인물'의 동기부여의 문제로서 거론하는 '農業近代化論'이다. 즉 "당시 '농촌재편성' 정책을 특징짓고 있던 構造論的(농촌과잉인구의 농외로의 재배치), 科學主義的(경영상의 합리성 추구='적정규모론'), 그리고 唯物論的(경제력의 향상이 있을 때 비로소 문화적 발전이 있다)인 접근법에 기초하는 '農業近代化論'이 다른 촌락구성원을 설득하기 위한 言說로서 역할했고, '중견인물'은 구조론적인 '農業近代化'론의 주창자로서 촌락에 있어서의 발언력을 높여갔다는 것이다.

그러나 이러한 松本의 주장은 그 목적과 의의가 과연 무엇이냐는 문제를 차치하고라도 다음의 몇가지 문제를 안고 있다. 첫째, 松本이 주장하는 '중견인물'의 '농업근대화'론이 실제로 다른 촌락구성원들에게 실제로 言說로서의 역할을 수행했고, 그 논리에 의해 '중견인물'의 발언력이 높아졌다는 근거는 제시하지 못하고 있다는 점이다. 당시 노무동원정책에 있어 동원된 노무자들이 '중견인물'의 논리적인 설득에 의해 동원되었다고는 도저히 생각할 수 없다. 둘째 이와 관련하여 당시 '중견인물'들이 戰時期에 수행한 역할은 생산력 향상의 담당자로서보다는 오히려 말단의 지방행정 보조역할에 두어져 있었다고 보는 것이 합리적일 것이다. 이는 '중견인물'이 부락연맹과 애국반에서 수행한 역할에서도 분명히 드러나는 사실이다. 또한 생산력 향상의 담당자라고 하는 '중견인물' 자신도 전시체제 하에서는 여러 경제적 제약을 받지 않을 수 없는 존재였다. 당시 조선의 농민들은 인플레이션을 방지한다는 명분 하에 미곡의 賣渡代金 중 상당부분을 금융조합에의 控除貯蓄으로 공제당하지 않을 수 없었다. 공제저축을 계층별로 추산(1943산미)한 한 자료에 의하면 지주 20.1%, 자작농 27.6%, 소작농 40.4%로 되어 있다(金洛年, 「日本の植民地投資と朝鮮經濟の展開」, 東京大學 經濟學研究科 博士學位論文, 1992, 141쪽. 계층별로 공제율에 차이가 있지만 경제적인 면에서는 어느 계층이나 심각한 제한을 당하고 있었던 것을 알 수 있다.

마지막으로 松本은 '農業近代化'論이 전시동원체제와 고도로 일체화된 논리적 바탕에서 전개된 것을 보지 않고 農業近代化의 논리 자체만을 가지고 '중견인물'과 다른 촌락구성원의 관계를 설명함으로써 지나치게 경제주의적인 관점에 머물러 있다. 전시동원체제가 미처 완전히 정비되지 않은 촌락지배질서를 바탕으로 급격히 전쟁 수행을 위해 급조되어 갔고, 그 때문에 형식주의적·관료적 성격을 전면적으로 드러내는 가운데 수행되었다는 점을 재인식해야 할 것이다.

4. 맺음말

　일제는 국민정신총동원운동에 이어 국민총력운동을 전개하면서 전시체제의 물적·인적 동원을 위한 조직적·인적 기반을 구축해 나아갔다. 이 속에서 농촌조직화정책과 관련하여 주목되는 것이 '생산보국운동'이다. 이때 생산력 확충을 수행하는 조직으로서 '부락'의 역할이 강조되고 있었다. 촌락은 한편으로 지방행정기구의 말단에 포섭되면서, 다른 한편으로 농민의 일상생활에 있어서의 가장 기본적인 사회단위이기도 하다는 그 성격 때문에 전시체제 하에서 경제의 계획화를 강화하려고 하는 총독부에 있어, 이용가치가 큰 조직이었다고 할 수 있다. 생산력확충의 계획목표를 할당하는 과정에서 촌락은 지방행정의 관료기구를 통하여 상의하달식으로 배당된 수치를 최종적으로 개별농가에게 할당하는 역할을 짊어졌다.
　그리고 총독부는 이렇게 부락의 역할에 주목하면서 부락을 동원하기 위한 구체적인 조직화정책으로서 부락연맹과 애국반을 조직해 나가고, 이것이 전시체제하에서 실질적인 기능을 수행하게 되었다. 이 부락연맹의 조직화에 임해서 일제는 '지역적 공동활동'을 목적으로 하여 '부락의 연혁 및 지리적 관계'를 가능한 한 이용하려고 하였으며, 이러한 농촌공동체의 지연관계에 대한 의식은 부락 이사장 선출에 있어서도 마찬가지였다. 부락연맹 이사장은 총력운동을 추진하면서 그 이전보다 훨씬 중요시되었으며, 구장과 연맹 이사장을 일체화시키기 위하여 여러 정책 수단이 강구되었다. 또한 구장에 대한 우대책으로서 물질적·정신적 처우에 대한 개선책이 강구되었으며, 부락연맹 이사장의 역할을 증대시키기 위한 시책도 마련되었다. 특히 1942년 이후에는 농촌을 중심으로 한 '식량대책'의 일환으로서 구장의 역할이 증대해 갔다.
　또한 애국반은 연맹조직의 최말단에 위치함과 동시에 연맹조직 중 '유일한 실천부'로 규정되고 있었다. 즉 연맹조직의 중핵을 이루는 것이 전조선인을 포괄하고 있는 이 애국반 조직이며, 애국반을 빠짐없이 조직하여 실제로 '국가의 의지에 즉응할' 수 있도록 기능시키는 것이 운동의 최대 목적이었다. 이 애국반은 국민총력운동 하에서 '사상의 통일' '국민총훈련' '생산력 확충'의 과제를 떠맡아 부락 차원에서 그 실천을 담보하는 기초조직으로서의 역할을 수행하였다. 그리고 이 실천은 班常會를 통하여 실현되었으며, 각종 '교육의 장'으로서의 역할도 동시에 요구되었다.

그러나 이러한 정동리부락연맹과 애국반의 조직화 과정은 그것을 촌락 차원에서 담당할 수 있는 하부의 지지기반을 창출한 상태에서 출발한 것이 아니었기 때문에, 근본적으로 위로부터의 관료주의적·형식주의적 방식을 통해서밖에는 소기의 성과를 거둘 수 없었다. 이 과정에서 일제는 초기에 조직화의 실적을 강조하고 또 조직화를 더욱 다그치기 위하여 일부러 과장된 수치를 對民用으로 제시하여 하나의 선전수단으로 삼았다. 그리고 이러한 초기의 과장은 1939~40년의 약 2년에 걸쳐 수치상의 각종 혼란과 관료주의를 부채질하였다.

다음으로, '부락생산확충계획' 등을 통한 농촌조직화정책은 일정한 성과를 거두었지만 그것은 일제가 바라는 바와 같은 충분한 것은 아니었다. 총독부가 실시한 '부락계획'은 그 계획 및 실시과정에서 많은 문제점을 노정하고 있었다. 일제는 이를 해결하기 위하여 우선 부락연맹 이사장과 구장, 식산계장을 하나로 통합하고 국민총력운동의 각 계통조직을 동원하여 '황국황민' 이데올로기를 주입해 가고자 했다. 하지만 일본어 보급운동 등을 통한 후자의 이데올로기 주입 목적은 달성되지 못하였다.

이에 일제는 국민총력운동과 '부락계획'의 실적은 일선지도자의 자질과 열의에 달려 있다고 판단하고 특히 부락에서의 청년들의 역할에 주목하여 청년훈련소, 청년단, 청년특별연성소를 설치, 조직하여 징병제에 대비하는 한편, 전시체제하 생산력 증강에서 노동력으로 동원할 것을 꾀하였다. 그러나 일제의 다양한 노력에도 불구하고 일제 스스로 청년들의 '훈련'에 대해 만족하지 못하고 있을 만큼 그 성과는 미미한 것이었다. 또 국민총력운동의 전개과정에서 나타난 '관료주의' '형식주의' 등도 이러한 사태를 결과한 한 요인이었다.

이런 가운데에서 일제가 전시체제기에 들어서서 강구한 새로운 인적 자원의 마련과 그것을 위한 제반의 모색은 주목되는 것이었다. 이것은 크게 세 방향으로 집약할 수 있다. 즉 첫째, 일제는 애국반의 임무를 배가시키기 위해 부락연맹의 이사장이 될 구장 등에는 경력이나 지위에 관계없이 '열의와 실행력'이 있는 인물로 선정하려고 하였다. 이는 비록 농촌진흥운동 과정에서 영향력이 많이 감퇴되었지만 여전히 촌락 수준에서 일정한 영향력을 발휘하고 있던 이른바 '지역유지'층을 완전히 배제하고자 하는 면에서 주목되는 조치였다.

둘째, 일제는 戰時 농촌통제정책의 수행과정에서 일본의 전쟁 수행상의 제정책에 완전히 부응할 수 있는, 새롭게 등장하는 청년들의 역할에 특별히 주목했다. 일제는 식민지 말기에 이르러 전쟁 수행상의 필요에 직면하여 식민지 주민의 세대별 동향에 특별히 주목하고 있었다. 일제의 분석에 따르면, 일본 식민주의자들에게 조선인 '중년 이상'은 그들의 식민지 방침을 효과적으로 주입하기에는 교육경험 등의 이유 때문에 도무지 어려운 대상이었다. 그리고 과거 1910, 20년대에 활발하게 활동하였던 청장년들의 경우는, 그들이 강한 민족의식과 사회의식을 가지고 있었기 때문에 표면적으로는 일제의 정책에 순응하는 듯 보여도 일제의 정책에 대한 완전한 협력 내지 자발적 순응을 얻어내기에는 역시 역부족이었다. 그래서 일제는 戰時라는 급박한 상황 하에서 중등학교 3, 4학년 이상의 20세 전후의 '新人'들에게 크게 기대를 걸 수밖에 없었지만, 미처 그들 신세대를 일제의 요구대로 육성하기도 전에 일제는 패망을 맞이하게 되었다.

셋째, 일제는 국민총력운동의 보다 효과적인 수행을 위하여 식산계와 유림조직 등의 전통조직을 재활용하는 정책도 아울러 추진해 나갔다. 그런데 주목되는 것은 유림조직 등의 경우에도 그 중심인물은 구래의 유림들이 아니라 행정기구와 직·간접적으로 밀접한 연관을 맺고 있던 신흥유지계층이었다는 점이다. 요컨대 일제는 전쟁이라는 고도의 목적을 효과적으로 수행하기 위하여 끊임없이 '일본정신'에 충성할 수 있는 새로운 인적 자원을 개발·이용하기 위하여 과거의 행태와는 다른 차별적인 정책과 수단을 모색하고 있었다.

그러나 이러한 전쟁수행정책은 일제 스스로 인정하고 있듯이[89] 식민지 민중의 이익을 현저히 침해하는 성격으로 인하여 결국 적극적인 자발적 협력은 기대하기 어려운 것이었다. 일제 말기 전시체제 하에서 행해진 농촌통제정책으로 인하여 이른바 '농민 주체'의 성장이 이루어질 수 없었고, 이 결과 해방 이후에도 농촌의 사회관계가 여전히 관주도의 성격[강력한 관료 - 허약한 농민]으로 귀결되지 않을 수 없었던 것은 이러한 사정을 반영하는 것이었다.

---

89) 1940년 12월 5일 총독부에서 발표한 '농산촌생산보국지도요강'의 '지도목표'는 "국방국가체제를 위해 '생산력의 확충'을 도모함으로써 지도의 목표를 이루고, 농산촌 민중생활의 안정 향상은 이에 귀일 통합시키기로 한다"는 규정이었다(『國民總力』, 1941, 1월호, 23쪽). 즉 전시의 생산력 확충을 위해 농가의 안정 향상은 이를 희생하더라도 어쩔 수 없다는 말이다.

A Control policy on agricultural community at a last stage of Japanese Imperialism

Choi, Young Muk

Among many current studies about an agricultural policy enforced at a last stage of Japanese Imperialism, this study is studying on a control policy on the agricultural community. This study is focusing on two new points of differences from other current studies.

Firstly, previous studies used to explain an agricultural organization was "implemented perfectly and rapidly" with Japan campaigning all people's energy movement through union of village and group for patriotism. But in fact, a rate on to organization of community from 1939 to 1940 published by Imperialist Japan was distant from the fact. Japanese Imperialism exaggerated an initial result that it implemented beurocratically and formalistically during two years. Through that exaggerated result it intended to make people to obey Japan's policy.

Secondly, it is important that Japan took an attention to the role of youth. As the end of the Imperialism was near, it watched carefully a tendency of generations. According to it's analysis, the Imperialist considered Korean middle age and old age as a difficult object who was not easily brainwashed and not effectively with it's policy because of his educational experience and so on. And in the case of students on youths who was active in a national spirit of social spirit, they superficially appeared to obey Japan's policy, but Japan could not obtain a perfect collaboration and a voluntary obedience. And so during wartime, about twenty years, an urgent situation, Japan was expecting "new man" who was the third or fourth year student of middle school. But Japanese Imperialism was ruined before raising new generation who would obey Japan's policy.

韓國光復軍의 韓·美 合作訓練

金光載[*]

1. 머리말
2. 合作訓練의 背景
   1) 合作訓練의 背景
   2) 合作訓練의 교섭과정
3. 合作訓練의 전개
   1) 合作訓練의 실시
   2) 訓練過程에서의 諸問題
   3) 第1期訓練의 종료
4. 맺음말

---

[*] 동국대 사학과 강사.

1. 머리말

1940년대 전반기 大韓民國 臨時政府(이하 臨政)의 독립운동에서 가장 핵심적인 위치를 차지하고 있었던 것은 韓國光復軍(이하 光復軍)의 군사활동이었다고 할 수 있다. 광복군의 군사활동 가운데에서도 그 절정을 이루는 것은 1945년에 실행된 美國 戰略諜報局(OSS : Office of Strategic Services)[1]과의 '독수리작전'(Eagle Project)을 위한 한·미합작훈련이었다.

하지만 광복군의 활동, 특히 OSS와의 합작훈련에 대해서는 해방 이후 학문적으로 검증되기도 전에 미화되어 왔다. 이러한 경향은 해방 이후 간행된 독립운동사 관련 통사류에서 잘 나타나고 있다.[2] 그후 지금까지 선학들의 광복군 관련 논문들이 많이 축적되어 왔다.[3] 그러나 OSS합작훈련에

---

* 본논문은 國史編纂委員會의 1998년도 한국사연구지원비에 의해 연구되었음.
1) 한국에서는 OSS(Office of Strategic Services)를 '전략첩보국', '전략정보처', '전략사무국' 등의 명칭으로 번역하여 사용해 왔다. 그런데 미국 국립문서보관소의 OSS문서를 수집하여 국내 학계에 제공한 方善柱 선생은 OSS를 '企劃工作局'이라는 용어로 부를 것을 제안하고 있다. 하지만 이는 기존의 명칭에 비해 생소한 느낌을 주고 있다. 때문에 본고에서는 이러한 혼동을 피하기 위해 당시는 물론 현재도 널리 사용되고 있는 'OSS'라고 하는 약칭을 그대로 사용하는 것이 별 무리가 없다고 생각되며 본고에서도 특별한 경우를 제외하고 'OSS'라고 하는 약칭을 사용하고자 한다.
2) 예를 들어, 蔡根植의 『武裝獨立運動秘史』(대한민국 공보처, 1949), 애국동지원호회의 『한국독립운동사』(1956) 등이 그것들이다. 독립운동사편찬위원회의 『독립운동사』(제6권, 1975)도 OSS합작훈련에 대해 비교적 많은 지면을 할애하고 있지만, 1차자료를 통하여 검증되거나 객관적인 근거를 제시하지 못하고 있는 부분이 많은 실정이다.
3) 지면 관계상 그 주요한 것들만 제시하면 다음과 같다.
朴成壽, 「광복군에 대하여-소위 '準繩九項을 중심으로-」, 『백산학보』 3, 1967(『독립운동사연구』, 창작과비평사, 1980에 「광복군과 임시정부」로 재수록됨)
秋憲樹, 「중일전쟁과 임정의 군사활동」, 『아세아학보』 11, 1975

한정하여 볼 때, 그 대부분은 당시 자료의 제약으로 인해 위의 통사류나 관련인사의 증언을 바탕으로 대동소이한 내용과 결론을 내리고 있다. 한미합작훈련에 대한 최초의 학문적인 접근은 韓詩俊에 의해 이루어졌다.4) 그에 의해 합작훈련이 시작되는 시기, 대략적인 훈련내용 등 기본적인 사항들이 확인되었다. 그러나 OSS문서가 본격적으로 활용되지 못했기 때문에 합작훈련의 전체적인 모습을 밝히는 데는 한계가 있다고 생각한다.

따라서 광복군의 한미합작훈련에 대해서는 역사적 평가나 위상정립보다는 오히려 구체적인 사실 관계를 먼저 실증적으로 연구하여 복원하는 것이 급선무라고 생각된다.5) 본고는 中國 西安에서 光復軍 第2支隊와 OSS가

李鍾學,「대한민국임시정부의 군사활동」,『한국사론』 10, 국사편찬위원회, 1981

趙一文,「광복군의 조직과 대일선전」,『한국민족운동사연구논총』, 영남대출판부, 1988

盧景彩,「광복군의 창설과 활동」,『한민족독립운동사』 4, 국사편찬위원회, 1988

李延馥,「대한민국임시정부의 군사활동」,『한국독립운동사연구』 3, 독립기념관 한국독립운동사연구소, 1989

金昌洙,「大韓民國臨時政府의 軍事活動」,『한민족독립운동사』 7, 국사편찬위원회, 1990

李炫熙,「중경임정과 한국광복군연구(下) -그 활동과 국내진입작전-」,『한국민족운동사연구』 6, 1992

金祐銓,「韓國光復軍과 美國 OSS의 共同作戰에 관한 硏究」,『朴永錫敎授華甲紀念論叢』, 1992

趙恒來,「重慶時代의 大韓民國臨時政府와 韓國光復軍」,『大韓民國臨時政府의 法統과 歷史的 照明』, 국가보훈처, 1997.

4) 韓詩俊,『韓國光復軍 硏究』, 一潮閣, 1993,「한국광복군과 연합군의 공동작전」,『대한민국임시정부 수립80주년기념논문집』, 국가보훈처, 1999. 그 외에도 韓詩俊은 한국광복군 관련논문을 다수 발표하였다.

5) 金光載,『韓國光復軍의 活動 硏究 - 美 戰略諜報局(OSS)과의 合作訓練을 중심으로-』, 東國大 博士學位論文, 1999. 필자는 이 논문에서 OSS합작훈련이 이루어지는 구체적인 계기와 경위, 전개과정, 훈련진행 과정에서 나타난 여러 가지 문제점, 합작훈련에 대한 임정내부 각 세력의 입장, 중국 및 미국정부·OSS측의 입장이나 의도, 또한 해방직후 OSS훈련을 둘러싼 임정 및 광복군 지도부, 나아가 OSS의 동향, 특히 해방 이후의 합작훈련의 변천 등에

전개한 합작훈련의 전개과정에 한정시켜 사실관계의 확인이나 잘 알려지지 않았던 사실을 소개하고 재구성하는 데 치중하고자 한다. 그럼으로써 OSS합작훈련의 역사적 평가를 위한 작업에 다소나마 도움이 되고자 한다.[6]

본고에서 주로 활용한 자료는 미국 국립문서보관소의 'OSS문서'[7]이다. 기밀해제된 OSS문서 가운데 광복군의 OSS훈련(독수리작전)과 관련된 문서는 재미 역사학자인 方善柱 선생이 수집하였으며 그후 국사편찬위원회에 의해 1990년대 초중반 현재 6권의 자료집으로 영인 출간되어 있다.[8] 그동안 국내 연구자에 의해 거의 활용되지 않았던 이 자료집은 OSS 중국 지부에서 생산한 각종 왕복전문, 서신, 보고서(주례, 월례 보고서), 일본군 포로 심문자료, 기타 참고자료 등을 포함하고 있다. 광복군의 OSS훈련에 대한 귀중한 정보와 내용들을 담고 있어 자료적 가치가 매우 높은 것으로 판단된다. 그밖에도 임정 관련문서, 중국측 자료, 증언이나 회고 등도 비판적으로 활용하였다.

대해서 종합적인 고찰을 시도하였다.
6) 본고에서는 광복군 제2지대의 한미합작훈련 전개과정에 치중하여 다루고자 한다. 합작훈련의 배경에 대해서는 간략하게 제시하고 해방전후 합작훈련의 변천과정이나 제3지대의 합작훈련 등에 대해서는 지면관계상 줄이기로 한다. 이에 대해서는 필자의 위 논문을 참조하기 바란다.
7) 방선주, 「美洲地域에서의 韓國獨立運動의 特性」, 『韓國獨立運動의 地域的 特性』, 光復節 제48주년 및 독립기념관 개관6주년 기념 제7회 독립운동사 학술심포지엄, 1993, 124쪽. OSS문서 관련정보는 미국 국립문서보관소(NARA)의 인터넷 홈페이지(http://gopher.nara.gov) 또는 다음의 글이 유용하다. Bradley F. Smith, "The OSS and Record Group 226 : Some Perspective and Prospects"(George C. Chalou, ed., The Secret War : The Office of Strategic Services in World War Ⅱ, Washington, DC : National Archives and Records Administration, 1992).
8) ① 國史編纂委員會, 『韓國獨立運動史』 資料 21, 臨政篇 Ⅵ, 1992. ② 『韓國獨立運動史』 資料 22, 臨政篇 Ⅶ, 1993. ③ 『韓國獨立運動史』 資料 23, 臨政篇 Ⅷ, 1993. ④ 『韓國獨立運動史』 資料 24, 臨政篇 Ⅸ, 1994. ⑤ 『韓國獨立運動史』 資料 25, 臨政篇 Ⅹ, 1994. ⑥ 『韓國獨立運動史』 資料 28, 臨政篇 13, 1995.

2. 合作訓練의 背景

1) 合作訓練의 背景

1940년 9월 17일, 중국의 전시수도 重慶에서 臨政의 국군으로서 창설된 韓國光復軍은 처음부터 연합군의 일원으로서 대일전에 참가한다는 목표를 설정하고 이를 실천하기 위해 노력하였다.9) 먼저 임정은 그 동안의 中國 國民黨政府 일변도의 외교에서 벗어나 미국을 비롯한 연합국을 향하여 적극적인 임정 승인 및 전시참전외교를 전개하였다. 임정은 연합국 특히 태평양전선에서 일본군을 격파하면서 북상하고 있는 미국과의 합작을 중시하였다.

임정 및 광복군의 미국과의 합작을 가로막고 있는 걸림돌은 '韓國光復軍 行動9個準繩'이었다.10) 중국 국민당정부 軍事委員會의 광복군에 대한 통제를 명문화한 '9개준승'은 그 폐단이 일찍부터 임정 내부에서 지적되고 있었다.11) 임정 수뇌부도 중국 국민당정부와는 임정 및 광복군이 중국 영토에서 활동하고 있다는 현실적인 이유로 기존관계의 현상유지에 그치고자 하였다.12) 또한 연합국과의 본격적인 합작을 위해서도 이의 개정 또는 폐기가 시급한 과제로 떠오르게 되었다.13)

임정은 미국과의 합작이 대일전에 기여할 수 있을 뿐만 아니라 전후 한국에 돌아가 정치적 영향력을 확보한다는 차원에서도 미국측으로 기울고

---

9) 金光載, 앞의 논문, 34쪽.
10) 「大韓民國二十四年度 政務報告書」(國史編纂委員會, 『韓國獨立運動史』 자료 1 臨政篇 1, 1970, 451~452쪽).
11) 國會圖書館, 『大韓民國臨時政府 議政院文書』, 1974, 362쪽, 370쪽.
12) Kim Ku → Syngman Rhee, 1944, 9, 21(국편, 앞의 자료 25, 429쪽).
13) 金光載, 앞의 논문, 23쪽.

있었다. 마침내 중국 국민당정부와의 몇 년에 걸친 힘든 줄다리기 끝에 1944년 8월 '9개준승'이 취소되었다. 그후 1945년 5월 초에는 광복군이 임정의 군대임을 명문화한 새로운 협정이 체결되었다. 광복군의 지휘권이 임정에 귀속된 것은 OSS와의 합작훈련 실행과 밀접한 관계가 있었던 것이다.[14]

한편, 미국정부는 태평양전쟁 발발 직후부터 이전의 한국 문제 '不提起' 원칙을 폐기하고 한반도 문제에 깊은 관심을 갖기 시작하였다.[15] 미국정부는 일본패망 후 한반도에 신탁통치를 실시한다는 정책을 일찍부터 구상하고 있었다. 그러면서도 미국정부는 해외의 한인독립운동세력, 특히 중국 내의 임정, 또는 미국내 한인독립운동세력의 대일전수행에서의 참여 가능성에 주목하고 이들의 동향을 파악하기 시작하였다.[16] 미국정부는 임정의 승인 요청을 거부하고 다만 임정을 독립운동가들이 임의로 만든 단체로 간주하는 등 매우 부정적인 태도를 견지하였다. 그러나 1945년에 들어가 대일전 승리가 임박하자 미국정부의 3성조정위원회(SWNCC)는 막 창설된 국제연합(UN)의 대의명분상 일제의 압박하에 있는 한국을 비롯한 약소민족들로 구성되는 '전투부대' 창설을 긍정적으로 검토하기 시작하였다. 미국정부는 '한인전투부대'의 창설이 '정치적으로 바람직'하다는 결론을 내리고 이를 실행할 중국전구 미군사령관 웨드마이어(Albert Wedemeyer)에게 그 타당성과 가능성을 검토하도록 하였다.[17] 그러나 웨드마이어는 중국에서의 대규모 한인부대 창설은 실현 불가능한 것으로 미국정부에 통보함으로써 한인부대 창설계획은 더 이상 제기되지 않았다. 다만 중국전구 미군사령부는 중국 내 한인들을 대일첩보전에 활용하고자 하는 OSS의 계획을 승인하였다.

---

14) 金光載, 앞의 논문, 25쪽.
15) 鄭容郁, 『1942~47年 美國의 對韓政策과 過渡政府形態 構想』, 서울대 박사학위논문, 1996, 51~52쪽.
16) 高珽烋, 「제2차 세계대전기 在美韓人社會의 동향과 駐美外交委員部의 활동」, 『국사관논총』제49집, 1993, 250쪽.
17) 'SWNCC 115 - Utilization of Koreans in the War Effort', 1945, 4, 23(申福龍 편, 『韓國分斷史資料集』 제5권, 원주문화사, 1993, 76쪽).

태평양전쟁 발발 후 정보수집, 적후방 교란 등의 임무를 수행하기 위해 창설된 OSS는 한국으로의 첩보침투를 목표로 하여 광복군과의 합작을 서둘렀다. OSS는 태평양전쟁 발발 직후부터 중국에 진출, 화북·만주·한국을 거쳐 최종적으로 일본에 첩보요원을 침투시키고자 노력하였다. '日本帝國'의 어디든지 갈 수 있는 유일한 '非일본인'으로서 한인들이 그 임무에 가장 적합하다고 인식한 OSS는 태평양전쟁 초기부터 대일첩보활동에 한인들을 동원하려는 여러 가지 계획을 세워 실행에 옮기고자 시도하였다.18) 그러나 중국 내부의 복잡한 정세, 중국에서 활동하고 있던 OSS를 비롯한 10여 개에 이르는 미국 정보기관의 격렬한 주도권 경쟁, 중국정부의 한인 독립운동세력에 대한 통제강화 등으로 별다른 성과를 거두지 못하고 지지 부진한 상태에 있었다. 그러던 중 1944년 10월 중국주둔 미군사령관 스틸웰(Joseph Stilwell)이 蔣介石과의 불화로 인해 웨드마이어로 교체되고 유럽의 대독전쟁이 연합국의 승리로 기울어지자 OSS의 중국에서의 활동은 새로운 전기를 맞이하였다.19) OSS도 태평양에서의 미군의 북진에 맞추어 중국 화북지방·만주·한국, 최종적으로는 일본 본토를 향한 대일첩보전에 박차를 가하기 시작하였다.

1945년에 들어와 OSS는 한국인들을 대일작전에 활용하려는 구체적인 계획을 수립하였다. 그 방향은 동원할 수 있는 모든 한국인들을 이용한다는 것이었고, 그것은 세 가지 작전으로 구체화되었다. 첫째는 '냅코작전'(Napko Project)이다. 이는 미국본토 및 하와이에 거주하고 있는 한국인과 맥코이(McCoy)수용소에 있는 한국인포로들 중에서 인원을 선발, 이들을 한반도와 일본에 투입하여 정보수집과 게릴라활동을 전개한다는 구상이다.20) 둘째는 '독수리작전'(Eagle Project)으로, 中國關內의 한국인들, 그 중

---

18) Weems, 앞의 글, 328쪽.
19) Maochun Yu, "AMERICAN INTELLIGENCE: THE OFFICE OF STRATEGIC SERVICES(OSS) IN CHINA", Ph.D. dissertation, UNIVERSITY of CALIFORNIA, 1994, 535쪽.
  Maochun Yu, OSS IN CHINA : Prelude to Cold War, New Haven and London : Yale University Press, 1996, 226쪽.

에서도 한국광복군을 활용하자는 계획이었다. 셋째는 延安지역에 있는 中國共産黨과 韓人 共産主義者들(武亭 등의 朝鮮義勇軍 계열)을 이용하여 만주·한반도·일본 등지에 대한 첩보활동을 추진하려는 것이었고, 이는 '華北諜報作戰' (North China Intelligence Project)으로 계획되었다.[21] 이 가운데 '냅코작전'은 '독수리작전'과 마찬가지로 상당한 정도로 진척되어 실행단계에서 해방을 맞았으며 '북중국첩보작전'은 처음부터 중국 국민당정부의 반대에 부딪쳐 작전의 실행에 대한 승인이 유보되었다. 이 세 가지 계획 중 광복군과 연결되어 실행된 것이 '독수리작전'이었다.

이러한 속에서 하루빨리 한반도로 침투하여 적정보를 수집하고 적후방을 교란하여 연합군의 상륙에 배합하려는 광복군과 OSS는 서로의 전략적 이해관계가 맞아 떨어져 1945년 초부터 합작훈련에 대한 교섭이 본격적으로 이루어졌다.

2) 合作訓練의 교섭과정

광복군과 OSS의 합작이 이루어지는 직접적인 계기는 1944년 10월로 거슬러 올라간다. 이즈음 西安에 주둔하고 있던 광복군 第2支隊 支隊長 李範奭은 重慶으로 가 임정 요인들 및 UP 특파원, 중국전구 미군사령부 산하 군사정보처(Military Intelligence Division)의 책임자 딕키(Joseph Dickey) 대령 등을 만나는 등 연합국과의 합작을 모색하기 위해 많은 노력을 기울였다.[22] 아울러 같은 시기 이범석은 중국전구 OSS의 秘密諜報課(SI, Secret Intelligence Branch) 책임자에게 광복군과 OSS의 합작을 제의하였다.[23]

---

20) 鄭雲樹의 증언(李炫熙 對談, 『韓國獨立運動證言資料集』, 한국정신문화연구원, 1986, 337쪽). 그리고 냅코작전에 관한 구체적인 사실은 방선주, 앞의 논문 (1993) 참조.
21) 방선주, 위의 글 참조.
22) Kim Ku → Syngman Rhee, 1944, 9, 21(국편, 앞의 자료 25, 429쪽).
23) 'The Eagle Project for SI Penetration of Korea', Prepared by SI Branch,

이때 주중 OSS 비밀첩보과에서는 주로 싸전트(Clyde B. Sargent)24) 대위가 이범석과의 교섭을 담당했던 것으로 보인다. 이범석은 싸전트에게 일본군에서 탈출한 수백명에 달하는 한인 청년들의 존재와, 그리고 이들을 훈련시켜 연합군의 대일전쟁에 투입시켜야 함을 역설하였다.25)

한편 태평양전쟁 직후 미국 OSS는 중국의 한인들을 활용하는 대일첩보전을 시도했으나 OSS 요원의 미숙함, 중국의 한인단체 규제 등으로 인해 한동안 한인과의 합작을 중단하고 있었다. 그러나 전쟁이 막바지로 치닫던 1944년 후반기에 가서 OSS는 한국인들을 대일작전에 활용하려는 계획을 수립하고, 구체적으로 광복군 가운데에서 요원을 선발키로 구상하였다. OSS는 전략상 한반도를 '비밀첩보원들이 일본으로 침투하는 기지'로서 중시하였다.

이러한 상황에서 1945년 1월 31일, 광복군과 OSS의 합작이 급진전될 수 있는 계기가 만들어졌다. 그것은 바로 일제에 의해 중국전선에 학병으로 끌려왔다가 탈출한 한인청년들이 중경의 臨政으로 찾아온 사건이었다. 이 사건은 중국이나 미국 등 연합국의 이목을 집중시켰다.26) 국내에서 온지

OSS, CT, 1945, 2, 24(國史編纂委員會, 『韓國獨立運動史』 資料 22, 臨政篇 Ⅶ, 1993, 261쪽). 뒤에서 이 문서를 인용할 경우에는 「독수리작전 계획서」로 표기함.
24) 鄭容郁, 『1942~47年 美國의 對韓政策과 過渡政府形態 構想』, 서울대 박사학위논문, 1996, 55쪽. 싸전트는 1940년 콜럼비아대학에서 중국어학으로 박사학위를 취득했다. 중국 成都大學 외국어교수(1933, 9~1942, 2)를 지냈고, 주중 미국대사의 특별보좌관(1942, 5~1943, 6)을 역임했다. 태평양전쟁중 OSS 정보장교로 워싱턴에서 근무했고(1943, 6~1944, 4, 17), 해방 전후에는 다시 중국에서 복무했다(1944, 4, 17~1946, 5, 7). 해방 직전 광복군 제2지대를 훈련시켰으며, 독수리작전을 준비하였다. 1946년 이후 UNRRA(UN Relief and Rehabilitation Administration) 한국 단장으로 워싱턴과 남한을 오가며 활동하다가, 주한미군 사령관 하지에게 발탁되어 1947년 4월부터 미소공동위원회 미국측 대표단 산하의 정치고문단에서 일했다.
25) Clarence N. Weems, "American-Korean Cooperation (1941~1945) : Why Was It So Little and So Late?"(A Paper submitted to Columbia University Seminar on Korea, February 20, 1981), 37쪽.
26) 『中央日報』(重慶), 1945, 2, 6(秋憲樹, 『資料 韓國獨立運動』2, 延世大 出版部,

얼마되지 않았고 일본군에서도 복무하였기 때문에, 정보원천으로서의 이들의 가치는 매우 컸다. 또한 OSS도 이들 학병 출신 광복군 대원들의 존재에 주목하였으며, 광복군과 OSS의 합작교섭은 활기를 띠게 되었던 것이다.

그리하여, 1945년 1월 이범석의 초청으로 싸전트는 중국 전구에 배속된 한국계 미군 鄭雲樹 소위와 함께 서안의 제2지대 본부를 방문하였다.27) OSS는 제2지대의 전반적 士氣·개개인의 능력·단결심 등을 조사한 결과, 제2지대가 OSS훈련과 작전에 적합하다는 결론을 내렸다.28) 그리고 이들은 첩보요원으로서도 '안성맞춤'(made-to-order)이라고 높이 평가되었다.29) 제2지대가 주둔하고 있는 西安 杜曲 일대가 OSS 비밀훈련에 적합한 장소라는 점을 확인하였다.30) 제2지대 지대장 이범석에 대해서도 "臨政 내부의 政爭에 초연하며 對日 군사문제에만 전념하고 있다"면서, 그의 '군사적 능력'을 높이 평가하였다.31)

또한, OSS는 임정 및 광복군과의 합작을 위한 제반 여건이 바람직하게 개선된 것으로 파악하였다. 우선 중국정부가 임정의 군대인 광복군에 대해

1972, 340쪽).
27) Weems, 앞의 글, 37쪽.
28) 韓詩俊, 앞의 책, 277쪽.
29) 앞의「독수리작전 계획서」(국편, 앞의 자료 22, 261쪽).
30) Weems, 앞의 글, 37쪽.
31) 'A Short Personal History of Important Leaders of the Korean Provisional Government', 1945, 5, 7(국편, 앞의 자료 22, 539~545쪽). OSS는 임정 및 광복군과의 합작훈련에 즈음해 임정 및 광복군의 주요인사들의 이력서를 작성하여 참고하였다. 여기에는 金九, 李始榮, 曹成煥, 黃學秀, 趙素昻, 成周寔, 李靑天, 申翼熙, 崔東旿, 李範奭 등 임정 요인 10인의 이력서가 실려 있다. 그 가운데 이범석의 이력서는 다른 것보다 약 4배 정도 분량이 많은데, 이는 합작 파트너로서의 이범석에 대한 OSS의 관심을 잘 알 수 있게 한다. 한편, 이범석의 강경한 反共·反蘇意識은 시베리아에서 소련군의 총격으로 부상을 입었던 일, 김좌진 장군의 피살사건, 소련 톰스크에서 8개월간 억류되었던 경험에 의한 것으로 보인다. 이후 이러한 그의 반소, 반공적 성향은 해방 이후까지 지속되었다. OSS훈련기간 동안 이범석을 곁에서 수행하였던 金俊燁도 이범석이 자신에게 입버릇처럼 공산주의자들을 절대로 믿어서는 안된다고 강조하였다고 한다(金俊燁, 『長征』 1, 나남, 1990, 403쪽).

자율권을 확대해 준 것이 광복군과의 합작 가능성을 뒷받침해주는 것으로 판단하였다. 이는 광복군 '9개준승'이 취소되고 새로운 협정이 체결되어 광복군이 임정에 귀속된 사실을 가리키는 것으로 보인다. 다만 광복군이 재정적으로 중국정부에 의존하고 있는 상황을 지적하며, 만약 광복군이 재정적으로 독립할 수 있다면 중국정부가 광복군 제2지대와 OSS의 합작훈련을 '당혹'케 하는 일은 없을 것이라고 낙관하였다. 그리고 임정도 내부적으로 '정쟁'이 많이 완화되었고, 합작상대인 한독당의 경쟁세력인 민혁당의 金元鳳은 중국 혹은 인도주둔 영국군과의 합작에 열중하고 있는 것으로 파악하였다. 그러므로 임정내부의 상황은 합작훈련에 지장을 주지 않을 것이므로, 더 이상 한인들과의 합작을 망설일 필요가 없다는 인식에 이르렀다.32)

그리하여 1945년 4월 1일, 군사합작에 대한 최종적인 정리를 위해 양측의 회합이 이루어졌다.33) 광복군측에서 李靑天・李範奭・閔石麟・鄭桓範, OSS측에서 싸전트가 참석하여 군사합작에 대한 문제를 논의하였다. 이어 4월 3일 아침 싸전트가 임시정부 청사로 金九 主席을 방문하였다.34) 김구 주석은 최근 安徽省 阜陽에서 도착한 37명의 한국청년을 포함한 가용인력을 확보하고 전적으로 협조할 의사를 표명하였다. 아울러 김구 주석은 싸전트에게 연합군의 한반도 상륙시 임정요인의 동반을 미군당국에 제의토록 요청하였다. 김구는 이를 통해 미군의 필리핀 공격시 맥아더가 필리핀 대통령 및 고위관리들을 동행함으로써 '눈부신' 성과를 거둔 것과 같은 효과를 가져 올 수 있을 것으로 주장하였다.35)

임정 요인들과 OSS 관계자들의 대화내용은 전후 한국의 위상에 관한 것이 주된 내용이었다.36) 이는 종전이 임박한 시점에서 임정 요인들의 관심

---

32) 위의 「독수리작전 계획서」(국편, 앞의 자료 22, 264~265쪽).
33) OSS와의 합작교섭 과정에서 임정의 軍務部長 金元鳳(朝鮮民族革命黨)은 배제되었다. 이 과정에서의 갈등에 대해서는 필자의 앞의 학위논문 제3장 제1절을 참조.
34) 「싸전트의 비망록」, 1945, 4, 3(국편, 위의 자료 21, 185쪽).
35) 위의 자료, 186쪽.
36) 「싸전트의 비망록」, 1945, 4, 5, 『白凡金九全集』 제6권, 652쪽.

과 위기의식을 잘 보여주는 것으로 생각된다. 또한 임정 및 광복군 요인들은 OSS측에 대해 소련 영내에 있다고 알려진 이른바 '한인부대'의 존재를 매우 강조했다. 즉 일본 붕괴시 소련이 시베리아의 수 개 사단에 이르는 '韓人部隊'37)를 한반도로 투입시킬 것이며, 이에 대항하기 위해서는 미국이 임시정부를 승인하고 강화시켜야 한다고 주장하였다. 나아가 임시정부는 미국 정부가 항공편을 제공해준다면 이범석을 워싱턴에 파견하여 이러한 정세와 상황을 설명한다는 계획도 세웠다.38) 이에 대해 OSS도 시베리아의 '한인부대' 등 소련의 위협에 대하여 러시아통이라고 할 수 있는 이범석을 비공식적으로 미국에 파견하여 소련·일본에 관한 고급정보를 미국정부에 제공하는 문제에 대하여 긍정적으로 검토하고 있었다. 소련의 위협 문제에 대해서 임정 및 광복군 요인과 OSS는 공감대를 형성하고 있었던 것으로 보인다.

한편, 양측의 교섭과정에서 협의내용은 협정으로 정리되었던 것으로 보인다. 임정 및 광복군측이 OSS측에 제출한 것으로 보이는 '협정에 관한 몇 가지 제안사항'의 주요내용은 '한인전투부대'의 조직, 무기대여법(Lend-Lease Act)에 의한 '장비제공' 등의 요청이었다. 또한 임정 및 광복군측에서

---

37) OSS측도 소련 시베리아에 있다고 하는 한인부대에 대하여 자체적으로 정보를 수집하였으며 이에 대해 상당한 우려를 표시하였다('Memorandum on Korean Affairs', 극동 비밀첩보 부서 일본-중국과 → 비밀첩보국장, 1945, 4, 12. 국편, 앞의 자료 22, 355~357쪽, 'Manchurians and Koreans', 1945, 6, 14, 국편, 앞의 자료 22, 724쪽).
그러나 실제로 소련 시베리아에는 '한인부대'라고 하는 것은 존재하지 않았다. 요컨대, '한인부대' 정보는 일본과의 전쟁 수행을 미국에 의존하고 있던 중국이 미국의 소련에 대한 경계심을 높이기 위해 개연적 상황에 기초하여 만들어낸 것이 아닌가 하는 의문이 제기되며 그 정확성에 의심스러운 부분이 많다(구대열,『한국 국제관계사 연구』2, 역사비평사, 1995, 214쪽). 그럼에도 불구하고 일제의 패망 직전 수 만명의 소련계 한인 병력이 시베리아 국경에 집결하고 있으며 소련군의 한반도 진출시 함께 진입할 것이라는 한인 독립운동진영 및 미국측의 믿음은 사실여부를 떠나서 임시정부 승인 문제와 관련하여 중요한 변수의 하나로 작용하였다.
38) 'Memorandum on Korean Affairs', 극동 비밀첩보 부서 일본-중국과 → 비밀첩보국장, 1945, 4, 12(국편, 앞의 자료 22, 355~357쪽).

제출한 것으로 보이는 「한국인 지하단체에 대한 훈련」에 의하면, "훈련부서의 기술담당 교관들은 미국측에서 보낼 것이며, 정치담당 교관들과 행정요원들은 한국측에서 파견될 것"39)으로 제안하였다. 즉, 물질적·기술적인 측면에서는 미국의 원조를 수용하지만 정신교육은 한국측이 담당해야 한다는 것으로, 합작 시 미국측에 매몰되지 않고 주체성을 견지하고자 하는 임정 및 광복군의 태도가 잘 나타나고 있다. 이는 광복군이 중국군에 예속됨으로써 경험했던 주체성 훼손이라는 전철을 더 이상 답습하지 않겠다는 의지의 표출로 판단된다.

양측의 합작훈련에 대한 교섭이 마무리되면서, 임정은 중경의 주중 미군 총사령관 웨드마이어(Albert Wedemeyer)와의 회담을 추진하였다.40) 4월 17일 임시정부 주석 김구·외무부장 조소앙·주석 고문 겸 통역 정환범 등의 중국전구 미군사령부에 대한 방문이 이루어졌다. 김구는 미국과의 긴밀한 합작을 요청하였고, 미군측도 한국측의 협력을 희망하였다. 이때 임정측은 외무부장 조소앙의 명의로 「미국당국에 요청하는 군사원조 안건에 대한 개요」라는 제안서를 미군측에 제출하였다. 이에 대해 웨드마이어의 참모장 그로스 장군은 긍정적으로 답변하였다.41) 사실 중국전구 미군사령부에서도 여러 측면에서 한인을 활용하려고 구상해오고 있었다. 즉, 그로스 참모장은 김구의 방문 이전인 3월 29일 美 空軍地上救助隊가 적점령지역을 자유롭게 왕래할 수 있는 한국인·만주인 10명을 모집, 西安 근처에서 훈련시킨 후 야전에 투입할 것을 장개석에게 요청하고 있었던 것이다.42)

계속하여 5월 1일, 김구 및 조소앙은 재차 주중 미군사령부를 방문하였다.43) 김구 등은 미군사령부 참모장 그로스 장군과 접견하는 자리에서 英

---

39) 「한국인 지하단체에 대한 훈련」(국편, 앞의 자료 21, 173쪽).
40) Bird → William McAfee, 1945, 4, 11(『白凡金九全集』 제6권, 655쪽).
41) 국편, 위의 자료 21, 191~192쪽.
42) 「韓人 및 東北人의 空軍地上隊募集에 關한 件」, 1945, 4, 12(秋憲樹, 앞의 자료 3, 385쪽).
43) 未詳 → 中國國民黨 中央執行委員會, 1945, 5, 1(秋憲樹 編, 앞의 자료 1, 42

文照會 1통을 웨드마이어에게 전달해줄 것을 요청하였다. 영문조회는 "금후 미국측이 군사상 한국측의 협조를 필요로 할 경우, 한국광복군 총사령부와 교섭할 수 있으며 더 이상 중국 군사위원회를 거칠 필요가 없다"는 내용이었다.44) 김구와 조소앙이 미군사령부를 방문한 날은 새로운 협정이 체결, 발효되어 광복군의 소속이 중국 군사위원회에서 임정으로 이전된 날이었다. 그러므로 미군에 대하여 한국측의 도움을 필요로 할 경우, 더 이상 중국을 거칠 필요가 없다고 자신있게 천명할 수 있었던 것이다.45) 김구의 미군사령부에 대한 두 번째 방문은 임정 및 광복군이 지나치게 중국에 밀착되어 있다는 미국측의 의구심을 해소하기 위한 차원이기도 하였다. 이로써 광복군과 미국 OSS의 '독수리작전'이라고 하는 군사합작이 실현되기에 이르렀다.

3. 合作訓練의 전개

1) 合作訓練의 실시

1945년 1월 이범석의 초청으로 싸전트는 西安 杜曲의 광복군 제2지대 본부를 방문하고 이 일대가 훈련에 적합한 장소라는 것을 확인하기에 이르렀다.46) 杜曲은 서안 시내에서 남쪽으로 19.5km 떨어져 있는 곳으로, 제2지대

　　　7~428쪽).
　　「韓情近報」, 軍事委員會 事務廳 → 國民黨 中央秘書處, 1945. 5. 19(胡春惠 著·辛勝夏 譯, 『中國안의 韓國獨立運動』, 단대출판부, 1978. 157쪽에서 재인용함).
44) 「韓美關係와 臨政의 最近動態」, 1945. 5. 5(秋憲樹, 앞의 자료 1, 432쪽).
45) 秋憲樹, 위의 자료 1, 432쪽. 광복군의 통수권이 임정으로 이관된 5월 1일은 임정 및 광복군의 분위기와 사기가 전반적으로 고양되어 있었던 날이었다. 이러한 자신감은 같은 날, 이청천 사령관이 광복군총사령부 大禮堂에 한국기와 함께 걸려 있던 중국의 국기를 즉각 내리게 할 정도였다.

본부는 '독수리작전'을 위한 훈련기지가 되었다.[47] 이곳은 1945년 4월에 설치된 OSS 서안 야전사령부[48]와도 그리 멀지않은 곳으로, 병참이나 훈련장교 파견 등에 적합하였다. 그리고 훈련을 받은 요원을 화북·만주·한반도로 침투시키는 데 있어서도 중요한 지역이었다.

1945년 2월 수립된 '독수리작전' 계획은 1945년 2월 14일 중국전구 OSS의 비밀첩보과에 의해 처음으로 작성, 제출되었다.[49] 이 계획서에 따르면, 처음에는 60명의 요원을 선발하여 3개월 동안 첩보·통신훈련을 실시하여, 그 가운데에서 45명의 적격자를 선발한다고 하였다. 그리고 이들 요원들을 훈련시킨 후 한반도의 5개 전략지점(서울, 釜山, 平壤, 新義州, 淸津)에 침투시킨다는 것이었다.[50]

이들의 주요 임무는 각 지역별로 해군기지, 병참선, 비행장을 비롯한 군사시설, 산업시설, 교통망 등에 대한 정보수집이었다. 그리고 이들에게는 각 지역별로 각기 다른 임무가 부여되었다. 아울러 후일 이들 첩보망이 뿌리를 내리고, 연합군의 북상이 한반도나 일본에 육박할 경우에는 일반적인

---

46) Weems, 앞의 글, 37쪽.
47) 杜曲은 현재 행정상으로 長安縣 杜曲鎭이다. 두곡의 광복군 제2지대 본부는 현재 省정부의 양곡을 보관하는 糧站으로 바뀌어져 있다. 근처 終南山 기슭에는 新羅와 인연이 깊은 興敎寺가 있다. 이 흥교사에는 당나라 때 玄奘법사와 그의 高弟였던 신라의 圓測, 基公의 사리탑이 모셔져 있다. 또한 근처 終南山 子午谷에는 신라의 金可紀가 바위에 음각한 글씨도 남아 있다고 한다. 이에 대해서는 다음의 문헌을 참조할 것. 支那省別全誌刊行委員會, 『新修支那省別全誌』第六卷 陝西省, 東京 : 東亞同文會, 1943, 1233~1234쪽 ; 이원규, 『독립전쟁이 사라진다 - 중국·러시아 독립전쟁 답사기』 1, 자작나무, 1996, 223쪽.
48) Maochun Yu, 앞의 책, 215쪽.
49) 'The Eagle Project for SI Penetration of Korea', Prepared by SI Branch, OSS, CT, 1945, 2, 24(국편, 앞의 자료 22, 243~272쪽). 이 문서는 광복군과 OSS의 한반도 침투작전계획의 전모를 잘 보여주는 것으로 중국전구 OSS 비밀첩보과에서 근무하던 싸전트가 작성한 것으로 보인다. 한편, 국내 모일간지에 의하면, 이 계획서가 중국전구 OSS의 작전장교 윌리암 데이비스((W. P. Davis) 대령에 의해 작성된 것으로 잘못 소개되기도 하였다(「미 육군정보전략본부 작성 1급비밀문서 공개」, 『東亞日報』, 1995, 8, 15).
50) 위의 「독수리작전 계획서」(국편, 앞의 자료 22, 252, 254쪽).

정보수집 외에도 지하운동의 규모와 활동 및 한국인의 의식 등에 대한 정보를 수집하고, 한국인의 대중봉기를 조직하거나 지원하도록 계획되었다.

훈련기간은 3개월로서 처음 2개월은 西安 杜曲에서 첩보훈련에 중점을 두며, 나머지 1개월은 昆明으로 장소를 옮겨 통신훈련을 실시키로 계획하였다.[51] 한반도의 침투방법으로는 山東半島를 출발하는 海路, 혹은 東北地方을 거치는 陸路 등의 경로를 설정하였다. 그리고 당분간은 작전내용을 비밀첩보공작으로 제한하고, 연합군의 한반도 및 일본 상륙이 임박하는 장래의 확장시기에는 한국에서의 첩보공작을 더욱 확대하며 나아가 일본으로의 진입이나 비밀첩보활동과 특수게릴라활동의 통합을 구상하는 단계로까지 확대키로 계획되었다.[52] 이는 매우 장기적인 계획으로서 적어도 전쟁이 1946년까지 지속된다는 전제하에서 수립된 것으로 생각된다.

광복군과 OSS는 광복군 제2지대 본부에 '韓美合同指揮本部'(Korean - American Joint Command)를 설치하고, 이범석과 싸전트가 양측의 지휘관으로서 긴밀한 공조체제를 유지하면서 훈련을 진행하였다. 이러한 합동지휘체제는 궁극적으로 조직적이고 수준 높은 결과를 도출할 것으로 판단되었다.[53] 또한 미국 요원 외에 훈련진행을 위한 행정처리 등의 필요에서 제2지대 대원들이 기간병으로 선발되어 복무하였다. 더욱이 미국 OSS와의 '협정'(Agreement)에 의해 원조를 받음으로써 광복군 제2지대의 어려웠던 형편은 상당히 개선되었다.[54]

---

51) 위의 자료, 253쪽. 훈련기간 3개월 중 마지막 1개월은 운남성의 곤명 OSS본부로 가서 통신훈련을 실시한다는 계획은 그후 여러차례 내부검토를 거쳐 수정되어 실시되었다. 즉, 이동과정에서의 비밀요원의 신분노출, 시간낭비 등의 이유로 곤명으로 이동하지 않고, 장비와 인력을 서안 두곡으로 옮겨 훈련을 진행하는 것으로 변경되었던 것이다('Eagle Project', Bird → 중국주둔 미군총사령부, 1945, 3, 13, 국편, 앞의 자료 21, 183쪽 ; Campbell → Duncan C. Lee, 1945, 3, 26, 국편, 앞의 자료 22, 317~318쪽).

52) 국편, 위의 자료 22・254・258・268쪽.

53) 'Monthly Report for June, Eagle Project', Sargent → Helliwell, 1945, 6, 29(국편, 앞의 자료 28, 112쪽).

54) 「最近의 臨政動態」, 未詳 → 中國國民黨 中央執行委員會, 1945, 6, 8(秋憲樹,

임정과 광복군총사령부는 이범석에게 합작훈련에 대한 상당한 재량권을 부여하고 전폭적인 후원을 표명하였다.[55] 또한 서안의 이범석도 정기적으로 중경에 가서 김구주석과 협의하였으며, 특히 광복군 총사령관 이청천에게는 공식적으로 월례보고를 하였다.[56] 한편 OSS측도 자국정부의 방침에 따라 임정승인을 유보하였지만[57], 유능한 한인요원의 확보나 한반도에 대한 첩보침투라는 현실적인 문제로 인해 임정이나 광복군측의 지원에 크게 의존하지 않을 수 없었다. 때문에, 한미 양측의 관계는 점차 강화되었다.

당시 제2지대 대원 가운데 OSS훈련을 받을 수 있는 인원은 125명 정도였으며, 이들 가운데 50명을 단위로 제1기·제2기의 훈련이 계획되어, 제1기 훈련에 50명이 선발되었다.[58] 여기에는 土橋에 있던 韓光班 출신 37명

앞의 자료 1, 404쪽). 이 보고서에 의하면, 훈련소 개설 비용에 2천만원이 소요되었고 무기, 피복 등도 미국측이 제공한 것으로 나타나고 있다. 그리고 광복군 출신 인사(李範奭, 李在賢, 太倫基)들의 회고에도 합작훈련이 실시되면서 곤궁했던 상황이 크게 호전된 것으로 나타나고 있다.

55) 「싸전트의 비망록」, 1945, 4, 1(국편, 앞의 자료 21, 190쪽). 임정 및 OSS 양측의 회합에서 이청천 사령관은 싸전트에게 이범석 장군이 행하거나 말하는 것은 자신이나 김구 주석을 대리하는 것으로 볼 수 있다고 공언하였다.

56) 'Communication from General Lee to the Korean Gov't', Sargent → Krause, 1945, 6, 23(국편, 앞의 자료 22, 741쪽).

57) 광복군과 합작을 시도하였던 OSS는 임정에 대해 자국정부보다 유연한 입장을 보였던 것으로 생각된다. 이는 정치적인 고려보다는 대일항전에 도움이 되는 세력은 누구를 막론하고 손을 잡을 수 있다고 하는 OSS의 성향에서 미루어 알 수 있다(Bradley Smith, The Shadow Warriors: OSS and the Origins of the CIA, New York: Basic, 1983, 314쪽).

58) 「독수리작전 5월 월례보고서」(국편, 앞의 자료 21, 209쪽)에는 "이곳의 전체 한국인 인력은 160명 가량이다. 공식적으로는 125명이 우리 휘하에 있다. 이들 중 50명은 제1기 교육반에 등록되었다. 또 다른 50명이 제1기 교육이 끝나기를 기다리고 있다"고 보고하고 있다. 한편, 『독립운동사』(6권, 495~496쪽)에는 盧福善·金與東이 작성한 「한국광복군 제2지대 연혁」을 바탕으로 하여 제2지대 소속 OSS 훈련단원이 무전반(27명) 및 정보·파괴반(63명)의 90명이었다고 하고 그 명단을 소개하고 있다. 하지만 盧福善·金與東의 「한국광복군 제2지대 연혁」은 해방 이후에 작성된 것으로 보이며 신빙성에 있어 문제가 있는 것으로 생각된다. 다만 참고로 명단을 제시하면 다음과 같다.

중 19명이 4월 29일 서안에 도착하여 OSS훈련에 참여하게 되었다.59) 이들
은 일주일간 예비훈련을 받았으며, 이 과정에서 각자의 자질과 적성이 조
사되었으며 그에 따라 임무와 훈련 내용이 결정되었다.60)

'독수리작전'의 훈련은 첩보요원 양성을 위한 훈련으로 시작되었다. 정
규훈련은 5월 21일에 가서야 비로소 '첩보훈련반'과 '통신반(무전교신반)'으
로 나뉘어져 실시되었다. 이들에 대한 훈련은 학과과목 등 다양했던 것으
로 보인다. 학과교육은 매주 단위로 계획되었고, 매주 별도의 시간표가 작
성되어 이에 의거한 교육이 실시되었다. 하루 8시간의 교육이 실시되었고
1주일 간의 교육이 끝나면, 이에 대한 시험을 치렀으며, 성적이 부진하면
부적격 판정을 받아 방출되기도 하였다. 그렇지만 "기초적인 첩보교육과
통신교육을 받고 있지만, 이들은 특히 통신에 있어서 특출하다"는 보고에
서 알 수 있듯이, 대체로 교육성적이 우수했던 것으로 보인다.61)

1945년 6월의 교육시간표에 의하면, 훈련과목은 첩보 및 통신교육·일
본군 전투서열(order of battle)·심리전술·독도법 등 매우 다양하였으며,
특히 무전기술의 습득을 위한 통신교육에 비중을 두었던 것으로 보인다.62)

무전반 : 李在賢·閔泳秀·崔鳳祥·劉德亮·張德祺·李宇成·林哉南·宋昌
錫·金湧·李鍾鵡·張在敏·石根永·金榮鎬·魯能瑞·金柔吉·洪基華·金星
根·金春鼎·高澈浩·李啓玄·李德山·盧星煥·金濬承·金聖煥·李正善·金
仲浩·尹致源

정보파괴반 : 宋晃洙·金容珠·鄭一明·林正根·康楨善·張鐵·江一成·黃三
龍·崔鐵·鄭正山·李志成·李健林·李雲鶴·朴載華·朴勳·吳庶熙·金奭東
·桂義成·董邦石·李允章·崔文植·申意泳·宋錫亨·李志鴻·許永一·張俊
河·金俊燁·鮮于基·韓宗元·金商乙·太倫基·李俊明·吳健·李明·許鳳錫
·申國彬·白俊基·李浩吉·李旭昇·朴明光·尹在賢·金成甲·金世用·朴永
燮·洪在源·朴金童·張斗星·李淳承·宋秀一·金旭培·韓景洙·具滋民·尹
泰鉉·石鎬文·安國寶·田成胤·李柬煥·李宇卿·金德元·李東學·金先玉·
金東傑·朴樹德

59) 韓光班學兵同志會,『長征六千里』, 1979, 111쪽.
60) 張俊河,『돌베개』(장준하전집1), 세계사, 1992, 334~335쪽.
61) 「독수리작전 7月 월례보고서」, 1945, 7, 31(국편, 앞의 자료 21, 239쪽).
62) 「첩보교육과정」, 1945, 6, 23(국편, 앞의 자료 21, 231쪽). 그밖에도 국편, 앞
의 자료 25, 617~619쪽에도 3개의 시간표가 수록되어 있다.

그 외에도 12명으로 구성된 무기훈련반(Special Weapon)이 구성되었다. 목적은 독수리기지 주변의 중국인 마을 및 외부 침입자를 막고 독수리훈련에 대한 보안을 유지하기 위한 경계병 훈련이었다. 이 훈련반은 6월 20일경 기본훈련을 마쳤고, 두 번째 훈련반이 훈련에 들어갔다.63)

한편, 지대장 이범석은 독수리작전의 심리전팀과 합동으로 '韓國宣傳委員會'를 조직하였는데, 이들은 OSS 심리전팀과 협동하여 활동했다. 선전위원회의 구성원들은 미국 심리전팀과 함께 한국 관련 문서 작성·번역·자문 등 활동에 종사하였다.64)

학과교육을 마친 후에는 야전훈련이 실시된 것 같다. 야전훈련의 내용은 구체적으로 알 수 없지만, 통신반의 현장훈련 등이었던 것으로 보인다. 야전훈련 역시 일정한 단계에 따라 시험을 실시하였고, 이를 통과해야 다음 단계의 훈련에 들어가는 엄격한 과정이었다.65)

2) 訓練過程에서의 諸問題

훈련이 본격적으로 진행되면서 여러 가지 문제점들이 나타났던 것으로 보인다. 한·미 요원 간의 언어소통 문제, 훈련기지의 보안문제, 곤명 OSS 본부와의 연락 문제, 安徽省 阜陽의 광복군 제3지대와의 무선연락 문제, 미국 요원의 계급 문제, 전방에서 초모된 한인들의 수송 문제, 재정 문제, 한반도로의 침투방법 문제, 훈련생을 모집하여 충원하는 문제 등이 대두되었다.

우선 언어소통의 제약이 심각한 문제점으로 노정되었다. 당시 훈련소에서는 영어·한국어·일본어·중국어 등 4개 국어가 사용되었고, 심지어 러시아어가 사용되는 경우도 있었다. 따라서 한국인 훈련생과 미국인 요원

---

63) 'Monthly Report for June, Eagle Project', Sargent → Helliwell, 1945. 6. 29(국편, 앞의 자료 28, 111쪽).
64) Evans → Sargent, 1945. 7. 27(국편, 앞의 자료 28, 248~249쪽).
65) 韓詩俊, 앞의 책, 286쪽.

의 접촉과 지시에는 언제나 통역을 거쳐야 하였다. 경험있고 능력있는 통역요원의 부족으로 인해 훈련을 예정기간 내에 끝내지 못하고, 더 많은 시간이 소요될지 모른다는 우려가 제기되었다. 정해진 기간 내에 훈련을 마칠 수 있을지의 여부는 미국에서 훈련받고 중국으로의 출발을 기다리고 있는 한국계 미군 요원의 서안 도착 날짜에 따라 좌우될 것이라고 우려될 정도였다.66)

물론 영어를 어느정도 구사하는 훈련생들이 없지 않았고, 이들은 한·미 요원의 의사소통에 큰 도움을 주었다.67) 그러므로 영어를 유창하게 구사하는 정운수 소위와 같은 한국계 미군 장교의 존재는 독수리훈련의 진행에 기여하는 바가 컸다. 이러한 언어상의 장애를 극복하기 위해 한국측 제안에 의해 매일 영어학습이 실시되었다. 이범석 지대장 이하 많은 대원들이 영어학습에 참여하였다.68)

언어소통의 장애를 극복하고 훈련의 효율을 촉진하기 위해 한국계 미군이 서안에 오게 되었다. 일찍이 1945년 3월, 주중OSS는 워싱턴 본부에 독수리작전 계획서를 제출하고 한국어와 영어를 구사할 수 있는 한국계 미군장교 및 사병의 차출을 요청한 바 있었다. 이에 워싱턴 본부는 한국계 미군에 대하여 특별훈련을 실시하고, 이 가운데 장교 1명, 사병 9명 등 10명을 주중OSS의 독수리훈련에 배속할 것을 결정하였다. 이들의 임무는 독수리작전을 위한 훈련에서 요원 선발 및 훈련 교관의 역할을 수행하는 것이었으며, 그룹의 리더로 咸龍俊(Hahm) 대위가 위촉되었다.69) 이들은 6월 말, 咸 대위의 인솔하에 중국전선으로 출발하였고,70) 8월 초에는 이미 독수리훈

---

66) 'Report # 1 on S&T Activities re Eagle Project', Donohue → Krause, Helliwell, Sargent, 1945, 5, 29(국편, 앞의 자료 25, 613쪽).
67) Evans → Dulin, 1945, 7, 3(국편, 앞의 자료 23, 5쪽).
68) 'Activities from May 11 to May 23', Myers → Sargent, 1945, 5, 28(국편, 앞의 자료 25, 607쪽).
　'Report # 1 on S&T Activities re Eagle Project', Donohue → Krause, Helliwell, Sargent, 1945, 5, 29(국편, 앞의 자료 25, 613쪽).
69) 'Progress Report Far East Division', SI Branch, March, 1945(국편, 앞의 자료 25, 501쪽).

<표 1> 1945년 8월초 西安에 도착한 한국계 미군 명단

이름	계급	연령	교육	입대시기	비고
咸龍俊 (Ryong C. Hamm)	대위	42	대졸	1944.12.20	매우 우수함. 중국국민당정부와 중경임시정부와 밀접한 연계를 가지고 있음
徐相福 (Sang P. Surh)	사병	38	신학교	1945.2.14	친화력 및 리더십 우수, 조직능력도 있음. 일본에서 고등학교를 다녔기 때문에 일본을 잘 알고 있음
李昌熙 (Chang H. Lee)	사병	43	대졸	1945.2.14	첩보능력이 우수함
李慶善 (Kyung S. Lee)	사병	45	신학교	1945.2.14	목사 출신으로 일찍이 한국에서 4년간 옥고, 약2년간 중국 만주지방을 여행, 상해에 체재했음
David H. Kim	사병	45	대졸	1945.2.15	전직 교사로 친화력 뛰어남
Shoon K. Kim	사병	43	대졸	1945.2.15	요원의 모집 및 훈련 업무에 적합함
Harry Lee	사병	23	고졸	1943	미국태생의 한국인, 가장 젊음 한인단체와의 연락업무에 적합함
Frank Lee	사병	40	대졸	1945.2.15	번역 및 통역업무에 추천됨
Peter T. Namkoong	사병	41	대졸	1945.2.14	한국어, 일본어, 중국어, 영어에 능숙함
Chester H. Kim	사병	41	대졸	1945.2.14	뛰어난 외국어 능력으로 번역부문에 우수한 자질을 갖추고 있음

련기지에서 활동하고 있었던 것으로 드러나고 있다.[71] 이들은 1945년 8월초 현재, 미국측 교관 23명의 절반 가량을 차지하였으며, 연령상으로 40대가 8명, 30대 1명, 20대 1명이었다. 이들의 인적사항은 위 표와 같다.[72]

---

70) 'Koreans for Eagle Project', Campbell → Heppner, 1945, 6, 13(국편, 앞의 자료 22, 722쪽).
71) 'Roster of American Personnel on duty with this Headquaters as of 2400 hours', 1945, 8, 7(국편, 앞의 자료 28, 274쪽). 한편 임정의 『獨立新聞』(제7호, 1945, 7, 20)도 장래 상당수의 한국계 미군이 중국에 와서 훈련책임의 역할을 수행할 것으로 보도하였다(國家報勳處, 『韓國獨立運動史料 - 楊宇朝篇』, 1999, 582~583쪽). 김준 엮음, 『동포 사랑 가슴에 안고(이창희 선생 유고 및 회고의 글)』, 시애틀 한인생활상담소, 1996, 21~22쪽의 이력서, 30~31쪽의 이창희가 부인 김간난에게 보내는 편지 참조. 李昌熙는 함용준 대위의 인솔하에 왔던 한국계 미군의 한 사람이었다.
72) 이 표는 위의 자료 및 동 자료, 57~68쪽에 근거하여 근거하여 작성하였음. 이들의 이름은 영문으로만 되어 있는데, 咸龍俊, 徐相福, 李昌熙, 李慶善을

한편 훈련기지의 보안유지도 중요한 문제였다. 당시 서안에는 일본의 밀정들이 잠입해 있었을 뿐만 아니라, 延安이 가까웠기 때문에 공산주의자들의 활동도 활발하였다. 광복군 제2지대 본부가 서안시내에 있다가 杜曲으로 이전한 것도 일본 밀정의 감시를 피하기 위함이었다고 한다.73) 이러한 상황하에서 독수리훈련기지에 대한 외부세력의 침투방지를 위해 한미 양측은 매기 12명으로 구성되는 무기훈련과정(Special Weapon)을 개설하였다.74) 또한 이범석과 싸전트는 훈련의 보안을 위해, 업무상 목적을 제외하고는 제2지대 대원들의 서안시내 외출을 최대한 억제하였다.75) 당시는 OSS훈련을 받는 대원들과 마찬가지로 제2지대의 일반 대원들도 같이 생활하고 있었기 때문에, 일반대원들의 서안 외출시 훈련내용에 대한 기밀이 유출되는 것을 막기 위한 조처로 보여진다. 또한 처음으로 우편검열을 실시하였다. 이범석과 싸전트는 우편검열의 필요성을 협의하고 그 실시에 동의하였다. 그밖에도 제2지대는 파우치나 무선통신 시설이 없어 중경 임정

제외한 나머지 6명의 한국명은 확인되지 않고 있다. 해방 직후 함용준과 서상복은 광복군 정진대의 국내진입때 동행하였다(宋南憲,『解放 三年史』Ⅰ, 까치, 1977, 34쪽).
73) 일례로, 1945년 서안일대에서 활동하고 있던 8명의 일본 밀정이 체포되기도 하였다(Maochun Yu, 앞의 책, 217쪽).
74) 'Monthly Report for June, Eagle Project', Sargent → Helliwell, 1945, 6, 29 (국편, 앞의 자료 28, 116쪽). 다만 이범석은 경계훈련을 받은 요원도 없으며 게다가 훈련생들이 정규훈련에 더 관심을 가지고 있었기 때문에 '경계'라고 하는 단조롭고 고된 일에 배치되는 것을 좋아하지 않을 것으로 우려하였다. 때문에 광복군 제2지대 대원들 사이에서는 무기훈련을 받고 경계근무에 나서는 이들을 농담조로 '엘리트 경계병'(Elite Guard)으로 불렀다고 한다. 어쨋든 이 훈련은 훈련생들에게도 환영을 받았다.
75) 위의 자료, 117쪽. OSS와의 합작훈련 이후, 광복군 제2지대의 전반적인 여건이 개선되었는데, 새로 지급된 제복을 '과시'하기 위해 제2지대 대원들의 서안 외출이 늘어났던 것으로 보고되고 있었다. 보안과 관련하여 한 가지 재미있는 사실은 중국의 정보조직과 연계될지도 모른다는 우려로 중국인 요리사를 고용하지 못하고 있었다. 때문에, 새로운 취사병이 올 때까지 한동안 미국인 요원들과 심지어 이범석까지도 교대로 취사를 맡았다고 한다[국편, 앞의 자료 28, 114쪽; 로버트 마이어즈(Robert Myers), 「不發 독수리작전 1945년 여름」,『국정신문』(공보처 발행, 제330호, 1995년 6월 7일)].

과의 연락에 많은 애로를 겪고 있었으며 통신보안상 여러 가지 문제점을 안고 있었다. 때문에 제2지대는 독수리작전과 관련하여 OSS의 파우치, 통신시설을 이용하여 중경의 임정과 연락하였다.76) 그럼으로써 이범석 등은 임정과 용이하게 연락할 수 있는 고정적이고 확실한 채널을 확보하게 되었다.

이밖에도 한국측은 훈련과정에서 파생되는 여러 가지 고충사항과 불합리한 문제점들을 지적하고, 昆明의 주중OSS본부에 이에 대한 개선을 요구하였다. 6월 중순, 이범석은 곤명의 OSS 비밀첩보(SI) 책임자 헬리웰(Paul Helliwell) 대령에게 제반 문제점의 시정을 요구하는 장문의 서신을 보냈다. 그 내용을 요약하면 다음과 같다.

① 광복군 제2지대와 昆明 OSS본부의 직접적인 연계 설정
② 미국측 교관의 계급 승진
③ 전방에서 초모된 한인 대원의 서안으로의 수송
④ 阜陽 제3지대와의 무선연락 편의 제공
⑤ 훈련 및 활동경비의 증액77)

위의 여러 가지 문제점들은 실제 훈련과정에서 절실하게 제기된 문제들이었다. 첫째, 독수리 야전본부와 昆明 OSS본부와 직접적인 관계를 설정하는 문제다. 독수리 야전본부는 처음부터 서안 야전본부의 지휘하에 있었으며 곤명 본부와의 전달계통은 서안 야전본부의 통신대를 경유하여야만 하였다.78) 때문에 독수리 야전본부와 서안 야전본부는 마찰을 빚었고 이것이 독수리작전 관련업무에 지장을 주기도 하였다. 이범석은 독수리 훈련기지가 직접 곤명 본부와 연계하는 것이 업무의 능률, 시간과 속도, 보안의 유지 측면에서 보다 유리하다고 주장하였다. 이범석의 건의대로, 나중에 독수리 야전본부는 한국 관련 작전, 서안 야전본부는 화북지방의 첩보작전을

---

76) 국편, 위의 자료 28, 116~117쪽.
77) Lee Bum-suk → Helliwell, 1945, 6, 16(국편, 앞의 자료 28, 40~43쪽).
78)「독수리작전 5월 월례보고서」, 1945, 5, 30(국편, 앞의 자료 21, 210쪽).

전담하는 것으로 완전히 분리됨으로써 해결되었다. 그럼으로써 독수리 야전본부는 서안 야전본부의 지휘를 더 이상 받지 않고 곤명 OSS본부와 직접적인 연계를 가지게 되었던 것이다.

둘째, 미국 교관들의 계급이 너무 낮아 훈련생들과의 관계에서 생기는 불편함에 대한 개선 요구였다. 계급문제의 경우, 장군인 이범석과 대위인 싸전트와의 관계, 또 미국인 교관들의 계급이 일부는 위관급, 일부는 일반 사병들도 있었다는 점에서 한·미 양측 요원들이 당혹감을 느끼는 경우가 종종 있었다고 하였다. 나아가 광복군 대원의 대부분이 장교였다는 사실은 미국측 요원들과 비교해 미묘한 문제로 부각될 수 있었다.[79] 따라서 이범석은 한·미 간의 협조를 진작시키는 차원에서 싸전트 대위 이하 미국 요원들의 승진을 요청하였다. 또한 싸전트는 수시로 휘하 교관들의 진급을 요청하는 전문을 곤명 본부에 보내기도 하였다.[80]

셋째, 전방에서 招募된 한인의 서안으로의 수송 문제였다. 전방에서는 일본군을 탈출한 학병출신 광복군 대원들이 많았으며 이 가운데 자질있는 대원들을 서안으로 데려오는 것은 쉽지 않았다. 때문에 이범석은 현재 적정보의 원천이자 OSS훈련을 위한 인원을 제공할 수 있다는 측면에서 일본군에서 탈출한 한인청년들의 비행편 제공을 요청하였다.

넷째, 안휘성 부양의 제3지대와 무선통신을 구축하여 두 지역간의 공조체제를 유지하는 문제였다. 훈련생 충원, 정보수집이나 한반도 침투시 중간 경유지로서 제3지대가 주둔하고 있던 안휘성은 전략적으로 매우 중요한 곳이었다. 제1기 훈련이 막바지로 접어들수록 이 문제는 더욱 절실하게

---

79) 로버트 마이어즈(Robert Myers), 앞의 글(제330호). 시카고대학에서 일본학을 전공하다가 OSS훈련에 미국측 요원으로 참여하였던 마이어즈의 계급은 일등병이었다. 싸전트는 그의 낮은 계급과 한국인 훈련생들과의 관계를 고려하여 민간신분의 '기술요원' 記章(徽章)을 달아주었다고 한다. 그럼으로써 자신이 훈련시키게 될 피교육자들에게 권위가 서게 했던 것 같다고 회고하였다.
80) 미국측 책임자였던 싸전트는 휘하 요원들의 진급을 요청하는 전보를 수시로 곤명 OSS본부에 보냈다. 이 전보들은 OSS자료에 산견되고 있다.

다가왔다.

다섯째, 재정 문제였다. 독수리 야전본부는 곤명 OSS본부로부터 재정지원을 받고 있었다. 그런데, 이것으로 훈련비용이나 야전에서 활동하는 요원들의 자금은 충분치 않았던 것으로 보인다. 따라서 이범석은 훈련 및 첩보활동에 필요한 특별예산을 청구하였으며 유사시를 대비해 훈련본부에 충분한 현금의 비축을 요청하였다.

훈련이 마무리되는 7월에 접어들면서, 훈련받은 요원들을 안전하게 동시에 필요한 장비를 가지고 한반도로 침투시키는 방법론상의 문제가 대두되었다. 서안에서 출발하여 일본군의 경계를 뚫고 한반도로 침투하기란 용이한 문제가 아니었다. 일본군의 경계선을 넘는다고 해도 汪精衛 괴뢰정부 통치하에 있는 지역을 통과하는 것도 쉬운 일이 아니었다. 연합국의 한국내 '폭동유발', 비밀요원 투입 등에 대비한 일제의 경계를 돌파하고 한반도에 침투하여 성공적으로 정착하는 것은 중요한 문제였다.[81]

7월 초, 독수리기지는 곤명의 OSS본부에 대해 해안 침투를 위한 잠수함을 요청하였으나, OSS본부는 별다른 반응을 보이지 않았다. 또 하나의 가능한 방법으로 고려된 것이 공중투하였다. 7월 중순경 이범석과 싸전트는 훈련성적이 좋고 건장한 대원 12명을 선발하여, 곤명에 있는 낙하산 훈련소에 보내기로 합의하였다. 그리하여 선발된 12명의 대원과 제2지대의 康楨善 소령·마이어즈 등은 8월 초 곤명에 도착하였다. 이들의 계획은 낙하산훈련을 끝내는 즉시, 곧바로 안휘성의 立煌으로 가서 국내침투를 시도하는 것이었다. 그러나 곤명에 도착 직후 일본의 항복소식이 전해지면서 낙하산훈련은 무산되었다.[82]

한편 1945년 7월 초, 장차 한반도 진입을 준비하기 위하여 山東半島에 서

---

81) 'Manchurians and Koreans', 1945, 6, 14(국편, 앞의 자료 22, 724쪽). 1945년 5월 20일, 조선군사령관은 조선총독과 협의하여 모든 공산주의자 탄압, 중요군사시설에서 근무하는 한국인을 일본인으로 교체, 수상한 한국인의 징집, 일본민간인의 한국인 감시, 한국인 경찰관의 무장해제 고려, 일본군내의 한인들을 전선으로 보낼 것 등과 같은 사항을 결정하였다고 한다.
82) 로버트 마이어즈(Robert Myers), 위의 글.

안 독수리기지의 '제2기지'(sub-base) 혹은 '전진기지'(forward base) 설치 문제가 대두되었다. 즉, 야전팀을 한반도에 잠입시키거나 현지에서 수집한 정보를 서안의 '독수리기지'로 보내기 위해서는 한반도와 西安의 중간 지역에 무선중계 역할을 수행하는 기지가 필요하였다.83) 싸전트는 독수리 제2기지의 설치를 중국전구 OSS 비밀첩보 책임자인 헬리웰 대령에게 건의하였다. 헬리웰은 독수리 주기지는 현재의 위치를 유지해야 하며, 향후 세워질 山東 등지의 기지는 비교적 작은 기지 또는 통신중계소여야 한다는 지침을 하달하였다.84) "독수리작전을 위한 전진기지가 산동반도에 만들어지고 있다"는 OSS 보고서의 내용을 볼 때, 제2기지 건설이 실제로 상당히 진척되고 있었던 것으로 생각된다.85) 8월 6일 당시 건설 중이었다고 하는 산동반도의 '제2기지'(혹은 '전진기지')는 일제 패망과 함께 취소되었을 것으로 판단된다.

3) 第1期訓練의 종료

1945년 5월 11일 OSS요원들의 부임과 함께 시작된 훈련은 8월 4일 교관들이 "훈련생들의 훈련성과에 만족, 이들이 야전작전에 투입되는 것을 승인"함으로써 종료되었다.86) 제1기생 훈련을 수료한 인원은 38명이었다.87) 이들의 인적사항은 다음의 <표 2>와 같다.

38명의 훈련 수료생은 연령상으로는 47세의 훈련생 1명을 제외한 전부

---

83) Georgia → Sargent, 1945, 7, 8(국편, 앞의 자료 28, 173쪽).
84) 'Eagle Project', Helliwell → Krause, 1945, 7, 15(국편, 앞의 자료 23, 55~57쪽).
85) 'OPERATION REPORT & EAGLE PROJECT', 1945, 8, 6(국편, 앞의 자료 28, 253쪽).
86) 韓詩俊, 앞의 책, 287쪽.
87) 「1945년 7월 30~8월 4일 교육훈련소 주례보고서」, 1945, 8, 4.
「1945년 7월 25일~8월 25일까지의 교육・훈련 월례보고」, 1945, 8, 31 (국편, 앞의 자료 21, 267・277쪽).

<표 2> 제1기 훈련수료생의 인적사항(* 표시는 판독불능임)

영문약칭	연령	학력	전직	비고
1. YUN	21	기술학교	통역	지적우수, 보통능력, 통신에 적합
2. UHYNG	23	소학	시계수리공	내성적, 첩보능력 보통 이하
3. PAK	24	소학	통역	우수한 첩보능력, 고도의 동기, 독창성, 가장 우수한 사람의 하나, 건강한 육체
4. KIM	22	상업학교	통역	첩보활동에 적합, 우수한 육체조건, 통솔력은 부족
5. YONG SAM	22	대학	보병	지적으로 우수하나 창의성 부족
6. CHANG	27	중학		정신·육체 건강, 훌륭한 리더십과 판단력
7. CHONG MU	25	대학		우수한 동기 부여됨. 적극적이고 협조적, 창의성과 리더십으로 우수한 요원
8. SO	21	대학		우수한 지능, 동경의 한 대학에서 2년동안 법학공부, 영어회화 가능
9. RA	27	중학	상인	항일동기 높음, 우수한 통솔력, 창의성, 친화력, 기계에 대한 적성, 활동적 성격
10. USONG	20	중학		지능은 평균 이상, 첩보요원에 적합
11. SHOON	23	대학		1936년 중국에 옴, 남경에서 지하활동하다 탈출함, 다소 신경질적이고 용기가 부족
12. SHON	24	대학		우수한 지적능력, 한국침투를 자청, 꾸준한 성격으로 기계에도 우수한 적성을 보임
13. SUL	24	대학		지적 우수, 창의성, 정력적이고 활동적인 성격으로 우수한 인적자원으로 판정됨
14. SUK	22	기술대학		무전통신에 우수, 창의성과 통솔력 있음, 12세 이후 한국을 떠났지만 어떤 임무도 자청함
15. TONG	24	대학		강한 반일의식, 창의력, 통솔력있는 가장 우수한 인재의 한 사람임
16. SHU	25	대학		평균적 인물, 첩보요원을 위한 동기는 다소 낮음
17. "U"	24	대학		개성이 강하고 완고함, 별로 추천할 만한 자원이 아님
18. DOO	22	대학		평균 이하 지적능력, 창의성과 통솔력 부족
19. IU	24	대학		*
20. *	22	대학		첩보활동보다는 선전활동에 관심있음
21. LEM	47	중학	광부	첩보능력은 평균 이하
22. *	?	대학		고학력에도 불구하고 평균 이하의 인적 자원
23. GO	25	소학교	철도노동자	10년전 한국을 떠남, 보통의 지적 능력
24. KU	22	대학	엔지니어	통솔력있지만 다소 조급하고 까다로운 성격
25. SANGUL	26	대학		11년전 한국떠남, 창의성과 통솔력 갖춘 온화한 성격으로 우수한 지적능력 소유
26. RIM	24	대학		우수한 지적능력, 창의성, 기계에 대한 적성

27. DU	24	중학		*
28. KAN	26	대학	은행원	12년전 한국떠났지만 한국침투를 자청, 영리하고 활동적이며 창의성을 가지고 있는 우수한 인적 자원
29. LEE	20	중학	운수회사 고용원	우수한 지적능력, 첩보활동을 위한 동기가 우수함
30. *	26	대학		통솔력, 창의성과 활동적인 우수한 자원
31. ZIANG	22	대학		우수한 지적능력, 기억력, 통솔력 있음
32. WON	24	고등학교	경찰	1년은 만주에서 경찰관 생활, 4년은 일본군통역, 실전에서의 첩보능력있으며 통솔력있음
33. HONGKU	25	고등학교		활동적이며 친화력있으나 지적능력은 낮음
34. MIN	24	대학		통솔력과 동기는 우수하나 경험과 용기는 부족, 일본군에서 ROTC 시험을 통과함
35. SHIN	24	대학		지적능력있으나 동기는 부족함
36. CHON	21	중학	점원	첩보활동보다는 단조로운 일에 적합
37. RANG	26	고등학교		지적능력은 우수하지만 정서 불안정하여 첩보활동에는 부적합함
38. SONG	29	중학	공무원	보통이상의 지적능력, 우수한 창의성, 기계적성, 5년전 한국떠남, 요원활동의 동기는 양호함

가 20대였으며, 그 중에서도 20대 초반이 대부분이었다.[88] 학력별로는 대학출신이 22명으로 가장 많았는데 복잡한 무전통신 기술을 습득해야 하는 관계로 고학력 출신이 훈련대상으로 선발되었음을 알 수 있다. 前職은 학생이 가장 많았던 것으로 보인다. 고등학교 이하의 학력자의 경우에는 통역·시계수리공·상인·광부·점원·공무원 등 다양하게 나타나고 있다. 그리고 개개인에 대한 평가는 대체적으로 우수한 것으로 나타나고 있지만, 능력과 자질이 떨어지는 경우도 다소 있었다.

제2기 훈련은 8월 13일 시작될 예정이었다. 8월 5일 중경에서 온 11명의

---

[88] 「독수리대원 영문이력서」, 작성일자 미상(국편, 앞의 자료 23, 367~407쪽). 이 자료에는 각 훈련생의 나이·학력·前職이 기록되어 있으며, 또한 이들의 적성이나 훈련의 평가과정에서 보여준 친화력·리더십 등이 비교적 자세하게 평가되어 있다. 다만 이들의 성명은 모두 영문 약칭으로 기재되어 있어 실명 확인이 힘든 실정이다. OSS훈련을 시작하였던 최초 50명의 확인도 현재의 자료수준으로는 거의 불가능한 것으로 판단된다. 즉, 『독립운동사』(제6권, 495~496쪽)나 국가보훈처의 『공훈록』(제5권, 1988)에는 OSS훈련을 받았다고 하는 광복군 출신이 90명에 이르고 있기 때문이다.

대원이 제2기 훈련을 위해 대기하고 있었다. 그리고 8월 6일에서 14일까지 제1기생과 새로이 훈련받을 제2기생 11명이 심리학자 허드슨(Hudson) 박사가 이끄는 OSS 평가단의 평가과정을 거쳤다. 평가장소로는 독수리기지 및 인근 중국인 마을에서 9마일 정도 떨어진 산간지대의 빈 사찰이 평가장소로 선정되었다. 독수리기지는 너무 복잡하고 근처에 중국인 마을이 있었기 때문에 평가장소로는 적합치 못했다. 또한 구경꾼들의 접근을 막기 위해 별도의 평가캠프가 조성되었던 것이다.[89] 평가는 하루에 한 차례 10명을 대상으로 시행되었다. 매일 아침 9시 평가단과 훈련생들은 평가캠프에서 평가작업을 치렀으며 저녁에 독수리기지로 복귀하였다. 평가에는 필기시험이 있는데, 개인이력서 작성·문장 채우기·기억력 테스트 등으로 구성되었다. 실기시험은 절벽 오르기·등산·권총 조립·폭파 등을 통한 훈련생의 적성·리더십·담력 시험을 포함하였다.[90]

제2기 훈련은 8월 13일 시작되어 9월 말 종료되고, 동시에 제3기 훈련의 계획이 수립되었다. 훈련을 마친 제1기 훈련생 중에서 몇 개의 독수리 야전임무팀을 9월 말 야전에 투입한다는 계획이 수립되었다. 이늘의 임무는 '심리전팀'으로 일본군으로부터의 한인 탈영을 고무시키기는 것이었다. 그리고 한국인 탈영병은 심사 후 적격자를 독수리기지에서 훈련시킨다는 계획이었다.[91]

---

89) 'Assessment(Hsian)', 1945, 8(국편, 앞의 자료 21, 201쪽).
90) 'Eagle Assessment Program', Bradford B. Hudson → Major Handy, Major Mrray, 1945, 8, 10(국편, 앞의 자료 28, 279~280쪽).
91) 'OPERATION REPORT & EAGLE PROJECT', 1945, 8, 6(국편, 앞의 자료 28, p.253). 이 자료에 의하면, "현재 독수리기지로의 수송을 기다리는 두 개의 한국인 그룹이 있습니다. 鉛山과 汝城에 위치하고 있으며 전부 약 100명 정도로 그중 60명이 독수리훈련에 적합할 것 같습니다. 3명의 한인 독수리 요원이 이들을 선발하기 위하여 중경을 거쳐 그곳으로 가고 있습니다. 수송편이 준비된다면, 8월 말 독수리기지에 도착할 수 있을 것입니다"는 보고가 있다. 한편, 이범석은 第9戰區 지역에 있는 이들을 서안으로 데려오기 위해 申榮默과 宋冕秀를 파견하였다(Quentin Roosevelt → Krause, 1945, 7, 28, 국편, 앞의 자료 23, 120쪽).

또 2명을 한 팀으로 하는 4개팀을 한국으로 보내 이들로 하여금 B-29 활동을 위한 기상데이터를 보고하도록 하는 계획을 수립하였다. 이들이 기상정보를 중시한 것은 폭격기의 출격이 기상 조건에 의해 제약받았기 때문이었다. 제2기의 훈련은 제1기 훈련 완료 1주일 후인 8월 13일 시작될 계획이었으나, 일본의 항복소식이 전해지면서 실시되지 못했다. 대신 훈련받은 대원들을 주축으로 하여 광복군 국내정진대가 조직되어 한반도 진입을 추진하게 되었다.

4. 맺음말

1940년 9월 17일, 臨政의 국군으로서 창설된 韓國光復軍은 처음부터 연합군의 일원으로 대일전에 참여하고자 전력을 기울였다. 임정 및 광복군 수뇌부는 연합국 특히 태평양전선에서 일본군을 격파하면서 북상하고 있는 미국과의 합작을 중시하고 적극적인 戰時參戰外交를 전개하였다. 동시에 미국과의 합작을 가로막고 있는 '韓國光復軍行動9個準繩'을 폐기시키기 위해 총력을 기울였다. 그 결과 1945년 5월 초 광복군이 임정 소속임을 명기한 새로운 협정이 체결됨으로써 미군과 합작할 수 있는 길이 열리게 되었다.

한편, 한반도 문제에 부정적이던 미국정부도 태평양전쟁 발발 이후 한반도 문제에 깊은 관심을 갖기 시작하면서 해외의 한인독립운동세력, 특히 중국 내의 임정, 또는 미국내 한인독립운동세력의 대일전수행에의 참여 가능성에 주목하고 이들의 동향을 파악하기 시작하였다. 이러한 속에서 하루빨리 한반도로 침투하여 적정보를 수집하고 적후방을 교란하여 연합군의 상륙에 배합하려는 광복군과 OSS는 서로의 전략적 이해관계가 맞아 떨어져 1945년 초부터 합작훈련에 대한 교섭이 본격적으로 이루어졌다.

광복군 제2지대의 OSS훈련은 李範奭이 싸전트(Clyde B. Sargent)와 교섭한 결과 1945년 4월 임정과 워싱턴 OSS 본부, 중국전구 미군총사령부의 최종적인 승인을 얻게 되었다. 1945년 5월부터 西安 杜曲의 광복군 제2지대에 대한 이른바 '독수리작전'(Eagle Project)을 위한 훈련이 시작되었다. 광복군과 OSS는 광복군 제2지대 본부에 韓美合同指揮本部(Korean-American Joint Command)를 설치하고 이범석과 싸전트가 양측의 지휘관으로서 긴밀한 공조체제를 유지하면서 훈련을 진행해 갔다. 그리고 임정과 광복군총사령부는 이범석에게 합작훈련에 전폭적인 후원을 보냈다. 또한 OSS측도 자국정부의 방침에 따라 임정승인을 유보하였지만 유능한 한인요원의 확보나 한반도에 대한 첩보침투라는 현실적인 문제로 인해 임정이나 광복군의 협조지원에 크게 의존하지 않을 수 없었기 때문에 양자의 관계는 밀접해졌다.

합작훈련 제1기 훈련생으로는 학병출신들과 기존의 제2지대 대원들에서 50명의 적격자들이 선발되었다. 주된 훈련내용은 장차 한반도에 침투해서 적의 중요군사시설에 대한 정보를 수집하고 이를 무전으로 주중OSS에 타전하기 위한 첩보훈련과 통신(무전)훈련이었다. 그 밖에 일본에 대한 심리전 기술, 연합군의 공중폭격이나 상륙작전을 전개하기 위한 기초작업으로서 기상학교육도 강조되었다. 훈련이 본격적으로 진행되면서 50명 가운데 12명은 부적격자로 판정되어 탈락하고 8월 초 38명이 약 3개월 과정의 훈련을 수료하였다. 훈련 과정에서는 昆明의 주중 OSS본부와의 직접 연계문제, 언어 소통 문제, 훈련생들과 교관 사이의 계급의 균형성 문제 등 여러 가지 문제가 제기되었다. 훈련이 진전되는 가운데, 독수리작전은 장차 한반도 내에서의 첩보활동을 준비하기 위하여 서안을 주기지로 하는 외에도 山東半島에 '제2기지'(혹은 '전진기지')를 설치하고자 하였다.

제1기 훈련은 8월 4일 종료되었다. 당초 50명 가운데 38명이 훈련을 수료하였다. 이들에 대해서는 평가단이 구성되어 실기시험과 적성·리더십·담력 시험. 등을 거쳐 각자에게 적절한 임무가 부여되었다. 평가 결과는 대체적으로 우수한 것으로 나타났다. 제2기 훈련은 8월 13일 시작되어 9월 말 종료되는 것으로 계획되었다.

한편, 훈련을 마친 제1기 훈련생들은 야전에 투입되기로 예정되어 있었으나 8월 9일 일제의 갑작스런 패망으로 대기 상태에 들어가고 말았다. 대신 훈련받은 대원들을 주축으로 하여 광복군 국내정진대가 조직되어 한반도 진입을 추진하게 되었다.

Korean Independence Army's Cooperation with the OSS

Kim, Kwang Jae

The Korean Independence Army(KIA ; 韓國光復軍) was founded on September 17, 1940 at Chungking(重慶). The KIA attached to the Korean Provisional Government(KPG ; 大韓民國 臨時政府). The KIA's top objective was to participate the Allied armies' military operations against the Japanese Imperialism.

Meanwhile, the US administration more and more had been interesting "the Korean problem". In the past, the US never had consideration about "the Korean problem" at all but at that time, when the Pacific War was breaking, the US attitude about Korea transformed. Specially, the US administration had planed after the War to start implement of the Trust Administration from at the start of thinking "the Korean Problem".

Headquarters of Commander-in-Chiefs of China Theater of US recognized "the Korean Project" and implemented anti-Japanese intelligence system using the Koreans within China through the OSS which had been chasing anti-Japanese intelligence war. In fact, the OSS had began this project at the starting of the Pacific War and had dispatched its agents to China's main provinces such as North China, Manchuria, and Korean Peninsular. This project finally was tried to penetrate its agents into the territories of Japan. The Koreans, who could go anywhere without any intervention and interruption because two peoples now had became "one people and one nation by Japanese coercive annexation, were regarded as the very important active agents to be used by the OSS."

The OSS and KIA's military exercise at the KIA's Second Detachment finally was accepted at the the KPG's leader and upper American Military Commander in

China. In May, 1945, the KPG had started so-called "the Eagle Project" at Xian(西安) in China, which aimed at educating the military intelligence personnels. Also, the KIA and OSS founded the Korean-American Joint Command at the KIAv's Second Detachment.

자료소개

天道敎靑年黨 東京部 機關誌 『東學之光』

조규태*

---
* 국가보훈처 연구원.

1. 발간과 책임자

천도교에서는 일본 지역에 있는 교인들의 신앙활동과 포교를 위하여 1921년 2월 일본 東京에 天道敎宗理院을 설립하였다. 또한, 동경지역에 머무르던 천도교 유학생들이 중심을 이루어, 1921년 4월 천도교청년회 동경지회를 설립하였다. 천도교청년회 동경지회의 회원들은 순회강연과『개벽』·『천도교회월보』등에 기고함으로써, 국내로 문화운동론을 소개하는 데 기여한 바가 적지 않았다.

그런데, 천도교 본부에서는 1923년 9월 2일 실제적인 문화운동의 추진을 위하여 천도교청년회를 천도교청년당으로 바꾸었다. 그렇지만, 천도교청년회 동경지회는 회원수가 작아 실제적인 부문운동을 추진하기 여의치 않았던 탓인지 즉각 조직을 변경하지 못하였다. 그러다가, 천도교청년회 동경지회는 1927년 8월 17일 천도교청년당 동경부로 조직을 변경하였다. 바로 이 천도교청년당 동경부가 "黨의 주의와 敎의 진리를 선전하며, 당의 각 부 사업상황과 필요학술 등을 소개"하기 위하여 1927년 11월 창간한 것이 『東學之光』이었다.[1]

『동학지광』은 11월 1일에 발행하기로 했으나 11월 10일 창간되었다. 발행인은 崔光龍이고, 부정기 간행물로 국문위주의 등사판으로 간행되었다. 『동학지광』은 처음 동경부가 직접 경영하다가 1929년 9월 東學之光社가 인수하여 활판인쇄의 격월지로 간행하였다. 아마도, 경비문제로 경영주체가 바뀌었던 것 같다. 이와 관련하여『동학지광』의 발행장소도 창간시에는 東京 市外 巢鴨町 宮下 1581에 위치한 동경종리원이었지만[2] 뒤에 동경 瀧野川 田端東町 800호로 옮겼다.

『동학지광』의 경영권이 청년당 동경부에서 東學之光社로 넘어온 1929년

---

1) 「黨東京部의 機關雜誌 發行」,『新人間』18호, 1927.10, 39쪽.
2) 「東學之光 三號 準備에 臨하야」,『新人間』21호, 1928. 2, 51쪽.

9월 경 동학지광사의 전임위원은 姜虎元(편집), 金炳淳(편집·인쇄), 張漢燮(영업), 崔秉昊(영업·인쇄), 金亨俊(인쇄), 책임기자 李學仁·張元俊·崔光龍·李應辰·李錫福·承寬河였다.3) 이어, 1929년 12월호의 편집 겸 발행인은 김병순, 인쇄인은 장한섭이었으나4), 1930년 4월호 『동학지광』의 편집겸 발행인은 최광룡, 인쇄인은 강호원이었으며5) 이외의 동학지광사 역원은 김형준, 韓正浩, 강호원, 승관하, 金廷柱, 李應辰, 趙基琛, 金炳淳, 崔秉昊, 李達汝 등이었다.6) 또, 1930년 10월 경 『동학지광』의 편집 겸 발행인은 김형준, 인쇄인은 강호원이었으며7), 1933년 11월 경 편집 겸 발행인은 洪淳吉, 인쇄인은 金尙麟이었다.8)

위에서 거론한, 『동학지광』의 발간을 담당한 사람들은 대부분 청년당 동경부의 부원들이었다. 1930년 4월 당시, 김형준은 청년당 동경부의 대표였으며, 한정호·강호원·김병순·이응진·조기간은 동 집행위원이었고, 최광룡·김정주는 동 집행위원 후보였다.

『동하지광』의 출판경비는 1권에 10전(1930년 4월 당시)하는 판매대금과 광고 및 의연금에 의존하였다. 판매의 확대를 위하여 국내에는 지국이 설립되었는데, 지국은 평안도를 비롯한 서북지역에 많이 설치되었다. 그리고 발간 부수는 1,000부 정도였다.

2. 게재내용

『東學之光』에 게재되는 내용은 종교적인 내용이 중심을 이루지만, 정치

---

3) 「黨東京部의 소식」, 『新人間』 39호, 1929. 9, 景仁文化社 影印, 『新人間』 통권 7권, 333쪽.
4) 「출판관련사항」, 『東學之光』 8호, 1929. 8.
5) 「출판관련사항」, 『東學之光』 10호, 1930. 4.
6) 『東學之光』 10호, 1930.4, 30쪽.
7) 「출판관련사항」, 『東學之光』, 1930. 10.
8) 「편집관련사항」, 『東學之光』, 1933년 11월호.

문제, 농민문제 등 민족운동 전반에 관련되었다. 이해를 위하여 확인되는 『동학지광』에 게재된 내용을 제시하면 다음과 같다.

◆ 1929년 12월호(8호) ☆ 확보됨.
  • 「非妥協」
  • 雲巢, 「七十年의 年暮」
  • 金亨俊, 「黨部門運動의 性質에 對하야」 -特히 農民部門問題를 論함-
  • 朴思稷, 「五款小演」
  • 金炳淳, 「主義生活의 人間的 價値」
  • 崔光龍, 「意識的 社會生活」
  • 張元俊, 「우리 農民은 어데로」
  • 高月寺人, 「院長 朴思稷先生을 送함」
  • 李鶴得, 「東京을 떠나는 感想」
  • 白鐵, 「同德이여」
  • 李學仁, 「나는님」
  • 「少年問題 講座의 大盛況」
  • 「時報」: 宗理院, 靑年黨, 學生會

◆ 1930년 4월호(10호) ☆ 확보됨
  • 편자, 「卷頭辭」
  • 趙基栞, 「朝鮮現實과 天道敎의 地位」
  • 金炳淳, 「天道敎의 敎政合一論」
  • 金亨俊, 「朝鮮에서 規定되는 우리黨의 歷史的 地位」
  • 金廷柱, 「第四次全黨代表大會에서 解決할 諸問題」
  • 金亨俊, 「史的辨證法에 있어 自由와 必然」
  • 崔光龍, 「人生觀의 一端面」
  • 편자, 「時報」: 宗理院, 靑年黨, 黨執行委員氏名, 東學之光社役員氏名, 學生會

◆ 1930년 6월호 ▽ 제목 확인
  • 전형기에 직면한 문화상태
  • 전체운동과 부분운동

- 당의 당면임무와 예술운동
- 세계경제공황과 식민지

◆ 1930년 8월호 ▽ 제목 확인
- 趙基栞, 「黨이란 무엇이냐」
- 金亨俊, 「轉形期의 宗敎問題」
- 白世哲, 「黨 當面問題의 藝術任務」
- 李應辰, 「旣成經濟學의 批判」
- 姜虎元, 「政治學의 新展開」
- 金亨俊, 「解黨輩의 假裝的 農民運動」
- 白鐵, 「全農社派의 再批判」

◆ 1930년 10월호 ☆ 확보됨
- 金亨俊, 「黨의 創立 七十週年紀念에 際하야」
- 趙基栞, 「新人間主義면 그뿐 - 唯物唯心은 어느덧 先天古事 - 」
- 白世哲, 「靑年運動의 諸問題」
- 金炳淳, 「政治原理와 사람性 自然」
- 李應辰, 「經濟學上으로 본 民族問題에 對한 若干의 論議」
- 李學仁, 「天道敎藝術硏究에 關하야」
- 「時報」: 宗理院, 少年會, 靑年黨, 學生會, 內修團, 東京農民社新設

◆ 1932년 8월호 ▽ 제목 확인
- 「朝鮮 社會運動 批判」
- 「現階段과 朝鮮運動」
- 「農民運動은 어떻게 할 것인가」
- 「危機에 切迫한 國際風雲」
- 「勞動階級의 開闢的 任務」

◆ 1933년 11월호 ☆ 확보됨
- 「布德날을 當하야」
- 崔秉瑞, 「本願修道를 爲하야 '固我心柱乃知道味'를 한번 吟味함」
- 知菴生, 「朝鮮의 現實과 우리의 態度」
- 金燦甸, 「黨的으로 본 共組運動의 趣勢」

- 金尙麟,「現代政黨의 解剖」
- 徐根,「女性運動의 意義와 그 發展」
- 天碩,「政權을 잡은 나치스의 將來」
- 梁炳道,「不景氣가 生起는 原因」
- 張利根,「小作令의 出世를 바라보면서」
- 「短詩 數篇」
- 「時報」

위의 내용 중, 신앙생활과 천도교에서 추진하는 부문운동에 대한 것은 1929년 12월호 金亨俊의 「黨部門運動의 性質에 對하야-特히 農民部門問題를 論함-」, 朴思稷의 「五款小演」, 金炳淳의 「主義生活의 人間의 價値」, 1930년 4월호 趙基栞의 「朝鮮現實과 天道敎의 地位」, 金炳淳의 「天道敎의 敎政合一論」, 金亨俊의 「朝鮮에서 規定되는 우리黨의 歷史的 地位」, 金廷柱의 「第四次全黨代表大會에서 解決할 諸問題」, 崔光龍의 「人生觀의 一端面」 등이 있다. 또, 1930년 10월호 趙基栞의 「新人間主義면 그뿐-唯物唯心은 어느덧 先天古事-」, 李學仁의 「天道敎藝術硏究에 關하야」와 1933년 11월호 「布德날을 當하야」, 崔秉瑞의 「本願修道를 爲하야 '固我心柱乃知道味'를 한번 吟味함」 등도 신앙생활과 천도교의 예술운동 및 포교에 관련된 내용이다.

아울러,「時報」에서는 宗理院, 靑年黨, 學生會, 內修團, 朝鮮農民社 등의 조직의 변천과 활동을 기록하고 있다. 또한, 동경지역 천도교인의 동향과 시·감상 등도 게재되어 있다.

민족운동 전반에 관련된 주제로는 1929년 12월호의 「非妥協」, 張元俊의 「우리 農民은 어데로」, 崔光龍의 「意識的 社會生活」, 1930년 8월호의 李應辰의 「旣成經濟學의 批判」, 姜虎元의 「政治學의 新展開」, 金亨俊의 「解黨輩의 假裝的 農民運動」, 白鐵의 「全農社派의 再批判」, 1930년 12월호의 李應辰의 「經濟學上으로 본 民族問題에 對한 若干의 論議」 등을 들 수 있다. 또, 1932년 8월호의 「朝鮮 社會運動 批判」, 「現階段과 朝鮮運動」, 「農民運動은 어떻게 할 것인가」, 「危機에 切迫한 國際風雲」, 「勞動階級의 開闢의 任務」와 1933년 11월호의 知菴生의 「朝鮮의 現實과 우리의 態度」, 金燦甸의 「黨

的으로 본 共組運動의 趣勢」, 金尙麟의 「現代政黨의 解剖」, 徐根의 「女性運動의 意義와 그 發展」, 天碩의 「政權을 잡은 나치스의 將來」, 梁炳道의 「不景氣가 生起는 原因」, 張利根의 「小作令의 出世를 바라보면서」 등도 민족운동 전반에 관련된 문제를 언급하고 있다.

『동학지광』에 기고한 사람은 대부분 청년당 동경부와 산하 부문운동단체인 여성부・유소년부・학생부・청년부・농민부・노동부・상민부의 간부였다. 아울러 이들은 1930년 3월에 설립한 철학연구회・정치학연구회・사회학연구회・경제학연구회・역사학연구회・예술연구회 등 특별연구회의 간부들이었다.9)

3. 자료적 가치와 한계

첫째, 『동학지광』은 천도교의 종교・민족운동의 노선과 방향을 제시해 주고 있다는 점에서 그 가치가 있다. 즉, 천도교의 예술운동, 농민운동, 여성운동 등에 대하여, 입장을 정리하여 주고 있다. 특히, 『동학지광』에서 예술운동론을 소개한 이학인・백철 등은 국내에도 『신인간』 등을 통하여 이를 소개하고 천도교 예술운동을 추진하였다는 점에서, 『동학지광』은 천도교예술운동의 도입과정과 추진배경을 분명히 이해하는 단서를 준다.

둘째, 『동학지광』은 천도교만이 아니라 민족에 관련된 문제를 이해하는 데도 도움이 되는 자료를 제공한다. 즉, 농민문제와 농민운동, 조선농민사의 운영, 조선사회운동 비판, 조선운동의 현계단 등에 관한 글은 민족운동의 노선과 방향, 한계와 기여 등을 파악하는 데 도움이 된다.

셋째, 『동학지광』은 일본 내의 천도교인의 민족운동을 이해하는 데 유

---

9) 『新人間』 46호, 1930. 4, 뒤쪽.
景仁文化社 影印 『新人間』 통권 8권, 440쪽.
「時報」, 『東學之光』, 1930년 4월호.

용하다.『동학지광』의 발간에 참여하였던 천도교청년당 동경부의 천도교인들은 1930년 11월「조선민중에게」라는 인쇄물을 발행하여 조선의 각지에 배포함으로써 독립운동을 지지・예찬하다가 출판법 위반으로 검거를 당하였다. 또한, 청년당 동경부 소속인 학생회에서는 1933년 4월『學生時報』를 창간하였으며, 동년 8월에는『開闢戰線』창간호 1,500부, 11월에는 제2호 식민지문제특집호 1,500부를 발간하여「植民地問題 槪論」,「植民地民族運動의 現勢」,「朝鮮問題」,「朝鮮農民은 何故로 생존할 수 없는가」,「不景氣는 何故로 깊어지는가」등의 글을 게재하여 민족의식을 앙양하다가 발매・반포 금지의 처분을 받았다. 이들은 1930년 1월 천도교종리원의 기관지로『大衆之光』을 3회 발간하여 민족의식을 고취하려다가 그 해 말 그 잡지가 폐간당하기도 하였다.10) 이러한, 1930년을 전후한, 東京 거주 천도교인의 민족운동을 종합적으로 이해하는 데『동학지광』은 매우 유용하다.

넷째,『동학지광』의 발간을 책임지고, 여기에 기고하였던 인물들은 1930년대 중후반 국내에서 천도교의 청년운동을 주도하였을 뿐만 아니라, 해방후 조직된 천도교청우당의 주역들이다. 李應辰은 해방후 천도교청우당의 위원장이었고, 承寬河는 정치국장, 김병순은 상임위원 등으로 활동하였다. 따라서,『동학지광』의 내용을 통해서, 해방후의 천도교청우당의 주역들의 민족운동의 노선을 파악하는 데 도움을 얻을 수 있다.

이러한 가치에도 불구하고,『동학지광』은 1933년 11월호를 끝으로 폐간되어 통권 18호의 적은 분량과 짧은 기간에 발행되었다는 한계가 있다. 더욱이, 발행된 것 중에서 현재 네 권의 내용만이 알려지고 있고, 발행된 분량이 40면 정도에 불과하여, 민족문제를 심도 있게 논의하지 못하고 있다. 다음으로, 동경지역에서 활동한 천도교 청년들의 교외활동에 대한 언급이 거의 없어, 기독교인・사회주의자와의 협동적 민족운동 등에 대해서는 제대로 알 수 없다는 한계가 있다. 그렇지만, 이러한 한계들은 발행된 잡지가 모두 수집되면 어느 정도 보완될 수 있으리라 생각된다.

---

10) 金正明,『朝鮮獨立運動』民族主義運動篇 III(原 書房:東京, 1967), 575쪽.

東學之光

（七十年年終特輯 第八輯）

第 八 號   目次

非 安 協 …………………………………（二）

七十年의 年暮 …………………………（三）

黨部門題의 新的性質論 ………………（六）

主義生活과 人間의 價値 ………………（八）

思想的 社會生活 ………………………（九）

우리 農民들은 어대로 ………………（十二）

五 敎 小 演 ……………………………（十三）

東京의 印象述告 ………………………（廿三）

院長思想의 演告 ………………………（廿七）

小生이 定期總會에 參加하고 ………（廿九）

以 德 으 로 ……………………………（卅二）

編輯後感報 ……………………………（卅四）

東學之光

十一月號

卷頭言 布德날을當하야
本願修道를爲하야「固我心柱
・乃知道味」를한번吟味함 …………………… 編輯者…(一)
朝鮮의現實과우리의態度 …………………… 崔秉瑞…(二)
黨的으로본共紐運動의趣勢 ………………… 知菴生…(六)
現代政黨의解剖 ……………………………… 金燦旬…(二)
女性運動의意義와그의發展 ………………… 金侑麟…(七)
政權을잡은나치쓰의將來 …………………… 徐根…(三)
不景氣가생기는原因 ………………………… 天 碩…(三五)
小作令의出現을바라보면서 ………………… 梁炳道…(二○)
詩 …………………………………………… 張利根…(三九)
時 報 ………………………………………………(三九)

한국 독립운동과 종교활동

인쇄일 초판 1쇄 2000년 10월 20일
　　　　 2쇄 2015년 01월 20일
발행일 초판 1쇄 2000년 10월 25일
　　　　 2쇄 2015년 01월 23일

지은이 한국민족운동사학회
발행인 정 찬 용
발행처 국학자료원
등록일 1987.12.21, 제17-270호

서울시 강동구 성내동 447-11 현영빌딩 2층
Tel : 442-4623~4 Fax : 6499-3082
www.kookhak.co.kr
E-mail : kookhak2001@hanmail.net
ISBN 978-89-8206-527-9 *93910
가 격 20,000원

*저자와의 협의 하에 인지는 생략합니다.